数学传奇

·上册·

蔡天新 著

$$e^{\pi i}+1=0$$

商务印书馆
The Commercial Press

知识只有当通过积极思维得来的时候，才是真正的知识。

列夫·托尔斯泰

数学传奇

王元

用诗一样的语言，向公众介绍历史上最伟大的数学家的事迹，是一件不容易的事情。既是数学家又是诗人的蔡天新教授出色地做到了这一点。这位江南才子的功力令人钦佩。

张恭庆

目录

初版序言

毕生对自然现象的研究有着浓厚兴趣的德国大诗人歌德曾经说过:"一门科学的历史就是这门科学本身。"本书不是关于数学的历史,却通过讲述数学史上一些个性鲜明的人物,揭示了数学王国里各种奇异的珍宝、明艳的花朵和隐秘的激情。

这些伟大的数学家,有的在人文领域也有杰出贡献,如毕达哥拉斯、欧玛尔·海亚姆、笛卡尔、帕斯卡尔、莱布尼茨、庞加莱,有的则个人经历富有传奇色彩,如费尔马、牛顿、欧拉、高斯、希尔伯特、拉曼纽扬、爱多士。他们中有些是思想家、文学家、诗人、音乐家、画家,还有些是政客、神职人员、法官、军人、职员、社会青年甚或囚犯。

通过30年的数学理论熏陶和实践,我越来越清晰地意识到,在浩瀚的数学海洋里一个人是如此的渺小,尤其到了抽象化的21世纪。幸运的是,我曾利用各种机会,抵达了书中所写到的每个人物曾经生活过的国度,这使得我对他们的人生轨迹有了较为清晰的认识。

许多人都听说过,在古希腊,柏拉图学园的入口处写着这样一句话："不懂几何学者请勿入内。"那时的几何学几乎就是数学的代名词。但可能很少有人知道，在这个学园的出口处，还写着一句话："懂哲学者方能治国。"而在本书论及的数学家中，至少有 5 位同时也是成就卓然的哲学家。

遗憾的是，在当前中国社会，充斥着各种名目繁多的弄虚作假，包括学术造假，有的甚至触目惊心。但在纯粹数学领域，任何创造性的工作或发现都显露在光天化日之下，是难以通过人为的手段掩饰或虚构的，这就把那些科学骗子或混混拒之门外。

不仅如此，数学与人文主义精神有着天然的联系，温习数学先辈们的业绩和教诲，常常能给我们带来温暖。如同拜占庭哲学家普罗克拉斯所指出的：

数学是这样一种东西：她提醒你有无形的灵魂；她赋予她所发现的真理以生命；她唤起心神，澄清智慧；她给我们的内心思想添辉；她涤尽我们有生以来的蒙昧与无知。

蔡天新，杭州彩云居

2009 年 3 月 22 日

再版序言

　　2009 年初夏，广西师范大学出版社和北京贝贝特公司联合出版了我的随笔集《难以企及的人物：数学天空的群星闪烁》。当年，此书入选"深圳读书月推荐书目"和"青岛新闻网年度十佳图书"。部分篇目被译成五六种文字，先后发表在《美国数学学会会刊》（*Notices of Amer. Math. Soc.*）等世界各国的报刊上。有的还被北京的"静雅思听"网站选中，邀请专业播音员朗诵制作成配乐散文播出。2013 年春天，此书出人意料地获得了三年一度的"高等学校科学研究优秀成果奖"，此奖被普遍认为是我国文科的最高学术奖。

　　2014 年元月，此书的繁体版由台湾高谈文化出版公司推出并参加了台北书展，两位诺贝尔奖得主杨振宁先生和莫言先生等撰写了推荐语，此前杨先生已私下里向他的几位年轻朋友推荐。夏天，我先前在浙江大学讲授的视频公开课《数学传奇》入选国家级精品课程。此课程以《难以企及的人物》为主要蓝本，兼顾另外三部拙作《数学与人类文明》《数字与玫瑰》和《数之书》，介绍了古今中外十多位伟大的数学家。在网易、土豆网和网络电视台等播出后受到听众欢迎，并曾在爱课程网近千门课程中，连续十二周位列人气榜全国三甲。也因此我们有了修订版的新书名，而把旧版的书名用作副标题。

此次修订，添加了六篇新文章，它们是甲辑里的《阿基米德：数学之神》和《冯·诺伊曼：因为他，世界更加美好》，乙辑里的《秦九韶、道古桥与〈数书九章〉》和《罗庚与省身：两位同时代的数学大师》，丙辑里的《忆潘师》和《"我的一生可以看作一个圆"——西子湖畔访杨振宁》。其中南宋数学家秦九韶的道德疑案是个敏感话题，为此我花费了较多的精力，先后造访了秦九韶的出生地四川安岳、谢世地广东梅县，并抵达了他的祖居地河南范县。与此同时，也对旧作进行了全面润色，尤以《高斯：离群索居的王子》和《数学家与政治家》等篇充实得最多。

让我欣慰的是，通过对数学大师生平事迹的探究，也提升了自己的数学眼界和想象力。过去六年来，我对一些经典数论问题做了深入研究，拓广了诸如完美数问题、华林问题、同余数问题、3x+1 问题、费尔马大定理、哥德巴赫猜想和孪生素数猜想等。一位德国数学家在为《欧洲数学学会通讯》撰写的综述文章中，称我们发明的一类丢番图方程为阴阳方程。其中，新华林问题的研究结果被菲尔兹奖得主、英国数学家贝克赞为对此问题"真正原创性的贡献"（truly original contribution）。

"天才即勤奋。"这句话比我们熟知的张贴在中小学校墙壁上的爱迪生语录（天才是百分之一的灵感加百分之九十九的汗水）更简洁有力，也总结了本书各位主人翁成功的经验。这是 18 世纪德国物理学家兼讽刺作家利希滕贝格的名言，他是静电复印技术的发明人，也是哥廷根大学最早的名教授。他的校友、"数学王子"高斯的终生好友、匈牙利数学家沃尔夫冈·鲍耶曾写道："很多事物仿佛都有那么一个时期，届时它们在许多地方同时被人们发现了，正如在春季看到紫罗兰处处开放一样。"我们期待不久的将来，数学这朵明艳的花儿会在华夏的土地上绽放得更加鲜丽多姿。

蔡天新，杭州莲花街

2015 年 5 月 25 日

新版序言

　　拙作《数学传奇，那些难以企及的人物》自 2016 年初由商务印书馆出版以来，受到读者和书友们的青睐，平装版已印八次，另外还推出了精装版。2018 年，本书荣获国家科学技术进步奖二等奖。从那以后，我又陆续撰写了八篇文章，而收入平装版的两篇文章"冯·诺伊曼：因为他，世界更加美好"和"华罗庚与陈省身，两位同时代的数学大师"是压缩版，这次还原以本来面目，分别多出 8000 余字和 10000 余字。此外，也更换了欧玛尔·海亚姆的两首四行诗。如同我在后记里所写的：这是一部需要写作一辈子的书。

　　承蒙商务印书馆同仁的喜爱和信任（之前我们合作的书籍已有八部），此番推出了《数学传奇》上、下两册精装版，比原书多出了 10 多万字。分甲、乙、丙、丁四辑，其中甲辑和乙辑属于古典部分，分别介绍了中外 17 位横跨文理或生活传奇的数学巨匠。这次增加了"泰勒斯，七贤之首""卡尔达诺，百科全书式的人物""弗雷格，纯粹逻辑的真理"和"阿贝尔与伽罗瓦，一对精灵""黎曼，他对素数有着迷人的依恋"五篇文章六个人物，构成上册。

丙辑、丁辑属于现代部分和综合部分，分别增加了"纳什，两个世界里的爱""吴文俊：数学是笨人学的"和"阮元，《畴人传》与诂经精舍"三篇三个人物，以及"康威，角谷与马哈维拉"一文，构成下册。感谢《数学文化》《南方周末》《读书》《书城》和《人民文学》等报刊，以及"赛先生""中国数学会"等公众号，上述文章先后得以刊出，其中"纳什，两个世界里的爱"发表后还被《新华文摘》全文转载，而"吴文俊：数学是笨人学的"一文经过插画师的努力，在吴先生诞辰100周年之际被改编成画传，由他故乡上海的华东师范大学出版社出版。

弗雷格从哥廷根大学获得博士学位后，虽以耶拿大学数学教授终其一生，却开辟了现代逻辑学和语言哲学的新领域，他被广泛认为是亚里士多德之后最伟大的逻辑学家，甚至影响了罗素和维特根斯坦等大哲学家，享有"现代逻辑之父""分析哲学之父"的美誉，也是语言哲学的奠基人。如今，每年春天，在弗雷格的出生地和谢世地，两座小城的居民通过集体徒步走来纪念他。而阮元作为清朝的封疆大臣和经学大家，还主编了我国历史上第一部数学家传记，并在他创办的诂经精舍率先开设自然科学课程，在灵隐寺率先设立公共图书馆。2019年秋天，在笔者建议之下，杭州市政府在西湖孤山的平湖秋月旁为他竖起一块大理石纪念碑。

2018年11月，物理学家杨振宁先生95华诞纪念文集《杨振宁的科学世界——数学与物理的交融》由高等教育出版社出版，拙文"'我的一生可以看作一个圆'——西子湖畔访杨振宁"有幸被杨先生亲自选入。之前一年，拙著《数学简史》由中信出版社出版，目前已印 17 次，并输出多个外版。2021 年 6 月，拙著《数学与艺术》也由江苏人民出版社出版，此书入选全国"农家书屋"，我本人也因此书入选当当网第八届影响力作家榜。同样值得高兴的是，2020 年春天，我与两位研究生合作的数论论文《费尔马大定理的一个新推广》在《数论杂志》发表五年后，被维基百科最引人注目的数学条目之一"费尔马大定理"收作参考文献，成为跨越五个世纪的参考文献中唯一一篇由中国人撰写的论文。

"又是一年春来到，柳絮满天飘。""真理对思想而言无论怎样都是有用的，正如道德对行动而言无论怎样都是有用的。"一个多世纪以前，美国实用主义哲学家威廉·詹姆斯这样写道。我十分期待，在未来的岁月里，能够在数学的百花园里采撷到更多明艳的花朵。

蔡天新，杭州彩云天

2022 年 4 月 30 日

泰勒斯，七贤之首

不懂几何学的请勿入内。

——柏拉图

1. 米利都的泰勒斯

在人类文明史上不乏接踵而至的巧合。例如，1616 年 4 月 23 日，英语世界最伟大的作家莎士比亚和西班牙语世界最伟大的作家塞万提斯同日辞世，这个日子后来成为"世界读书日"。此外，意大利画家、"文艺复兴时期最完美的代表"达·芬奇出生于儒略历 1452 年 4 月 15 日，换算成公历也是 4 月 23 日。1642 年 1 月 8 日，意大利最伟大的科学家伽利略去世，不出一年，英国最伟大的科学家牛顿出生。而更早一些时候，古希腊的数学家和哲学家人才辈出，就如同文艺复兴时期意大利的作家和艺术家那样层出不穷。

1266年，即大诗人但丁降生于佛罗伦萨的第二年，这座城市又诞生了那个世纪最杰出的艺术家乔托。意大利人一般认为，艺术史上最伟大的时代，就是从他开始的。而按照英国艺术史家贡布里希爵士的说法：在乔托以前，人们看待艺术家就像看待一个出色的木匠或裁缝一样，他们甚至经常不在自己的作品上署名；而在乔托以后，艺术史就成了艺术家的历史。

▶ 米利都的泰勒斯像

相比之下，数学家要幸运得多。第一个留名的数学家是古希腊的泰勒斯（约前625～前547），他生活的年代比乔托早了将近19个世纪。泰勒斯出生在爱琴海东岸小亚细亚的米利都城（今天土耳其亚洲部分西海岸），它是爱奥尼亚12个城邦之一。爱奥尼亚原本是希腊一个分散的部落，移民到小亚细亚后才形成一个共同体，那个地区也因此被称作爱奥尼亚，它依靠贸易富强起来，进而成为联盟。

泰勒斯被誉为前苏格拉底时代的"希腊七贤"之首，其余六位分别是雅典的梭伦（Solon）、斯巴达的开伦（Chilon）、罗得岛的克利奥布拉斯（Cleobulus）、科林斯的佩里安德（Periander）、累斯博斯的庇达卡斯（Pittacus）和同属小亚细亚的拜阿斯（Bias）。由于年代久远，加上当时人们的思想只能口头传播，除了泰勒斯和梭伦以外，其余五位贤人的生平事迹皆不可考。我们只知道他们都是政治家和统治者，每位只有一两句格言流传下来。

例如，拜阿斯的名言是"人多手脚乱"，佩里安德的名言是"行事前须三思"，庇达卡斯的名言是"抓住时机"，克利奥布拉斯的名言是"凡事中庸"。"凡事中庸"与梭伦的名言"避免极端"一样，与中国儒家思想有相近之处；而佩里安德的名言接近我国的成语"三思而后行"，后者最初说的是鲁国大夫季文子，可是，连孔子都不赞成他的患得患失。泰勒斯和梭伦有许多格言流传后世，我特别欣赏的是泰勒斯的"认识你自己"和梭伦的"言语是行动的镜子"。

米利都是当时希腊在东方最大的城市，它原本是克里特的一个地区名。可见，居民大多是来自克里特岛的移民。在米利都，商人统治代替了氏族贵族政治，因而思想较为自由和开放，产生了多位文学、艺术、科学和哲学领域的著名人物，盲诗人荷马和后来的历史学家希罗多德就来自米利都所属的共同体爱奥尼亚。据说泰勒斯早年也经商，曾游历埃及和巴比伦，学会并掌握了数学和天文学知识。他本人后来的研究除了这两个领域以外，还涉及物理学、工程学和哲学。

"希腊七贤"中，唯有泰勒斯是知识渊博的学者。泰勒斯创立了米利都学派，企图摆脱宗教，通过自然现象去寻求真理。他认为处处有生命和运动，并以水为万物的本源。这里我们讲述一则与水有关的逸事，青年时期的泰勒斯趁从商之际，广泛接触社会。一次，他用骡子运盐，一头骡子滑倒在溪流中，盐被溶解了一部分，负担顿时减轻了许多，于是骡子每过一次溪就打一个滚。泰勒斯为了改变这头畜生的恶习，就让它驮上海绵，结果海绵吸水之后重量倍增，从此这头骡子再也不敢故伎重施了。

据说泰勒斯在埃及时，就熟练掌握了数学技巧，他曾利用日影和杆高的比例关系算出金字塔的高度。有一则广为传诵的故事，在一个艳阳天，泰勒斯在地上垂直插了一根杆子。等到杆子的影子与杆子的高度（也有记载是身高与人影）等长时，他测量了金字塔影子的长度，此长度即为金字塔的高度。不过，由于金字塔的底部较大，不是一个点，故而只有在特殊的日光角度才能测准。这个故事的升级版是，泰勒斯在金字塔影子的端点竖立一根杆子，借助太阳光的投影，构成两个相似三角形，塔高与杆高之比等于两者影长之比。

2. 哲人眼里的泰勒斯

虽说泰勒斯已留名青史，但有关他的生平我们仍知之甚少。幸运的是，在几位后世哲学家和作家的著作里，提到了他的一些逸事。我们可以从中了解到他的为人和气质。或许，这是最早的数学故事。遗憾的是，虽说古代中国也出现了一些著名的数学家，却没有形成这样的文化氛围，人文学者极少关心科学家的工作。但也有例外，庄子的《天

▶ 美国众议院内的梭伦像

下》篇记载过名家惠子阐述的无穷概念，《周髀算经》里也写到周公
与大夫商高谈论勾股数。

柏拉图既是哲学家，也是数学家，据说他创办的学园门口写着，"不
懂几何学的请勿入内"，而在学园的后门又写着，"懂哲学者方可治
国"。《泰阿泰德》篇是柏拉图的一篇重要作品，泰阿泰德（Theaetetus，
约前 417～前 369）是苏格拉底的学生、柏拉图的师兄，在老师去世
时与柏拉图同在现场。他是数学家兼哲学家、立体几何的创立者，是《泰
阿泰德》篇（还有柏拉图另一部著作《智者》篇）的主要对话者。

柏拉图在此篇探讨了"知识"的本性，可看作是对老师和师兄
的一种纪念。关于"什么是知识"，苏格拉底告诉年轻的泰阿泰德
三个答案，分别是"感觉""信念"和"信念附加上说理"，但最
终都被他否定了，因为对于求知者来说，最重要的在于过程。书中
记述了泰勒斯的一桩逸事，有一次他仰观天象，不小心跌进旁边的
沟渠，一位长相秀美的色雷斯女仆嘲笑他说："近在足前您都看不见，

怎么会知道天上的事情呢？"对此泰勒斯并未回应，倒是雅典执政官梭伦的发问刺痛了他。

泰勒斯可能是许许多多终身独居的智者中的第一人。据 1 世纪古罗马传记作家普鲁塔克记载（此时离泰勒斯辞世已经六个多世纪了），有一次，比泰勒斯年长 14 岁的梭伦到米利都探望泰勒斯。梭伦是一位政治家、改革家、立法者，公元前 594 年出任雅典城邦的第一任执政官。此外，他还是一位成功的商人，喜欢游历名山大川，考察社会风情，甚至在诗歌创作方面也颇有成就，有"雅典第一位诗人"的美誉。虽然梭伦的诗歌主要赞颂雅典城邦和法律，但他也会抨击、谴责贵族的贪婪、专横和残暴，并坚信道德胜于财富。

例如，梭伦曾在诗中写道："作恶的人每每致富，而好人往往受穷；可是我们不愿意，把道德与财富交换；因为道德是永存的，而财富每天更换主人。"由此可见，梭伦是一个很有个性的人。泰勒斯有一句格言，"过分稳健只会带来灾难"，这与梭伦的格言"避免极端"颇为矛盾。果然，说着说着两人之间起了微小的波澜，梭伦问泰勒斯为何到现在还不结婚，泰勒斯听了显然不悦，未予回答。

几天以后，情感丰富、喜欢作诗和旅行的梭伦得到消息，有位不幸死于雅典的年轻人可能是他的儿子，这令他悲恸欲绝。这时泰勒斯笑着出现了，在告之消息纯属虚构以后，声明自己不愿娶妻生子的原因，就是害怕面对失去亲人的痛苦。据说泰勒斯中年时，母亲催促过他成婚，答曰："还没到那个时候。"后来步入晚年，老母亲又催婚，答曰："现在已过了那个时候。"

前文提到的普鲁塔克，他的著作在文艺复兴时期很受欢迎，法国作家蒙田对他推崇备至，莎士比亚不少剧作也取材于他的著作。每次记载以后，他还有评述，例如针对泰勒斯的婚姻观，他这样写道："如果由于害怕失掉就不去获得必需的东西，这既不合理，也不足贵……无论如何，我们决不可用贫穷来防止丧失财产，用离群索居来防止失掉朋友，用不育子嗣来防止儿女夭折；应该以理性来对付一切不幸。"

关于泰勒斯，柏拉图的弟子、比泰勒斯晚近三个世纪的哲学家亚里士多德在他的著作《形而上学》中也讲过一则故事。有一次，泰勒斯依据他掌握的农业知识和气象资料，预见到翌年橄榄必将获得大丰收，于是集资提前低价租借了该地区所有的榨油机，后来果然如他所料，榨油机供不应求。于是他便高价出租，以此获得巨额财富。他这样做并不是想成为富翁，而是想回答有些人对他的讥讽："如果你真聪明的话，为什么不发财呢？"同时他也告诫人们，知识胜于财富。

3. 多才多艺的泰勒斯

第一个留名的数学史家欧德莫斯（Eudemus of Rhodes，约前370～约前300）是亚里士多德的得意门生，编写有算术史、几何史和天文学史方面的著作，可惜均已失传，他还与人合编过恩师亚里士多德的全集。幸而普罗克洛斯（Proclus，410～485）在为《几何原本》作注时写下《欧德莫斯概要》，主要取材于欧德莫斯的《几何学史》。欧德莫斯在书中写道："……（泰勒斯）将几何学研究（从埃及）引入希腊，他本人发现了许多命题，并指导学生研究那些可以推出其他命题的基本原理。"

普罗克洛斯是柏拉图学园导师、最后一任园长，他有一句名言是："哪里有数，哪里就有美"。正是由于他的记载，我们才知道，泰勒斯证明了包括"泰勒斯定理"在内的平面几何中的五个定理，它们均被收入现今中学的《数学》教科书中。泰勒斯证明了："圆的直径将圆分成两个相等的部分；等腰三角形的两底角相等；两条相交直线形成的对顶角相等；如果两个三角形有两角、一边对应相等，那么这两个三角形全等。"

当然，泰勒斯最有价值的数学工作是如今被称作"泰勒斯定理"的命题："半圆上的圆周角是直角。"众所周知，"泰勒斯定理"是数学史上第一个以数学家名字命名的定理。欧几里得在《几何原本》中，将其列为第三卷命题31。所谓圆周角是指顶点在圆上，两条边与圆的交点处于一条直线的两端。其证明利用了平行公设的等价形式，即三角形的三个内角和为180度。具体如下：

设直径 AC 把圆等分，圆周角顶点为 B，要证角 ABC 为直角。连接圆心 O 与 B 点，由等腰三角形两底角相等可知，角 A 等于

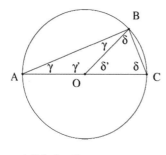

▶ 泰勒斯定理的证明

角 ABO，角 C 等于角 CBO，于是角 A 加角 C 等于角 ABC。再由于三角形内角和为 180 度，故角 ABC 是 90 度，即为直角。

在数学以外，泰勒斯也成就非凡。他有一句名言："水是最好的。"他认为，阳光蒸发水分，雾气从水面上升而形成云，云又转化为雨，因此断言水是万物的本质。值得一提的是，泰勒斯把金属也归于"水"的范畴，大概因为它能熔化。他还认为，地球是浮在水面的圆盘，地震是地球借水的漂移发生的震动。虽然此观点后来被证明有误，但他敢于揭露大自然的本来面目，并建立起自己的思想体系，因此被公认为是希腊哲学的鼻祖。

事实上，泰勒斯是第一个提出了"什么是万物本源"这个哲学问题，并尝试给予回答的人。泰勒斯首创理性主义精神、唯物主义传统和普遍性原则，在神学方面他是个多神论者，认为世间充斥各种神灵。虽然如此，他还是从自然界本身去寻求原因，而不是从人形的诸神那难以捉摸的性格去寻求原因，去解释世界，这是泰勒斯的可贵之所在。晚年泰勒斯招收学生，创立了米利都学派。

在物理学方面，琥珀摩擦产生静电的发现也归功于泰勒斯。他对天文学颇有研究，曾估量太阳和月球的大小，并确认了小熊星座，指出其有助于航海事业，并首次将一年的长度确定为 365 天。

▷ 希罗多德《历史》的拉丁文版（1494，
威尼斯）

在柏拉图出生两年前去世的希罗多德享有"历史之父"的美誉，他的著作《历史》是西方第一部完好流传下来的散文作品，因此他也被认为是西方文学的奠基人、人文主义的杰出代表。

希罗多德在书中记叙了泰勒斯曾准确地预测过公元前585年的日食，使得战争停止。战斗双方是吕底亚的阿丽亚特斯和米底亚的基亚克萨里斯，连续五年未见胜负，造成生灵涂炭、尸横遍野。泰勒斯预先测算有日食发生，便扬言上苍反对战争，必用日食警告。结果两军酣战之际，白昼顿成黑夜，将士因而十分惊恐，他们想起泰勒斯的警告，于是停战和好。这是西方有明确记载的最早的日食，确切日期是5月28日。

至于泰勒斯所用的方法，后世学者认为可能是古代巴比伦人发现的沙罗周期（Saros）[1]。也有现代学者认为，泰勒斯的年代尚不具备精确预言一次日食地点和时间的知识。欧德莫斯相信，泰勒斯已经知道按春分、夏至、秋分和冬至来划分的四季是不等长的。而泰勒斯与梭伦之间的交往，则可能是有史以来数学家与政治家、数学家与诗人之间最早的友谊。

4. 泰勒斯的学生和遗产

比"泰勒斯定理"更为重要的是，泰勒斯引入了命题证明的思想。泰勒斯开启了数学命题证明的先河，这标志着人类对客观事物的认识从感性上升到了理性。这是数学史上一次非同寻常的飞跃，几个世纪以后被欧几里得在写作《几何原本》时发扬光大。不仅如此，泰勒斯的证明还借助了一些公理或真实性已经得到确认的命题。虽然没有原始文献可以证实泰勒斯取得所有这些成就，但以上记载流传至今，使得他获得了"第一个数学家"和"论证几何学鼻祖"的美名。

泰勒斯平常谈吐幽默，且富有哲理。他对于"怎样过正直的生活？"的回答是："不要做你讨厌别人做的事情。"这与孔子在《论语·颜渊》中的"己所不欲，勿施于人"异曲同工。当有人问："你见过的最奇怪的事情是什么？"泰勒斯回答："长寿的暴君。"又"当你做出一

---

1 沙罗周期是天文学术语，为日食和月食的周期，长度约 6585.32 天，相当于 18 年又 10.3 或 11.3 日（视期间有 5 个还是 4 个闰年）。在每个沙罗周期内，约有 43 次日食和 28 次月食。

个发现时，想得到些什么？"从未获得任何奖赏的他答道："当你在告诉别人时，不说是你的发现，而说是我的发现，这就是对我的最高奖赏。"

泰勒斯的学说和思想有着巨大的影响力，他开创性地对世界进行了理性的探索，成为第一个名副其实的数学家和科学家。在他的带动之下，希腊人摆脱了神的束缚，开始自觉地探索数、形乃至宇宙的奥秘，揭露大自然本来的秘密。经过数个世纪的努力，数学从具体的、实验的阶段过渡到抽象的、理论的阶段，逐渐形成一门独立的、演绎的学说，最终造就了希腊科学、艺术和哲学的繁荣，继而影响到欧洲和整个世界。

在泰勒斯的门下，以阿那克西曼德（Anaximander，约前 610～前 545）和阿那克西米尼（Anaximenes，约前 586～前 526）最有成就。阿那克西曼德出生于米利都，曾在黑海附近的殖民地担任过领袖。他认为世界不是由水组成的，而是由特殊的不为我们熟知的某种基本形式组成的（构成土、气、水、火四种元素的某种实体）。这一实体在运动中分裂出冷和热、干和湿等对立面，从而产生万物。世界从它产生，又复归于它。他是第一位以散文形式写下观念的哲学家，而不是像荷马或赫西俄德（Hesiod）那样用诗歌形式。

阿那克西曼德创造出一种归谬法，并由此推断出人是由海鱼演化而来的，高级动物是由低级动物演化来的。他提出一种重要的宇宙观，即地球是宇宙的中心（一个自由浮动的圆柱体），太阳、月亮和星星都是围绕着地球呈环状排列。在哥白尼的学说出现之前，这个宇宙观延续了两千多年。据说阿那克西曼德擅长表演，服装和言谈极具戏剧性，曾率领使节团到斯巴达，并在那里展示了他的两项伟大发明——日晷和世界地图（人类绘制的第一幅）。遗憾的是，他的著作《论自然》已佚失。

阿那克西米尼的观点又有所不同，他认为世界是由空气组成的，空气的凝聚和疏散产生了各种不同的物质形式。与两位米利都学派前辈一样，他的哲学也是一元论，埃及人和巴比伦人利用神灵来解释世界的形成和本质，他们则是做了自然主义的阐释。阿那克西米尼做了这样的设想：气体是一种万能的东西，它能自发地进入我们的灵魂，从而达到控制身躯的目的。

据说阿那克西米尼有过上千个门徒，有一次上课时，他要求学生们放下笔记本认真听课，答应课后发讲义给大家，结果他只给了一张白纸，让大家把听到的写在纸上，只有路过旁听的毕达哥拉斯记全了。这个故事真假难辨，但却富有哲理，涉及教师或管理者的艺术，就是让学生或员工对自己负责，学会和掌握重要的实用技能。阿那克西曼德曾经这样表述：无尽的磨难是自然的一种原料。对此，阿那克西米尼举例予以支持——羊毛被压缩，因为它要被做成垫毯。

此外，历史学家、作家和旅行家赫卡泰奥斯（Hecataeus，约前 550～前 476）也被有的学者划到泰勒斯门下。赫卡泰奥斯不仅用优美简洁的文笔写出了最早的游记（他在波斯帝国有广泛的游历），同时也是地理学和人种学的先驱，他有一句名言流传后世："埃及是尼罗河的礼物。"但从他的生年和泰勒斯的卒年来看，他还不能够成为后者的学生。无论如何，赫卡泰奥斯是波斯统治下的米利都人，他是有记载的古希腊第一个历史学家。在他去世前不久出生的希罗多德也模仿他说过："几何学是尼罗河的礼物。"

2022 年正月，杭州西溪

毕达哥拉斯：万物皆数

先知在本乡是不受尊敬的。

——《新约·约翰福音》

1. 提尔——数论的诞生地

斜边的平方，

如果我没有弄错，

等于其他两边的

平方之和。

2500 多年前，希腊人毕达哥拉斯用诗歌描述了他发现并证明的第一个数学定理，史称"毕达哥拉斯定理"，它在中国又被叫作"勾股定理"。可以说，这个定理为全世界每一个中学生所熟知。毕达哥拉斯作为人类历史上第一个堪称伟大的数学家和哲学家，我们有必要了解他的生平和学术思想；同时，创造了辉煌灿烂文明的古代希腊人是如何看待数学和从事数学研究的，也是我们颇感兴趣和好奇的事情。

毕达哥拉斯出生在拥有无数传说的爱琴海东端的萨摩斯岛（Samos），此岛的面积有四百多平方公里（大约相当于中国东海的舟山岛），在数以千计的希腊诸岛中名列第八。萨摩斯岛距小亚细亚（今天的土耳其西海岸）仅仅数公里，是爱琴海所有岛屿中离土耳其最近的，只要天气不是太糟糕，总可以用肉眼相互望见。假如这两个地方在今天（像古代相当长一段时期那样）仍属于同一个国家，恐怕早就用一座跨海大桥相连了。

在毕达哥拉斯时代，尚没有明确的国家概念，萨摩斯与希腊本土和其他岛屿、殖民地的联系主要通过航海、贸易和神话、语言，各地在政治、经济诸方面都保持着独立。萨摩斯岛是希腊神话里主神宙斯之妻、天后赫拉的诞生地，岛上至今仍保留着赫拉神庙。在毕达哥拉斯移民到亚平宁半岛不久，波斯人入侵了小亚细亚，萨摩斯人才开始与雅典人结盟，并被并入，后来又相继被拜占庭、土耳其占领，直到1912年复归希腊。

关于毕达哥拉斯的生卒年，至今流传着两个不同的版本。依照《不列颠百科全书》的记载，毕达哥拉斯出生在公元前580年，卒于公元前500年，这样就与传说中国哲学家老子可能的生卒年吻合。另一个似乎流传更广的说法是，毕达哥拉斯出生在公元前569年。笔者无

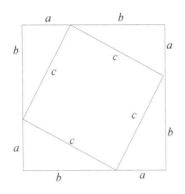

▶ 毕达哥拉斯定理的证明

意对此进行考证，好在关于毕达哥拉斯一生的主要事迹和游历，后世的了解并没有太大的出入。

对毕达哥拉斯个人来说，第一个重要的因素可能是，他的父亲并非本地人，甚至也不是来自隔海相望的小亚细亚或其他大希腊领地，而是来自腓尼基（今黎巴嫩）一座叫提尔（Tyre）的城市。关于腓尼基人的来历，学者们已经无法考证，只能猜测他们是在公元前 3000 年左右从波斯湾一带迁移而来。也正因为如此，他们最初使用的是巴比伦人的楔形文字，但不久便创造了字母。腓尼基人用 22 个字母来表达所有的文字，这些字母也是今天包括希腊字母、罗马字母、西里尔字母在内的一切西方字母的祖先。

从公元前 2000 年直到罗马时代，提尔一直是腓尼基人的主要港口和三大名城之一（另外两座是西顿和贝罗特），一度独霸地中海的迦太基（今北非突尼斯）便是提尔人的殖民地。只不过贝罗特已改名贝鲁特，即今天黎巴嫩的首都，而提尔也已改名苏尔（Sur），这座城市位于黎巴嫩南部，离以色列仅有二十多公里（由于两国敌对，随时可能受到炮弹的威胁），与萨摩斯岛的距离则在一千公里以上，在古代可谓是相当遥远的异国他乡了。

2004 年夏天，笔者趁在贝鲁特出席一个学术会议之际，特意乘坐大巴向南，到赛达（西顿）以后，换乘招手即停的小巴士，来到苏尔（提尔），发现那里已变成一座以渔业为主的小镇。可是，在毕达哥拉斯时代，提尔却是远近闻名的商业城市。因为账目计算的需要，算术便发展起来，甚至有数学史家认为，提尔或腓尼基是"数论"（专门研究自然数或整数性质）这门数学分支的诞生地，正如埃及是几何学的发源地、巴格达人命名了代数学一样，这正是我去苏尔（提尔）朝圣的一个原因。

我到苏尔（提尔）去的另一个原因是，将近20年前，我在一本《法国现代诗选》里读到大诗人保罗·克洛岱尔的一首三节联韵诗，开头他就谈到提尔的商人们：

> 与向他们挥手作别的手帕相伴的海鸥依然展翅飞翔，而挥动手帕的手臂却已经消失。

自从15世纪以来，黎巴嫩就属于法国的势力范围，法语也是该国的通用语言，克洛岱尔想必了解提尔辉煌的过去，他抒发此类感叹，完全可以理解。

作为一名职业外交官，克洛岱尔生命中最美好的15年是在中国度过的。至于他是否到过提尔，就不得而知了。诗人接着写道：

> 他们永远地离开了，却不会到达任何地方。

可是，毕达哥拉斯的父亲并非如此，他是个商人，并把生意做到了海外——萨摩斯岛。他不仅经商有术，且慷慨大方，有一年萨摩斯闹饥荒，他捐献了几船粮食，获赠"荣誉市民"的头衔。此后，他就像今

▶ 昔日苏尔（提尔）的港湾
（作者摄）

日中国难以计数的外国投资者一样，把生意连同生活的重心做了战略性的转移。

　　这位有钱的异乡人风度翩翩、尚未婚配，不难想象，那些年轻的萨摩斯姑娘纷纷看上了他，最后他选中的是岛上最美丽的女孩。俗话说，好事多磨，可能是出于一种嫉妒心理，神庙里的祭司声称，这个女孩将成为太阳神阿波罗钟情的女人。尽管如此，异乡人经过一番犹豫以后还是娶了她，不久便生下长子毕达哥拉斯。待毕达哥拉斯懂事后，父亲经常带他一起做商务旅行，不久，又把他送回到老家提尔接受启蒙教育，学习腓尼基语。我们不妨推测，毕达哥拉斯在孩提时代，就在商业发达的故乡，接受了算术和数论技巧的熏陶。

2. 长发的萨摩斯人

毕达哥拉斯在提尔短暂生活之后，返回了萨摩斯。其时岛上的教育已正规化，男孩到了 7 岁，就要进文法学校，学习拼写和计算，接着要去的是诗歌学校，学习诗歌和音乐。在古希腊，诗人是颇受人尊敬的一个职业，早在毕达哥拉斯之前数个世纪，小亚细亚就诞生了荷马，他写了两部流传至今的史诗——《伊利亚特》和《奥德赛》。诗歌学校的老师通常都是诗人，如果是名诗人，则学费极贵。毕达哥拉斯从提尔回来不久，父亲便送他到大诗人克莱菲洛斯门下学习。

古希腊的诗歌是在乐器伴奏下吟唱的，一个诗人往往也是乐师和歌手。不仅如此，学习诗歌除了要学习音乐，还要随着韵律和吟唱起舞。实际上，在当时的教育家眼里，诗歌是一切教育的基础，即使像萨摩斯岛行政长官那样十足的政客，家里仍聘请了两位诗人。诗歌学校里的老师除了对学生实施诗歌和艺术教育以外，还教授他们政治、历史常识和辩论技巧，甚至进行体育和军事训练。值得一提的是，体罚在那个年代也十分盛行。

不过，毕达哥拉斯并不像后来的一些天才人物那样早慧，到了 18 岁，他在任何领域都还未做出什么惊人的发现。那时候对知识的渴望在希腊已经蔚然成风，在父母的支持下，他只身来到对岸小亚细亚最繁华的都市米利都，向米利都学派的创始人泰勒斯求教。泰勒斯是人类有史以来最早留名的数学家、天文学家和哲学家。他被公认开启了数学论证的先河，建立起 5 条今天仍然通用的几何公理命题，其中最重要的结果是证明了后人所称的"泰勒斯定理"：半圆上的圆周角都

▸ 萨摩斯岛上的毕氏纪念碑

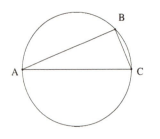

▸ 泰勒斯定理

是直角。

在天文学和气象学上，泰勒斯有着同样出色的工作，他是第一个计算出一年有 365 天的人，对日食发生的原因做了科学的解释，可能还有过一次较为准确的预报，并借此停息了一场战争。至于在埃及法老面前，利用日光的投影测量出大金字塔的高度，对他来说是小菜一碟，只是几何学的一个简单应用而已。泰勒斯还是一位成功的商人，由于预见到某一年的橄榄将获得丰收，他提前低价租进所有的榨油机，在收获季节再高价出租，以此来向友人证实发财比做学问容易。

此外，泰勒斯还被亚里士多德认为是欧洲哲学的奠基人，因为他认为水或湿气构成了宇宙。虽然这个结论后来被证明是错误的，但他却是第一个提出单一的宇宙物质基础的人。在他之前，希腊没有哲学，只有神话。正是受泰勒斯的思想启发，毕达哥拉斯后来提出了"万物皆数"的一元论哲学。值得一提的是，泰勒斯的母亲也有腓尼基人的血统，而他本人却终生未娶，他以自己年事已高为由，拒绝收留毕达哥拉斯这位好学上进的弟子，而是建议他改投同城另一位哲人阿那克希曼德门下。

阿那克希曼德原是泰勒斯的学生，两人还沾亲带故，比泰勒斯幸运的是，他有一本残缺不全的著作《自然论》流传下来。阿那克希曼德早年曾到过巴比伦和叙利亚，他率先把日晷引进希腊，还用几何学的比例来绘制地形图和天文图。他认为最初的动物，包括人，都是从鱼演变而来，这一说法后来被毕达哥拉斯融入他自己的轮回学说。后人认为阿那克希曼德是提出进化论的第一人，也是生物学的创始人，他还提出了物质不灭的超前观念。

除了泰勒斯和阿那克希曼德以外，毕达哥拉斯还到得洛斯岛（Delos）拜菲尔库德斯为师。得洛斯位于萨摩斯西南一百多公里，虽然面积仅三平方公里，却是希腊的宗教圣地、传说中太阳神和月神这对孪生兄妹的出生地。菲尔库德斯（约前600～前513）是一位神话作家，爱神丘比特这个形象就是他描绘出来的，他把生命的创造者和长不大的少年这两个对立的东西糅合在一起，达到了和谐的境界。受此影响，毕达哥拉斯后来也注重和谐，并试图用数的相互关系来阐释宇宙的和谐。

但是，菲尔库德斯对毕达哥拉斯影响最为深远的，恐怕还是灵魂不灭且能轮回转世的学说。菲尔库德斯相信，一个人死后，他的灵魂经过一段时间的旅行就会依附在另一个人的身体上回到人世；同时，通过一定的训练，一个人就能回忆起他灵魂曾做过的旅行，也就是前世的经历。受此启发，毕达哥拉斯认为他自己的前身是主神的使者——赫尔墨斯的儿子。赫尔墨斯不仅掌管畜牧和商业，还司职交通和旅行，据说把第一个女人——潘多拉——送到人间这项任务就是由他完成的。

毕达哥拉斯能经常旅行到海外，与萨摩斯岛以及整个希腊地区的经济实力、军事地位分不开，当时的萨摩斯拥有全希腊最大的图书馆。

由于腓尼基人是闪米特 - 含米特人种，而希腊人是印欧人种，毕达哥拉斯实际上是个亚欧混血儿。当他结束在米利都和得洛斯岛的游学回到萨摩斯岛，留着一头披肩长发，言谈举止不受拘束，不久以后，甚至穿上一条叫"裤子"的玩意，这与故乡人崇尚裸体的习俗格格不入。

3. 游学埃及和东方

毫无疑问，毕达哥拉斯有一颗浪迹天涯的心。到了而立之年，他本应该成家立业，娶妻生子，但却无法安下心来从事商业活动。他把继承家业的使命留给两个弟弟，自己再次出游去了远方。毕达哥拉斯离开萨摩斯岛的直接原因是，他冒犯了当地的政客和祭司。除了穿着打扮以外，他的饮食起居也与众不同。更有甚者，他宣扬阿那克希曼德的学说，企图用物理学原理来解释自然现象，结果就像 20 世纪某些持不同政见者一样，被驱逐出境了。

毕达哥拉斯先是重返父亲的故国，即他幼年时逗留过的腓尼基游历，走遍了今天的黎巴嫩、叙利亚和以色列沿海的每一座城市，包括提尔。古代地中海一带的人认为大西洋就是世界的尽头，无人敢穿越直布罗陀海峡。可是，在毕达哥拉斯出世以前，腓尼基人就穿过这个海峡，沿大西洋航行，北抵英吉利，南达西非，并顺利返回。可以说他们喜欢冒险，也是世界上最好的水手。显然，毕达哥拉斯身上延续了腓尼基人的这一个性。

有一天，毕达哥拉斯正在一座叫卡迈尔的山中神庙静坐时，看到海边漂来一叶帆，便决心搭乘此船去埃及。接下来的故事更为神奇，这个披着长发、举止不俗的年轻人从山上飘然而下，只说了一句，"我要去埃及"，便自己上了船，没有任何言语了，甚至绝食绝水，连个盹儿都没有打。船夫们先是瞠目结舌，继而崇敬之心油然而生，认定他是一个神。果然，一路风平浪静，经过三天两夜的航行，这艘船顺利到达埃及的某个港口。

作为人类文明发祥地之一的埃及，到毕达哥拉斯生活的年代早就衰落了，并业已受到波斯帝国的威胁，只好求助于希腊的庇护，虽然后者此时尚未达到鼎盛时期。因此，当毕达哥拉斯表明自己是来学习智慧的时候，埃及人受宠若惊，甚至连国王都亲自予以接见。只是当时最有智慧的人是神庙里的祭司，包括数学在内的所有知识都由他们保存并口头传诵。埃及的宗教势力远比希腊的要强大（这恐怕也是国力衰败的一个原因），祭司可以把皇室成员的话当耳边风，对外国人则普遍存有戒心。

为了能够与祭司进行交流，毕达哥拉斯走访了许多城市，从地中海海滨一直到故都底比斯，最后总算找到一处偏僻的小神庙愿意接纳他。接下来，他又猛学古埃及的象形文字（据说他是第一个学会这种语言的希腊人），那时已经简化成所谓的僧侣体了。值得一提的是，这种文字在中世纪行将结束时已经失传，无人可以解读。直到1799年，占领埃及的拿破仑士兵发现一块石碑，上面刻着用希腊文、世俗文和象形文字记述的同一篇铭文，这种文字才逐渐被后世专家破译出来。

毕达哥拉斯在埃及居住了十年，对这个国家的语言、历史、数学、神话和宗教有了透彻的了解。同时，他通过宣传和讲学把希腊的神话

▶ 残留在古建筑上的图案
（作者摄于南意大利）

和哲学介绍给埃及人民，赢得了祭司阶层的尊敬和信任。毕达哥拉斯发现，埃及的祭司因为沉默寡言而神秘莫测，后来他在意大利创办学院，就把"守口如瓶"当作一条纪律，要求弟子们遵从。他们只穿麻织的衣服和纸草编的鞋，也是受埃及祭司的影响。此外，埃及人笃信灵魂不灭也使得毕达哥拉斯坚信导师菲尔库德斯的转世说。

遗憾的是，埃及人从对尼罗河水潮涨潮落的观察中提炼出来的几何学和天文学知识并不比毕达哥拉斯从米利都智者那里学到的更多。事实上，那时候在数学和天文学方面领先的是巴比伦人。但毕达哥拉斯在埃及过着十分舒心和受人尊敬的生活，这与他在故乡受到的冷遇形成对照，直到强大的波斯人侵入了埃及。毕达哥拉斯和埃及境内的所有希腊人一起，被俘虏到已经成为波斯人领地的巴比伦做了奴隶，没想到的是，他却因祸得福，又一次获得学习的良机。

与尼罗河两岸的埃及文明一样，底格里斯河和幼发拉底河所灌溉的美索不达米亚平原，也是人类文明最早的发祥地之一。在这片土地上生息的苏美尔人创造出的楔形文字，堪与古埃及的象形文字媲美。所不同的是，已知的考古学发现表明，巴比伦人在数学尤其是代数方面更为先进，他们创造的 60 进制（包括一天分 24 小时、每小时 60 分钟、每分钟 60 秒）至今在我们日常生活中广泛使用。除此以外，诸如平方根和一元二次方程根的计算等均达到世界领先水平。

更令人吃惊的是，收藏于美国哥伦比亚大学的一块用楔形文字书写的泥板书显示，巴比伦人已经知道了若干满足毕达哥拉斯定理的整数组。这个事实说明，毕达哥拉斯有可能从巴比伦人那里学到了本文开头提到的那个定理（但巴比伦人和中国人一样并没有在毕氏以前给出证明）。他被押到两河流域以后，先是做了一位波斯军官的奴隶，后来因为治好主人的瘙痒症而获得自由，他所用的偏方是从埃及祭司那里学来的。在此我们不能排除，毕达哥拉斯利用医学知识事先设下了圈套。

毕达哥拉斯本可以从此离开巴比伦，但他自己主动留了下来，原因是想了解和研习波斯人的拜火教。这个由波斯先知琐罗亚斯德创立的宗教认为世界上存在善与恶两种势力的斗争，虽然后来衰败了，但仍延续至今，是世界上历史最悠久的宗教。受其基本教义的影响，毕达哥拉斯后来把奇数看成是善的代表，是阳性的；而偶数就成为恶的代表，是阴性的。他后来利用整数的比例关系研究音乐理论，也是受到巴比伦星相学和数字神话思想的启发。

4. 克罗托内学园

在巴比伦生活了五年以后（这期间他或许还去过印度），毕达哥拉斯终于踏上回乡之路。当他乘船回到萨摩斯岛时，离出发已有十九年了，比起后来法显和玄奘去印度，马可·波罗到东方都要长久。毕达哥拉斯离开故乡时可谓英姿勃发，如今回来却已两鬓斑白。刚开始萨摩斯人表现出难得的热情，市政长官也请他向公众发表演说，介绍东方之旅的见闻，市民们纷纷涌来，他们很想听他分析，强大的波斯人会不会打过来（如前文所说，这座岛屿后来果然被波斯帝国占领了）。

可是不久，岛民的狭隘意识再次显露出来。人们的态度分成了两种，年轻人认为毕达哥拉斯是一个智者，年长的人认为他是一个狂人。终于有一个与他同名的孩子迷上了解数学题，偷偷地来跟他学习，并说服了家长，这个孩子后来成为提倡运动员注意饮食的第一人。受这个学生的鼓励，毕达哥拉斯依山办起了一座"半圆学校"，虽然当地的权贵和商人不喜欢他，不过由于他在埃及赢得的声望，年轻人依然纷纷涌来。

那时候希腊已有许多小酒馆，岛民最害怕的就是孤独，萨摩斯人常常自带鱼干或橄榄，问店主买来一杯酒，在那里相互传递消息。居住在山洞里的毕达哥拉斯和他的弟子们自然而然就成为议论的对象，经过一番添油加醋，他的提问式教育方法、内容和对当地诸如祭神方式等的批评受到了讥笑甚至怒骂，其中的一大忌讳是"数就是神"。他先是被迫把教学内容改为单纯的数学，接着便把创办不满一年的学校关闭了。

记叙基督事迹的《约翰福音》里写道："先知在本乡是不受尊敬的。"毕达哥拉斯50岁那年，不得不再次离开萨摩斯，从此没有返回过故乡。这回他决定去意大利，不过第一站是到得洛斯看望菲尔库德斯。这并非他最后一次来到这座小岛，几年以后，恩师病危，他再次赶来守护。接着，毕达哥拉斯走访了雅典、克里特岛和斯巴达城邦，后者位于希腊本土伯罗奔尼撒半岛的东南，人民以骁勇尚武著称，那时雅典尚未兴盛，而克里特已经衰落。

在伯罗奔尼撒半岛的另一头，坐落着一个叫伊利斯的城邦，四年一度的奥林匹克运动会正在那里举行。那时候奥运会已经创办了两个半世纪，虽然只有十多个项目，比赛时间却长达五天，选手们来自欧亚非三大洲。从奥林匹亚乘船，向西渡过更为辽阔的伊奥尼亚海，就是意大利的南方了。赛会一结束，毕达哥拉斯便搭船出发了，他所抵达的克罗托内（Crotone）位于亚平宁半岛的最南端，以盛产奥林匹克赛会冠军远近闻名。我们甚至可以猜测，他是跟随那些得胜回家的奥运冠军们来到了意大利。

就像重返萨摩斯岛时一样，克罗托内的市政长官也邀请毕达哥拉斯向公众发表演说，没想到，这一次竟然大获成功，甚至权贵们和年长的公民也被折服了。大希腊是个多神教的国家，意大利南方最崇拜的是酒神狄奥尼索斯，人们喜欢纵情歌舞（这一习性一直保留至今，这也是意大利南方经济落后于北方的主要原因），并无太多的嫉妒之心。与此同时，有过一番经验教训以后，毕达哥拉斯成熟了许多，谈吐也更加文雅了，举手投足都显得超凡脱俗。

很快，毕达哥拉斯便有了一大批拥戴者，其中一位是奥运跳远冠军，他把自己的哑女狄亚诺许配给了这位异乡人，两人生下了一对儿女。这样一来，毕达哥拉斯就过上了安定的生活。他先是建议市政府为缪斯（希腊神话中的一位女神，起先只是诗人的保护人，后来掌管的范围扩大，兼及包括体育在内的一切文科乃至科学）修筑了神庙，接着在郊外办起了一所被称为"城中之城"的学校或社团。

毕达哥拉斯把社团成员分成两类，分别叫毕达哥拉亚和毕达哥拉斯太。前者极具天赋，要求把财产交公，一起过公社生活；后者保留私有财产，可以和其他成员交流，相当于旁听生。稍后，又根据工作性质做了区分。例如，管理学校内部事务的叫 Politikoi，这大概是后来"政治家"一词的来源，不过当时他们对政治并没有什么兴趣；专门从事几何学、天文学研究的则叫 Mathematikoi，这正是"数学家"一词的希腊语原型。

作为一校之长和精神领袖的毕达哥拉斯，他的职责除了制定规章制度和管理以外，还亲自负责招募新生。凭着他的知名度和声誉，许多富商子弟或出名的人都前来投奔，其中包括连续六届奥运会摔跤冠军米隆，据说他曾在开幕式上扛着一头公牛进入会场。由此可见，古希腊人对智慧非常仰慕，大多数社团学员得经过五年的观察期，期间作为旁听生只能站在帐外，不得发言或提问，只有被称为"哲学家"后才能进入帐内。

从流传下来的雕刻或人物素描来看，古希腊的哲人大多神情严肃，毕达哥拉斯也不例外。在萨摩斯时他就要求学生们面壁思考，到了克罗托内，他又要求弟子们对授课内容和研究心得守口如瓶。有一次，一个叫希帕索斯的学生因为泄露了正十二面体的一个秘密，被逐出师门。毕达哥拉斯痛心之余，派人在海滨修筑了一处衣冠冢，他宁肯把弟子看作是已故。不过，这也成为别人攻击他的一个理由，认为这个弟子是被推下海而溺死的。

5. 神秘的数与音乐

在现代西方主要语言里，"数学"一词均来源于古希腊语（Mathema）。在毕达哥拉斯之前，这个词的意思是"可以学到的知识"，到了毕达哥拉斯时代，这个词就成了"数学"的意思，不过仅限于"自然数的学问"，相当于算术。直到中世纪，通行于欧洲教育体制的"毕达哥拉斯四艺"中的第一艺还是算术，其他三艺依次是几何、天文学和音乐（可见"数学"一词的现代意义至少在文艺复兴以后才形成），而那时候"代数学"一词还未出现，它首次在阿拉伯语里出现已经是9世纪的事了。

毕达哥拉斯早年在诗歌学校受到的熏陶丰富了他的写作能力，因此他才用诗歌描述了他发明的第一个定理（见本文开头）。这个早已被巴比伦人和中国人发现的定理的第一个证明是由毕达哥拉斯给出的，据说他当时紧紧抱住哑妻狄亚诺大声喊道："我终于发现了！"毕达哥拉斯还发现，三角形的三个内角之和等于两个直角之和（对这个命题的否定导出了非欧几何学），同时证明了，平面可以用正三角形、正四边形或正六边形填满。用后来的镶嵌几何学可以严格证明，不可能用其他正多边形来填满平面。

关于自然数，毕达哥拉斯最有意思的发现和定义是亲和数

▶ 毕达哥拉斯胸像

（amicable number）与完美数（perfect number）。所谓完美数是这样一个数，它等于其真因子的和，例如 6 和 28，因为 6=1+2+3，28=1+2+4+7+14。后来的《圣经》也提到，上帝用 6 天的时间创造了世界（第 7 天是休息日），而相信地心说的古希腊人认为，月亮围绕地球旋转所需的时间是 28 天。必须指出的是，迄今为止，人们只找到 51 个偶完美数（大约半世纪一个），还没有人找到哪怕一个奇完美数，但也没有人能够否定它的存在。

　　而亲和数是指这样一对数，其中的任意一个是另一个的真因子之和，例如 220 和 284。后人为亲和数添加了神秘色彩，使其在魔法术和占星术方面得到应用，《圣经》里也提到，雅各送孪生兄弟以扫 220 只羊，佯装挚爱之情。有意思的是，直到两千多年以后，第二对亲和数（17926，18416）才由法国数论学家费尔马找到，他的同胞、数学家兼哲学家笛卡尔则找到了第三对。虽然在电子计算机出现以前，数学家们已发现了数十对亲和数，不过第二小的一对（1184，1210）却是在19世纪后期才由一位16岁的意大利男孩帕格尼尼找到的。

毕达哥拉斯一生做了两件事——从事神职工作和兴办学校。他在埃及的时候，主要生活在神庙里，必然要关心神话和宗教。后来到了克罗托内，才开始传道授业。在那个年代，数学知识十分有限，因此，他不可能只做一个纯粹的数学家。在萨摩斯的时候，他就认为数乃神的语言，现在他进一步断定：万物皆数。确切地说，毕达哥拉斯认为我们生活的世界中的多数事物只是匆匆过客，随时都会消亡，唯有数和神是永恒的。这里的数是指自然数，他对10以内的数都赋予了某种特殊的意义。

1是一切数的源泉，是阳性中的至高者——阿波罗。2是众神之母。3代表了三维，后来被基督教用来表示三位一体。4象征着一年四季，和人的四大能力——智性、知识、判断、感觉。5是婚姻数，它等于最小的偶数2与1（万物之泉）以外的第一个奇数3之和。（香烟品牌555是否意味着一个人要结三次婚？）6不仅完美，且是神灵的数，古希腊人认为转世的周期是216年（6的3次方）。7不能分解，是处女数。8象征和谐、友谊，正立方体有8个顶点。9是10以内最大的平方数，所以是公正的。10是前四个数之和，完美又神圣。

在毕达哥拉斯看来，数学的一切理念都应该是美的，不仅如此，音乐的美也建立在数的基础之上。在古希腊，音乐主要是乐器伴奏的单声部乐，如齐唱。直到毕达哥拉斯时代，音乐才成为一门独立的艺术，今天我们熟悉的术语如 music（音乐）、melody（旋律）、rhythm（节奏）、harmony（和声）等都是从希腊语来的。毕达哥拉斯擅长演奏的乐器是里拉琴（lira），他是最早把音乐用于教育的人，学园里每天上的第一节课便是音乐。在他心中，宇宙是一个庞大的乐队，每颗星都是一个富于智慧的灵魂，一个神，一个数，一把乐器。

自文艺复兴以来，毕达哥拉斯的观点如黄金分割、和谐比例均被应用于美学，他的数学和哲学思想得到广泛传播，很多人文主义者认为他是（包括数学在内的）"精密科学之父"。他从数学的角度出发去解释世界，这在总体上确立了自然科学的发展方向，影响了后世的科学家。16 世纪初期，波兰天文学家哥白尼自认为他的"日心说"属于毕达哥拉斯的哲学体系，此后，发现自由落体定律的意大利物理学家伽利略也被称作毕达哥拉斯主义者，而 17 世纪创建微积分学的德国数学家莱布尼茨则自认为是毕达哥拉斯主义的最后一位传人。

由于毕达哥拉斯学派发现了 $\sqrt{2}$ 的无理性，使数学遇到了第一次危机。从毕达哥拉斯定理提炼出的整数方程（其解答被称为毕达哥拉斯三元数组）引申出了费尔马大定理，在过去的三个多世纪里使得全世界最有智慧的人一筹莫展，而这个定理的最终证明在 20 世纪末曾轰动一时。毕达哥拉斯留下的不朽之谜尚有：因为至今无人破译古希腊的乐理，我们无法知道毕达哥拉斯时代的音乐是什么样的；究竟是否存在无穷多个完美数或亲和数。这类问题仍将在未来相当长的时间里，困惑着人类的头脑。

2007 年 12 月，杭州

阿基米德，数学之神

上帝乃几何学家。

——柏拉图

1. 叙拉古城

公元前 287 年，阿基米德出生在地中海最大的岛屿——西西里东南港市叙拉古（又译锡拉库萨），这个年份是依据他的死亡年份和寿命推算出来的。12 世纪的君士坦丁堡（今伊斯坦布尔）诗人、学者策策斯（Tzetzes）被认为是学究的完美典范（这位诗人的母亲是格鲁吉亚人）。策策斯年轻时担任过省长秘书，后来以教书和写作为生。他最著名的一部拜占庭重音（教海）诗集《千千诗集》（又名《史书》）共一万二千多行，引用作家达四百多人，包含了许多逸文。其中提

▶ 西西里大教堂，外墙上有几何图案（作者摄）

到："智者阿基米德是叙拉古人，著名的机械制造师，终生研究几何学，活到75岁。"

阿基米德原本是有传记的，作者是他的一位叫赫拉克利德（Heraclides）的朋友。赫拉克利德与公元前6世纪的哲学家赫拉克利特（Heracleitus）不是同一个人，也非同一个时代的人。还有一位公元前4世纪的天文学家赫拉克利德斯（Heracleides）名字也很相近，他是柏拉图的学生和学园的管理者，曾率先提出地动说，并认为水星和金星是绕日旋转的。6世纪的数学注释家欧托基奥斯（Eutocius）曾不止一次提到这本传记，可惜后来失传了。如同米利都的泰勒斯一样，阿基米德的生平事迹散见于古代的各种文献中。

古希腊共有四个主要部落，分别是亚该亚人（迈锡尼人）、爱奥尼亚人、多利安人和伊奥利亚人。叙拉古住着多利安人，稍北的卡塔尼亚住着爱奥尼亚人（泰勒斯被认为是爱奥尼亚学派的创建人），一水之隔的亚平宁半岛最南端住着伊奥利亚人，稍北的毕达哥拉斯学园所在地塔兰托则住着迈锡尼人，他们说着不同的方言。多利安人最早出现在荷马史诗《奥德赛》中，他们生活在克里特岛上。追根溯源，多利安人可能来自巴尔干岛北部，后迁移到伯罗奔尼撒半岛、罗得岛、克里特岛和西西里岛东部地区。叙拉古的多利安人多是从科林斯移民来的，那里是伯罗奔尼撒半岛与希腊本土的接壤处。

大约在阿基米德出生前一个世纪，叙拉古人建立起一个帝国，他们向北把势力扩大到意大利南部，向南与迦太基（今北非突尼斯）人进行了三次战争，后者是地中海东岸的腓尼基人建立起来的。但在阿基米德出生前两年，叙拉古帝国突然瓦解。在阿基米德生活的年代，

▶ 叙拉古的奥提伽岛，阿基米德在此抗击罗马人

古希腊的鼎盛时期已经过去，经济、文化中心转移到埃及北部的地中海港市亚历山大；与此同时，亚平宁半岛上新兴的罗马帝国，正不断地扩张势力。阿基米德生长在这一新旧交替的时代，而叙拉古城也成为多种势力角力的场所。

阿基米德出身贵族，他的父亲菲迪亚斯是一位天文学家，与早些时候那位曾参与雅典卫城上的巴特农神庙建设的大雕刻家、画家、建筑师同名，却没有亲戚关系。有人因此推断他的爷爷是艺术家，或者至少是艺术爱好者。可以确认的是，阿基米德从小受父亲影响，喜欢思考和研究。大约在他 10 岁时，父亲送他到埃及的亚历山大念书。那里是当时西方世界的学术中心，有一座著名的大学和图书馆，学者云集，数学、天文学、医学研究较为发达，阿基米德跟随包括欧几里得门徒在内的专家学习，打下了日后从事科学研究的基础。据说他在亚历山大发明了螺旋泵——一种提水的装置，曾被埃及人广泛使用。

2. 亚历山大

阿基米德在亚历山大求学的经历我们不甚了解，其时赫赫有名的大数学家欧几里得很可能已不在人世，至少离开教学岗位了。因为欧几里得虽然生卒年和出生地不详，但他的执教应大体在托勒密一世统治时期（约前 323 ～前 285）。在亚历山大期间，阿基米德至少结交了三位同窗或好友——科农（Conon）、多西修斯（Dositheus）和厄

▶ 沉思的阿基米德（意大利画家费蒂作于 1620 年）

拉托色尼（Eratosthenes）。科农是萨摩斯人，与他的前辈老乡毕达哥拉斯一样，也是一位数学家和天文学家。科农是阿基米德最要好、最信得过的朋友，两人的友谊维持了一生，他后来成为托勒密三世的宫廷天文官。科农在圆锥曲线方面的工作，成为阿波罗尼奥斯（Apollonius）《圆锥曲线论》第 4 卷的基础。

厄拉托色尼是北非昔兰尼加（今利比亚拜尔盖）人，他比阿基米德小十来岁，却有着"柏拉图第二"的雅号，后来担任亚历山大图书馆馆长，平素非常讲究穿戴，80 岁时因为双目失明绝食身亡。厄氏多才多艺，写过 10 卷本的古代戏剧史，是一位五项全能运动员，他在数学方面创立了筛法，这个方法及其推广如今在数论领域仍十分有用。他测出的地球周长，与准确的数字只差两百公里；还根据大西洋和印度洋潮涨潮落的情况，推断它们是相通的——15 世纪的葡萄牙探险家达·伽马依据此理论从水路到达印度。厄拉托色尼还利用极圈和回归线划分出地球的五个气候带，沿用至今。

返回故乡叙拉古以后，阿基米德与科农、厄拉托色尼保持通信，他把论著《抛物线求积》《论螺线》《球柱和圆柱体》寄给科农，把论著《论力学定理和方法》和《群牛问题》寄给厄拉托色尼，通过他们也转达给了亚历山大的同行，而两位朋友也把自己的工作告诉阿基米德。据 4 世纪的数学家帕波斯（Pappus）所言，著名的"阿基米德螺线"是科农发现的，现今巴黎二十个区便是依此曲线排列，这个图案还出现在 2004 年雅典奥运会的闭幕式上。可惜，科农本人的著作均已遗失，包括 7 卷本的《论天文学》和《答色腊西达库斯》，后者讨论

▶ 镶嵌在圆柱里的球，阿基米德
　墓的标志

了圆锥曲线和圆的交点问题。

　　科农去世以后，阿基米德又与科农的学生、研究历法和天气预报的犹太人多西修斯通信，他在信中写道："听说科农已经死了，他是我非常好的朋友，而你与他十分相熟，又是学习几何的学生……因此我写信给你，寄给你一些几何定理，因为我已经习惯写信告诉科农了。"从阿基米德其他著作的前言中我们得知，多西修斯在给阿基米德的信中，也经常问起一些数学问题，至于具体内容是什么，无人知晓。无论如何，阿基米德的主要学术成果，均是在与这些亚历山大学者的通信中为人所知并保存下来的。

　　究其原因，古希腊没有学术刊物，出版书籍也非易事，因此许多学者通过给朋友们写信向世人宣布自己的学术成果，附信的内容也成为论著的序言。比阿基米德稍晚的阿波罗尼奥斯也是这样做的，他与欧几里得、阿基米德并称为亚历山大黄金时期的三大数学家。阿波罗尼奥斯年轻时也在亚历山大求学，后来到过小亚细亚米利都北面的帕加马王国，那里有一个大图书馆，规模仅次于亚历山大。他在帕加马认识欧德莫斯（Eudemus）和阿塔罗斯（Attalus），回到亚历山大后，把他的名著《圆锥曲线论》前 3 卷和后 5 卷分别寄给欧德莫斯和阿塔罗斯，两人因此在数学史上留名。但此欧德莫斯非数学史家欧德莫斯，后者来自罗得岛，是亚里士多德的学生。

３. 力学之父

阿基米德是叙拉古统治者希罗王的亲戚，和王子格伦是朋友，格伦后来继承了王位。公元前 1 世纪的罗马建筑师、作家维特鲁威[1]在其 10 卷本的名著《建筑学》第 9 卷中，记叙了阿基米德和希罗王一则千古传诵的逸事。随着希罗王的政治威望和权势的日益提高，他决定建造一个华贵的神龛，内装一个纯金的王冠（wreath，其实是环状花冠），以报答神灵的恩泽。金匠如期完成了任务，本应得到奖赏，偏偏这时候有人告状，说他偷去一部分金子，代之以银。国王甚为愤怒，却又无法判断真假，便请聪明能干的阿基米德来鉴定。

起初，阿基米德也想不出好办法。苦闷之际，他到公共浴室洗澡，当浸入放满水的木桶时，一部分水溢出桶外，他的身体顿觉轻飘，于

---

1 维特鲁威本姓波利奥，因为与同时代的诗人、演说家兼历史学家同名，故被后世写成维特鲁威。

是豁然开朗。阿基米德领悟到，不同质料的物体，虽然重量相同，但因为体积不同，排出的水量也必不相同。根据这一道理，不仅可以判断王冠是否掺假，还可以知道少去的黄金分量。阿基米德高兴地跳了起来，赤身裸体地用多利安方言高喊："尤里卡！"意思是"我找到了！"他不仅揭穿了金匠的劣迹，且将其上升到理论高度，得到流体静力学的浮力原理：物体在流体中减轻的重量，等于排去流体的重量。

这个原理记载在阿基米德的著作《论浮体》中，《建筑学》因为这则逸事被数学家们知晓，文艺复兴以后成为古典时期的建筑学名著。另有作者记述成希罗王头上的王冠，如同专家所分析的，这不甚合理，如此轻巧的体积恐不能混入银子，也难以用排水法鉴别真伪。值得一提的是，1500年以后，意大利画家达·芬奇依据《建筑学》第3卷中提出的人体比例要求和黄金分割律，绘出了钢笔素描《维特鲁威人》，后来成为艺术史上最著名的素描，《建筑学》也借此进入了绘画史。

在帕波斯的著作《数学汇编》里，记载了阿基米德的另一则逸闻，即杠杆定律的故事。这个定律说的是，如果两个物体与一个支点的距离反比于其重量，则杠杆获得平衡。杠杆定律奠定了力学的基础，阿基米德因此发出豪言壮语："给我一个支点，我可以移动地球。"其实，准确的说法是："如果另外有一个地球，就可以站在那儿移动这一个。"这是1世纪罗马帝国时代的希腊传记作家普鲁塔克在《马塞勒斯传》里描写的，阿基米德还向希罗王夸下海口：任何重物都可以用一个给定的力来移动。国王听后大为惊讶，要求阿基米德用事实来证明。

于是阿基米德从国王的船队中选了一艘有三根桅杆的货船，那通常需要很多人花大力气才拖得动。阿基米德安装了一组滑轮，独自握着绳子站在远处，轻而易举地将船拉了过来。而依据 5 世纪的拜占庭哲学家普罗克洛斯（Procrus）的说法，那是希罗王为托勒密王建造的一艘大船，下水时几乎动用了所有的叙拉古人，而阿基米德凭借自己发明的机械装置，使国王一个人就把它拖动。国王因此对他佩服得五体投地，并当众宣布："从现在起，阿基米德说的话我们都要相信。"有趣的是，笔者发现，今天通过巴拿马运河或苏伊士运河上的每一艘巨轮，依然依靠轨道上的滑轮车牵引。

4. 数学之神

阿基米德不仅出身高贵，内心也具有贵族气质，他对自己的实用发明并不十分看重，这从他流传下来的著作可以看出，其中几乎是清一色的数学问题，而机械方面的发明全仰仗他人的记载，但他对机械学的兴趣还是深深地影响了他的数学思想。《论球与圆柱》可能是他最得意的数学著作，序言是他给多西修斯的一封信。书中给出了六个定义和五个公理，例如：两点之间的所有连线，以直线最短；以相同的平面曲线为边界的曲面中，以平面的面积最小。最著名的公理也叫阿基米德公理，用现代数学语言来描述就是：任给两个正数 a 和 b，必存在自然数 n，使得 $na > b$。从这些定义和公理出发，阿基米德推导出了 60 个命题。

例如，阿基米德发现并证明了，球面积等于它的大圆面积的 4 倍，球体积等于以它的大圆为底、半径为高的圆锥体积的 4 倍。后者意味着：以球的大圆为底、直径为高的圆柱的体积是球体积的二分之三。实际上，这便是著名的球体积公式：

$$V = \frac{4}{3}\pi R^3$$

这属于命题 34，那也是应他要求刻在墓碑上的著名论断。700 年以后，利用 3 世纪数学家刘徽提出的牟合方盖思想，中国晋朝的数学家祖冲之、祖暅父子也得到了同一结果。

又如，命题 14 说的是，正圆锥体的侧面积等于以底面半径与母线的比例中项为半径的圆的面积。实际上，这就等于圆周率、半径和母线三者的乘积。但在古希腊，由于毕达哥拉斯学派发现了 $\sqrt{2}$ 的无理性，引发了第一次数学危机，线段的长度是否存在成了问题。虽说两个世纪以后，欧多克斯（Eudoxus）通过引进不可通约概念，将这一危机化解。不过，数学家仍避免线段的长度概念，这就是为何阿基米德选择用矩形的面积来表达。从阿基米德公理出发，他用穷竭法（method of exhaustion）严格地证明了欧几里得《几何原本》中的一条定理：只要边数足够多，圆外切正多边形的面积与内接正多边形的面积之差可以任意小。

所谓穷竭法是公元前 5 世纪的雅典演说家、政治家安提芬（Antiphon）创立的，他在研究"化圆为方"问题时，提出了使用圆内接正多边形面积"穷竭"圆面积的思想。稍后，欧多克斯加以改进，将其定义为："在一个量中减去比其一半还大的量，不断重复这个过程，可以使剩下的量变得任意小。"阿基米德进一步完善了穷竭法，并将其广泛应用于求解曲面面积和旋转体体积。例如，他通过把 [0,1] 区间 n 等分，累加矩形条面积，算出了 $y = x^2$ 和 x 轴在该区间上曲边三角形的面积。遗憾的是，用穷竭法计算不同的曲边形面积时，需要采用不同的直边形去逼近，计算过程采用了特殊的技巧，因而不具有一般性，无法推广到一般的曲边梯形。

《圆的测量》是一本较薄的著作，只有三个命题，均是有关圆的面积和圆周率的，却同样不可小觑。虽说欧几里得在《几何原本》里讨论了许多圆的性质，却压根没提圆周率 π 的值和圆面积、圆周长的计算公式。阿基米德弥补了这一不足，其中命题 1 是这样叙述的：圆的面积等于一个以其周长和半径作两个直角边的直角三角形的面积。简单地说就是：圆的面积等于半径乘半周长。这与中国数学古籍《九章算术》里的说法"半周长半径相乘得积步"，或者公元 263 年刘徽注释的说法"半周乘半径为圆幂"，是等价的。

命题 3 给出了圆的周长与直径长度之比（圆周率）的上下界，即：

$$3\frac{10}{71} < \pi < 3\frac{1}{7}$$

阿基米德用他的穷竭法，分别计算出了内接和外切正 96 边形的周长。

这也是科学史上首次用上、下界来确定一个量的近似值，同时提供了误差估计。值得一提的是，不等式左右两端都是连分数的渐近形式，换句话说，在不超过 7 或 71 的所有分数中，它们是最接近于圆周率值的。阿基米德得到的圆周率是 3.14，精确到小数点后两位，这是公元前人类所得到的最精确的结果。在此之前，最好的结果是古埃及人的 3.1，而古巴比伦人和后来的《九章算术》给出的结果都是 3.0。

在《论锥形体和球形体》中，阿基米德研究了椭圆的面积以及旋转体的体积，进一步深化了穷竭法，十分接近今天的积分法思想。而在《论螺线》一书中，他研究了螺线与出发点的垂线围成的曲线面积，以及螺线的切线，后者用到了微分学的思想。所谓螺线，是指沿绕一定点匀速旋转的直线做匀速运动的点的轨迹，用牛顿发明的极坐标表示就是 $r = a\theta$。如同 20 世纪的美国数学史家 E. T. 贝尔所言："他（阿基米德）比牛顿和莱布尼茨领先两千多年发明了积分学，在他的一个问题（指螺线）中，领先他们发明了微分学。"难怪 1 世纪的罗马博物学家、《自然史》作者普林尼要赞颂阿基米德是"数学之神"。

阿基米德也留传下一部算术著作《沙粒的计算》，这唯一的一部算术著作也可能是他的最后一部著作。这是他为外行人写的一些"机智的妙语"，充满了想象力，他把书献给希罗王的儿子格伦，这本书堪称世界上最早的科普著作。全书只有一个定理，即相当于现今的指数乘法法则。阿基米德先给出了对地球、月亮和太阳大小的估计，进而计算出沙粒的数目。不过，如同他事先所说的，这只是一种假设，这些数字与实际出入较大。阿基米德以万为基础，建立新的记数法，使得任意大的数都能表示出来。他算出充满太阳系的沙粒为 10^{51} 颗，即使是扩展到整个宇宙，也只能容纳 10^{63} 颗。

最后，我们谈谈阿基米德的数学著作对后世的影响。虽然他的工作很有独创性，比如计算球的表面积和体积公式，用 22/7 作为圆周率的近似值，但在古代的影响十分有限。他的工作也没有被继承和发扬，即使在 8 世纪和 9 世纪他的著作被译成阿拉伯文之后，也没有人试图推广他的旋转体体积公式。随着文艺复兴的到来，包括布鲁内莱斯基（佛罗伦萨主教堂的设计者）和达·芬奇这样的巨匠都对阿基米德入迷，前者还有"阿基米德第二"的雅号，但他们看的都是手抄本。1544 年，阿基米德的七部希腊文著作在巴塞尔首次印刷，附有拉丁文译文，它们在当时第一流的数学家和物理学家，包括开普勒和伽利略的著作中有所反映。对 17 世纪的笛卡尔和费尔马，更是产生了巨大的影响。不幸的是，他的《方法论》直到 20 世纪初才被发现。

5. 羊皮书稿

1906 年，丹麦文献学家海伯格（Heiberg，1854 ～ 1928）在君士坦丁堡发现了阿基米德寄给厄拉托色尼的那篇论著《论力学定理和方法》（以下简称《方法论》）的羊皮书，此前它被认为已经遗失了，且连阿拉伯文版和拉丁文版也不存在。两年以后，海伯格再次去君士坦丁堡，经过不懈的努力，终于使 185 页的文字重见天日（除去少数完全看不清）。在这篇论文中，阿基米德解释了他怎样通过在想象中比较一个已知面积或体积的图形和立体，以及一个未知的图形和立体，从而得到他要寻求的事实；而一旦知道了事实，那么在数学上证明它就比较容易了。这有点像如今的数论学家，利用想象力和计算机寻找数的规律，再设法证明它；不同的是，这种证明通常很不容易。

在《方法论》中，阿基米德阐明了平衡法。穷竭法主要用来证明结论，却不易发现新的结果。阿基米德用平衡法计算物体的面积或体积，也是依据德谟克利特的原子论思想，先把面积或体积分成许多窄的平行条或薄的平行层。进而阿基米德假设把这些薄片挂在杠杆的一端，使它们平衡于容积和重心都已知的一个图形，而且已知图形的面（体）积一般都是容易求得的。例如，求球体积时，他把同一个球、圆柱和圆锥放在一起，把球和圆锥的薄片挂在杠杆的一侧，而让圆柱的薄片挂在另一头，利用力矩和杠杆原理，以及圆柱和圆锥的体积公式，推导出了球体积公式。

看得出来，除了微积分或无穷的数学思想，阿基米德研究数学的第二个武器是力学和物理学。我们再举两个例子：一个是重心。牛顿力学里，假设每个星球都是单个的点，这样的点叫重心。圆的重心便是圆心，正方形或平行四边形的重心是对角线的交点。而对于三角形，阿基米德证明了，重心就在任意一条中线距离边长的三分之一处。这个结论是《论平面平衡》的命题 1。再来看抛物线，这似乎是数学家发明的游戏工具。然而，现代科学却表明，围绕着原子核的电子、发射到太空的火箭、投石机弹出的石块，它们的运动轨迹均为圆锥曲线。

下面我们来讲述阿基米德羊皮书的历史。羊皮书是由羊皮纸

（parchment）做成的，羊皮纸得名于它的诞生地，就是前面提到的帕加马王国（Pergamon）。当年那儿建立了大图书馆和大学，成为希腊散文和修辞的中心，并试图与亚历山大竞争文化学术中心地位。托勒密王朝为了阻碍这一竞争，严禁向帕加马输出纸莎草纸，于是帕加马人在公元前 2 世纪发明了羊皮纸。羊皮纸由小羊皮或小牛皮制作，经石灰处理，剪去羊毛，再用浮石软化。这样的纸两面光滑，书写方便，尤其适合鹅毛笔，做成书本也没问题。羊皮纸比纸莎草纸更适用，但价格昂贵。从公元前 2 世纪起，羊皮纸与纸莎草纸同时被使用。公元 3 到 13 世纪，欧洲各国普遍使用羊皮纸书写文件。14 世纪起，逐渐被中国的纸取代。

公元 330 年，第一个基督教皇帝君士坦丁大帝在博斯布鲁斯海峡建造了一座城市，那便是东罗马帝国的首都君士坦丁堡。他下令抄写 50 本《圣经》，稍后批准了一项保护古典文献的计划，于是抄录员成了一份可靠的职业。3 个世纪以后，圣索菲亚教堂落成，这座宏伟壮丽的建筑物被认为是图形和数字的呈现，是两位小亚细亚建筑师安提缪斯（Anthemius）和伊西多尔（Isidore）设计的。此二人是阿基米德的崇拜者兼论著编辑，同时代的数学家欧多修斯（Eutocius）加以注释使之更为著名。可以想象，那时的君士坦丁堡拥有各种阿基米德著作。其中 9 世纪的一位牧首（教皇）佛提乌斯（Photius）通晓希腊古典文献，他收集编辑出版了自己读过的所有著作，冠名以"丛书"，并发明了书评。他还派遣学生西里尔兄弟去斯拉夫人中间传教，促使他们发明了西里尔字母，至今仍为俄语、乌克兰语等十多种语言使用。

9 世纪中叶，抄写的方式从大写字母改为草书小写，这样一来速度加快，且每页文字内容增多。9 世纪下半叶，叙利亚数学家、天文学家塔比特（Thabit ibn Qurra）在巴格达的智慧宫里将阿基米德的著作从希腊文翻译成阿拉伯文。在 12 世纪时，又被意大利人吉拉尔德（Gerard）在托莱多译成拉丁文。那以后，君士坦丁堡在 1204 年经历了一场空前的灾难，东征的基督教十字军洗劫了这座欧洲最富有的城市。阿基米德的著作只留下三个羊皮书抄本，分别称为 A、B、C。三个抄本都包含《论平面平衡》，A 和 B 都包含《抛物线求积》，A 和 C 都包含《论球与圆柱》《圆的测量》和《论螺线》，B 和 C 都包含《论浮体》；A 是《论锥形体和球形体》《沙粒的计算》的唯一抄本，C 是《方法论》和《十四巧板》的唯一抄本。当然，还有著作不在任何抄本之列，有的已经遗失，有的如几何题集《引理集》，因有阿拉伯文版而流传下来。

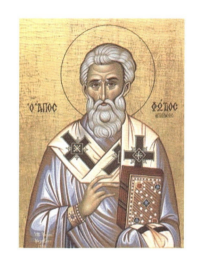

▶　君士坦丁堡牧首佛提乌斯是一位爱书人，他发明了丛书和书评

▶　阿基米德羊皮书《十四巧板》

如今，A 和 B 已经不复存在，只有它们的复本和译本留下来，但它们已经完成了自己的使命，把阿基米德的论著和思想传递到了近代。如此说来，海伯格当年发现的抄本 C 不仅是含有《方法论》和《十四巧板》（此书表明阿基米德已经掌握了组合学）以及希腊文《论浮体》的孤本，也是幸存下来的最古老的阿基米德论著的希腊文手稿。这部阿基米德著作的羊皮书抄本成书于 10 世纪，后来被人擦掉，大约在 13 世纪时写上一大堆东正教的祈祷文和礼拜仪式，作为中世纪的宗教文献在一座修道院保存下来。旧的字迹隐约可见，海伯格惊喜地发现，那是阿基米德的著作。阿基米德的著作虽然不像《几何原本》那样浑然一体，但也所言有据、论证严密。

20 世纪 20 年代，一位曾在希腊服役的法国人斯里克斯在游历土耳其时得到这本羊皮书，把它带回了巴黎。1947 年，他搬到法国南方，把公寓连同羊皮书送给了女儿安妮。最晚在 1970 年，安妮知道这本书的价值，于是准备私下出售。但是，直到 1998 年 10 月 29 日，纽约克里斯蒂拍卖行的槌音落下，这部羊皮书才以两百万美元被一位不愿透露姓名的美国富翁买下，如今收藏在巴尔的摩华尔特艺术博物馆。经过考古学团队（含科学史、数学史、艺术史、古籍手稿、化学、数码成像和 X 射线成像等方面的专家）多年的合作研究，这部遗著终于与大家见面了。阿基米德在书中证明了，抛物线形（被一条与准线平行的直线所截的图像）与其内接三角形的面积之比为 4 比 3。这一点再次证明了毕达哥拉斯学派揭示的整数比例关系无所不在。在《方法论》中，几乎每个命题都如此神奇。

6. 英雄挽歌

公元前 212 年，中国的皇帝秦始皇下令在咸阳焚书坑儒，460 多名儒生惨遭杀害。那一年，叙拉古的阿基米德也走到了生命的尽头。原来，出于商业、交通和殖民利益等的冲突，从公元前 264 年到前 146 年，迦太基与罗马帝国之间发生了三场战争，史称布匿战争[1]。其中尤以第二次布匿战争最为惨烈，那是在公元前 218 年到前 201 年间，犹如 20 世纪的第二次世界大战。迦太基人一度占据了上风，尤其在青年统帅汉尼拔的领导下，在海上完全取得了控制权，他率领的军队从陆地越过比利牛斯山和阿尔卑斯山，进入到亚平宁的腹地，最后因罗马人突袭迦太基本土，回军驰援而功亏一篑。

由于叙拉古与迦太基结成同盟，叙拉古又在罗马船舰征战迦太基的途中，因此不可避免地成为罗马人攻占的目标。公元前 214 年，罗马名将马塞勒斯（Marcellus）率领大军围攻叙拉古。许多史书记载了这场战争，最早的是公元前 2 世纪的希腊政治家、历史学家波利比奥斯（Polybius）的《通史》。书中写道，马塞勒斯从海上发起攻击，叙拉古人依靠阿基米德发明的起重机之类的器械将靠近岸边的船只抓起来，再狠狠地摔下去。马塞勒斯用八艘五层的橹船推进，每两艘连锁在一起，可是叙拉古人未等靠近，就用强大的机械抛出巨石，形同暴雨，罗马兵死伤无数，只得后退。

还有一种传说见于 2 世纪希腊修辞学家、讽刺作家卢西恩（Lucian）

---

1 因为罗马人称迦太基人为腓尼（Peoni），转为布匿（Punic）。

▶ 菲尔兹奖章，刻着阿基米德肖像

的记载，说阿基米德用一面巨镜反射阳光来焚烧敌船。这或许是夸大的说法，不过至少可以说明，当时阿基米德已经发现抛物面反射镜能够聚焦的性质。后来，罗马人又采取夜袭，谁知阿基米德早有防备，事先制造了一种叫"蝎子"的弩炮，专门对付近处的敌人，罗马兵又一次吃了大亏。最后，马塞勒斯干脆放弃正面围攻，而采用长期围困的策略。叙拉古终于因为粮食耗尽而陷入困境，公元前 212 年，在一个庆祝的节日夜间被罗马人悄悄攻占，阿基米德也光荣牺牲了。

关于阿基米德之死，最早的说法出自公元前后的历史学家、《罗马史》的作者李维（Livy）："在兵荒马乱之中，侵略军大肆杀戮，阿基米德面对地上的一幅沙图思考，一个罗马士兵将他刺死，根本不知道他是谁。"策策斯教诲诗中是这样描写的：阿基米德没有注意到逼近他的人是谁。"喂！站远一点，别动我的图。"结果他被杀害了。而传记作家普鲁塔克的说法是，阿基米德要求让他先找到问题的答案，结果激怒了士兵。有意思的是，这则阿基米德的典故可能是唯一有关纯粹数学的。

据说，阿基米德被杀死后，马塞勒斯非常悲痛，他严肃处理了那个士兵，还寻找到阿基米德的亲属，给予抚恤并表达敬意，又给阿基米德立碑，聊表敬仰之情，并让人在墓碑上刻上球内切于圆柱的图案，以资纪念。值得一提的是，普鲁塔克是在《马塞勒斯传》写到这则故事的，他并没有为阿基米德立传，也许他认为，那位将军比阿基米德更重要。结果呢，马塞勒斯因为这则有关阿基米德的记载才被人们记忆。一个多世纪以后，古罗马的政治家、作家西塞罗担任西西里的税务官，有意去墓地凭吊，结果无人愿意带路，他只好自己拨开荆棘寻找到了，只见那球和圆柱的图案仍历历在目。只是我不得而知，在墓碑上刻印图像或公式的传统，是否源于阿基米德。无论如何，阿基米德的墓后来又被岁月埋没了。

英国哲学家怀特海曾经说过："欧洲哲学传统最可靠的一般特征在于，它是由对柏拉图的一系列脚注构成的。"有人借此比喻："欧洲科学传统最可靠的一般特征在于，它是由对阿基米德的一系列脚注构成的。"如今阿基米德已被公认为是古代世界最伟大的数学家、科学家。贝尔称："任何一张列举有史以来最伟大数学家的名单中，必定会包括阿基米德，另外两个通常是牛顿和高斯。"不过，若拿他们的丰功伟绩与其所处的时代来比较，仍应首推阿基米德；甚至于菲尔兹奖章上刻着的也是阿基米德像，这与诺贝尔奖章刻着捐助人的像形成对照。1979 年，阿基米德的同胞、克里特岛出生的诗人埃利蒂斯获得了诺贝尔文学奖。在一首冠名《英雄挽歌》的长诗中他这样写道："梦的轻烟是如何上升的……/ 这一顷刻将另一顷刻抛弃 / 永恒的太阳就这样离开了世界。"

2013 年夏天，杭州彩云居

欧玛尔·海亚姆的世界

伊斯法罕：世界的一半。

——波斯谚语

1. 身体的世界

要了解波斯数学家、诗人欧玛尔·海亚姆的生活轨迹，我们必须先来谈谈他的故乡霍拉桑（Khorasan）这个历史地名，它的另一个中文译名是呼罗珊。这个词在波斯语里的含义是"太阳之地"，意即东方。虽然霍拉桑如今只是伊朗东北部的一个省份（其省会城市马什哈德是什叶派穆斯林的朝圣之地），以制作图案精美的手织地毯闻名。但在从前，它所包含的地域却要宽广许多，除了霍拉桑省以外，还包括土库曼斯坦南部和阿富汗北部的广大地区；确切地说，北面从里海到阿姆河，南面从伊朗中部沙漠的边缘到阿富汗的兴都库什山脉。有些阿拉伯地理学家甚至认为，该地区一直延伸至印度边界。

　　说到阿姆河（Amu Darya）这支中亚流量最大的河流，它蜿蜒于阿富汗、塔吉克斯坦、乌兹别克斯坦、伊朗之间，最后注入咸海。传说 9 世纪的阿拉伯数学家花拉子密就出生在此河下游炎热的古城希瓦（Khiva，今属乌兹别克斯坦），他是代数学的命名人。而兴都库什山区则是当年玄奘西天取经路过的地方，他在《大唐西域记》里称之为大雪山，如今（后来）成为布什政府悬赏缉拿的本·拉登可能的藏身之地。欧玛尔·海亚姆的足迹超出了霍拉桑的地域范围，他向北到达了乌兹别克斯坦的中心城市撒马尔罕，向南直抵伊朗高原上的伊斯法罕，甚至阿拉伯半岛的西端——麦加。

　　作为一个数学家，海亚姆生活过的国家之多（依照今天的行政划分是四个，不含朝圣地沙特），恐怕只有古希腊的毕达哥拉斯可以超出，后者居留过的地方包括希腊、黎巴嫩、埃及、伊拉克和意大利。而综观古代世界的诗人，尽管职业需要他们浪迹天涯，却似乎无人有此等幸运。大概正因为此，荷马在他的史诗《奥德赛》里让主人公历尽十年的海上迷途才返回故乡，但丁则在他的《神曲》里亲身经历了地狱和天堂。海亚姆之所以能云游四方，恐怕与他出身于手工艺人家庭有关，也得益于伊斯兰的势力范围之广。

　　1048 年 5 月 18 日，海亚姆出生在古丝绸之路上的内沙布尔，如今它是一座只有十几万人的小城，离马什哈德仅 70 多公里，以制陶艺术闻名。他先在家乡，后在阿富汗北部小镇巴尔赫接受教育。巴尔

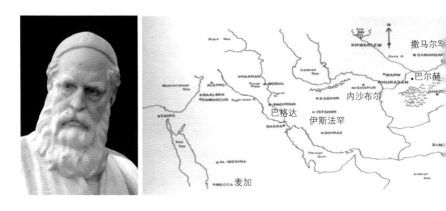

▶ 故乡内沙布尔的海亚姆塑像［左］ 海亚姆的生活轨迹［右］

赫位于喀布尔西北约300公里处，离他的故乡有千里之遥。正如"海亚姆"这个名字的含义"帐篷制作者"那样，海亚姆的父亲是一位手工艺人，他经常率领全家从一座城市迁移到另一座城市。可是，由于时局动乱，如同海亚姆在《代数学》序言中所写的："我不能集中精力去学习代数学，时局的变乱阻碍着我。"尽管如此，他写出了颇有价值的《算术问题》和一本关于音乐的小册子。

　　大约在1070年前后，20岁出头的海亚姆离家远行，他向北来到中亚最古老的城市之一——撒马尔罕。曾被亚历山大大帝征服的撒马尔罕那会儿正处于（土耳其）突厥人的统治之下，其时"一代枭雄"成吉思汗和意大利旅行者马可·波罗均未出世，他们后来从不同的方向以不同的方式踏上这块土地。海亚姆来此是应当地一位有政治地位和影响力的大学者的邀请，他在主人的庇护下，安心从事数学研究，完成了代数学的重要发现，包括三次方程的几何解法，这在当时算最深奥、最前沿的数学了。依据这些成就，海亚姆完成了一部代数著作《还原与对消问题的论证》，后人简称为《代数学》，他也因此成名。

不久，海亚姆应塞尔柱王朝第三代苏丹马利克沙的邀请，西行至都城伊斯法罕，在那里主持天文观测并进行历法改革，且受命在该城修建一座天文台。塞尔柱人本是乌古思部落的统治家族，这个部落是居住在中亚和蒙古草原上突厥诸族的联盟，其中的一支定居在中亚最长的河流——锡尔河下游，即今天哈萨克斯坦境内靠近咸海的地方，并加入了伊斯兰教逊尼派。11 世纪时他们突然离开故土，向南而后向西，成为一个控制了从阿姆河到波斯湾，从印度河到地中海的大帝国。一个世纪以后蒙古人的远征无疑是受此鼓舞，他们和突厥人本是同宗，不同的是，蒙古人只有一部分皈依了伊斯兰教。

由于塞尔柱人没有自己的文化传统，他们接受了辖内波斯经师们的语言，波斯文学广为流传，波斯的学者和艺术家也得到了尊重，这一点与马其顿人征服希腊时如出一辙。正因为此，海亚姆才有机会去首都。现在我们必须要说说伊斯法罕这座城市，它是今天伊朗仅次于首都德黑兰的第二大城市，有一百多万人口，以宏伟的清真寺、大广场、水渠、林荫道和桥梁闻名（这一景象在我于 2004 年夏末抵达时依稀可辨）。除了塞尔柱王朝以外，萨非王朝的国王阿拔斯一世也曾定都此城，使其成为 17 世纪世界上最美丽动人的城市。有一句波斯谚语流传至今：“伊斯法罕：世界的一半。”

马利克沙是塞尔柱王朝最著名的苏丹，1072 年，年仅 17 岁的他便继承王位，得到了老丞相穆尔克的鼎立辅助。马利克沙在位期间，继承父亲的事业，征服上美索不达米亚和阿塞拜疆的藩主，吞并叙利亚和巴勒斯坦的土地，并控制了麦加、麦地那、也门和波斯湾地区。据说他的一支军队抵达并控制了君士坦丁堡对岸的尼西亚，拜占庭帝国遂遣使向西方求救，于是才有了几年以后十字军的首次东征。与此同时，国内的人民安居乐业，苏丹本人对文学、艺术和科学均表现出了极大的兴趣，他广邀并善待学者和艺术家，兴办教育，发展科学和文化事业。

在历史学家看来，马利克沙统治下的伊斯法罕以金光灿烂的清真寺、欧玛尔·海亚姆的诗篇和对历法的改革闻名，其中后两项与海亚姆直接有关。无疑这是海亚姆一生最安谧的时期，他仅担任伊斯法罕天文台台长就达 18 年之久。遗憾的是，到了 1092 年，马利克沙的兄弟、霍拉桑总督发动叛乱，派人谋杀了穆尔克，苏丹随后也（在巴格达）突然去世，塞尔柱王朝急剧衰落了。马利克沙的第二任妻子接收了政权，她对海亚姆很不友善，撤销了对天文台的资助，历法改革难以继续，研究工作也被迫停止。可是，海亚姆仍留了下来，他试图说服和等待统治者回心转意。

大约在 1096 年，马利克沙的第三个儿子桑贾尔成为塞尔柱王朝的末代苏丹，此时帝国的疆土早已经收缩，他更像是霍拉桑的君主了。尽管成年以后，桑贾尔也曾征服阿姆河和锡尔河之间的河间地带，并到达印度边境，但最后仍兵败撒马尔罕。1118 年，他不得不迁都至北方的梅尔夫，那是中亚细亚的一座古城，其遗址位于今天土库曼斯坦的省会城市马雷。海亚姆也随同前往，在那里他与弟子们合写了一部著作《智慧的天平》，用数学方法探讨如何利用金属比重确定合金的成分，这个问题起源于阿基米德。

晚年的海亚姆独自一人返回了故乡内沙布尔，招收了几个弟子，并间或为宫廷预测未来事件（梅尔夫离内沙布尔不远）。海亚姆终生未娶，既没有子女，也没有遗产，他死后，他的学生将其安葬在郊外的桃树和梨树下面。海亚姆的四行诗在19世纪中叶被译成英文以后，他作为诗人的名声传遍了世界，至今他的《鲁拜集》已有几十个国家的一百多种版本问世。为了纪念海亚姆，1934年，由多国集资，在他的故乡修建了一座高大的陵墓。海亚姆纪念碑是一座结构复杂的几何体建筑，四周围绕着八块尖尖的棱形，棱形内部镶嵌着伊斯兰的美丽花纹。

▶ 内沙布尔的海亚姆纪念碑［上］
伊斯法罕的古建筑（作者摄）［下］

2 . 智力的世界

海亚姆早期的数学著作已经散失，仅《算术问题》的封面和几片残页保存在荷兰的莱顿大学。幸运的是，他最重要的一部著作《代数学》流传下来了。1851 年，此书被 F. 韦普克从阿拉伯文翻译成了法文，书名叫《欧玛尔·海亚姆代数学》，虽然没赶上 12 世纪的翻译时代，但比他的诗集《鲁拜集》的英文版还是早了 8 年。1931 年，在海亚姆诞辰八百周年之际，由 D. S. 卡西尔英译的校订本《欧玛尔·海亚姆代数学》也由美国哥伦比亚大学出版了。我们今天对海亚姆数学工作的了解，主要是基于这部书的译本。

在《代数学》的开头，海亚姆首先提到了《算术问题》里的一些结果。"印度人有他们自己开平方、开立方的方法，……我写过一本书，证明他们的方法是正确的。我并加以推广，可以求平方的平方、平方的立方、立方的立方等高次方根。这些代数的证明仅仅以《原本》里的代数部分为依据。"这里海亚姆提到他写的书应该是指《算术问题》，而《原本》即欧几里得的《几何原本》，这部希腊数学名著在 9 世纪就被译成阿拉伯文，而意大利传教士利玛窦和明代学者徐光启合作把它部分译成中文已经是 17 世纪的事情了。

海亚姆所了解的"印度算法"主要来源于两部早期的阿拉伯著作《印度计算原理》和《印度计算必备》，然而，由于他早年生活在连接中亚和中国的古丝绸之路上，很可能也受到了中国数学的影响和启发。在迟至公元前 1 世纪就已问世的中国古代数学名著《九章算术》

里，给出了开平方和开立方的一整套法则。在现存的阿拉伯文献中，最早系统地给出自然数开高次方一般法则的是13世纪纳西尔丁编撰的《算板与沙盘算术方法集成》。书中没有说明这个方法的出处，但作者熟悉海亚姆的工作，因此数学史家推测，极有可能出自海亚姆。可是，《算术问题》失传，这一点已无法得到证实。

海亚姆在数学上最大的成就是用圆锥曲线解三次方程，这也是中世纪阿拉伯数学家最值得称道的工作。所谓圆锥曲线就是我们中学里学到过的椭圆（包括圆）、双曲线和抛物线，可以通过圆锥与平面相交而得。说起解三次方程，最早可追溯到古希腊的倍立方体问题，即求作一立方体，使其体积等于已知立方体的两倍，转化成方程就成了 $x^3 = 2a^3$。公元前4世纪，柏拉图学派的门内赫莫斯发现了圆锥曲线，将上述解方程问题转化为求两条抛物线的交点，或一条抛物线与一条双曲线的交点。这类问题引起了伊斯兰数学家极大的兴趣，海亚姆的功劳在于，他考虑了三次方程的所有形式，并一一予以解答。

具体来说，海亚姆把三次方程分成14类，其中缺一、二次项的1类，只缺一次项或二次项的各3类，不缺项的7类，然后通过两条圆锥曲线的交点来确定它们的根。以方程 $x^3 + ax = b$ 为例，它可以改写成 $x^3 + c^2x = c^2h$，在海亚姆看来，这个方程恰好是抛物线 $x^2 = cy$ 和半圆周 $y^2 = x(h-x)$ 交点 C 的横坐标 x，因为从后两式消去 y，就得到了前面的方程。不过，海亚姆在叙述这个解法时全部采用文字，没有方程的形式，让读者理解起来非常不易，这也是阿拉伯数学（如同中国古代数学一样）后来难以进一步发展的原因之一。

海亚姆也尝试过三次方程的算术（代数）解法，却没有成功。但他在《代数学》中预见道："对于那些不含常数项、一次项或二次项的方程，或许后人能够给出算术解法。"五个世纪以后，三次和四次方程的一般代数解法才由意大利数学家给出。而五次或五次以上方程的一般解法，则在19世纪被挪威数学家阿贝尔证明是不存在的。值得一提的是，解方程在欧洲的进展并不顺利。意大利几位数学家因为抢夺三次和四次方程的发明权闹得不可开交，甚至到了反目成仇的地步，而阿贝尔的工作至死都没有被同时代的数学家认可。

在几何学领域，海亚姆也有两项贡献，其一是在比和比例问题上提出新的见解，其二便是对平行公理的批判性论述和论证。自从欧几里得的《几何原本》传入伊斯兰国家以后，第五公设就引起了数学家们的注意。所谓第五公设是这样一条公理：如果一直线和两直线相交，所构成的两个内角之和小于两直角，那么，把这两条直线延长，它们一定在那两内角的一侧相交。这条公理无论在叙述和内容方面都比欧氏提出的其他四条公设复杂，而且也不是那么显而易见，人们自然要产生证明它或用其他形式替代的欲望。需要指出的是，18世纪的苏格兰数学家普莱菲尔将其简化为如今的形式，即过直线外一点能且只能作一条平行线与此直线平行，但仍然不那么自明。

1077年，海亚姆在伊斯法罕撰写了一部新书，书名就叫《辩明欧几里得几何公理中的难点》，他试图用前四条公设推出第五公设。海亚姆考察了四边形 ABCD，如图所示，假设角 A 和角 B 均为直角，线段 CA 和 DB 长度相等。由对称性，角 C 和角 D 相等。海亚姆意识到，要推出第五公设，只需证明角 C 和角 D 均为直角。为此，他先后假设这两个角为钝角和锐角，试图从中导出矛盾。有意思的是，这种处理问题的方式与 19 世纪才诞生的非欧几何学有着密切的联系。事实上，假设前两种情况为真，就可以直接导出非欧几何学，后者是现代数学最重要的发现之一。

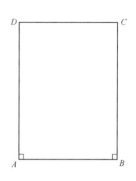

▶ 用以证明平行公理的四边形

遗憾的是，海亚姆并没有意识到这一点，他的论证注定也是有缺陷的。他所证明的是，平行公设可以用下述假设来替换：如果两条直线越来越接近，那么它们必定在这个方向上相交。值得一提的是，非欧几何学发明人之一，俄国人罗巴切夫斯基也生活在远离西方文明的喀山。喀山是少数民族聚集的鞑靼自治共和国的首府，与伊斯法罕同处于东经 50 度附近，只不过喀山在里海的北面，而伊斯法罕在里海的南面。尽管海亚姆没有能够证明平行公设，但他的方法通过纳西尔丁的著作影响了后来的西方数学家，其中包括 17 世纪的英国人、牛顿的直接前辈——沃利斯。

除了数学研究以外，海亚姆在伊斯法罕还领导一批天文学家编制了天文表，并以庇护人的名字命名之，即《马利克沙天文表》，现在只有一小部分流传下来，其中包括黄道坐标表和一百颗最亮的星辰。比制作天文表更重要的是历法改革，自公元前 1 世纪以来，波斯人便使用琐罗亚斯德教（创立于公元前 7 世纪）的阳历，将一年分成 12 个月、365 天。被阿拉伯人征服以后，被迫改用回历，即和中国的阴历一样：大月 30 天，小月 29 天，全年 354 天。不同的是，阴历有闰月，因而与寒暑保持一致；而回历主要为宗教服务，每 30 年才加 11 个闰日，对农业极为不利，盛夏有时在 6 月，有时在 1 月。

马克利沙执政时，波斯人已经重新启用阳历，他在伊斯法罕设立天文台，并要求进行历法改革。海亚姆提出，在平年 365 天的基础上，33 年闰 8 日。如此一来，一年就成了 365 又 8/33 天，与实际的回归年（地球绕太阳自转一圈所用时间）误差不到 20 秒，即每 4460 天才相差一天，比国际上普遍使用的公历（又称格里历，400 年闰 97 日，1582 年由罗马教皇格里高利颁布，但非天主教国家如英、美、俄、中等国迟至 18、19 甚或 20 世纪才开始实行）还要精确，后者每 3333 年相差一天。特别值得注意的是，如果把回归年的小数部分按数学的连分数展开，其渐近分数分别为：

$$1/4, \ 7/29, \ 8/33, \ 31/128, \ 132/545, \ \cdots\cdots$$

第一个分数 1/4 相当于四年闰一日，对应于古罗马独裁者恺撒颁布的儒略年，每 128 年就有一天误差。海亚姆的历法对应的是第三个分数，即 8/33。由此可见，海亚姆制定的历法包含了最精确的数学内涵，如果限定周期少于 128 年，则 33 年闰 8 日是最好的可能选择。他以 1079 年 3 月 16 日为起点，取名"马利克纪年"，可惜随着庇护人的去世，历法改革工作半途夭折了，而那个时候世界各国使用的阳历误差已多达十几天了。海亚姆感到无奈，他在一首四行诗中发出了这样的叹息（《鲁拜集》第 57 首）：

> 啊，人们说我的推算高明
>
> 纠正了时间，把年份算准
>
> 可谁知道那只是从旧历中消去
>
> 未卜的明天和已逝的昨日

3. 精神的世界

　　如果海亚姆仅仅是个数学家和天文学家（据说他还精通医术，兼任苏丹的太医），那他很可能不会终生独居，虽然他的后辈同行笛卡尔、帕斯卡尔、斯宾诺莎、牛顿和莱布尼茨等也不曾结婚。这几位西方智者在从事科学研究之余，均把自己的精神献给宗教或哲学。海亚姆在潜心科学王国的同时，也悄悄地把自己的思想记录下来，但却是以诗歌的形式。不同的是，他的作品因为不合时宜，很有可能在初次展示以后便收了起来。或者，由于他的身份是数学家和天文学家而被人们忽略了。事实上，尽管对海亚姆创作的诗歌数量意见不一，后世学者们一致认定，他并不囿于伊斯兰宣扬的真主创造世界这一观点，因此，他不讨正统的穆斯林喜欢。

　　要谈论海亚姆的诗歌，必须要先了解波斯的文学传统。公元 651 年，阿拉伯人摧毁了古伊朗最后一个王朝——萨珊，把波斯置于政教合一的哈里发的版图内，伊斯兰教取代了琐罗亚斯德教，阿拉伯语成了官方语言。但波斯民间却产生了新的语言——现代波斯语，他是古波斯语即巴列维语的变体，经过演变，用阿拉伯字母书写并引进了阿拉伯语词汇。运用现代波斯语进行创作的文学，就是波斯文学。波斯文学崛起的地方正好是海亚姆的故乡——霍拉桑，之后，在地中海东岸、中亚细亚、高加索地区、阿富汗和北印度也相继出现了著名的波斯语诗人和作家。

不仅如此，在被阿拉伯人占领几个世纪以后，在远离阿拉伯半岛的地方又出现了一个波斯人的王朝——萨曼，其疆域包括霍拉桑和河间地带。在塞尔柱人到来之前，已经有将近两百年的自由发展和工商业的繁荣，主要城市撒马尔罕成为学术和诗歌、艺术的中心，另一处诗歌中心则是阿富汗北部的巴尔赫，这两个地方恰好是海亚姆年轻时逗留过的地方。9世纪中叶，被誉为"波斯诗歌之父"的鲁达基出生在撒马尔罕郊外，他年轻时四处游历，晚年贫穷潦倒且双目失明，可仍活到了90岁高龄，并奠定了被称作霍拉桑体的诗歌风格。

在鲁达基去世前六年，霍拉桑又诞生了一位重要诗人菲尔多西，他也被波斯人认为是他们民族最伟大的诗人，其代表作是叙事诗《王书》（完成于1010年，中译本叫《列王纪选》），讲述了从神话时代到萨珊王朝历代皇帝的故事。将近一千年来，这部诗集被世世代代的波斯人吟咏或聆听。它具有霍拉桑诗歌的特点，即叙述简明，用词朴实，描述人物和环境不做过多铺垫，并绝少使用阿拉伯语汇。不过，有些西方学者们批评菲尔多西这部浩瀚的诗篇韵律单调，内容陈旧且不断重复。这些人恐怕无法理解现代的伊朗人，这部书对他们来说就像《圣经》对说英语的基督教徒那样通俗易懂。

在菲尔多西逝世 20 多年以后，海亚姆降生在霍拉桑。不过，此时他的故乡已经在塞尔柱王朝的统治之下。如果不是在内沙布尔开始他的诗人生涯，那么至少他也应该在巴尔赫或撒马尔罕这两处诗歌中心萌发灵感。由于海亚姆死后半个世纪才有人提到他的诗人身份，我们对他生前的写作状况就无从了解了。只知道海亚姆写的是无题的四行诗，这是一种由鲁达基开创的诗歌形式，第一、二、四行的尾部要求押韵，类似于中国的绝句。虽然，每行诗的字数并无严格的要求，却也有着"语不惊人死不休"的气概，正如海亚姆诗中所写的（《鲁拜集》第 71 首）：

> 那挥动的手臂弹指间已完成
>
> 继续吟哦，并非用虔诚或智慧
>
> 去引诱返回删除那半行诗句
>
> 谁的眼泪都无法将单词清洗

1859 年，即达尔文出版《物种起源》那年，一个叫爱德华·菲茨杰拉德的英国人把海亚姆的 101 首诗汇编成一本朴素的小册子，取名《鲁拜集》（Rubaiyat，阿拉伯语里意即四行诗），匿名发表了，那年他已经 50 岁，在文坛上寂寂无闻。此前，他曾尝试将其翻译成拉丁文，最后才决定用自己的母语。菲茨杰拉德早年就读于剑桥大学最负盛名的三一学院，与《名利场》的作者萨克雷结下终生的友谊，毕业后过着乡绅生活，与丁尼生、卡莱尔等大文豪过从甚密，对自己的写作却缺乏信心。中年后他才开始学习波斯语并把兴趣转向东方，译《鲁拜集》时他采用不拘泥于原文的意译，常用自己的比喻来传达诗人思想的实质。

从第二年开始，英国的文学同行纷纷称赞这部译作。诗人兼批评家斯温伯格写道："菲茨杰拉德给了欧玛尔·海亚姆在英国最伟大诗人中间一席永久的地位。"诗人切斯特顿察觉到这本"无与伦比的"集子的浪漫主义和经典特色，"既有飘逸的旋律，又有持久的铭刻"。更有甚者，有些批评家认为这个译本实际上是一些有着波斯形象的英国诗，这未免夸大其词。《不列颠百科全书》在菲茨杰拉德的条目里冠之以"作家"而非"翻译家"的头衔，其实，菲茨杰拉德的所有文学创作表明，他作为一个作家十分平庸，不足以收入百科全书的条目中。

1924 年，郭沫若率先从英文翻译出版了《鲁拜集》，依据的正是菲茨杰拉德的版本。从那以后，已有十多位中国诗人和学者乃至麻省理工学院的物理学家尝试从英文或波斯文翻译。郭沫若把海亚姆比作波斯的李白，这是由于他们两人都嗜酒如命。有意思的是，将近半个世纪以后，郭沫若又第一个考证出李白出生在中亚的碎叶（今吉尔吉斯斯坦伊塞克湖西岸的托克马克城附近），似乎有意要让李白与海亚姆成为乡邻。无论如何，郭沫若的《李白与杜甫》（1971）是"文革"期间中国知识分子可以阅读的少数几部诗学论著之一。这里随意录下海亚姆的一首吟酒之诗（《鲁拜集》第 35 首）：

> 我把唇俯向这可怜的陶樽，
> 向把握生命的奥秘探询；
> 樽口对我低语道："生时饮吧！
> 一旦死去你将永无回程。"

古人云，仁者见仁、智者见智。阿根廷诗人博尔赫斯对《鲁拜集》的印象是，每每"以黎明、玫瑰、夜莺的形象开始，以夜晚和坟墓的形象结尾"。这是因为，海亚姆与博尔赫斯一样，也是一个耽于沉思的人。海亚姆苦于不能摆脱人间天上的烦恼、生命之短促无常以及人与神的关系这些问题。他怀疑是否有来世和地狱天堂的存在，嘲笑宗教的自以为是和学者们的迂腐，叹息人的脆弱和社会环境的恶劣。既然得不到这些问题满意的回答，他便寄情于声色犬马的世俗享受。尽管如此，他仍不能回避那些难以捉摸的根本问题。

谈到"及时行乐"，原本它就是"欧洲文学最伟大的传统之一"（英国诗人 T. S. 艾略特语），这一主题的内涵并非只是一般意义上的消极处世态度，同时也是积极的人生哲理的探究。事实上，醇酒和美色在海亚姆的诗中出现的频率比起放浪不羁的李白还

▶　《鲁拜集》中文版，郭沫若译

▶ 菲尔兹奖得主、伊朗女数学家米尔扎哈尼

要高，而伊斯兰教是明令禁酒的，这大概是他的诗被同代学者斥为"色彩斑斓的吞噬教义的毒蛇"的原因之一。2014 年，当伊朗数学家玛丽娅姆·米尔扎哈尼成为第一个获得菲尔兹奖的女性时，因为她领奖时没有披戴头巾引发同胞一番议论，多数媒体配发的是她从前在国内时的照片。三年以后，米尔扎哈尼患乳腺癌去世，所幸翌年又有一位伊朗裔数学家考切尔·比尔卡尔获得菲尔兹奖，他目前任职于清华大学。

　　在虔诚的伊斯兰信徒眼里，欧玛尔·海亚姆的诗都是些荒诞不经的呓语。迫于教会的压力，他在晚年长途跋涉，远行至伊斯兰的圣地麦加朝圣。而他之所以逆水行舟，写作这些诗篇的目的无非是想从无生命的物体中，探讨生命之谜和存在的价值（《鲁拜集》第 29 首）：

飘然入世，如水之潺潺

不知何故来，来自何处？

飘然离去，如风之潇潇

沿着戈壁，又吹向何方？

　　20世纪初，14岁的美国圣路易斯男孩艾略特偶然读到爱德华·菲茨杰拉德的英译本《鲁拜集》，立刻就被迷住了。这位20世纪难得一见的大诗人后来回忆说，当他进入到这光辉灿烂的诗歌之中，那情形"简直美极了"，自从读了这些充满"璀璨、甜蜜、痛苦色彩的"诗行以后，便明白了自己要成为一名诗人。同样值得一提的是，在金庸的一部冠名《倚天屠龙记》的武侠小说里，女主人公小昭反复吟唱着这样一支小曲，"来如流水兮逝如风，不知何处来兮何所终"，该曲原出海亚姆的《鲁拜集》，作者添加了两个"兮"字，便有了中国古诗的味道，而在这部中国小说的结尾，小昭被意味深长地发配去了波斯。

2006年12月，杭州西溪

2015年2月，杭州彩云天修改

卡尔达诺，
百科全书式的人物

别把数学想象成艰难晦涩、难以捉摸，它只不过是常识的升华而已。
——开尔文勋爵

1. 一个医生的回忆录

弗朗西斯·培根（1561～1626）是英国法学家、政治家、哲学家和文学家，在他被迫退出政治舞台以后，过着从事写作的隐退生活，出版了有关法律、历史的多部名著，并以随笔作家闻名。他留下了"知识就是力量"，"读史使人明智，读诗使人灵秀，数学使人周密，科学使人深刻，伦理学使人庄重，逻辑修辞之学使人善辩"等脍炙人口的佳句。培根和稍后的同胞作家威廉·莎士比亚（1564～1616）一样，都受到法国作家米歇尔·德·蒙田（1533～1592）的影响。

1580 年，蒙田的《随笔集》（*Essais*）第一卷和第二卷问世，八年后，第三卷出版。蒙田的阅历广博，思路开阔，行文无拘无束，开随笔写作之先河。至今，英语里有随笔家（essayist），而无散文家（只有散文作家，prose writer）。可是，当我读到 16 世纪意大利数学家、医生吉罗拉莫·卡尔达诺（1501 ～ 1576）的自传《我的生平》时，却大吃一惊，那闲雅的文笔、简洁的语言和随意而有意味的主题令人赏心悦目，恰如《培根论人生》（1597），卡尔达诺的著作中也有《论梦》《论安慰》《论智慧》《论格言》《论算术》《论比例》，等等。

▶　卡尔达诺像

看来，在蒙田和培根之前，意大利文学中必然已经有优美的范例，毕竟那是产生了伟大的诗人彼特拉克、但丁，作家薄伽丘和政治哲学家马基雅维利的国度。1574 年，离卡尔达诺的生命终点只有一年的时候，他开始用拉丁语写作回忆录《我的生平》，那时他已经写成并出版了许多学术和随笔著作。在这本自传里，他以自我批评的口吻来剖析自己的一生。我不知道卡尔达诺是否是第一个写作自传的科学家，但至少《我的生平》是现存最早的大数学家传记。这本书内容广博、文采飞扬，值得当今每一位科学工作者学习。

卡尔达诺把写作看成是人生应尽的义务，非常忠实地予以履行。从行文来看，作者通读古希腊和古罗马的名家著作，经常引用他们的格言，例如，古希腊"医学之父"希波克拉底、名医盖伦，哲学家苏格拉底、第欧根尼、亚里士多德、伊壁鸠鲁，历史学家希罗多德、塔西伦、苏维托尼乌斯，古罗马诗人贺拉斯、维吉尔，作家普鲁塔克、小普林尼，政治家西塞罗，以及皇帝中的思想家马可·奥勒留，后者在刀光剑影的间歇写作了《沉思录》，卡尔达诺在《我的生平》序言里称仿效了这本书。

1501 年 9 月 23 日，卡尔达诺出生在米兰南面的帕维亚，是法官和寡妇的私生子，母亲 30 多岁时，带着三个孩子与 56 岁的父亲同居。两年后的 1501 年，她分娩了三天才生下他，之后父母结了婚。卡尔达诺随奶妈在米兰郊外的莫伊拉格村生活了四年后回到家中，他的家族有长寿基因，祖父和父亲分别活了 88 岁和 80 岁，且都有数学禀赋。父亲学识渊博，在米兰讲授过法学和医学，曾与大画家达·芬奇为友。受父亲的鼓励，卡尔达诺开始学习古典文学、数学和占星术。19 岁进入帕维亚大学（哥伦布曾求学该校）学习医学，后来转学到帕多瓦大学（伽利略曾任教此校），25 岁获得博士学位。

作为医生，卡尔达诺对斑疹伤寒首次做了临床记载。按照自传第 40 章"行医成功的例子"，卡尔达诺挽救过 100 多位被别的医生认为是无药可救的病人，他治愈过肺病、癫痫病、痢疾、皮肤病、精神病、失明症，还有些病人患有水肿、驼背、跛脚，经过他的治疗病情大为好转。最值得卡尔达诺骄傲的是51岁那年，他应邀去苏格兰医治圣安德鲁斯大主教哈密尔顿，当时哈密尔顿已患哮喘十年，曾先后请法兰西国王和西班牙国王的御医看过，均未见成效，后来派人来米兰请卡尔达诺。卡尔达诺在圣安德鲁斯逗留了75天，治好了大主教的病，直到19年以后，大主教因参与谋杀玛丽女王的丈夫被处死。

卡尔达诺生活的16世纪，意大利可谓多灾多难。1494年，法兰西国王查理八世攻打那不勒斯，由此亚平宁半岛各个城邦包括米兰陷入接连不断的战争中。1509年，法兰西人在波河支流阿达河打败了威尼斯人，却在罗马欢庆胜利。1527年，罗马遭到波旁王朝军队的洗劫（波旁是原西班牙境内纳瓦拉国王的姓氏），一年半时间内，不朽之城罗马丧失了三分之二人口，那个世纪剩下的时间都用来重建和恢复。卡尔达诺在罗马生活的六年时间里，城内仍有崎岖不平的道路。总之，政治的兴衰，宗教改革带来的巨变，成为卡尔达诺生活的那个世纪混乱的背景。

卡尔达诺本人也经历了与贫穷、耻辱和疾病搏斗的前半生。"我最擅长的莫过于讲述自己的经历，一是由于我活的时间长，二是由于我不断地经历苦难。"卡尔达诺的婚姻很不幸，但自传里没有详细介绍。他有两个儿子和一个女儿，最爱的长子大学毕业后结了婚，媳妇生下三个孩子后却嘲讽都不是他亲生的，他一怒之下用砒霜毒死了她，结果锒铛入狱，50多天后被斩首。这是卡尔达诺一生中受到的最大的打击和挥之不去的痛。几天以后，孙女也夭折了。小儿子因为丢人现眼的表现和暴力，曾数次入狱，被判流放。只有女儿没出大事，但却不能生育。卡尔达诺晚年立下遗嘱，把财产留给唯一的孙子。

书中还写到那个年代欧洲的经济和社会现状。那时候普通人家里一般只有一张床，有些人家连一张床也没有，家庭成员和仆人都睡在地板的通铺上，来了客人也睡在一起。公共场所没有公厕，同性恋被发现的话会用火刑烧死。卡尔达诺虽然医术高明，却因为是私生子，直到38岁才取得行医执照，之前生活极度贫困。他在自传里写道："看见漂亮衣服，我扭头就走。"另一方面，他又爱读书，且买书出手阔绰，他写道："一本值得买的书，应该在智慧和艺术上追求完美。"

1643年，在卡尔达诺去世67年以后，《我的生平》在巴黎首次出版。1654年，此书又在阿姆斯特丹出版第二版。1663年，里昂刊印了10卷本的卡尔达诺《作品大全》，其中《我的生平》是最后一次用拉丁语出版。此后，《我的生平》先后出版了意大利文版（1821）、德文版（1914）和英文版（1930）等。在英文版自传问世以前，已有多部卡尔达诺的传记在伦敦出版。2021年秋天，精装的中文版《我的生平》由浙江大学出版社出版，译者是汕头大学文学院王宪生教授。

2. 百科全书式的人物

15世纪后期以来，随着印刷术的普及，不仅繁荣了文学事业，也加快了数学的发展。卡尔达诺一生共写作了200多种不同种类的书籍和文章，现存的材料多达 7000 页。《我的生平》第 45 章详细列出了他的著作，其中数学和物理学各有三种，天文学有七种，此外还有三种道德著作，有不少是多卷本。他发表过的文章有 20 多种，医学评注九种（主要是针对希波克拉底的著作评注），此外还有有关数学、物理学、医学、神学、哲学等方面的手稿及各种论点 30 多卷。

卡尔达诺是百科全书式的人物，不仅擅长理论科学，在实践科学方面也取得了重大成就。他的著作中包含了丰富的仪器、机械装置的设计图，打捞沉船和距离测量的方法。1548 年，当神圣罗马帝国皇帝查理五世来米兰时，卡尔达诺为他的马车设计了一个减震装置，因此卡尔达诺在皇家队列中拥有一个特别的位置。甚至如今汽车上使用的万向节在欧洲主要语言里仍用卡尔达诺（Cardano）的名字命名，例如，cardan joint（英语）、le cardan（法语）、das Kardangelenk（德语）、giudo cardano（意大利语）。

卡尔达诺最着力撰写的两部书是被他归为物理学著作的《论事物之精妙》（22 卷，1550）和《论多种事物》（17 卷，1558）。这是两部百科全书式的巨著，包含了大量力学、机械学、天文学、化学、

► 卡尔达诺《我的生平》意大利语初版（1821）

► 卡尔达诺《论事物之精妙》初版（1550）

生物学等自然科学和技术的内容，还有密码术、炼金术和占星术方面的内容，其中一些观点与达·芬奇的论述有些相似。这两部著作在16世纪就有十几个版本在流传，后来又被译成多种文字出版，可谓影响深远。在地质学方面，卡尔达诺曾指出，山岳的形成是由于流水的侵蚀造成的。

卡尔达诺著述丰富，跨越了各种领域，在人文学科也有了不起的建树。例如，他写的三卷本著作《安慰》在他在世时就被译成英文出版（1573）。这是一部劝慰悲伤的著作，是他痛失长子之后的感悟，莎士比亚曾经读过。哈姆莱特那句著名的台词"生存，还是死亡？这是个问题"所表达的情绪，与《安慰》中有关睡眠的评述十分相似。《素数之恋》的作者、英国作家约翰·德比希尔甚至推测："哈姆莱特在舞台上说出那句独白时，手里捧着的可能正是卡尔达诺的这本书。"

可是，在版权法（1710年首先在英国颁布）出现之前，出版图书，哪怕是畅销书也不是致富之道。行医是卡尔达诺的主要谋生手段，他最早出版的也是医学方面的书籍，主要介绍一些治疗常识。当他50岁时，已经是意大利第一名医，即使在欧洲范围内，知名度也只是仅次于佛兰德斯的维萨留斯，后者是近代解剖学的鼻祖，曾是查理五世的御医。当时无论上流社会，还是牧师或普通人，都找卡尔达诺看病。但他不愿意远行，只有那次给苏格兰大主教治病例外。

除了行医，卡尔达诺的次要收入来源是赌博和占卜。在从苏格兰回来的途中，他经过伦敦，给年少的国王爱德华六世（亨利八世之子）占卜，告知他长寿之路。卡尔达诺发明了一种"面相术"，可以根据一个人面部的缺陷来读出性格和命运。他对赌博的痴迷到了上瘾的程度，是一个善于分析的敏锐棋手（当时下国际象棋一般是为了赌钱）。不仅如此，他还写了一本《机遇赌博》，在他死后被翻译成英文出版，其中有对骰子和纸牌游戏的详细数学分析。这方面，他比帕斯卡尔与费尔马关于赌博的通信早得多。

可能是因为职业的缘故，卡尔达诺走南闯北，除了那不勒斯和阿普利亚大区以外，几乎走遍了整个意大利，他还曾游历法国、瑞士、奥地利、德国、佛兰德斯、英格兰和苏格兰。卡尔达诺在米兰生活了 32 年，因此把自己看作是米兰人。此外，他在故乡帕维亚 12 年，博洛尼亚 9 年（任教于最古老的博洛尼亚大学医学院），帕多瓦及郊外的萨科镇 9 年，剩余时间在罗马、奶妈的村庄和疗养地加拉拉泰。1576 年 9 月 20 日，卡尔达诺在罗马去世，安葬在圣安德鲁斯教堂，后来他的孙子将他移葬米兰的圣马可教堂，安息在父亲墓旁。

历史上，卡尔达诺并非唯一涉猎广泛的医生。11 世纪的阿拉伯医生阿维森纳（980～1037）便是一个典范，他生活在伊斯法罕，除了教授医学，还热衷于阐述亚里士多德的著作，成为声名远播的哲学家。他的著作《医学准则》翻译成拉丁语出版以后，曾使得古希腊名医盖伦（131～201）黯然失色。尽管如此，卡尔达诺的自传多次提及盖伦，觉得自己很像他。事实也是如此，他们两个人的智力都比周围的人高，都爱自夸，都相信梦和征兆，也都缺乏勇气。他们都是希波克拉底的忠实信徒，也都与庸医作斗争。

卡尔达诺坎坷的经历使其性格颇为奇特，常常被描述成科学史上的怪人。他自认脾气暴躁、易怒爱争执、报复欲强，却不怎么看重钱财。他相信梦和征兆，一直醉心于占星术的研究，甚至他的离去也被传是为了证实自己对死期的占卜而自杀。1570 年，卡尔达诺因为给耶稣算命被宗教法庭监禁，被当作异教徒起诉。直到他宣誓放弃异端邪说，才在几个月后获释，但因此失去了教职和著述权。之后他移居罗马，另谋生路，后来因为占星术的研究得到教皇皮乌斯五世的赏识，付给他终身年薪，留在皇宫供职。

卡尔达诺认为一切事物都有两面性。一方面他觉得人生无意义，另一方面却时常反省自己。他发现自己经常说些让人不高兴的话，却又不愿改正。有时候寡言，有时候健谈，有时候愉快，有时候悲伤。他在自传里引用了《圣经·路加福音》里的一句话："耶稣治好了十个麻风病人，只有一个回来向主表示感谢。"之后卡尔达诺又表示："我就不能像那个麻风病人那样吗？"自传里还专辟出一章叫"妙语"，虽然有些言论无聊庸俗，但也有些十分精辟，表明他是有观察力的人文主义者。譬如：

做事的才能丧失得比想象的还要快。

只有人靠商议来处理事务，或获取利益。

智慧与无价之宝一样，必须要从地底深处挖出来。

无论做任何事，如果能够争取到时间就好。

张口就把你知道的全说出来，这是最严重的错误。

善是一种不可或缺的美德。

有了精准性，可以用少数例子来解释多种事物，让模糊的事实变得清晰。

幸福在命运中找不到，而在善中可以找到。

亚历山大一直渴望着有一个荷马。

学会把任何灾祸推开并使之消弭于无形。

在尘世间度过一生而没有经历任何重大灾难，这就够了。

1534 年，在父亲从前的贵族朋友的推荐下，卡尔达诺成为米兰专科学校的一名数学老师，在那里教授几何学，同时兼任贫民院的医生，生活略有好转，但一年以后学校解散了。1539 年，卡尔达诺终于获得米兰医生协会批准的行医执照，从此他的生活有了巨大转变，并且他很快就成了意大利北部最受欢迎的医生。但他并没有减少对数学和科学技术方面的兴趣，1546 年，他曾应邀回到母校帕维亚大学讲授数学（包括几何学、算术、占星术、工程学）两年。在这两次任教之间，卡尔达诺在数学领域做出了巨大的贡献。

3.代数学的奠基石

虽说文艺复兴时期的艺术家们对数学都有着独到的见解，阿尔贝蒂、达·芬奇和丢勒甚至对数学本身也有所贡献，并把几何学的方法应用于绘画，达·芬奇声称："欣赏我绘画作品的人，没有一个不是数学家。"但数学的复兴乃至近代数学的兴起要等到 16 世纪，新数学的推进首先表现在以下方面：三角学从天文学中分离出来、透视法产生射影几何、对数的发明改进了计算，但最主要的成就应该是在代数学领域，即三次和四次方程根式求解的突破和代数的符号化。

在世界各主要民族中，一次和二次代数方程一般都会自己找到解答，只不过对二次方程有的民族只发现了一个解，有的发现了两个解，还有的限制方程的系数为正。而对于三次或四次代数方程而言，难度就大多了。在那个时代的大多数数学家看来，它们就像古希腊的三大几何问题一样困难重重。11世纪的波斯数学家兼诗人欧玛尔·海亚姆曾用几何方法给出某些特殊三次方程的近似解，而在15世纪和16世纪交替之际，意大利诞生了几位解答这类问题的人物，我们先来说说塔尔塔利亚。

塔尔塔利亚（1499～1557）本名丰塔纳，出生在米兰东面阿尔卑斯山南麓布雷西亚的一个邮差家庭，幼年丧父，因被入侵的法国士兵砍伤脸部而口吃，故而得此诨名（塔尔塔利亚意为口吃者）。成年以后他在威尼斯谋得一份数学教职，出过一本有关火炮的数学书，还把欧几里得的《几何原本》首次译成意大利文，同时宣称能解出没有一次项或二次项的所有三次方程，即 $x^3+mx^2=n$ 和 $x^3+mx=n(m, n>0)$。对此博洛尼亚大学的数学教授费罗表示怀疑，派了一位学生前来挑战（也有说费罗已死学生主动前来），结果塔尔塔利亚获胜，因为对手只会解缺少二次项的那一类方程。

1539年，卡尔达诺邀请塔尔塔利亚到米兰家中做客三天。塔尔塔利亚酒足饭饱之后，在卡尔达诺发誓保密的情况下，以暗语般的25行诗歌形式说出了三次方程的解法。卡尔达诺补足了证明，1545年，他在德国的纽伦堡出版了一生最重要的著作《大术》（*Ars magna*，又译为《大法》），全名《大术，或论代数法则》，将塔尔塔利亚的方法公之于众，引起了轩然大波，两位顶尖数学家之间发生了激烈的口战。按照这本书里所写的，塔尔塔利亚的解法是这样的：考虑恒等式

$$(a-b)^3+3ab(a-b)=a^3-b^3,$$

选取适当的 a，b 使之满足

$$3ab=m, a^3-b^3=n,$$

则 $a-b$ 就是方程 $x^3+mx=n$ 的解答，而后一组方程的解 a 和 b 不难求出如下：

$$\{\pm\frac{n}{2}+\sqrt{(\frac{n}{2})^2+(\frac{m}{3})^3}\}^{\frac{1}{3}}.$$

不过，卡尔达诺在书中说明了这个解法是由塔尔塔利亚发明的，为了数学的进步他才将此公开发表。与此同时，卡尔达诺在书中还考虑了 $m<0$ 的情形，给出了同样完整的解答。而对于缺少一次项的那类三次方程，他可以通过某种变换转化成上述情形。之前，卡尔达诺经过调研发现，费罗也早已掌握了这个方法，这促使他下决心将其公之于众。

殊为难得的是，《大术》还给出了四次方程的一般解法，不过这也不是卡尔达诺给出的，而是他的仆人兼学生费拉里解出的。费拉里

（1522～1565）出身贫寒，15 岁到卡尔达诺家为仆，主人看他聪明好学，便教他数学。费拉里找到把四次方程转换为三次方程的方法，因而成为第一个解破四次方程的数学家。不过由于《大术》一书的影响力，后来的人们仍把上述三次方程的解法称为"卡尔达诺公式"，书中还第一次出现了复数的概念，这部伟大的著作可谓是代数学的奠基石。

1548 年，费拉里代替卡尔达诺，接受愤怒的塔尔塔利亚的公开挑战，这回比赛地点是在米兰大教堂附近，获胜的一方也不再是塔尔塔利亚。费拉里出名后，很快变得富有并做了博洛尼亚大学的数学教授，可惜 43 岁那年死于砒霜中毒，据说是他寡居而贪财的姐姐所为。由于五次和五次以上代数方程之根式不可解性直到 19 世纪才由挪威数学家阿贝尔给出证明，因此在很长一段时间里，这几位意大利人的工作和故事一直被同行们津津乐道。

虽然塔尔塔利亚和费拉里解决具体问题的能力或许较强，但卡尔达诺所扮演的角色更为重要，他是那种欧几里得式的人物。在《我的生平》第 35 章"受监护人与学生"中，卡尔达诺把费拉里列为他最聪明的三个学生之一，称赞他年轻时便极为博学，出类拔萃。而在第 43 章"绝对超自然的事物"中，他也引用了塔尔塔利亚的一句话："没有一个人是百事通。"值得一提的是，在那个年代的意大利，辩论和挑战是常态，获胜者不仅能提升声望，甚至会获得奖励。卡尔达诺还是大学二年级生时，便曾与系主任科尔蒂进行公开辩论，而老师也屈尊接受他的挑战。

值得一提的是，在塔尔塔利亚和卡尔达诺之前，尚处于黑暗时代的

数学传奇

▶ 卡尔达诺奖章

13 世纪的意大利已经诞生了一位成就卓著的数学家，那就是比萨的斐波那契。他早年跟随父亲到北非的阿尔及利亚，从阿拉伯人那里学习了数学和印度数码，后来又游历地中海东岸地区，回来后出版了《算盘书》，从中还定义了第一个递归序列，被后世称为"兔子问题"或斐波那契序列。卡尔达诺曾这样评价他的这位前辈同胞："我们可以假定，所有我们掌握的希腊以外的数学知识都是由于斐波那契的出现而得到的。"

在《我的生平》一书中，卡尔达诺对自己的数学研究和贡献极少提及，只有在第 44 章"我在各个研究领域取得的重要成就"中这样写道："在算术方面，我推动了几乎整个学科领域的研究，包括他们所说的代数学。"另外，在几何学方面，他用有限数处理了无穷数，不过这方面阿基米德已走在前头。总而言之，在卡尔达诺出版的大量学术著作中，唯有数学书获得持续的高度关注，也正因为他取得的数学成就，他的事迹和自传流传至今，并被译成不同的语言出版。

2022 年初春，杭州西溪

笛卡尔与帕斯卡尔，隐居的法国人

我们最优秀的人学习数学。

——巴黎市民

1. 从外省到巴黎

在欧洲历史上，17 世纪被认为是"路易十四的世纪"（伏尔泰语），也可以说是法兰西作为一个大国兴起的世纪。而在科学史上，怀特海则把 17 世纪称为"天才的世纪"。在这个世纪里，法国贡献出了三位数学天才，即笛卡尔、费尔马和帕斯卡尔。众所周知，费尔马的兴趣主要在纯粹数学方面，尤以久而未决并最终在 20 世纪末被攻克的"费尔马大定理"闻名于世。而笛卡尔和帕斯卡尔因为多才多艺，并一度生活在巴黎，在世时就已声名显赫了。

有意思的是，以上三位天才人物不约而同地降生在外省，其中笛卡尔出生在中西部的安德尔－卢瓦尔省，费尔马出生在南部的塔恩－加龙省，帕斯卡尔出生在中部的多姆山省。这三个省份都没有什么有名的城市，各自离巴黎的距离有 300 到 1000 公里，而他们的出生地分别是村庄、小镇和省会（法国有 96 个省）。这一点似乎再次证实了我早先的一个论断，即大都市不容易产生天才人物。

为了更好地围绕主题，我们把费尔马撇下不谈。我们发现，作为跨越科学与人文两个领域的天才，笛卡尔和帕斯卡尔有着相似的童年经历，即幼年丧母，自小体弱多病。笛卡尔出生 14 个月后，母亲就因患肺结核去世，并把这个病传染给了他；帕斯卡尔同样也是体质虚弱，在他三岁的时候母亲就去世了。幸运的是，两个人的父亲既有钱又受人尊敬，尽管对待子女的态度截然不同。

笛卡尔的父亲和费尔马一样，是地方议会的一名顾问，他在笛卡尔的母亲去世以后，移居他乡并再婚，把儿子留给他的外祖母带大，此后父子俩很少见面。不过，在经济上这位父亲比较慷慨，这使得笛卡尔受到良好的教育，有机会进入国王创办的贵族学校读书。毕业以后，笛卡尔到离巴黎更远的普瓦捷大学攻读法律。三年后，由于对职业的选择举棋不定，也为了看世界，他加入了荷兰军队，后来又转到德国。

26 岁那年，笛卡尔变卖掉父亲留下的家产，这笔钱可以让他舒心地生活，从此能够自由自在地做自己想做的事情了。他先用四年的时间游历欧洲，其中有两年滞留意大利，然后选择在巴黎定居。正是在

▶ 帕斯卡尔　　　　　　　　　▶ 笛卡尔

那一年，即笛卡尔的而立之年，帕斯卡尔的母亲去世，丢下三个幼小的儿女。幸亏拉丁语学者兼数学家的父亲（帕斯卡尔螺线就是他发现的）有一颗仁慈的心，他早早地从法院税务案主审官这个位置上退下来，举家迁往巴黎，为了教育孩子，尤其是体弱多病而又高度敏感的儿子，他没有再婚。

老帕斯卡尔的教学方法注重解决问题，而不是材料的灌输，从而促使小帕斯卡尔拥有一种好奇和冒险的精神，他的动手和实验能力也相当出色。与此同时，考虑到儿子的体质，做父亲的侧重于语言教育，至于数学方面，他只讲授了一些基本的原理。这反而使得儿子对这门学科更为好奇和敏感，据说帕斯卡尔12岁那年，从未受过相关训练的他独自推导出了几何学中的一条定理，即三角形的三个内角和等于两个直角之和。

从那以后，老帕斯卡尔开始教授儿子欧几里得几何，不久父子俩一同参加了梅森神父组织的每周一次的数学沙龙，这个沙龙是法兰西科学院的雏形。梅森神父是17世纪法国数学界不可或缺的人物，通过组织沙龙和秘密旅行，他同时与三位最顶尖且个性鲜明的同行——笛卡尔、帕斯卡尔和费尔马保持密切而良好的关系。此外，他本人也以梅森素数（Mersenne prime）在数学史上留芳。

相比之下，笛卡尔对数学的兴趣来得比较晚，他是在荷兰当兵期间，看到军营公告栏上用佛莱芒语写的数学问题征答，才有了兴趣。幸运的是，当时在旁边替他翻译的另一位士兵在数学和物理学方面有着较高的造诣，并很快成为笛卡尔的导师。四个月以后，笛卡尔写信给这位战友，"你是将我从冷漠中唤醒的人……"，并兴奋地告之，经过六天紧张的工作，他在数学上有了四个重大的发现。

2. 数学和科学成就

聪颖的笛卡尔很早就意识到了，数学方法的本质是以命题为起点，这些命题能够通过直觉清晰地得知是真实的，进而可以通过演绎逐步推导出其他结论。也就是说，他既考虑到了数学（可以延伸到科学）内部的严密性，同时又没有忽视感性知觉。这样一来，就消除了存在已久的权威，使人们在自我探寻方面获得解放，这是一种非经验主义的方法，相比亚里士多德三段论式的形式化，它提供了一种崭新的时代精神。

正如笛卡尔指出的，三段论法则"只是在交流已经知道的事情时才有用，并不能帮助我们发现未知的事情"。也正由于经院哲学的权威性，笛卡尔的方法论后来缓慢地通过非正式的渠道流传西欧。在英国，它启迪了还在剑桥大学念书的牛顿。牛顿后来在自己家的农场里，从一只落地的苹果获得启示，悟出并得到了万有引力定律，正是从内心里接受笛卡尔新思想的结果。至于数学上的成就，笛卡尔的主要贡献是在几何学方面。

今天我们无法知道，笛卡尔当初给他的战友兼导师信里提到的那四个重大发现究竟是什么。不过，在由于受伽利略被宗教法庭判决为有罪的影响而有意推迟出版的《方法论》的附录里，笛卡尔给出了一些几何学上的发现，其中如二次曲线的分类法、曲线的切线作法以及高次方程的解法等均已经过时。如果让笔者来归纳笛卡尔对数学的主要贡献，可能是以下四点：

其一，算术的符号化，比如我们现在普遍使用的已知数 a，b，c……和未知数 x，y，z……以及指数表达式就是由笛卡尔率先使用的。其二，从某个原点出发，延伸出 x 轴和 y 轴，建立了历史上第一个倾斜坐标系，并给出直角坐标系的例子，解析几何由此得以诞生。其三，

凸多面体的顶点数 v、边数 e 和面数 f 之间的关系: $v-e+f=2$，后人称之为欧拉－笛卡尔公式。最后，笛卡尔叶形线，如今在微积分学教程里经常可见。

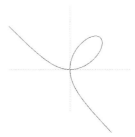

▷　笛卡尔叶形线

不难发现，笛卡尔对数学的热情主要来源于方法论的需要。在他看来，知识需要确定性，而数学正好提供了这一点。因此，在短暂的激情之后，笛卡尔便把兴趣转向更为广泛的问题，即为全部科学找到解决问题的方法。事实上，笛卡尔一度对数学也寄予厚望，正如毕达哥拉斯钟情于自然数（他的一句名言是"万物皆数"），笛卡尔认为任何问

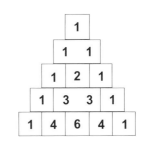

▷　帕斯卡尔三角，即贾宪三角

题都可以归结为数学问题，而数学问题又可以通过代数问题归结为方程问题。

相比笛卡尔对直觉和演绎的依恋，帕斯卡尔的数学更多来自经验和实践。17 岁那年，他发表了《论圆锥曲线》，不久此文失传，直到一个多世纪以后才重又被发现，文中证明了射影几何学中几个深奥的结果，包括今天被称为帕斯卡尔定理的一个结论：圆锥曲线的内接六边形三组对边的交点共线。尽管这项工作当年曾经遭到笛卡尔的嘲讽，但如今它仍然是整个几何学中最丰满的结果之一。

两年以后，为了帮助重新出山担任鲁昂地方长官的父亲计算税款，

帕斯卡尔开始研制计算机并获得成功,这是人类研制成功的第一台计算机,虽然笨重异常,但可以进行八位数的四则运算。此后 10 年,帕斯卡尔继续改良并使之完善,陆续造出了五十来台计算机,可惜在广告营销方面不甚得力。不过,留存下来的八台机器中有一台为 IBM 公司所拥有。为了纪念帕斯卡尔,20 世纪 70 年代初诞生于美国的一种计算机语言就用他的名字命名。

在帕斯卡尔对计算机的热情告一段落后不久,有个嗜赌如命的骑士向他讨教赌博输赢的概率问题,由此引导他深入研究,并与地处偏远南方山区的费尔马频频通信。数学史家一般认为,正是这两个法国人的通信,奠定了概率论这一数学分支的基础。随后,打赌的论证也进入到他最重要的散文著作《思想录》,成为其中最长、最有名的片段之一,他的出发点是,上帝要么存在要么不存在,这是一个与打赌一样非此即彼的问题。

作为概率论研究的副产品,帕斯卡尔还获得了二项式展开系数之间的相互关系,这个系数按升幂排列的形状在西方叫帕斯卡尔三角,它是组合数学的基本结论。其实,这个三角图在北宋数学家杨辉的著作里就已出现了,而杨辉称他的结

数学传奇

果出自已经失传的贾宪的著作（早于杨辉两个多世纪）。因此它在中国的教科书里被命名为"贾宪三角"或"杨辉三角"，至于它是否是贾宪本人亲自发现并论证，就不得而知了。

无论帕斯卡尔还是笛卡尔，在数学以外的其他科学中都有杰出的贡献。帕斯卡尔定律是流体力学中的一条重要定律，说的是封闭容器中流体的某一部分压强如发生变化，将毫无损失地传递至其他部分和容器壁；同时，压强等于作用力除以作用面积。而帕斯卡尔也成了国际通用的压强单位，简称"帕"。在天气预报中，我们经常会听到台风或龙卷风中心的气压有多少千帕的说法（气压越低，风力越强）。另外，据说保险业的第一个数学公式也是由帕斯卡尔给出的。

笛卡尔的兴趣更广（这一点被后来的歌德效仿），他在光学、气象学和生理学等方面都有涉足。例如，在气象学上，他试图用自己建立起来的光的折射理论解释彩虹现象，并通过元素微粒的旋转速度来分析颜色。在生理学方面，他的野心就更大了，消化、呼吸、血液循环和神经系统都在他考虑的范围之内，他还研究喷嚏、咳嗽和哈欠的原理，知觉的机理以及眼球的晶状体，甚至购买尸体用来解剖。可是，他有关心脏功能的描述受到英国医生、血液循环理论的发现者哈维的责难，正如罗素所言，笛卡尔在这些学科上的工作远不如在数学和哲学方面出色。

3. 异样的怀疑主义

在笛卡尔的所有著作中，我们都能发现一种寻求知识统一的努力，他认为各门科学既相互联系又各自独立。例如，《论世界》一书就包含了热、光、潮汐、地球的形成、彗星的特性等自然法则，他试图将所有知识都归纳到建立在少数简单原理之上的某个体系或科学之中，其目的是要使得自然界更为清晰。他在笔记中写道："如果能明白科学是如何联系在一起的话，我们就不难发现，掌握它们并不比记住一串数字更难。"

相比之下，帕斯卡尔并不具备这种雄心，这或许是从小处在父亲的呵护下的缘故，他与两个姐妹的关系也十分亲密，她们分别在物质和精神方面给予他无微不至的关怀。加上健康状况不如笛卡尔，年纪轻轻医生便建议他不要过多地从事脑力劳动，消遣和娱乐成了两帖良药，于是跳舞、打球、狩猎、赌博就成了治疗手段，他这才有机会认识赌友并研究概率。可以说，帕斯卡尔的天才使得他攻无不克，同时也妨碍他思考数学和自然科学的统一问题。

随着年龄的增长，笛卡尔和帕斯卡尔不约而同地把对物质世界的兴趣转向精神世界。笛卡尔写出了《方法论》《论世界》《沉思录》和《哲学原理》，帕斯卡尔则留下了《致外省人书》和《思想录》。不同的是，由于伽利略的受审和被判定罪，笛卡尔更多地沉湎于形而上学的抽象，这对哲学有利而对科学不利；而帕斯卡尔由于笃信宗教和爱情的缺失，字里行间蕴含了更多的虔诚和情愫。

如同前一节开头所引述的，笛卡尔是把哲学思想从传统的经院哲学的束缚中解放出来的第一人，黑格尔等后辈尊其为"近代哲学之父"。作为彻底的二元论者，笛卡尔明确地把心灵和肉体区分开来，其中心灵的作用如同其著名的哲学命题所表达的——"我思，故我在。"尽管这一气度不凡的表达受到了罗素等人的质疑，它仍不失为哲学史上最有力的命题之一。从时间上来说，他先把自己发明的二维坐标系用于创建解析几何，再用来创建二元哲学体系。

相反，帕斯卡尔对人类的局限性有着充分的理解，他很早就意识到人类的脆弱和过失，他对世界的思考意在克服内心的焦虑，寻求一种确定性，就如同笛卡尔在数学中寻找确定性那样。而对帕斯卡尔来说，无穷的小或无穷的大都让他感觉到惊诧和敬畏，他的数学发现是在有限的空间里得到的，在谈到宇宙时他写道："这些无限空间的永恒沉默使我恐惧"，而微小的寄生虫又使之如临"新的深渊"。

帕斯卡尔是那样地笃信上帝，《思想录》原来的书名叫《辩护》，因为此书是在他去世后才出版的，编辑替他改了名字（这一修改现在被证明是正确的，否则它的影响力肯定要大大降低）。在这部堪称法国文学的精品里，帕斯卡尔是这样劝告那些怀疑论者打消疑虑的："如果上帝不存在，则你们相信他也不会失去什么；而如果上帝存在，则你们相信他就可以获得永生。"

在《思想录》里，有一段论及父亲之死的文字："如果没有耶稣基督，死亡是可怕的，是令人憎恶的，是自然界丑陋的一面。然而，在有了耶稣基督之后，一切全然改变了，死亡是那样的仁慈、神圣，是信仰者的欢愉。"尽管如此，帕斯卡尔仍把怀疑主义看成是信仰的序曲。当然，他的怀疑主义更多是建设性的，而非破坏性的。他认为，真正的宗教必须比其竞争对手更好地诠释人类的处境。

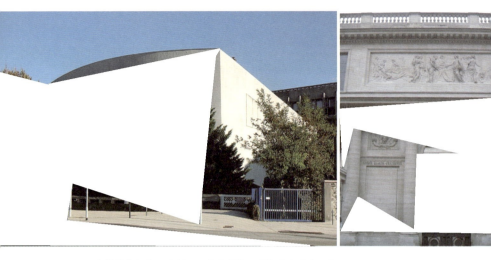

▶ 克莱蒙费朗第二大学，又名布莱斯·帕斯卡尔大学［左］
巴黎第五大学，又名勒内·笛卡尔大学（作者摄）［右］

　　笛卡尔也有宗教信仰，并且不厌其烦地用多种方法证明上帝的存在，就像高斯对同余理论中二次互反律的痴迷一样。他的确自认为已经证明了，只是使用的方法并不如他在数学中那么漂亮。尽管他的文笔是用迷人的个性化手法写下的，但按照罗素的说法，基本上属于经院哲学的套路（罗素本人则回避了信仰问题）。更有甚者，其中一个本体论的证明后来受到了康德的严厉批评。

　　笛卡尔认为，人的心灵基本上是健全的，是获得真理的唯一手段。因此，他对待上帝的态度是可疑的，甚至有可能像蒙田一样，仅仅出于习俗的原因才有信仰。而在思维或方法论上，笛卡尔则是一个彻底的怀疑主义者，对他来说，怀疑是一种必要的手段，是哲学和心理学方法中的一个工具。他认为，我们从童年时代起就有了许多偏见，如果得不到纠正，会持续到成年，进一步他指出："怀疑是一门艺术，它使我们脱离感觉的影响获得解放。"

4. 隐姓埋名的绅士

尽管笛卡尔和帕斯卡尔的年龄相差 27 岁，两人共同旅居巴黎的时间也十分有限，他们仍在某种意义上构成理性和智慧上的对手。1647 年的一个秋日，大名鼎鼎的笛卡尔探望了年轻的帕斯卡尔，对后者发明制造的计算机表示赞赏。一般认为，这是他们俩唯一的一次会晤，笛卡尔还给正在遭受疾病折磨的帕斯卡尔一些医学上的教导和嘱托。

可是，对帕斯卡尔关于真空存在问题的实验和研究，笛卡尔却不以为然，他认为真空是不存在的，并强调在真理的发现中起决定性作用的并非实验。事实表明，笛卡尔的否定是错误的，真空在一定的条件下是存在的。与此同时，帕斯卡尔也批驳了笛卡尔的某些哲学观念，例如对科学过于倚重，并强调理智不能认识人生。帕斯卡尔认为："心灵有其自己的思维方式，那是理智所不能把握的。"这一点并不奇怪，就像笛卡尔在旅途中所发现的："各地习俗之不同，犹如哲学家见解之各异。"

无论如何，笛卡尔和帕斯卡尔之间的论争是在理智和学术的范围内进行的。事实上，他们两个人都不爱抛头露面。笛卡尔成年以后，大部分时光居住在荷兰，在这个多处地方低于海平面的国家，他不愿意把自己的住处告诉别人，包括一些亲近的朋友，为此还多次更换寓所。他的座右铭是："隐居得越深，生活得越好。"而帕斯卡尔既没有进过学校，也没有谋求公职，他去得最多的或许是梅森神父的沙龙，他一度频繁光顾社交场所也是由于医生的建议。

值得一提的是，在17世纪的法国，类似梅森神父那种研讨科学和哲学的沙龙在上流社会非常流行，今日中国（步美国的后尘）的文化媒介每每聚焦于娱乐和商业明星，而那个时代理性生活才是巴黎人瞩目的中心。也正因为经历了无限风光和令人羡慕的生活，笛卡尔和帕斯卡尔才想过另一种避世的生活。另一方面，比他们稍早的法国同胞、人文主义作家蒙田也曾在37岁的时候卖掉自己的官职，退出社交生活，回归自己的庄园。

1655年新年刚过，31岁的帕斯卡尔继妹妹之后，进入巴黎西南郊的波尔罗亚尔修道院。此后，他只是在别人请求时才写作，再也不用自己的名字发表作品（包括数学论文），他的两部散文名作都是在这个修道院隐居期间写成的。而在一个牙痛难忍的夜晚，他还研究了摆线的运动规律，并得出了一系列结果。所谓摆线是指在一条平坦的大道上沿直线滚动的车轮圆周上一点的运动轨迹，它有着"几何学中的海伦"的美誉。

从某种意义上讲，笛卡尔和帕斯卡尔的生活处于两个极端。一个从小特立独行，另一个自幼得到家庭成员的溺爱；一个周游列国，另一个似乎从未离开过法国。对于帕斯卡尔是否体验过爱情的滋味，持肯定态度的人只能从他的散文作品里寻找线索；而笛卡尔生活中的两个女人和一个夭折的女儿是公开的秘密。不过，大凡天才的思想家都只需要一小会儿炽热的恋情，最好是可望而不可即的那种。

在这两个法国人的生命中，必须要提及的两件事是，笛卡尔的幻觉和帕斯卡尔的皈依。1619年初冬的一个夜晚，随军驻扎在德国乌尔姆（爱因斯坦的出生地，巴黎高等师范学校所在的街道也以此命名）的笛卡尔产生了一系列的幻觉或梦想，归纳起来，可以理解为揭示人生使命的一种启示，即他的著作应该根据几何学原理将所有的知识统一起来。在这之后，笛卡尔才决心变卖掉他父亲留下的家产，以便集中精力做自己想做的事。

帕斯卡尔的两次皈依则相隔了八年时光，第一次使他说服全家加入了宿命论的冉森主义，第二次使他背弃早先的意愿进了波尔罗亚尔修道院。这两次皈依起因于偶然事件，其结果虽然没有让他完全放弃科学研究，但至少那已不再是他渴求的东西；另一方面，法国文学却因此添加了两部杰作。据说帕斯卡尔自小擅长辞令，说话幽默风趣，这可能是他的著作流传后世的一个原因。对笛卡尔而言也是如此，他成为近代哲学的开山鼻祖，不能不说是与那几个梦有关。

▶ 帕斯卡尔纪念邮票［左］ 笛卡尔纪念邮票［右］

笛卡尔人到中年的时候，五岁的女儿死于热病，他的幸福时光戛然而止，同居的女友也嫁人了。此后，他可能爱上了一个比他年轻二十多岁的贵族小姐，从此陷入一种无法摆脱的精神折磨，直到另一个至高无上的女人出现，那便是瑞典女王克里斯蒂娜。女王派出一艘军舰把笛卡尔邀至斯德哥尔摩，于是在那个格外寒冷的冬天，从小爱睡懒觉的法国人不得不每周三次在凌晨时分来到王宫，为她讲授哲学。几个月以后，笛卡尔因为肺炎复发死在异乡。

"人只不过是一根芦草，是自然界最脆弱的东西，"帕斯卡尔在波尔罗亚尔修道院里这样写道，"但他是一根会思想的芦草。"帕斯卡尔的苦行僧生活极其严格，当他发现自己说话太多，便把一条布有铁钉的带子绑在身上以示惩罚。但帕斯卡尔有一颗博爱的心，在他短促的生命的最后一年，亲手为巴黎市民设计了第一辆公共马车，随后又建议市政府成立一个公司来运作这类新的交通工具，这是今天全世界每个城市的公交汽车服务公司和出租车服务公司的前身。

在笛卡尔以前，法兰西民族在科学和哲学领域并没有突出的成就。我们可以说是笛卡尔开启了法国人的智慧和理性，就像后来的莱布尼茨对德国人所做的那样。而帕斯卡尔（如同传记作者雅克·阿塔利所言）"不仅促进了法语的繁荣，也促进了法国精神特质的充分发展。……尤其是，通过帕斯卡尔的著作，法国的精神特质显得模糊、复杂、矛盾，混合了理性、对抗性和普遍性"。总之，法国之所以成为法国，是因为有了笛卡尔和帕斯卡尔这两位同代人和智力对手。

2006 年 1 月，杭州
2015 年 2 月，修改

莱布尼茨，
难以企及的人物

一个千古绝伦的大智者。

——伯特兰·罗素

1. 初出茅庐的年轻人

英国哲学家怀特海早年在剑桥大学攻读数学，后来留校做了一名讲师，历时 30 载；之后，他到伦敦大学帝国学院担任了为时 10 年的应用数学教授。期间，怀特海对包括哲学在内的诸多领域广泛涉猎，收获颇丰，以至于退休后立刻被哈佛大学聘为哲学教授，开始了另一段辉煌的学术生涯，直到 76 岁高龄才离职。10 年以后，他在波士顿辞世。怀特海早年写下三卷本的巨著《数学原理》（1910～1913，与弟子罗素合作），而《科学和现代世界》（1925）则是他晚期的代表作。在这部几乎无所不包的自然哲学论著中，怀特海把 17 世纪称为"天才的世纪"，并以此来为其中的第三章命名。

大概正是"天才的世纪"这个词的诱惑力，驱使我在过去五年多的时间里写下了三篇科学随笔，即《费尔马最后的定理》（载《南方周末》，2001 年 10 月 26 日）、《牛顿在他的非典时期》（载《书城》，2003 年第 6 期）和《隐居的法国人：帕斯卡尔与笛卡尔》（载《读书》，2006 年第 5 期）。也就是说，我已经谈论了 17 世纪的四位科学天才——三个法国人和一个英国人，现在我必须要说到的是哥特弗里德·威廉·莱布尼茨——那个世纪里最为博学的人，"一个千古绝伦的大智者"（罗素语，《西方哲学史》），一个地地道道的德国人。

1646 年 7 月 1 日，莱布尼茨出生在德意志东部名城莱比锡，他的父亲是莱比锡大学的伦理学教授，身为教授千金的母亲是他父亲的第三个妻子。他出世时，父亲已经年近半百了，比起同时代的其他天才人物，莱布尼茨的家庭更像书香门第。老莱布尼茨亲自培养幼子，以至于 8 岁那年，他便如饥似渴地阅读已故父亲留下的各种拉丁文著作了。不到 15 岁，莱布尼茨便上了莱比锡大学攻读法律。他在 20 岁那年递交了一篇出色的博士论文，因为年纪太轻（黑格尔认为是学识过于渊博）被拒，加上此前母亲已去世，他永远离开了故乡。第二年年初，纽伦堡的一所大学授予他博士学位，但为了更好地了解世界，他并没有接受该校的教授职位聘书。那以后，莱布尼茨也没有接受任何一所大学的正式聘请，但这不等于说，他对政治的兴趣胜于学术。

据说莱布尼茨是在大学学习欧几里得《几何原本》时对数学产生浓厚兴趣的。不过，和前面谈到的那三位法国人一样，莱布尼茨也是在业余时间从事研究工作的。究其原因，17世纪的大学仅是教会的附庸，而哲学仍是神学的奴婢。与此同时，"大多数数学家处在亚里士多德经院哲学阴影的笼罩之下，数学发展的动力来自于与学院相对抗的文艺复兴时期的人文学者"。我们可以用笛卡尔来与莱布尼茨做一比较，两人都喜欢旅行，只不过前者以军人的身份，后者则作为政客的幕僚；前者在驻扎异国时萌生了解析几何的思想，后者是在肩负外交使命时完成了微积分学的发明，而他们取得这两项举世瞩目的成就时都不到而立之年。

必须指出的是，莱布尼茨在20岁那年，还递交过另一篇论文《组合的艺术》，这帮助他获得了在莱比锡大学讲授哲学的资格，同时使他成为近代逻辑学的先驱和创始人。这篇论文的主要内容是在命题中使用组合的理论，这一理论成为构成一切命题的一种基本方法。更重要的是，这一方法后来被应用到人类思想的表达和真理的阐释中。莱布尼茨首先确认，所有命题都是主词—谓

▶ 莱布尼茨塑像
（作者摄于莱比锡大学）

词形式，如"树叶是绿色的"，他毕生都坚持这一假定，并把它不断发展，我们在后面谈论逻辑学时也会提到。也就是说，牛顿只是发明了"连续"的微积分学，而莱布尼茨不仅用自己的方法独立做到了这一点，同时还开启了另一个方向的数学分支——"离散"的组合分析，尽管后一个思想直到 19 乃至 20 世纪才变得真正重要起来。

2.巴黎时期的数学家

如同其他跨越多个领域的天才一样，莱布尼茨也把他的青年时代奉献给了数学。不过，我们今天很难相信，这样一位天才人物对数学最初的热情，竟然来自于一种政治野心。在莱布尼茨出生以前，欧洲刚刚经历了宗教冲突和民族运动勃发的"三十年战争"时期，虽然这场战争起始于波西米亚，损失最惨重的却是西班牙和德意志，尤其是后者，在备受邻国的蹂躏之后，丧失了大部分人口和土地。不过，存活下来的众多地方诸侯的力量反而得到了加强，他们基本上摆脱了神圣罗马帝国皇帝的统治，取得了实际上的主权。那时候的德意志就像两千多年前中国的春秋战国时期那样，每个诸侯下面都有首相、大臣和一批谋士。

大约在莱布尼茨取得博士学位的第二年夏天，他在一次旅途中遇到了美因茨选帝侯（有权选举罗马皇帝的诸侯，美因茨因为谷登堡在那里发明活字印刷术闻名遐迩）的前任首相。这位睿智而开明的首相尽管已经卸职，仍有着巨大的影响力，他对这位学识渊博、谈吐幽默的年轻人印象深刻。在他的诱导下，莱布尼茨随同前往美因河畔的法兰克福，那儿当时属于美因茨的郊外（如今这两处地方的关系刚好颠倒过来）。其时，法国已成为欧洲的主要力量，太阳王路易十四的势力如日中天，随时可能进犯北方邻国。有鉴于此，身为选帝侯法律顾问助手的莱布尼茨除了帮助庇护人编撰一部民法以外，还不失时机地献上一条锦囊妙计。

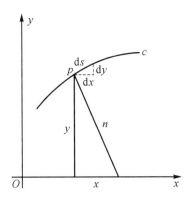

▶ 莱布尼茨的微分学原理

这条妙计是：用一个让法国征服埃及的诱人计划去分散路易十四对北方的注意力。随后，26 岁的莱布尼茨便被派往巴黎，在那里度过了四个年头。虽然那时候笛卡尔、帕斯卡尔和费尔马均已过世，但莱布尼茨却幸运地遇到了荷兰来的数学家惠更斯（他的父亲碰巧也是外交官），后者也是钟摆理论和光的波动学说的创立者，当时是拿了路易十四的年俸来到巴黎。莱布尼茨很快意识到自己在科技落后的德国所受教育的局限性，因此虚心地学习，对数学的兴趣尤甚，并得到了惠更斯的悉心指导。由于莱布尼茨的勤奋和天赋，也由于那个时代的数学基础十分有限，当他离开巴黎的时候，已经完成了主要的数学发现（原先的计划则被搁置脑后）。

莱布尼茨第一个重要的数学发现是二进位制，他用数 0 表示空位，数 1 表示实位。这样一来，所有的自然数都可以用这两个数来表示了，例如，3=11，5=101。他本人后来确认，中国人在三千年前的《易经》

六十四卦里就藏匿了这个奥妙。与此同时，莱布尼茨也研制成了机械计算机，他改进了帕斯卡尔的加法器，以便用来计算乘法、除法和开方，而当时一般人都还不大会乘法运算。其中一台被他带到伦敦，另一台被汉诺威图书馆收藏，还有一台被用作俄国的彼得大帝送给中国皇帝的礼物（这件礼物似乎下落不明）。值得一提的是，莱布尼茨并没有把自己创立的二进位制用于他研制的计算机。

莱布尼茨在数学上的最大贡献无疑是在无穷小的计算方面，即微积分学的发明。这是科学史上划时代的贡献，正是由于这一发明，使得数学开始在自然科学和社会生活中扮演极其重要的角色，同时也给后来喜欢数学的人提供了成千上万的工作岗位，就如同 20 世纪电子计算机的出现一样。不幸的是，莱布尼茨不得不与英吉利海峡对岸的牛顿分享这一荣誉。事实上，他们两人是独立完成发明的（牛顿或许更早发明，但莱布尼茨发表在先），并且所用的方法也不同。牛顿使用的"流数法"有着运动学的背景，其推导更多是属于几何学的；而莱布尼茨则受到帕斯卡尔的特征三角形的启发，他的论证更多地用到了代数学的技巧。

正是由于代数学方法的使用，加上莱布尼茨本人对数学形式有着超人的直觉（这种直觉对他的哲学研究也大有裨益，而牛顿后半生的主要成就是在《圣经》和神学的编年史方面），使得我们今天熟知的微积分学教程基本上采用了他的表述方式和符号体系。除此以外，莱布尼茨还创立了形式优美的行列式理论，并把有着对称之美的二项式理论推广到任意个变数上。当然，最让我们感到愉悦的可能要数他从

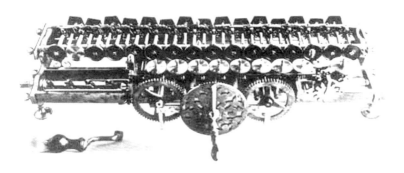

▶ 莱布尼茨发明的乘法器

巴黎来到伦敦旅行期间所发现的圆周率的无穷级数表达式，即：

$$\frac{\pi}{4} = 1 - \frac{1}{3} + \frac{1}{5} - \frac{1}{7} + \cdots\cdots$$

有了这类公式，自古以来对圆周率的精确计算的人为竞争（祖冲之曾领先西方 11 个世纪）便永远结束了。

3.逻辑学和形而上学

在巴黎逗留时期，莱布尼茨除了潜心于数学王国之外，不忘学习和研究新哲学，他设法接触到两位法国前辈帕斯卡尔和笛卡尔未曾发表的著作，并亲自动手把它们抄下来。据说，笛卡尔的《指导我们心智的规则》在作者身后半个世纪才得以在阿姆斯特丹出版，依据的正是莱布尼茨当年的手抄本。可是莱布尼茨并非笛卡尔的追随者，相反，他是反笛卡尔主义的，尤其在物理学方面。更有甚者，虽然他成名于巴黎，但出于对本民族的热爱（在他的一生里，法兰西一直构成对德意志的威胁），他始终是反法的。除了试图向路易十四献上远征埃及的诡计以外，他还曾提出用西印度群岛（如古巴）的糖做成廉价的朗姆酒去切断法国白兰地的销售，以此削弱法国的经济实力。

另一方面，虽然由于"优先权之争"，莱布尼茨与英国学术界闹得很不愉快，但他始终对英国人怀有好感。莱布尼茨十分赞赏一度旅居巴黎的英国哲学家霍布斯的论断——所有推理都是计算，这或许是他发明计算机的一个动力。同样，这一论断也推动了他在逻辑学方面的大部分工作。逻辑学是研究人类思想的符号系统，它融会了数学家和哲学家的智慧。亚里士多德创立了三段论和换位理论等古代逻辑学基本原理，但那是直接的而非推理的形式。莱布尼茨则重视建立在思想字母表上的普遍语言，一般的推理演算和一般方法论，同时成功地用数学方法解释了亚里士多德的三段论。

莱布尼茨意识到命题的内涵和外延之间的不同，并认同内涵的独立性，这意味着，即使没有独角兽，"所有独角兽都有角"这类命题仍是正确的。更重要的是，莱布尼茨建立了纯形式的逻辑演绎系统，在一篇名为《真实加法的计算法研究》的论文中，他给出了 24 个命题，包括今天我们熟知的一些逻辑学结果。例如：A 在 B 中，B 在 C 中，则 A 在 C 中；$A = B$ 且 $B \neq C$，那么 $A \neq C$；$A + B \neq A + B$；等等。除此以外，他还指出代数的某些内容有着非算术的解释。这一逻辑数学化的设想在两个世纪以后由英国逻辑学家布尔实现了，他建立起了逻辑代数，即今天所说的布尔代数，这又和莱布尼茨发明的二进位制发生了联系。而在 20 世纪，也有一位英国逻辑学家图灵被誉为"电子计算机之父"。

在逻辑学之后，莱布尼茨致力的研究目标是形而上学，康德称其为所有科学和哲学的女王。下面两种说法是被普遍认可的，即形而上学是对存在物的探求，形而上学是对世界整体的研究。从词源学上讲，形而上学（metaphysics）意即"物理学之后"，这是亚里士多德的一位弟子在编辑老师遗留下来的著作时命名的。值得一提的是，这个字的形容词置于绘画和诗人两字前面时分别译成"形而上"和"玄学派"。在莱布尼茨 40 岁的时候，他的哲学思想突然变得清晰起来，不仅区分了必然真理和偶然真理，还给出了真理的充分理由原则和实体的同一性原则。他的形而上学思想体系除了逻辑学以外，还包括语言学、物理学、生物学和生理学诸方面的观点，以及它们之间的相互联系。

由于美因茨选帝侯及其前任首相先后过世，莱布尼茨失去了经济来源，不得不离开巴黎。他应萨克森的腓特烈公爵之邀，北上到汉诺威担任法律顾问兼图书馆馆长，同时为公爵撰写家史。那一年他批评了笛卡尔关于运动规律即力学的描述，成为新的表述方式的创始人，这种新的表述被称为动力学。加上他对原子论和牛顿时空理论等的批驳，堪称那个时代走在前沿的理论物理学家。几年以后，他改进了自己的二进位制理论，提出了位置分析这一拓扑学的基本原理，这成为后来非欧几何学的一个重要工具。在语言学方面，如同前文所提到的，莱布尼茨确认，所有命题都是主词—谓词形式；除此以外，他还给出了世人所称的"莱布尼茨法则",即相同的表达能够相互替换。当然,这又要返回到他的逻辑学命题。

莱布尼茨声称,宇宙是由无数不同程度上与灵魂相像的单子组成的,这种单子是终极的、单纯的、不能扩展的精神实体,是万物的基础,这就是他著名的单子论。这意味着人类与其他动物的区别只是程度上的不同而已,生物与非生命存在物的区别也是如此。笛卡尔认为,人与其他动物的最大区别在于,只有人类拥有意识和理性。对此莱布尼茨并不反对,但他却指出,引发我们行为的因素通常是潜意识,这就意味着我们比自己所想象的更接近于动物。他还相信存在着一种潜意识的精神状态,任何知觉都是由许多人们无法意识到的微知觉组成的。莱布尼茨认为:所有事物都是相互联系的,"任何单一实体都与其他实体相联系";同时他又指出,"每个实体都自成一个世界,除了上帝以外不依赖其他任何东西。"

莱布尼茨是个多才多艺的人,除了前面谈到的数学、逻辑学、物理学、语言学以外,他广博的才能还影响到地质学、植物学、法学、历史学、神学等各个领域,甚至对中国古代的历史和宗教也有着深刻的研究,可以说他(先于伏尔泰)是第一个对中国文化真正感兴趣的西方大思想家。莱布尼茨认为古代中国的"礼""道""太极"等因素构成了支配宇宙的一种精神力量,他对意大利传教士利玛窦提出的中国传统形而上学可以与基督教相统一的观点十分欣赏,并亲自撰文予以捍卫(可惜他并未指出这一传统的形而上学和儒家学说缺乏严密的逻辑体系)。巧合的是,在逻辑学和形而上学之后,让莱布尼茨毕生倾力而为的第三个目标是他所信奉的路德新教和天主教这两种对立宗教的统一，可惜这一努力注定是徒劳的。

4. 德意志民族的崛起

　　直到 17 世纪下半叶，英国的科学和德国一样仍比较落后，有一件事可以说明这一点。1673 年，莱布尼茨因为带了一篇论文和一台自制的计算机到伦敦做了不到三个月的旅行，便被英国皇家学会招募为外籍会员；而尽管莱布尼茨在巴黎居留了四年，并在那里完成了主要的数学发现，但是直到 1700 年，巴黎科学院才选举他为外籍院士（这并非他敌视法国的后果，牛顿也是在那一年才当选）。也正因为落后，才发生了莱布尼茨与牛顿之间所谓发明微积分学的"优先权"之争。由于在这场争论中，法国人始终站在莱布尼茨一边，使他在英伦备受责难的同时（英国数学界此后中断了一个多世纪的对外学术交流），在欧洲大陆名声大振。

▶　丢勒自画像

▶　发明家谷登堡

在莱布尼茨之前，已有过四个伟大的德国人，他们是 15 世纪的活字印刷术发明人谷登堡、版画家丢勒、宗教领袖路德和 16 世纪的天文学家开普勒。前三位分别是技术革新家、艺术家和宗教改革家，其中丢勒被认为是文艺复兴时期艺术家中最有数学天赋的。开普勒虽然从事科学研究，但并没有在人文和思想领域产生多大的影响。事实上，由于开普勒长期旅居国外，加上缺乏个人魅力，生前和死后影响力都非常有限。不仅如此，他的个人生活也极为不幸，第一个妻子和最喜爱的儿子分别死于精神病和天花，他的第二次婚姻更为悲惨。据说他本人去世的时候，正在前往领取雇主拖欠的薪水途中。我们可以说，是莱布尼茨开启了近代德国的科学和哲学，他所取得的伟大成就和难以估量的影响力赋予了大器晚成的德意志民族智力上的自信。

写到这里，我不禁想停下来插上几句，远在莱布尼茨降临人世之前，中国已有过不止四位世界级的伟人，比如孔子、老子（他们作为思想家和哲学家获得了最广泛的敬仰）、秦始皇（德意志民族因为缺少此类人物迟迟未能统一）、忽必烈（如果说他的祖父成吉思汗是蒙古人的骄傲，那么作为元朝皇帝定都北京的他理应属于中国，就如同希腊人心目中的马其顿英雄亚历山大一样）、蔡伦（造纸术的重要性甚于印刷术或行星运动定律）、李白（其酒神气质和艺术成就均在丢勒之上）。虽然作为个人，他们中有的历史地位或知名度超过了莱布尼茨，可是较为单一的成就只能在某个方向树立起一座丰碑，无法构成引导一个民族向上的智慧。对任何民族来说，无论过去、现在还是将来，莱布尼茨都是一个难以企及的人物。

在世界主要文明中，唯有日耳曼民族的起源不详，他们确切的史料起始于公元前半个世纪罗马人的征讨。即便到了 16 世纪以后，日耳曼人仍是一盘散沙，整个民族处于分裂和混乱之中。虽然罗马皇帝中有几位流淌着日耳曼人的血液，但并非纯粹意义上的德意志人，且因通婚和趣味爱好等原因，在精神上趋同于外族。例如查理五世，他一度拥有欧洲最大君主的气派，可是内心却把自己看成法兰西人或西班牙人。路德的宗教改革之后，北方人大多有了新的信仰，而南方人则在新教和天主教之间摇摆不定。大约在莱布尼茨步入中年后，普鲁士邦才开始崭露头角，1701 年，腓特烈一世就任普鲁士国王并定都柏林（40 年后他的孙子腓特烈大帝继位，大大拓展了疆域），日耳曼民族才逐渐变得强大起来（尽管距离德意志的统一仍然十分遥远）。

作为一名全才的科学家、哲学家、外交家和社会活动家，莱布尼茨理所当然地成为柏林科学院的创立者和首任院长，彼得堡科学院和维也纳科学院也是在他的倡导下成立的，据说他还通过传教士给中国的康熙皇帝写信，建议成立北京科学院。虽说康熙被认为是最有数学头脑的皇帝，他却未予采纳。莱布尼茨充分认识到，学者们各自独立从事研究既浪费人力又收效甚微，因此他竭力提倡集中各方面的人才。据说为了建立柏林科学院，他通过自己的学生、奥古斯都公爵的女儿对她的丈夫——未来的腓特烈一世施加了影响。很快，柏林科学院便成了欧洲最有影响的四个研究机构之一，它先后吸引了 18 世纪最杰出的两位科学家——欧拉和拉格朗日。在此以前，莱布尼茨还领衔创办了近代科学史上影响深远的拉丁文杂志——《学术纪事》。

诚然，德意志的崛起依赖于普鲁士王国的强盛。但在莱布尼茨逝世后的 72 年间，德国接连诞生了康德、费希特、黑格尔（与贝多芬同年出生，那年歌德因为没能在莱比锡大学取得法学学位转入斯特拉斯堡大学）、谢林、叔本华等大哲学家，德意志思想界可谓群星璀璨。康德被誉为近代最伟大的哲学家，他是一个纯粹的人，把整个生命奉献给了心爱的事业。但康德的哲学在很多方面受到了同胞哲学家沃尔夫的影响，后者是莱布尼茨的得意弟子，师徒俩的思想构成了一个完整的哲学体系。相比之下，德意志在科学方面的兴盛略迟一些，可是，在比黑格尔晚七年出生的数学王子高斯（他承认莱布尼茨在数学上拥有最高的智力）成年之后，世界数学中心也从法国转移到了德国，从巴黎转移到了哥廷根。从那时起直到现在，除了两次世界大战造成中断以外，德国一直是走在世界文明前列的强国。

5. 忙忙碌碌的异乡人

在莱布尼茨生活的年代，他被公众看成是一个典型的文艺复兴晚期的人文学者。而他本人则是一个乐观主义者，相信所处的世界是所有世界中最好的。尽管如此，莱布尼茨并非全知全能，例如，他一直渴望在文学上取得成功，在整个一生中，他都为自己创作的诗歌（大多用拉丁文写就）感到骄傲，但这只是一厢情愿。更有甚者，莱布尼茨并没有（像笛卡尔、帕斯卡尔或牛顿那样）完成一部特别为人称道

▶　莱布尼茨故居［左］　莱布尼茨骨冢［右］（作者摄于汉诺威）

的学术专著，而只是通过笔记、信件和文章留下一些片言只语的思想。
这一方面因为他是个业余的学者，仅仅利用闲暇时间钻研学问；另一
方面在于（如同罗素分析的那样）其哲学的二重性，即经常用形而上
学和逻辑学来表达同一思辨，尽管逻辑学的著作要到他身后两个世纪
才出版。

　　作为一个尚且落后的民族蓦然出现的一位科学和哲学明星，莱布
尼茨身上难免沾上一些不大容易被人原谅的陋习，其中最突出的一点
是爱慕虚荣。晚年他一度被五个王室——汉诺威－不伦瑞克、纽伦堡、
柏林、维也纳和彼得堡同时雇用。而他本人也不断提出一些远超出其

社会地位的惊人计划。例如，他认为通过引进丝织品的生产，德意志的经济就可能振兴，为此他亲自在院子里栽下意大利的桑树种子；他建议在柏林建立一个公共卫生体系、一个火警服务系统；同时，他还指导王宫的花园设计，提议在维也纳修建路灯、国家银行、瘟疫患者隔离病房，以及制订多瑙河河流管理计划；他倡导的研究项目包括俄国和美洲之间地峡的存在性、斯拉夫人的起源和他们的语言，等等。

或许是因为莱布尼茨被形而上学左右了头脑，同时又把许多时间和精力花在讨好权贵等世俗事务上，包括乘坐破旧的四轮马车在欧洲崎岖的山路上奔波，他终生未婚（尽管他与许多皇室女性有密切的关系，并为各国王子和公主穿针引线，同时自称为王位继承人问题专家），就像他所景仰的古代先贤——泰勒斯、赫拉克利特、柏拉图、海亚姆，他的同代人或智力对手——笛卡尔、帕斯卡尔、斯宾诺莎、牛顿，他的后世同胞——康德、叔本华、尼采那样。虽说对莱布尼茨那样的智者而言，独身生活或许更为快乐。不过我可以推测，他那颗高傲的心必定受到过某位公主或夫人的伤害。在莱布尼茨年近 50 岁时，他把自己的生活描述成充满困惑的。传记作者则把他写成认准了目标以后就不放弃的人，和他通信的对象数以百计，这些信件显示，"他是一位性情急躁但却尽可能快地表达自己思想观点的知识分子"。

1716 年 11 月 14 日，一个毫无特殊意味的日子，莱布尼茨在因痛风和胆结石引发的腹绞痛卧床一周后，在他的秘书和马车夫面前逝世。此时他的第二任雇主腓特烈公爵及公爵的弟弟奥古斯都（其夫人苏菲是莱布尼茨的崇拜者）已先后过世，奥古斯都的长子乔治·路德维希也因联姻而于两年前继承英国的王位移驾伦敦。而莱布尼茨因为与牛顿之间的"优先权之争",更由于自己的年迈老朽,并没有能够(像当年美因茨选帝侯访问伦敦时那样)随邀前往,他的孤独感日益加深。与此同时,因为莱布尼茨的异乡人身份、时髦而雅致的打扮、频繁而引人嫉妒的国际旅行,那些留在汉诺威的元老和议员同事们憎恨他,以至于拒绝出席他的葬礼。莱布尼茨最后下葬在一座极为普通的墓地,如同 E. T. 贝尔所描绘的,只有他的秘书和挥舞铁铲的工人听到泥土落在棺木上发出的声音。

将近一个世纪以后,拿破仑的军队侵入了德国,在汉诺威皇家图书馆里,法国人发现了莱布尼茨遗留下来的大量手稿,其中就有预备呈献给路易十四的那条征服埃及的"锦囊妙计"。其时,这项宏伟的计划已在几年前被拿破仑实施,据说他获悉莱布尼茨早就有此想法时非常懊恼。果然不出后者所料,这项意在威胁通往印度的道路、切断大不列颠财路的军事行动在取得短暂胜利之后即以失败告终。不仅如此,埃及的军事失利还直接导致了法军在亚平宁半岛的全线溃败。另一方面,倒是拿破仑手下的几位士兵在亚历山大港附近的罗赛塔偶然发现了一块刻有三种文字的石碑,帮助后来的考古学家破解了古埃及象形文字之谜,进而揭示出了包含几何学在内的古埃及文明。

2007 年 1 月,杭州

弗雷格，
纯粹逻辑的真理

岁月的流逝是最关键的评判师。
——大卫·休谟

1. 波罗的海的维斯马

　　19 世纪以来，德国哥廷根大学便是一处数学圣地，那里诞生了数学王子高斯和黎曼等彪炳史册的数学巨匠。20 世纪初，菲利斯·克莱因和希尔伯特创建了哥廷根数学学派，使得世界数学中心从巴黎转移到了哥廷根。在哥廷根成长的众多数学博士中，还有一位成为哲学大师，那便是弗雷德里希·路德维希·戈特洛布·弗雷格，他是逻辑学家、哲学家、数学家，被广泛认为是亚里士多德以来最伟大的逻辑学家，享有"现代逻辑之父""分析哲学之父"的美誉，也是语言哲学的奠基人。

虽然弗雷格的工作生前被严重忽视了，但却被意大利数学家、符号逻辑学奠基人皮亚诺，英国哲学家、数学家、诺贝尔文学奖得主罗素，奥地利哲学家维特根斯坦等介绍给同行和学术界。虽然弗雷格的公众知名度如今依然不是很高，但他却对 20 世纪哲学有着深刻的影响，甚至影响了胡塞尔、罗素、维特根斯坦等大哲学家以及卡纳普、奥斯汀、安斯康姆、维金斯等富有原创性的哲学家。

▶ 故乡维斯马的弗雷格铜像（2009），耶拿大学和柏林也各有一尊

1848 年 11 月 8 日，弗雷格出生在波罗的海港口城市维斯马（Wismar），比克莱因年长一岁。维斯马的对岸是丹麦的哥本哈根和瑞典的马尔默，这座城市于 1266 年加入著名的"汉萨同盟"，19 世纪曾通过航运贸易繁荣一时。如今，维斯马依旧是德国重要的货运港和渔港，同时拥有波罗的海沿岸最具哥特式风光的建筑群。2002 年，维斯马老城区与相距遥远但同属梅克伦堡－前波美拉尼亚州的另一座港市施特拉尔松老城区一起入选为联合国教科文组织名下的"世界文化遗产"。

弗雷格的双亲都是教师，父亲亚历山大在故乡与人合伙创办了一所女子高中，并担任校长。

▶ 维斯马老城区

亚历山大擅长数学，这一点对儿子有绝对的影响。弗雷格童年时，亚历山大还为九至十三岁的孩子写过一本德语教科书（1850 年，维斯马，第二版；1862 年，维斯马和卢德维格斯卢斯特，第三版），这本书开头一节即是有关语言的结构和逻辑。1866 年，普奥战争爆发，那一年弗雷格 18 岁，父亲去世，母亲接管了父亲的学校，她的祖先是波兰贵族，17 世纪离开了波兰。

　　普奥战争又称"七星期战争"或"德意志战争"，是普鲁士和奥地利这两个德意志大邦国为争夺统治权进行的内战，最后以普鲁士取胜告终。1866 年 8 月 23 日，普鲁士和奥地利缔结《布拉格和约》，普鲁士获得今日德国西北部的石勒苏益格 – 荷尔斯泰因，奥地利同意美因河以北诸邦在普鲁士领导下成立北德意志邦联，包括汉诺威、黑森、拿骚、黑森－洪堡以及法兰克福自由市，并将威尼斯归还给了意大利。与此同时，普鲁士承认南德意志各邦的独立，并且只要求奥地利支付很少一笔赔款。

1867 年，在普鲁士的领导下，北德意志邦联诞生了，德国北部 21 个邦和汉堡、不来梅、吕贝克三个自由市共同签署了邦联条约。威廉一世加冕为皇帝，"铁血宰相"俾斯麦任邦联首相。弗雷格一家遂成为北德意志邦联的公民，两年以后，弗雷格从市立学校毕业，他的老师古斯塔夫是一位诗人，对弗雷格未来的学术生涯起了重要作用，他鼓励弗雷格到耶拿大学继续深造，并得到了母亲玛利亚的首肯。

2. 求学耶拿和哥廷根

1869 年春天，玛利亚把 21 岁的儿子送到德国最古老的大学之一——耶拿大学。耶拿属于图林根州，那时恰好在北德意志邦联之外。17 世纪的全才莱布尼茨曾在耶拿攻读数学，获得硕士学位。但耶拿大学更以人文学科见长，尤其是 18 世纪末以来，哲学家费希特、黑格尔、谢林、施莱格尔相继来校任教。在随后的两个学年里，弗雷格修了大约 20 门课程，主要是数学和物理学，也修化学和哲学。物理学家、数学家、发明家恩斯特·阿贝发现了弗雷格的才能，并成为他的终生好友和信念的支持者。

不料弗雷格就读耶拿的第二年，即 1870 年夏天，一场更大规模

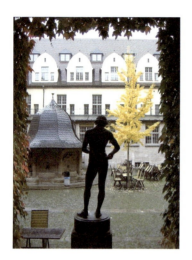

耶拿大学景色

哥廷根大学数学所小楼，弗雷格求学时尚未落成（作者摄）

的战争普法战争爆发了。这次战争是由法国发动，历时十个月，最后以普鲁士大获全胜，统一奥地利之外的南方各邦（巴伐利亚、符腾堡、巴登连同黑森公国的剩余部分），建立德意志帝国而告终。1871年1月18日，威廉一世在巴黎郊外的凡尔赛宫加冕为德意志皇帝。一个月以后，德法双方在凡尔赛签订初步和约，又三个月后，在法兰克福签署正式和约。这场战争使得普鲁士王国完成德意志统一，取代法兰西成为欧洲大陆的霸主。

那一年，弗雷格在老师阿贝的鼓励和帮助下，离开了耶拿大学，转学来到哥廷根，那时高斯、狄利克雷早已去世，黎曼五年前也在意大利辞世，哥廷根数学系盛极而衰，唯有曾与高斯合作发明有线电报的物理学家威廉·韦伯尚在哥廷根任教，弗雷格听过他的物理课。1873年，25岁的弗雷格在数学家恩斯特·谢林（与哲学家弗雷德里希·谢林其实不同姓）的指导下，以《论平面上虚影的几何图形》获得哥廷根大学哲学博士学位。

弗雷格的博士论文通过对平面上虚影图形性质的讨论，阐明了几何学基于直觉的观点。在哥廷根期间，弗雷格还聆听了赫尔曼·洛采有关宗教哲学方面的系列讲座。关于弗雷格的哲学思想是否受到这些讲座的影响，曾经是一个广受讨论的话题。有些人认为，洛采的逻辑观念，特别是他对纯粹逻辑的看法，对弗雷格逻辑思想的形成有着重要的影响。的确如此，弗雷格后来的一些哲学学说似乎与洛采有相似之处。

博士毕业以后，弗雷格回到耶拿大学担任无薪讲师，任教数学系长达45年，直到70岁退休。弗雷格31岁成为助理教授，35岁晋升教授，他讲授过数学的各门分支课程，也有一些数学研究成果，但更多的精力则致力于数学基础、数学哲学和逻辑理论的研究。1878年母亲去世以后，他不得不承担更繁重的教学任务，以便养活自己。1887年，39岁的弗雷格娶31岁的玛格丽特·洛斯伯格为妻，玛格丽特于1904年6月25日去世，他们没有孩子。弗雷格有一个养子阿尔福莱德，他是一个工程师。

纵观弗雷格一生的工作，主要围绕着一个问题，即为数学提供可靠的逻辑基础。虽然数学一向被视为严格演绎的典范，但那个时代的一些数学家、逻辑学家和哲学家已经认识到，数学缺少逻辑基础，他们开始致力于这方面的工作。至于数学是否当真需要逻辑基础？人们是否能够为数学建立逻辑基础？至今仍存在争论。另一方面，正是在数学和逻辑的交叉领域所进行的各项研究形成了数理逻辑这门新学科，并产生了许多积极的成果。

3.纯粹逻辑的真理

1879 年，弗雷格出版了第一部著作《概念演算》（又译《概念文字》），这是一本不足 80 页的小册子。书中首次提供了现代意义下的数理逻辑的一个体系，但当时的哲学家和数学家都未能清楚地理解其意义。几十年以后，这个主题开始发展，弗雷格的观念透过其他同行（例如意大利人皮亚诺）的理解和宣扬传播开来。在弗雷格生前，只有极少数同行（罗素是其中之一）给予他应得的赞赏。

作为一名数学家和逻辑学家，弗雷格使得自高斯以来建立的数学体系更加准确和完善，确立了算术演算的基本规则，因而成为数理逻辑的奠基人。他同时提出，数学可以化归为逻辑、数学是逻辑的延伸的思想，因而成为数学哲学三大流派之一——逻辑主义——名副其实的创始人（另两个流派为直觉主义和形式主义）。但弗雷格自己却因为游离于数学和哲学之间，长期被数学界和哲学界冷落。他身材矮小、性格安静、沉默寡言，与同事和学生均较为疏远，以至于在耶拿大学做了多年的编外教授。

通常认为，用数学方法来研究逻辑问题，开始于莱布尼茨，他提出了文字学的设想。19 世纪的两位英国数学家德·摩根和布尔用代数的方法建立了逻辑代数，其中布尔代数后来为二进制应用于电子计算机铺平了道路。但这种逻辑代数与亚里士多德的形式逻辑（三段论是其间接推理的基本形式）本质上是一样的。弗雷格在获得博士学位以后，对布尔学派和莱布尼茨、康德的数学哲学思想进行了一番研究，构造并建立出了一个自给自足的逻辑演算体系。

弗雷格把真理分为两种，一种真理是以经验事实为依据，比如物理学中的浮力定律和自由落体定律；另一种真理的证明纯粹来自逻辑规律，他认为算术命题就属于后一种。在探讨这类真理时，必须绝对严格，防止直观因素的渗入。弗雷格认定，日常语言在表达严密思想时存在障碍，尤其是在表达的关系较为复杂的情况下，日常语言更难满足要求，因此他创造了概念语言或概念演算。弗雷格指出，概念语言与日常语言之间的差异，就如同机械手与人手、显微镜与肉眼之间的差异。

为此，弗雷格首先严格地区分了命题的表达和判断。他认为，只有在理解和表达了一个思想以后，才能对它加以判断。其次，他明确地提出真值蕴含的思想，同时指出它与日常语言的区别，并采用否定和蕴含作为基本的逻辑连接词。再次，他先后引进了"内容同一"符号和"对象同一"符号，试图寻求"相等"与"同一"之间的统一，例如，名称、替换、关系和等值符号。再其次，他在逻辑演算过程里引入数学中的函数概念，建立起量词的理论。最后，他建立了九条公理和四条规则，在此基础上，再进行了大量的推演。

▶ 弗雷格第一部著作《概念演算》

▶ 弗雷格第二部著作《算术基础》

虽说弗雷格成功地构造了一整套严格的逻辑演算体系，从而有效地终结了亚里士多德建立的长达两千多年的形式逻辑的统治，给出了历史上第一个严格关于逻辑规律的公理系统——现代逻辑系统。可是，由于他在书中利用了既复杂又陌生的符号来表达新奇的概念，使得读者望而生畏，本文也有意回避复述他那套符号系统。事实上，与弗雷格同时代的数学家施罗德当年曾撰写长文予以全面的批评，在罗素发现其价值之前，《概念演算》几乎无人问津。

4．逻辑主义的创始人

虽然《概念演算》出版后遭受冷遇，弗雷格有几年没有作品发表，但他并没有气馁，而是重新思考，并深入地研究了逻辑哲学和数学哲学。1884 年，弗雷格的第二本著作《算术基础》出版了，这本书包含了弗雷格核心思想最明确最完善的阐述。弗雷格在书中提出了一个根本性的问题——"数是什么？"他指出："数学的本质在于，一切能证明的都要证明，而不是通过归纳法来验证，因此，我们也应考虑如何证明关于自然数的命题。"

在《算术基础》里，弗雷格论证了以下的论题：第一，反对康德认为算术真理为先天综合命题的主张，论证它们是分析命题；第二，数可以被归结为逻辑的类，是逻辑的一部分；第三，数，尤其算术（数论），是某种独立的抽象对象，数字是关于数的指称，算术是关于这些对象的性质的科学；第四，算术不是人的创造性游戏，而是对客观真理的发现。至少，以数论学家的经验来看，我认同弗雷格有关算术是客观真理的结论。事实上，算术是一座取之不竭的矿藏。

弗雷格将《概念演算》中有关数学序列的理论进一步发展，他规定了"n是一个数"与"存在一个概念使得n是属于它的数"的意义是相等的。在此基础上，弗雷格取 0 作为数列的起点，0 是属于概念"不同于自身的"数，1 是属于概念"同于 0"的数，2 是属于概念"同于 0 或同于 1"的数，如此等等。很明显，他给出自然数的定义（由此推演出整个算术理论）在于使用了"一一对应"的概念，这与年长他三岁的数学家康托尔所谓集合的"等价"意义相同，后者最引人瞩目的工作是证明了正整数集与实数集之间不存在一一对应。

康托尔是集合论的创始人，他也在同一年（1884）给出了自然数的定义，但弗雷格的定义更为准确。依照弗雷格的观点，数学真理可以从逻辑中推演出来，只需把某些内容翻译或再造成逻辑的语言和命题。通过弗雷格的奠基之作，罗素进一步加以发挥。翌年，他发表的论文《数学的原理》已有了大致的轮廓。再经过十年努力，罗素和怀特海合著的三卷本《数学原理》（1910～1913）全部出版。这套书成为逻辑主义的权威之作，书中有表达这样的观念："数学就是逻辑"。

在《算术基础》中，弗雷格还阐明了数学哲学中的三个主要原则：第一，反对数学基础问题上的经验主义，强调数学真理的先天性；第二，数学真理是客观存在的，这种客观性是产生思想的必要条件；第三，一切数学都可以化归为逻辑，数学概念可以定义为逻辑普遍要求的概念，数学公理可以从逻辑原则中得到证明。这其中，第三条在罗素和亦师亦友的怀特海的《数学原理》中发扬光大，也因此广为传播，从这个意义上我们可以说，弗雷格是逻辑主义的创始人。

5.语言的意义所指

在《算术基础》之后，弗雷格集中精力写作《算术的基本法则》，原计划写三卷，但实际上只完成两卷（1893，1902）。弗雷格拟从逻辑出发，展开几何学以外的全部数学，他认为，逻辑的原则是完全可靠的，一旦完成了这项工作，数学"就被固定在一个永恒的基础之上了"。第一卷发展了《算术基础》中的理论，改进了《概念演算》中的符号系统，提出了不同的公理，阐述了多元的谓词演算。谓词演算是弗雷格的一大贡献，衍生出现代数理逻辑学，但他的符号系统和记录法笨拙繁冗，今天已无人使用。

弗雷格所谓的谓词是个广义的概念，它包含了数学中的函数。例如，$x \leqslant y$ 可以看成二元谓词，$x + y = z$ 可以看成三元谓词，谓词演算包含了数学中的一些命题。20 世纪 30 年代，波兰数学家塔尔斯基还定义了谓词公式，并引进了模型的概念，发展出了模型论这一现代数理逻辑的四大分支之一（另外三个是公理化集合论、证明论和递归论）。弗雷格开创了独特的求真方式，区分了"是真"和"把某物看作真"，他通过研究句子来研究"真"，这一独特的"真"之理论对语言哲学的研究有着重要的意义。

弗雷格把语言的意义构成一分为二，即意义与指称，为了说明这个观点，他举了金星作为例子。"长庚星"和"启明星"指称的是同一事物——金星，但两者意义不同，"长庚星"强调的是金星在夜晚闪亮，而"启明星"强调的则是金星在早晨闪烁。当我们想到"启明星"，我们的心也许会激动甚至颤抖，因为它与早晨起床和新的一天联系在一起，但金星本身的"意义"并没有这层意思。

说到语言哲学，它是哲学家对语言现象的研究，是分析哲学的一个变种或支脉，也是现代西方哲学中影响最大、最富成果的哲学流派。因其所用的方法是对语言进行逻辑分析，故而是以现代数理逻辑的运用为基础的。语言哲学家主要关心以下四个问题：意义的本质、语言用法、语言认知及语言与现实的关系。而对欧陆哲学家来说，语言哲学是逻辑、历史甚至政治的一部分。值得一提的是，语言哲学的两个主要哲学家之一奥斯汀是弗雷格《算术基础》的英译者，而他本人生前并无著作出版。

回顾历史上哲学与数学的交融，大致有三个蜜月期，数学家们往往也是哲学家，反之亦然。首先是古希腊，泰勒斯提出了物质世界的构成问题，他认为我们的世界是由水组成的，后来的哲人各有各的看法，毕达哥拉斯认为"万物皆数"。其次是17世纪，哲学家关注人和人性，笛卡尔断言"我思，故我在"，帕斯卡尔写成了《思想录》。最后是19世纪后期和20世纪前期，数学家和哲学家开始用逻辑方法探讨语言现象和语言中的思想。换句话说，这越来越接近哲学的本质——认识人自身。

那为何要探讨语言现象呢？这是由于科学的突飞猛进，新的学科和分支不断涌现，甚至带走了一些哲学的研究对象，例如心理学。与此同时，物理学也开始挑战哲学的基础学科地位。哲学有了危机，有两个重任落在数学家出身的弗雷格头上：其一，重新划分哲学的界限，捍卫哲学的领地；其二，促使哲学科学化。对于第二个任务，弗雷格的《概念演算》已创造出与容易混淆的日常语言划清界限的新的精确语言。对于第一个任务，弗雷格的回答是：其他科学研究"什么"是真的问题，而哲学研究什么是"真"本身这个问题。

6. 罗素与维特根斯坦

《算术的基本法则》第一卷出版以后，再次受到冷遇，只有皮亚诺作了评述，但他显然对这本书没有足够的理解。弗雷格并没有受到影响，而是继续撰写第二部，主要论述实数的理论。可是，他既没有深入研究集合论，也没有触及关于无穷集合的各种问题，尤其是悖论。事实上，有关集合论和无穷集合的工作已被康托尔建立，但那时尚未被人承认和知晓，不仅如此，康托尔还遭到了同胞数学家克罗内克的激烈反对和打击。1902 年，正当第二卷即将付印之时，弗雷格收到了罗素的来信。

信中罗素首先称颂了弗雷格的工作，"就我所知，您的工作是我们时代中最好的""在许多具体问题上，我发现您的著作都进行了讨论、区分和定义，这使得其他逻辑学家的工作黯然失色。"信中接着写道："只有在一点上我遇到了困难……下述矛盾：令 W 为不能论断自身的谓词的谓词，W 可以论断自身吗？任何回答都会导致矛盾。……由此我得到，在某种条件下，一个可定义的集合并不构成一个整体。"也就是说，罗素的来信一方面意味着弗雷格的工作开始得到承认，另一方面又宣告了他的工作的终结。

事实上，罗素在参加 1900 年巴黎国际数学家大会期间，读到了皮亚诺的一本著作，对书中严谨的逻辑留下了深刻印象。第二年，罗素便提出了悖论，他给弗雷格写的信正是基于此发现，这封信使得弗雷格把数学建立在集合论之上的想法遭到沉重打击。1919 年，罗素又提出了更为通俗的"理发师悖论"：一个宣称给所有不给自己刮脸的人刮脸的人，他到底有没有给自己刮脸呢？无论如何，这都会得出矛盾的结论，这个悖论揭示了集合论本身存在着矛盾。

可是，逻辑主义并未就此中断或消失，发现问题的罗素和怀特海等人很好地继承了弗雷格的事业。弗雷格曾指出："模棱两可与含糊其词，对诗人来说没有问题，具体到论述真理的语言——尤其是科学的语言——就应该准确又清晰。"传统哲学通常是对思维内容和认识能力进行探讨，弗雷格则对语言表达形式和内部结构进行研究，他认为对语言意义的分析，是哲学研究的主要任务。弗雷格深信他的研究在未来会赢得更大的赞誉，并把未发表的文章留给养子。

▶ 湖边的巴德克莱茵

▶ 弗雷格墓碑　　　▶ 弗雷格之墓

▶ 弗雷格最后的居所

弗雷格有关语言意义的观点，深得奥地利哲学家维特根斯坦的推崇甚至膜拜，这位 20 世纪著名的思想家明确指出，他的哲学工作的两个来源是"弗雷格的巨著和我的朋友罗素的著作"。维特根斯坦曾短期到耶拿跟随弗雷格，1912 年他前往剑桥，在罗素的指导下学习数理哲学，那也正是弗雷格的建议和推荐。这或许是弗雷格对罗素知遇之恩的一个回报，维特根斯坦后来与罗素一样，成为 20 世纪英语世界的主要哲学家。

1921 年，在罗素的帮助下，维特根斯坦的《逻辑哲学论》出版了，这本书的中心问题是："语言是如何可能成其为语言的？"让维特根

▶ 纪念弗雷格的行走　　　　　　　　　　　▶ 弗雷格素描像

斯坦惊讶的是我们司空见惯的一个事实：一个人居然能听懂他以前从未遇到的句子。他本人对此是这样解释的："一个描述事物的句子或命题必定是一幅图像。"维特根斯坦认为，所有的图像和世界上所有可能的状态一定具有某种相同的逻辑形式。

弗雷格曾写道："一个好的数学家，至少是半个哲学家；一个好的哲学家，至少是半个数学家。"1918 年他退休后，回到故乡梅克伦堡 – 前波美拉尼亚州，在德国第四大湖施韦里纳湖北岸的小城巴德克莱茵（Bad Kleinen）定居，继续著书立说，并转向他年轻时的几何学课题，提出几何学是数学的基础。巴德克莱茵离弗雷格的出生地维斯马只有 20 多公里，他于 1925 年 7 月 26 日去世后，安葬在施韦里纳湖畔。如今每年春天，梅克伦堡西北地区的居民以往返这两座城市的行走活动纪念弗雷格。

2022 年 2 月，杭州西溪

秦九韶、道古桥与《数书九章》

1. 道古新桥

杭州城内，离西湖北岸的宝石山不远，有一条小路叫西溪路。在西溪路的东段，与杭大路的交叉口西侧（也在浙江大学西溪校区与玉泉校区之间，靠近西溪校区），有一座石桥，叫道古桥。此桥始建于南宋嘉熙年间（1237～1241），初名西溪桥。南宋咸淳初年《临安志》有载："'西溪桥'，本府试院东，宋代嘉熙年间道古建造。"这个造桥的道古不是别人，正是南宋大数学家秦九韶，道古是他的字。

秦九韶（1208～1268）祖籍河南范县，该县位处鲁豫交界处，县城有数百年设在山东莘县境内，故他自称山东鲁郡人。秦九韶出生在四川普州（今成渝之间）的安岳，并在那里长大。其父中过进士（据笔者了解，家乡人传秦家三代进士），曾任巴州（今川东北巴中）地方长官。1219年，巴州发生了一起兵变，促使其离开故乡，调任首都临安（杭州），全家住在西溪河畔。原来，1201年，临安发生了一场著名的大火，烧了三天三夜，烧掉太庙、三省、六部、御史台等，受灾居民达三万五千多户，部分朝廷命官及家眷便迁居当时属于郊外的西溪河畔，秦家来临安后也住那里。

九韶自幼聪颖好学，兴趣广泛，他的父亲来临安后一度出任工部郎中，后任秘书少监，掌管图书，其下属机构设有太史局，这使他有机会博览群书，学习天文历法、土木工程和数学、诗词等。1225年，秦父又被任命为潼川（今四川三台）知府，该地靠近吐蕃部落，为边关重地。秦父决定把家眷安置在离临安不远的湖州，只携带了心仪的小儿子九韶前往赴任。九韶曾出任擢郪县（今三台县郪江乡）县尉，故也有九韶为义兵首的

▶　道古新桥（作者摄于杭州）

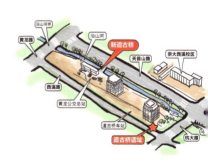

▶　道古桥在杭州的位置图
　　（梁津铭绘）

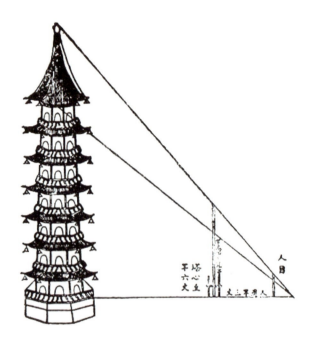

▶ 《数书九章》插图，相传画的是湖州飞英塔

说法，他有领兵打仗的才能。

1232 年，秦九韶也考中进士，先后在四川、湖北、安徽、江苏、江西、广东等地为官。1236 年，元兵攻入四川，嘉陵江流域战乱频繁，在故乡为官的九韶不得不时常参与军事活动。在《数书九章》序言中，九韶也对这一段生活有所描述。1238 年，秦九韶回临安丁父忧（后移居湖州，继续为父奔丧），见河上无桥，两岸人民往来很不便，便亲

自设计，再通过朋友从府库得到银两资助，在西溪河上造了一座桥。

桥建好后，原本没有名字，因桥建在西溪河上，习惯上被叫作"西溪桥"。直到元代初年，另一位大数学家、游历四方的北方人朱世杰（1249～1314）来到杭州，才倡议将"西溪桥"更名为"道古桥"，以纪念造桥人、他所敬仰的前辈数学家秦九韶，并亲自将桥名书镌桥头。

道古桥一直存在到新千年之交（笔者在附近居住了 19 年，历史上有无重建不得而知），因为西溪路扩建改造，原先的桥和溪流被夷（填）为平地（曾经有过的道古桥居委会也随之消失），并建起高楼大厦，诸如国际商务中心、浙江省国土资源厅和黄龙世纪雅苑，只留一个公交车站名道古桥（据说还有地图上未显示的道古桥路）。

2005 年，道古桥附近天目山路（杭州东西主干道）南侧西溪支流沿山河上修建了一座人行石桥（在杭大路的马登桥和黄龙路的沿山河桥之间，离道古桥原址约百米左右，比原先的长且宽阔）。笔者曾数度实地勘察，此桥跨河而建，两岸垂柳披挂，风景优美，且闹中取静，关键是尚未命名，故而突发奇想，建议将其命名为道古桥。

2. 数学大略

1244 年，秦九韶任建康府（南京）通判期间，因母丧离任，回浙江湖州守孝三年。正是在这次守孝期间，秦九韶专心研究数学，完成了二十多万字的巨著《数书九章》（1247 年 9 月），名声大振，加上他在天文历法方面的丰富知识和成就，曾受宋理宗赵昀召见。他在皇帝面前阐述自己的见解，并呈奏稿和"数术大略"（或"数学大观"，即《数书九章》）。可以说，秦九韶是中国第一个受皇帝接见的数学家。几年以后，河北的数学家李冶也曾三度被忽必烈召见。

《数书九章》分九类十八卷，每类九个问题，应该说全面超越了古典名著《九章算术》。其中，最重要的成果无疑要数第一卷大衍类中的"大衍总数术"和第九卷市易类中的"正负开方术"。"正负开方术"或"秦九韶算法"给出了一般 n 次代数方程正根的解法，系数可正可负。此类方程求解需要迭代运算，那样需要反复求取该多项式的值，而每次求值原本需经 $n(n+1)/2$ 次乘法和 n 次加法，秦九韶将其转化为 n 个一次式的求解，只需 n 次乘法和 n 次加法，此外，他还给出了最高 10 次 21 个方程的例子。直到 19 世纪初，这一算法才被英国数学家霍纳发现，被称为霍纳算法，即便在计算机时代的今天，秦九韶（霍纳）算法仍有重要的意义。

"大衍总数术"给出了"孙子定理"的一般表述。大约在公元四五世纪成书的《孙子算经》里有所谓的"物不知数"问题。即："今有物不知其数，三三数之剩二，五五数之剩三，七七数之剩二，问物几何？"答曰："二十三。"换句话说，孙子只是给出了一个特殊例子。而在江苏淮安的民间传说里，这个故事可溯源到公元前二三世纪西汉名将韩信点兵的故事：

> 话说秦朝末年，楚汉相争。一次，韩信率兵与楚军交战。苦战一场，汉军死伤数百。撤退途中行至一处山坡，忽报楚军骑兵

追来。只见远方尘土飞扬，杀声震天。此时汉军已十分疲惫，韩信令士兵3人一排，结果多出2名；接着令5人一排，结果多出3名；再令士兵7人一排，又多出2名。韩信当即宣布：我军1073名勇士，敌人不足500。果然士气大振，一举击败了楚军。

用现代数学语言来描述"大衍总数术"就是：设有 k 个两两互素的大于1的正整数 m_i，其乘积为 M，则对任意 k 个整数 a_i，存在唯一不超过 M 的正整数 x，x 被各个 m_i 相除所得余数依次为 a_i。秦九韶给出了求解的过程，为此他发明了"辗转相除法"（欧几里得算法）和"求一术"。后者是指，设 a 和 m 是互素的正整数，m 大于1，可以求得唯一不超过 m 的正整数 x，使得 a 和 x 的乘积被 m 除后余数为1。

遗憾的是，由于古代中国没有素数的概念（要到清朝康熙年间才有，叫数根），且当时的用途并非在理论上，而主要用于解决历法、工程、赋役和军旅等实际问题，秦九韶对他发现的定理没有给出严格的证明。但对求解型的定理来说，这个并不十分重要。实际上，他还允许模非两两互素，并给出了可靠的计算程序将其化为两两互素的情形。

此外，秦九韶还给出了"三斜求积术"，此乃著名的海伦公式（已知三角形的三条边长求面积）的等价形式。在第二卷天时类，秦九韶给出了历法推算和雨雪量的计算。在南京北极阁气象博物馆里，有古代著名气象学家的雕像，其中也有秦九韶，雕像的石碑上写着：他用"平地得雨之数"（即单位面积内得雨）量度雨水，在世界上最早为雨量和雪量测定奠定了科学理论依据。

3．享誉欧洲

1801 年，数学王子高斯的名著《算术研究》（第 2 篇第 7 节）里，也给出了上述"大衍求一术"，此前瑞士数学家欧拉已做了深入研究，但他们都不知道中国的数学家早已经得出这个结果。直到 1852 年，秦九韶的结果和方法被英国传教士伟烈亚力（与清代数学家李善兰合作译完欧几里得《几何原本》）译介到欧洲，他的论文《中国科学史札记》在欧洲学术界受到广泛关注，并被迅速从英文转译成德文和法文，此文同时也介绍了秦九韶算法。至于何时何人命名了"中国剩余定理"，仍是个未解之谜，但应不晚于 1929 年。

严格来讲，"孙子定理"应称为"秦九韶定理"，在拙作《数之书》中、英文版里也的确这么做了。之所以被命名为"孙子定理"，应与下文要讲的秦九韶的道德疑难有关。而据笔者先师潘承洞教授分析，西方人之所以称其为"中国剩余定理"，是因为古代中国数学家注重计算，缺乏理论建树，因而是一种轻视。无论如何，它都可以说是中国人发现的最具世界性影响的定理，是中外任何一本基础数论教科书中不可或缺的，同时也被拓广到另一数学分支抽象代数里面。此外，还被广泛应用到密码学、数值分析里的多项式插值计算、哥德尔不完全性定理的证明、丢番图方程可解性的判断（希尔伯特第十问题之否定），以及快速傅里叶变换理论等诸多领域。

德国著名数学史家莫里茨·康托尔赞扬秦九韶是"最幸运的天才"，这是因为当时西方尚未为这个命题命名。此前法国大数学家拉格朗日也是这样称赞牛顿的。拉格朗日认为，发现万有引力定律只有一次机会。有着"科学史之父"美誉的美国科学史家乔治·萨顿甚至认为，秦九韶是"他那个民族，他那个时代，并且确实也是所有时代最伟大的数学家之一"。2005年，牛津大学出版社出版了《数学史——从美索不达米亚到现代》，该书重点介绍的12位数学家中，秦九韶是唯一的中国人。

秦九韶造桥的故事，堪与英国数学家牛顿造桥的故事媲美。现今剑桥大学的皇后学院内，流经的剑河上有一座桥叫数学桥，只因传说原桥设计师是17世纪的数学家牛顿。据说牛顿造桥时没用到一根钉子，后来有好事者悄悄把桥拆下来，发现真是这样，却再也无法安装回去，只好在原址重新造了一座桥。时至今日，数学桥早已成为一处

▶　剑桥的数学桥，相传为牛顿设计（作者摄）

名胜，可以说是到访剑桥旅客的必游之地。

相比之下，道古桥的故事不仅更为古老（比牛顿早四个世纪），且与两位古代大数学家有关（可惜当年宣传甚少，甚至杭州多数数学工作者都不知道道古即秦九韶）。如果得以（重新）命名，酌情在桥头设立一块石碑，必将为杭州这座历史文化名城增添一处不可多得的科学人文景观（此建议后来被杭州市政府采纳，我还请数学家王元先生题写了桥名）。

4. 道德疑难

必须要指出的是，由于秦九韶的学术成就未被同代人认识，加上一些不好的传闻和描述，称其贪赃枉法、生活无度，甚至犯有人命、非复人类，他在暮年和后世成了一个有争议的人物。所有宋史和地方志都未为秦九韶列传，他的名字和桥名时隐时现，后裔也下落不明。不仅中文数论教科书里不出现他的名字，中国校园里也只张贴或雕塑祖冲之的像，甚至英国BBC新近制作播出的四集纪录片《数学的故事》在夸赞他的学术成就之余（秦是唯一被提及的中国数学家，也是七位东方数学家中镜头最多的一位），也渲染其道德污点。

经笔者多方求证和讨教，得知有关秦九韶的传闻主要有两个出处，其内容大有互通。比秦九韶年长十五岁的福建词人刘克庄《后村先生大全集》中的《缴秦九韶知临江军奏状》（1260）在前，比秦九韶小三十岁的湖州文人周密《癸辛杂识·续集》中的《秦九韶》（共两页，癸辛是杭州的街名，宋亡后周密留居此地）在后，后者曾被清代（乾隆年间）的《四库全书》列入"小说家之类"流传。可以说，刘周两人都是南宋文学史上有一定影响和地位的人。

到了嘉庆年间，文理兼备的扬州学派著名学者焦循，浙江巡抚、经学家、教育家阮元，以及晚清湖州学者、藏书家陆心源等人相继批驳周密，指其造谣诽谤，始有人为秦九韶列传。而刘克庄生前便趋奉贾似道，被认为谀辞诡语，连章累牍，为人所讥。1842 年，《数书九章》由历算名家宋景昌校订后第一次印刷出版，结束了近六百年的传抄史。之前，其抄本先后被收入明代的《永乐大典》和《四库全书》。在传抄过程中，一度被称为《数学九章》，后被明末戏剧家王应遴定名为《数书九章》。从这个意义上，《数书九章》堪与荷马史诗媲美。

必须指出的，吴潜和贾似道是宋理宗时一忠一奸的宰相，秦九韶和刘克庄分别与两人过从甚密。吴潜出身状元，以正直无私、忧国忧民、忠义爱国闻名，还是一代词人、水利专家和抗倭英雄；贾似道恶贯满盈，却是皇帝宠爱的贵妃的同父异母弟弟，人称蟋蟀宰相。1261 年，年近七旬的吴潜被贾似道罗织罪名，再度被罢免宰相，流放循州（今广东龙川），秦九韶也被贬至相去不远的梅州（今梅县）任知州。吴潜次年便暴病身亡（疑被投毒），秦九韶则"在梅治政不辍"，1268 年死于任上。

吴潜是安徽宁国人（一说是湖州德清人），那里与湖州毗邻，秦九韶在巴州任职时便与之相识，后一同在湖州为母丁忧。或许，秦九韶从吴潜赠送的地基上建起的房子有些奢华，引起当地文人周密的嫉炉。特别是，周密是湖州本地人而秦九韶是异乡人。除了擅长作词以外，周密还爱好史学、画帖、医学，甚至算学。他的《志雅堂杂钞》也是一本杂书，有趣的是，里头居然有韩信点兵的描述，他称之为"鬼谷算"或"隔墙算"。

另一方面，秦九韶的骈俪诗词也颇有造诣，并曾得著名词人李刘指点，因此也不排除文人相轻的可能性。秦九韶无疑是政治斗争的牺牲品，他生命的最后六年是在梅州度过的。事实上，在金人和蒙古大军南下时，吴潜和贾似道分属主战派和主和派。笔者曾专程前往梅州，只见周围群山环抱，城内主要街道栽满了榕树。我想起造纸术的发明人蔡伦，他和秦九韶在科学、技术上的成就在中国古代无人可以匹敌。蔡伦因为发明造纸术被封侯，晚年却在宠爱他的皇太后过世后被她的政敌毒死。

有意思的是，后来曾有无名氏作《长相思》："去年秋，今年秋，湖上人家乐复忧，西湖依旧流。吴循州，贾循州，十五年前一转头，人生放下休。"也就是说，15年以后，贾似道也被贬到当年吴潜遭贬去世的地方，且途中被富有正义感的监押官杀死。到了清代，吴潜的后裔吴鲁又考中状元，光宗耀祖，吴氏家族多居住在福建，其中泉州涂门街的吴氏大宗祠又名东观西台。至于秦九韶的最后岁月、下葬地及其后裔，笔者虽曾在梅州努力探访，仍无从知晓。若真的如刘周文章所言，他早应被处斩或入狱，如何只是被贬官且仍"治政不辍"？

值得一提的是，《数书九章》里有一幅著名的插图，是用来计算图中的宝塔塔尖高度的，通过观察角度的调整和正切函数的运用，便可以求得。这座宝塔与湖州城内的唐代古寺飞英寺里的飞英塔造型相似，此塔内是石塔外是砖木塔，因为塔中有塔而别具一格，属于全国重点文物保护单位。虽然内塔和外塔分别建于唐代和北宋年间，但在12世纪前后遭到拆毁，现在的塔重建于13世纪30年代，刚好在秦九韶寓居湖州之前。

5. 世界本原

最后，我想谈谈秦九韶为《数书九章》这部唯一的著作所作的序诗（每卷一首）和序言。第一卷是大衍类，即最有价值的一次同余式求解理论。他在这卷序诗里写道："巍巍昆仑，气势磅礴；世界本原，在于数学。"第二卷是关于天文历法，序诗曰："七大行星，苍穹回旋；世间诸事，变化多端。"第三卷是关于土地面积测量，序诗的开头是："百姓虽小，当放首位；审时度势，以观世界。"

接下来的几卷先后涉及测量计算、运输税收、粮谷容积、建筑施工、军需供应、交易利息等。在赋役一卷中他写道："当官的要施仁政，为民着想，设身处地，犹如自己挨饿受灾。如果赋税徭役分配不均，难道能让人心安理得吗？"因此可以说，这部著作不只谈论数学，还涉及自然现象和社会生活，成为后人了解当时社会政治和经济生活的重要参考文献。

在"钱谷"一卷，序诗更是针砭时弊，有理有据。"纳粮上税，

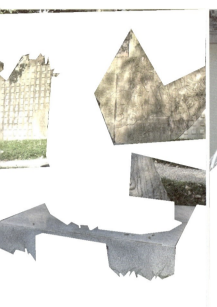

▶ 秦九韶塑像（作者摄于南京北极阁博物馆）[左]
　　广东梅州，秦九韶的谢世地（作者摄）[右]

要看等级，粮食入库，要看时节。一粒粒粟，一寸寸丝，都是男女劳动所得。""达官贵人相互攀缘，欺榨百姓，大小贪官，用尽心机。""治理财政，理当犹如智者治水。正本清源，有条不乱，治标治本，消除隐患。""那些昏官视而不见，人民悲惨，用刑不断。离开理智愈来愈远，为官不仁！可叹可叹！"

　　在序言的开头，秦九韶便提到，周朝数学属于"六艺"（礼、乐、射、御、书、数）之一。学者和官员们历来重视、崇尚数学。人们因为要认识世界的规律，产生了数学。从大的方面说，数学可以认识自然，理解人生；从小的方面说，数学可以经营事务，分类万物。秦九韶坚信，世间万物都与数学相关，这与古希腊的毕达哥拉斯学派不谋而合。

这也正是数学吸引秦九韶的地方，他向学者、能人求教，深入探索数学之精微。"我在青少年时代曾随父亲到过都城临安，有机会访问国家天文台的历算家，向他们学习历算。此外，我还从隐君子那里学习数学。"这里的隐君子并非指吸毒（烟）成瘾的人，而是指隐居逃避尘世的人。其时，元军入侵四川，九韶有时不得不在战乱中长途跋涉，可是他仍不忘钻研数学。

与此同时，秦九韶也感叹，数学家的地位和作用，而今不被人们所认识，这里他主要指的是纯粹数学和暂时无法用到的方法技巧。他认为，数学这门学问遭到鄙视，算学家只被当作工具使用，这就犹如制造乐器的人，仅仅拨弄出乐器的声音。"原本我想要把数学提升到哲理（道）的高度，只是实在太难做到了。"由此我们可以推断，这是一位有思想、有品位的人，与传言中的秦九韶实难相符。时光流逝了七个多世纪，秦九韶的道德污点也成为古代中国科学史上最大的疑案。

2012 年 5 月，初稿

2013 年 8 月，修改

费尔马最后的定理

——纪念费尔马诞辰四百周年

证明是数学家自己折磨自己的幽灵。

——A. S. 爱丁顿

1. 醉心于纯粹数学

英国哲学家阿尔弗雷德·怀特海把 17 世纪称为"天才的世纪"。在那个世纪之初，也即距今整整四百年前，诞生了伟大的法国数学家皮埃尔·德·费尔马。在费尔马之后，法国人帕斯卡尔、荷兰人惠更斯、英国人牛顿和德国人莱布尼茨接连出世；而在费尔马之前，德国人开普勒、意大利人伽利略和法国人笛卡尔生命中的大部分时光也是在 17 世纪度过的。在这八位彪炳史册的科学巨人中，唯有费尔马把他的全部才智奉献给了纯粹数学，即被牛顿斥为"无意义的谜语的相互逗趣"的理论。

与此相反，牛顿把他的数学应用于物理世界，诸如计算出从行星轨道到炮弹飞行轨迹等各种问题，他对数学所做的唯一划时代的贡献便是创立了微积分，一门最初仅用来描述与距离、速度和加速度有关的引力定律或力学定律的科学分支。虽然如此，并且随后又发生了与莱布尼茨的微积分发明优先权之争（这场争论使得英国和欧洲大陆的学术交流中断了一个世纪），牛顿依然得以跻身于历史上最伟大的数学家之列。而在牛顿去世两百多年以后，有人才在他的一篇文章中发现一个注记，原来他的微积分是在"费尔马先生画切线的方法"基础上发展起来的。

由此我们产生了一个疑问，为什么费尔马没有去走最后那并非最困难的一步？与其说当时英国的工业革命已走在法国人的前面，倒不如说还有一项事业更让费尔马倾心，即在任何时代都容易被认为毫无用处的数学分支——数论。如果再大胆一点，我们甚至可以推测费尔马当时已经预见到，微积分的出现会扭转整个数学的研究方向，会把数学家们卷入到在他看来并不太有趣的烦琐事务中去，因而他宁肯不要发明权这份荣誉。这个观点并非危言耸听，假如考虑到那个被称为"费尔马大定理"或"费尔马最后的定理"（Fermat's Last Theorem）的谜语在他身后三百五十多年才得以揭开的话。

2. 业余数学家之王

费尔马出生在法国南部米迪比利牛斯大区塔恩—加龙省的小镇博

费尔马肖像

DIOPHANTI
ALEXANDRINI
ARITHMETICORVM
LIBRI SEX,
ET DE NVMERIS MVLTANGVLIS
LIBER VNVS.

CVM COMMENTARIIS C.G. BACHETI V.C.
& obseruationibus D.P. de FERMAT Senatoris Tolosani.

Accessit Doctrinæ Analyticæ inuentum nouum,collectum
ex varijs eiusdem D. de FERMAT Epistolis.

TOLOSÆ,
Excudebat BERNARDVS BOSC, è Regione Collegij Societatis Iesu.

M. DC. LXX.

1620 年图卢兹出版的
丢番图《算术》

蒙·德洛马涅，父亲是一位富有的皮革商人，这使他有机会进入方济各会修道院学习，随后又来到附近的图卢兹大学做事。图卢兹是上加龙省的首府，也是米迪比利牛斯大区的中心城市，11 世纪前后那里曾是法国抵御穆斯林从西班牙入侵的前沿阵地。30 岁那年，费尔马遵从家人的意愿，开始了文职官员的生涯，他被任命为隶属图卢兹议会的上访接待室的法律顾问，在本地和国王之间提供极其重要的联系，同时保证来自巴黎的指令在本地区得以执行。

费尔马如今被誉为"业余数学家之王"，这方面的兴趣和才能在他早年所受教育里没有任何佐证。对他最有影响的导师是一部叫《算术》的古希腊著作，那是古代世界最后一部重要的数学著作。作者是亚历山大的丢番图，其生活的年代已不可考，人们只能大致推断是在公元前后的五百年间。在躲过了基督教和伊斯兰教的双重劫难以后，包括欧几里得的《几何原本》在内的希腊数学名著在 12 世纪由阿拉伯文翻译成了拉丁文，那是数学史上有名的翻译时代，阿拉伯和印度的数学成就也在这个时候被介绍到了西方，其中尤以巴格达的花拉子密最负盛名，正是他命名了代数学。

实际上，在欧洲人放弃对高尚真理的追求的时候，阿拉伯人悄悄地把那些从亚历山大里亚的余烬中拾取出来的知识汇总起来，并用新的更为有效的语言重新加以解释和保存。（这件事让人感觉到，20世纪末开始的西方对巴格达的围剿有些不可思议。）奇怪的是，丢番图的《算术》却似乎从未进入过阿拉伯学者的视线，直到1453年，土耳其人洗劫了君士坦丁堡，即那座如今横跨亚欧两大洲的城市——伊斯坦布尔，这部书的一个希腊文残本才被逃往西方的拜占庭学者带出。这场劫难与发生在图卢兹的那次鼠疫正好相隔了两个世纪，等到《算术》终于被一位法国古典学者翻译成拉丁语并自费出版时，费尔马刚好满20岁，数学史上的一个重要角色注定要由他来扮演。

费尔马担任的司法事务占据了他白天的工作时间，而夜晚和假日几乎全被他用来研究数学了。部分原因是那个时候的法国反对法官们参加社交活动，理由是朋友和熟人可能有一天被法庭传唤，与当地居民过分亲密会导致偏袒。正是由于孤立于图卢兹上流社会的交际圈之外，费尔马才得以专心于他的业余爱好。除了前面提到的因为切线及其极值点方法的使用被认为是微分学的创始人以外，他还独立于笛卡尔发现了解析几何的基本原理，并通过和帕斯卡尔的通信共同创立了概率论。甚至在光学方面，也有流传至今的所谓"费尔马原理"，即光线永远沿使其经历的时间最短的路径行进。

3. 深居简出的天才

然而，所有这些工作在费尔马心目中均不如他写在《算术》书页空边上的一系列短小的评注，那些纯粹属于智力的数字游戏更有意义，他一直被一种强烈的欲望——想要了解自然数的性质以及它们之间的相互关系——所驱使。虽说《算术》成书于一千多年前，可是中间隔着漫长的中世纪，大量的数学经典文献被完全遗忘了，费尔马得到此书一定如获至宝。书中提出了一百多个数学问题，丢番图本人逐一予以解答，这种认真的做法却不是费尔马的习惯。在研究丢番图的问题和解答时，费尔马经常得到启示去思索和解决一些相关的微妙问题。令人庆幸的是，这部译著的每一页书边都留有宽大的空白，有时候他会匆匆地在那里写下推理或评注。

对于后世的数学家们来说，这些不太详尽的注记成了用之不竭的一笔财富。像那个时代的大多数数学家一样，费尔马对自己的研究结果守口如瓶，如果没有一个叫梅森的神父竭力鼓动，他甚至可能不会与别的数学家通信。这位神父不仅热衷探讨整数的性质（他以梅森素数在数学史上留芳），而且喜欢旅行和传播消息，并定期安排数学家们的各种聚会，这与两个世纪以后现代主义诗人们的活动颇为相似，他的圈子后来形成法兰西学院的雏形。不过，梅森也因为"泄密"得罪了笛卡尔那样的朋友，可是，对于生活在边远山区的费尔马来说，神父的每次到访都是受欢迎的，他的影响力大概仅次于丢番图的《算术》。

尽管梅森神父一再鼓励，费尔马仍固执地拒绝发表自己的结果，他是个缄默的天才，放弃了许多次成名的机会。得到人们的承认对他来说毫无意义，唯有新的定理的发现带给他秘密的喜悦，这一点足以让他感到满足。然而，这位隐身独处的天才有一种不可避免的邪恶癖好，他和别人的通信其实是一种智力上的挑逗。费尔马经常写信叙述他的最新定理，却不愿意透露任何证明的线索，这种挑衅性的行为着实使收信人恼恨，笛卡尔就指责他为"吹牛者"，牛顿的前辈沃利斯则管他叫"那个该诅咒的法国佬"。

费尔马尤其喜欢捉弄海峡对岸的同行，因为直到他生活的年代，英国尚未产生过一位可以和他媲美的数学家。64 岁那年，费尔马到邻近的塔恩省的小镇卡斯特尔执行公务，不幸染上一种严重的疾病去世。综观费尔马的一生，他的活动范围不超过 200 公里，这一点与佛陀释迦牟尼一模一样。著名的英国古典学者贡布里希爵士在谈到文艺复兴初期的意大利画家乔托时指出："在乔托之前，人们看待艺术家就像看待一个出色的木匠和裁缝一样，他们甚至不在自己的作品上署名。"同样，当帕斯卡尔或其他朋友催促费尔马发表某个结果时，他回答说："不管我的哪项工作被确认值得发表，我也不想在其中出现我的名字。"

由于费尔马与巴黎的数学界老死不相往来，他的通信者对他未必心怀好意，因此当他在梅森神父之后突然去世时，他的各种发现处于被永远遗失的危险之中。幸亏费尔马的长子克莱蒙─塞缪尔（他对数学的贡献如同卡夫卡的遗嘱执行人布罗德对文学的贡献）意识到父亲的业余爱好具有重要的价值，他花了五年时间研读父亲涂写在页边的文字，整理出了 48 条评注。1670 年，一本叫《附有皮埃尔·德·费

▶ 梅森神父

尔马评注的丢番图的算术》的书在图卢兹出版了，而被后人称为"费尔马最后的定理"（费尔马从未与通信者提起过）即为其中的第 2 条评注。

4. 破译费尔马的谜语

数学家们奉行的保密原则起始于古希腊，早在公元前 6 世纪，神秘主义哲学家毕达哥拉斯就严格禁止他的弟子们把数学发现泄密给外人，否则会招来杀身之祸。毕达哥拉斯意识到从音乐的和声到行星的轨道，一切事物均含有数，他因此宣称"万物皆数"，他创造的"数学"这个词的希腊文原意便是"可以学到的知识"。毕氏学派最有意味的

▶ 费尔马大定理的证明者怀尔斯 [左]
剑桥牛顿数学所，宣告费尔马大定理被攻克的地方（作者摄）[右]

发现之一是所谓的"毕达哥拉斯定理"，即直角三角形的两条直角边长的平方和等于斜边长的平方和。虽然中国人和巴比伦人发现这个秘密比希腊人要早得多，可是他们都没能给出证明。

毕达哥拉斯不仅予以严格的证明，并且从这个几何问题中提炼出有关整数的方程（后人称此类方程为丢番图方程），即如何将一个平方数写成两个平方数之和。他探讨了满足这个方程的所有三元数组，其中最小的一组当然是（3，4，5）。在丢番图的《算术》里，这个问题的编号是第8，正是在靠近问题8的页边上，费尔马写下了下面这段文字："不可能将一个立方数写成两个立方数之和，或者，将一个4次幂写成两个4次幂之和，总之，不可能将一个高于2次的幂写成两个同次幂的数之和。"

在这个评注的后面，这位好恶作剧的遁世者又草草地写下一个附加的注中之注："对此命题我有一个非常美妙的证明，可惜此处的空白太小，写不下来。"随着克莱蒙一塞缪尔所编的书的出版，这个问题在后来的三百多年间闻名于世，同时也苦恼了一代又一代最有智慧的头脑，包括欧拉和柯西这样伟大的数学家都曾经全身心地投入并栽了跟头。为此，法国科学院在 19 世纪中叶设立了第一笔奖金，结果却给了对法国怀有仇恨的德国人库默尔，他的工作说明了，证明费尔马大定理的希望非常渺小。

在库默尔去世 15 年以后，另一位德国人保罗·沃尔夫斯凯尔为破译费尔马的谜语注入了新的活力。保罗出生在殷富人家，虽然他的一生大部分时间花在经商上，却始终对数论有着特别的迷恋。有一天晚上，保罗因为一位漂亮女性的离去准备自杀，却因为阅读费尔马问题的经典文献入了迷，错过了与死神约会的时间。可以说是"费尔马最后的定理"重新唤起了他生命的欲望，为此他后来立下遗嘱，用十万马克（约合现在的一百万英镑）奖给第一个证明它的人。

最后，在 20 世纪行将结束之际，在费尔马的其他问题和评注全部解决之后，一位叫安德鲁·怀尔斯的沉默寡言的英国人，澄清了这个历史疑案，领走了那份诱人的奖金。其时怀尔斯受聘于美国的普林斯顿大学，可他却返回祖国，在母校剑桥大学[1]的艾萨克·牛顿研究所宣布这一结果，这似乎是对当年目空一切的费尔马的一个有礼貌的回敬。虽然怀尔斯的这个证明不久以后被发现有问题，但是经过两年的不懈努力，尤其是得到他的学生理查德·泰勒的帮助以后，漏洞终于被彻底地修补好了。

---

1 怀尔斯在剑桥大学获得博士学位，他本科就读于牛津大学。

怀尔斯是个幸运儿，他实际上证明的是以两位日本数学家名字命名的谷山—志村猜想，后者可以直接导出费尔马大定理，这种内在的联系仅仅是在十年前才由一位德国数学家提出，而后由一位美国数学家证实的。假如完成这两项工作的时间互换一下，即先证明谷山—志村猜想，再证明猜想和大定理之间的递推关系，那份至高的荣誉就落在那个美国人头上了。值得一提的是，谷山和志村在而立之年就提出了猜想，他们属于日本战后最富创造力的一代，虽然所受的教育并不完整。1958 年，年仅 31 岁的谷山在寓所里自杀，他的遗嘱表明，他对自己的生活失去了信心，他至死都不知道自己工作的伟大意义。

怀尔斯的证明动用了现代数学许多最深刻的方法和结论，这些工作中的相当一部分都是受"费尔马最后的定理"的刺激发展起来的，如果要讲述它，无疑需要另写一篇文章。现在，这只下金蛋的鸡终于被宰掉吃了，数学家们需要多久才能重新找回，无人能够做出预测。当这条惊人的消息从剑桥传出，我正在香港大学参加一个国际学术会议，当代最伟大的数论学家之一、挪威出生的美国人赛尔贝格刚做完了一次特邀报告，他念叨着那位年轻的普林斯顿同事的名字，脸上露出一丝难言的笑容。四十多年前，赛尔贝格因为用初等方法证明了"素数定理"获得菲尔兹奖，如今早已经退休了。[1]

自从牛顿和莱布尼茨发明微积分以后，数学的应用价值越来越为人们所知，数学家们被迫去从事一些新领域的研究，这些领域包括从粒子物理到生命科学，从航空技术到地质勘探等几乎一切应用科学。

---

1 赛尔贝格已于 2007 年去世，享年 88 岁。

与此同时，在这个越来越讲究实际的时代，以费尔马毕生钟爱的数论为代表的纯粹数学逐渐不为人重视。或许是害怕被人冷落，数学家们每隔一段时间会抛制出一条特大新闻，费尔马的头像上了《纽约时报》的头版头条。在"费尔马最后的定理"之后，数学宝库里还有黎曼猜想、哥德巴赫猜想、孪生素数猜想、BSD 猜想和 abc 猜想，还有毕达哥拉斯时代遗留下来的完美数和友好数问题。这些问题或猜想有的难度更大，有的历史更久，可是就传奇色彩来说，却没有一个比得上"费尔马最后的定理"。

2001 年 8 月，杭州

牛顿在他的"非典"时期

他几乎以神一般的思维，最先说明了行星的运动和图像、彗星的轨迹和大海的潮汐。

——牛顿墓志铭

1. 鼠疫横行欧罗巴

20 世纪最伟大的数学成就被认为是"费尔马大定理"的证明，任何一个知道毕达哥达斯定理的人都能理解这个定理的含义，简而言之，如同费尔马本人所表述的："不可能将一个高于二次的幂写成两个同次幂的数之和。"费尔马如今被誉为"业余数学家之王"，1601 年，他出生在法国南方，在方济各会修道院学习以后，担任图卢兹议会上访接待室的法律顾问一职。虽说费尔马把大量业余时间用于数学研究，他的仕途仍十分顺利，很快成为当地有头有脸的人物，甚至有资格以

▶ 黑死病

德（de）作为姓氏的一部分。可是，这并非他的雄心所致，而是当时蔓延欧洲的腺鼠疫帮了忙，幸存者被提升去填补死亡者的空缺。

这场鼠疫也被称为黑死病（Black Death）。大约始于1346年，其发源地众说不一。有人认为起源于美索不达米亚，因十字军东征传播到其他地区；也有人认为起源于南俄罗斯或中亚，先是向西经由亚美尼亚到小亚细亚、埃及和北非，同时由一条远航黑海之滨克里米亚的热那亚商船携带到亚平宁半岛和西欧，并多次骚扰英国。稍后，它又向东传至中国，据有关文献记载，中国的死亡人数多达1300多万，包括因为社会动荡造成河堤失修和洪水泛滥淹没的乡镇人口。但这只是欧洲死亡人数的二分之一，而当时欧洲的总人口才一亿，其中意大利和英国的人口减少了一半（牛津大学失去了三分之二的学生）。

这场灾难的传播速度非常缓慢并时有反复，前后持续了三个多世纪，这与当时的医学水平、交通媒介和各民族之间的相互疏远不无关系。鼠疫暴发的时候，著名的阿拉伯旅行家伊本·巴塔图已经在中国，当他返回大马士革时才初次遇上。假如我们注意到以下事实，那么这一滞缓就更容易理解了。16 世纪初，由于美洲贵金属的发现，引起了欧洲旷日持久的物价上涨，将近半个世纪以后，才波及利沃夫——基辅以西五百多公里处的乌克兰城市。即使到了 19 世纪中叶，非欧几何学的创始人之一、俄国数学家罗巴切夫斯基在其伏尔加河畔的故乡喀山发表了划时代的工作以后，由于信息不流通和语言的障碍，十多年以后，这项研究成果才被西欧的同行知晓，并差点被年轻他九岁的维也纳工程兵中尉鲍耶抢去头功。

1652 年，鼠疫再度在法国南方徘徊，这一回甚至一向深居简出的费尔马也染上了，他病得如此厉害，以至于一位朋友迫不及待地向自己的同事宣告了他的死亡。但没过几天，这位朋友又在给一个荷兰人的信中纠正道：

> 前些时候我曾通知您费尔马的逝世。他仍然活着，我们不再担心他的健康，尽管不久以前我们已将他列入死亡名单之中……

信中没有出现任何道歉的字眼，显而易见，类似的差错在当时已经司空见惯。费尔马后来又活了 13 年，直到 64 岁时，他到邻近省份的一个小镇执行公务，不幸染上另一种疾病去世。我们可以这样推测，由于仕途的顺利不必为生计担忧，以及对社交生活的适时回避，使得费尔马安心地从事业余的数学研究，并最终成为 17 世纪法国最有成就的数学家。

2.黑死病改写历史

鼠疫（Plague）和天花堪称对人类危害最大的两种传染病，有趣的是，它与欧洲最美丽的城市——捷克首都布拉格（Prague）仅相差一个卷舌的辅音字母。鼠疫主要通过啮齿类动物（特别是野鼠和家鼠）和它们身上的蚤类传播，它本是一种地方性兽疫，但当病兽大批死亡，蚤类另觅宿主，人被叮咬后即可感染。起初，鼠疫只是散发，时机成熟以后就会造成大规模的流行。鼠疫主要分为腺鼠疫和肺鼠疫两大类，前者病例较多，也相对温和，费尔马感染上的即属此类；后者发病很急，传染性极强，临床表现为支气管肺炎、肺水肿、虚脱或脑损伤。

当席卷欧洲大陆的那场鼠疫于1664年通过英吉利海峡上的轮渡再次抵达英伦时，腺鼠疫转变成了肺鼠疫，危害也到了顶峰。所幸的是，它被大西洋所阻隔，没有抵达美洲。当时的欧洲城镇受害大于农村，修道院受害又大于居民区。由于鼠蚤出没无常，即便有权有势的人也难以幸免。在西班牙，阿拉贡王后和卡斯蒂利亚国王死于鼠疫。在英国，公主在出嫁西班牙途中死于波尔多，坎特伯雷相继失去了两位大主教。在法国，阿维尼翁（当时教皇和教廷所在地）的法庭成员减少了四分之一。

当鼠疫抵达欧洲的第一个落脚点——意大利时，人文主义者兼诗人彼特拉克不仅失去了庇护人，也失去了他深爱着的缪斯——劳拉。但这是一场纯粹的单相思，至今无人能考证出劳拉的确切身份，犹如达·芬奇的蒙娜丽莎之谜。彼特拉克本人后来把自己的抒情诗分成两卷，即《劳拉在世时所作》和《劳拉死后所作》，那是从心灵里吐露出来的既明晰又意在言外的爱和忧伤，是几个世纪以来锤炼得最完美也最有生命力的文学作品。

对欧洲来说，这场鼠疫的后果既是多方面的，又让人意想不到。首先，它使得战争停止，贸易和经济衰退，但那只是暂时现象。更久远的影响是由于大量农民死去而让耕地荒芜，劳力的短缺迫使地主通过提高工资等手段挽留佃农，这给长期以来僵硬不化的各社会阶层之间的关系带来一种新的流动性。自那以后，欧洲各国的农民起义便层出不穷，这使得共产主义思想的萌芽有了适宜的土壤，同时也为 17 世纪的启蒙运动开启了方便之门。

其次，黑死病的阴影逼迫阿尔卑斯山以北的人们更多地去考虑死亡和来世。这除了充分反映在文学、绘画作品中以外，还促使人们转向对生存含义和神秘主义的探索，天主教教会也逐渐失去了它在（意大利以外）拯救人的心灵方面的权威。这在某种程度上为 16 世纪马丁·路德的宗教改革创造了良机，他的理论核心是人的得救只能依靠自己的信仰，他并身体力行地反对牧师不得结婚的教规。

可是，这场鼠疫在历史上既非第一次，也不是范围最广的一次。1894 年，鼠疫突然在中国广州暴发，在随后的 20 年间传遍亚、欧、美、非等 60 多个国家，死亡人数达一千万人以上。在中国当时受波及的主要为南方各省和香港，仅云南省就有 10 万多人死亡。此次鼠疫流行传播速度之快、波及地区之广，创造了历史之最。这次流行的特点是疫区多分布在沿海城市，家养动物也在其中。不过，控制也比前几次迅速，因为当时已发现了鼠疫的病原体——鼠疫杆菌，初步弄清了鼠疫的传染源和传播途径，并加强了国际合作和检疫隔离措施，使人类与鼠疫的斗争进入了科学阶段，最终比较快地结束了流行。

鼠疫杆菌的学名叫耶尔森氏菌，耶尔森（1863～1943）是瑞士出生的法国细菌学家，早年就学于洛桑大学和巴黎大学等名校，后受聘于巴黎的巴斯德研究所。1890年，耶尔森到印度支那开始了四年的探险生涯，恰好遇上鼠疫大暴发，随即来到香港，不久即与日本医师、细菌学家北里柴二郎（1852～1931）几乎同时发现了鼠疫杆菌。次年，他又制成了治疗鼠疫的血清。之后，耶尔森返回了越南，把自己的余生献给了越南这个落后的东方国家，据说是他首先把橡胶树引入印度支那，使天然橡胶成为今天越南的支柱产业。耶尔森在河内创办了一所医学院，在中部庆和省的首府芽庄创办了专攻细菌学和微生物学的巴斯德研究所并自任所长，直到在那里去世。

2003年，在没有任何征兆或警告的情况下，一场突如其来的非典型传染性肺炎（SARS）迅速蔓延到五大洲30多个国家，尤以中国大陆和香港为甚。虽然一度人心惶惶，但是，有现代科学技术作为保障，在各国政府和世界卫生组织的通力合作下，这场疾病的死亡率和物质、精神方面的损害都降低到了最低限度。时至今日，我仍有两个疑问想留给流行病学专家和细菌学家。其一，为何在相隔一个多世纪以后，广东会再次成为世界范围内流行的传染病的策源地？其二，为何当SARS病魔依然在附近地区猖獗的时候，仍属于发展中国家的越南能够率先摘掉"非典疫区"这顶帽子？

躲避瘟疫的时光

现在，让我们回过头来谈谈英伦那场空前绝后的灾难。据记载，1665 年夏天的两个月间，仅伦敦死于鼠疫的人数就达到了五万，即使是乡村，有些地方活着的人都来不及埋葬死者。半个世纪以后，当法国的马赛再次流行鼠疫，《鲁滨孙漂流记》（1719）的作者、英国作家丹尼尔·笛福为了满足国民的好奇心，写出了《瘟疫年纪事》（1722），对当年伦敦那场鼠疫的发生、传播，它引起的恐怖和惶惶的内心，以及死亡的景象写得犹如身临其境。这部小说成为文学史上有关疾病的经典之作，可是，笛福本人出生在 1660 年，鼠疫盛行时他还是一个幼童。书中有不少素材取自于前人的记忆，这里我想从当时一位记者的日记里摘录一个真实的片段：

> 一对母女从外面回到家，女儿说头有点痛，母亲赶紧安顿女儿躺下。她提着油灯看了看女儿的身体，不幸的是她看到了黑死病的标志——肿大的腹股沟淋巴结。母亲疯了似的奔向大街，两个小时后女儿死在床上，一个星期后母亲也死去。

幸运的是，几个月后的一场大火（史称"伦敦大火灾"）烧毁了伦敦的大部分建筑，老鼠和跳蚤也销声匿迹，鼠疫流行随之平息。

这场大火无疑是一个奇迹，另一个奇迹降临在 1642 年（那一年伽利略去世）的圣诞节，在英格兰偏僻的小村庄诞生了一个男孩，他的名字叫艾萨克·牛顿。在他出生前两个月他的父亲就去世了，母亲

管理着丈夫留下来的农庄。两年以后，母亲改嫁到了邻村，小牛顿被交给祖母抚养。后来，他在低水平的乡村学校里接受教育，除了对机械设计略有兴趣以外，没有显露出任何特殊的才华。可是，牛顿还是勉强考取了剑桥大学三一学院，尽管他的欧几里得几何答卷有明显的缺陷。他在大学里继续默默无闻地学习，很少受到老师们的鼓励，有一次，他几乎要改变方向，从自然科学转向法律。幸好没有，他得到了继续深造的机会。

　　本来，牛顿可能和其他按部就班的研究生一样，在教授的指点下循序渐进。可是因为伦敦流行的那场可怕的鼠疫，剑桥大学放假了，并且一放就是两年。23 岁的牛顿回到了自己的村庄伍尔斯托帕，那是在剑桥郡北面的林肯郡。牛顿在故乡安静地度过了 1665 年（那一年费尔马去世）和 1666 年，这使他有足够的时间进行独立思考。牛顿开始了数学、力学和光学上的一系列伟大发现，他获得了解决微积分问题的一般方法，观察到太阳光的光谱分解，并提出了力学上的重要定律。假如法国哲学家伏尔泰的描述正确的话，牛顿是在自己农庄的果园里，看见一只苹果坠落时领悟并发现了万有引力定律。多年以后，牛顿故乡的一棵苹果树被移植到剑桥三一学院的门外，供游人瞻仰。

在牛顿的同母异父妹妹的后裔保存下来的一份牛顿手稿里，有这样一段描述：

> ……这一切都是在 1665 与 1666 两个瘟疫年份发生的事，在那些日子里，我正处于创造的旺盛时期，我对于数学和哲学，比在以后任何年代都更为用心。

两年以后，牛顿回到剑桥，顺利取得了硕士学位（那时硕士和博士的含义基本上是一致的，只是不同国家的不同名称而已），并被选为三一学院的研究员（又译院士）。两年以后，他的导师巴罗主动让贤，年仅 27 岁的牛顿担任了著名的卢卡斯讲座教授。

4. 非典型的成功

当牛顿于 1664 年 4 月离开剑桥返回故乡躲避鼠疫时，没有人意识到，他刚刚完成的大学生活是高等教育史上最有成效的学习过程。这首先归功于新哲学的影响力。牛顿进入剑桥时，一场被称为科学革命的运动已经在欧洲进行得如火如荼，开普勒把哥白尼提出的宇宙太阳中心说加以完善，伽利略提出了自由落体运动和惯性定律，而笛卡尔已开始为自然界提供新的概念，他的哲学思想的核心就是：怀疑一切，"我思，故我在"。可是，当时包括剑桥在内的大学教授们对这些进步都熟视无睹，他们仍然固守亚里士多德的顽固堡垒，主张宇宙的地球中心说，同时只是定性而不是定量地研究自然界。也就是说，那个年代的大学尚未成为科学、哲学研究的中心和前沿。

其实，在接受高等教育之初，牛顿和成千上万的大学生一样，也沉迷于亚里士多德的学说。可是不久，他从社会传闻而不是从课堂上了解到笛卡尔的新哲学，开始相信物理世界是由运动着的物质粒子所组成的。即使在革命性较弱的数学领域，牛顿从学习笛卡尔的解析几何入门，掌握了用代数方法解决几何问题的方法，然后又转回去学习经典几何学。众所周知，为了避免伽利略所受的那种牢狱之苦，笛卡尔的《几何学》是作为他的哲学著作《方法论》的附录三出现的，因而不在正统的教科书之列。牛顿从中获得启示，得到了二项式定理，再借助费尔马的画切线方法，发明了微积分，可以用来求曲线的斜率和曲线下的面积。简而言之，牛顿的特殊教育和养料是经由大学时代的阅读闲书和道听途说（可否称之为另类选课？）获得的，这促使他此后在乡村度过的两年时光里才情勃发。

回顾科学史上那些赫赫有名的人物，相当一部分都是接受了非常规或非典型的教育和思想，并且在相对缺少约束和压力的情况下成就了自己的事业。以爱因斯坦为例，他早年对严厉而又学究式的德国教

▶ 剑桥三一学院礼拜堂内的牛顿塑像（作者摄）[左]
　在牛顿面前打盹的培根（作者摄）[右]

育感到厌烦和恐惧，幸好他是个有才艺的小提琴手，这有效地保留了他的激情和自信。15 岁那年，由于历史、地理和语言课程成绩太差，爱因斯坦没有取得文凭就离开了慕尼黑的预科学校，主动放弃了德国国籍。后来，他来到苏黎世的瑞士联邦工业大学求学，成绩并不十分突出，毕业后在伯尔尼专利局做了一名专利员，利用业余时间完成了一生最主要的工作——狭义相对论，包括现在人们熟知的质能转换公式。这是自牛顿以来最重要的科学发现，而爱因斯坦工作的推动力来自于数学家新建立的四维时空结构。

　　需要指出的是，最早意识到亚里士多德的三段论法工具，或曰工具论已经过时，不能满足科学发展需要的哲学家并非笛卡尔，而是牛顿的英国前辈弗兰西斯·培根。培根是掌玺大臣的儿子，就读的恰好也是剑桥的三一学院。只不过他在校期间因为体质孱弱，常有疾患之苦，继而产生厌学情绪。虽然如此，培根仍是剑桥人的骄傲，在三一学院著名的礼拜堂内，牛顿的塑像立在最中心的位置，在他前面的五位院友中，就有正在打瞌睡的培根。培根毕业以后，很快建立起法学家和政治家的声誉，后来却不幸被政敌控告受贿，囚禁于伦敦塔。释放以后，培根被迫退出政治舞台，从而过上隐居写作的生活，并成为享誉世界的散文大家。

与此同时，培根也建立起了他的科学理论和方法，其核心是归纳法推理。他认为，之前所有有关自然的信念体系缺乏严格的证明，原因在于对从中做出推论的一般命题处理不当。它们或者是只凭一两件事情便匆匆做出判断，或者是依据众所周知和普遍认可而不加鉴别地被认为是不证自明的。遗憾的是，这种新工具并没有被数学家们赏识，因为归纳法毕竟只是其中的一种方法，他忽略了包括演绎法在内的其他工具。培根也不关心当时最重要的自然科学进展，如开普勒的行星三大运动定律和哈维的血液循环理论，虽然他本人是这位医生的一个病人。不过到了 19 世纪，随着达尔文的出现和生物学的进展，培根的方法和思想终于有了用武之地。

最后，我想谈谈牛顿返回剑桥以后的情况。出于幼年时代产生的一种害怕批评的心理（他一直憎恨他的继父），牛顿并没有急于公布他的伟大发现，尤其是在他发表了一篇光学论文之后，立即遭到同行权威的责难和围剿，这让他大吃一惊，此后很长一段时间没有公开发表论文。牛顿在万有引力定律及其应用方面的工作是在天文学家哈雷的劝告和催促下发表的，而包含微积分学理论在内的数学名著《自然哲学的数学原理》（1687）则是在哈雷的协助编辑和资助下出版的。这里必须提及的是，1684 年，身为牛津大学教授的哈雷主动来到剑桥，向年轻的牛顿请教行星运动的力学解释，两人由此建立起了深厚的友谊。

　　1701 年，牛顿迁居伦敦，此前他已经基本上放弃了学术生涯，担任英国皇家造币厂厂长（后又担任局长）。以后的 27 年间，他没有做科学研究，把时间奉献给了神学研究，在《圣经》和编年史研究方面也取得一定的成就，而为了回应他的力学对传统神学世界观的冲击产生的自然神论则影响甚广。与此同时，牛顿认认真真地做好本职工作。据说，他非常注意防止伪币，成为伪币制造者的死对头，有一些人因此上了断头台。按照女王伊丽莎白一世对三一学院院士的要求，牛顿终生未婚。事实上，他与女性接触很少，除了母亲，而母亲当年几乎遗弃了他，因此母子关系也不融洽。当牛顿去世时，身边只有与他同住的一个外甥女和她的丈夫。或许，我们可以这样认为，作为有史以来最伟大、最有影响力的科学家，牛顿一生的主要工作在他学生时代躲避鼠疫的那两年时间里就已经基本完成了。

2003 年 5 月，初稿于杭州

2008 年 8 月，修改于剑桥

欧拉，他停止了生命和计算

——纪念欧拉诞辰三百周年

计算对欧拉来说毫不费力，就像人们
呼吸，或者鹰在风中保持平衡那样。

——弗朗索瓦·阿拉戈

1. 小国里出现的巨匠

在一个小国家里诞生一位科学巨匠，这在世界史上并不多见。瑞士数学家、物理学家莱昂纳尔·欧拉便是其中最出色的一位，虽然他成年以后一直生活在两座遥远的异国城市——彼得堡和柏林，但他的肖像画却出现在瑞士法郎上，与英镑上的牛顿一起成为至今仍在流通的纸币上仅有的两位大科学家。1707 年 4 月 15 日，欧拉出生在瑞士西北部邻近法国和德国的巴塞尔，这座通用德语的城市至今人口仍不足 20 万，却拥有瑞士最古老的学府——巴塞尔大学（1460），莱茵河蜿蜒着穿过它的中心。德国哲学家尼采年轻时曾在巴塞尔大学担任过十年的古典文献学教授，在那里完成了他的代表作《悲剧的诞生》，并结识到访的音乐家瓦格纳而成为莫逆之交。

让我们先把时光推进到欧拉 20 岁那年，即 1727 年。对欧拉来说这是一个关键性的年份，那一年牛顿在伦敦去世，那一年欧拉开始了学术生涯，他首次参加了巴黎科学院的有奖竞赛——在船上安置桅杆。这一传统的竞赛活动起始于 1721 年，吸引并激励了欧洲各国难以计数的年轻人，它对科学的贡献堪比两个多世纪以后设立的诺贝尔奖。不幸而又幸运的是，欧拉落选了，加上此后求职母校未果，当年他便动身去了俄国，受聘于彼得堡科学院。可是，就在欧拉踏上俄国领土的那一天（5 月 17 日），这个国家的女皇叶卡捷琳娜一世去世了。作为俄国最伟大的君王——彼得大帝的情妇和妻子，这位出身卑微的立陶宛女子在许多方面都表现得聪慧开明，在她仅仅两年多的在位时间里，实现了丈夫建立科学院的愿望。

牧师家庭出身的欧拉之所以选择后来的科学道路，不能不说与当地一个叫贝努利的数学世家有关。贝努利家族原先居住在比利时的港口城市安特卫普（当时隶属荷兰），因为遭受宗教迫害而于 16 世纪末逃难到今日德国的法兰克福，而后又迁至瑞士，在巴塞尔安顿下来。这个家族的三代人中出现了八位极有成就的数学家，其中最年长的一位雅各布在巴塞尔大学做了数学教授，并成为欧拉父亲的老师。尽管老欧拉颇具数学才华，却差点犯下一个错误，在教会儿子数学的同时又要求他继承自己乡村牧师的职位。事实上，在那个年代里对非显贵家庭出身的西方年轻人来说，牧师、医生和律师不失为安身立命的三

▶ 瑞士邮票上的欧拉

个好职业。

于是小欧拉进了巴塞尔大学学习神学和希伯来语，但他的数学才能很快引起了雅各布的弟弟约翰的注意，约翰在雅各布去世后继承了兄长的职位，他的两个儿子尼古拉和丹尼尔也与欧拉结为挚友（兄弟俩均为数学家）。17 岁那年，欧拉获得哲学硕士学位，同时也面临对未来职业的抉择，老欧拉仍固执己见，幸亏有诸位贝努利前辈的热情劝告和担保，做父亲的才最后放弃自己的主张，数学王国里才不至于失去这样一位伟大的创造者。尼古拉和丹尼尔后来应聘到新成立的彼得堡科学院，正是在他们兄弟的举荐之下，欧拉告别了父老乡亲，从此踏上了数学的不归之路。虽然欧拉没有做成牧师，但父亲笃信的加尔文教赋予了他一颗温厚、仁慈之心，他毕生为人都十分谦逊。

欧拉被公认为是纯粹数学的奠基人之一，也是历史上最卓越、最多产的科学家之一，被同代数学家视为"分析的化身"，此外他在数

▶ 含有五个基本数字
和符号的欧拉公式

论、几何学、拓扑学、力学诸方面均有重大的原创性贡献，并把成果广泛应用到物理学和工程技术领域。在我看来，欧拉的一个无与伦比的优点在于他的精细和耐心，这使得以他名字命名的数学发现无处不在，并且总是处在各个领域引人瞩目的位置。例如，欧拉函数和欧拉定理（数论）、欧拉常数（微积分）、欧拉公式（复变函数）、欧拉线和欧拉圆（几何学）、欧拉图（图论）、欧拉示性数（拓扑学）、欧拉角（动力学）、欧拉方程式（流体力学），等等。

虽然欧拉从没担任过教职，但他却是一位出色的教科书作者，他撰写的《无限分析引论》《微分学原理》和《积分学原理》均是数学史上里程碑式的著作，其中包含了他本人的大量创造，在很长时间里它们被当作分析课本的典范，有的已出中文版。此外，欧拉还为俄国编写了初等数学教程，帮助改革度量衡制度、设计计算税率、年金和养老保险等的公式。欧拉也是对数学符号系统贡献最大的数学家之一，这项工作的意义极其重要，却往往容易被人们忽视。欧拉率先用 $f(x)$ 表示函数，e 表示自然对数的底，i 表示虚数，s 表示三角形的周长，a、b、c 表示三角形的边，π 表示圆周率，Σ 表示求和，正弦 sin、余弦 cos 和正切 tan 也是欧拉引入的，这些符号沿用至今并为世人熟知。

2. 与女皇和国王相处

正如拿破仑是结交数学家最多的君王，与君王打交道最多的数学家是欧拉。直到 18 世纪，欧洲的大学依然不是主要的学术研究中心，不过比起物理学等近代科学分支来说，数学因为与古典传统较为接近而受到重视。可是，尽管微积分学诞生已经一个世纪，但大学教授的主要精力仍然用于对付初等数学，很少花精力做前沿研究。与 17 世纪法国那些伟大的业余爱好者不同，真正的学者有了自己的靠山和赞助人，那便是专业的科学研究机构。由于莱布尼茨的大力倡导，在有远见的统治者支持下，柏林科学院和彼得堡科学院相继成立，加上此前成立的意大利（山猫）科学院、英国皇家学会和法国皇家科学院（梅森学院），数学史上最活跃的时期已经来临。

可是，欧拉初到彼得堡的日子，处境十分艰难。叶卡捷琳娜一世死后，权力旁落到一群粗鲁残暴的家伙手里，甚至年幼的沙皇也在能够行使自己的职权以前死去。那些当权者把科学院及其研究者看成是可有可无的摆设，他们甚至考虑取消它，遣返所有的外籍人员。也算是不幸中的大幸，贝努利兄弟原先推荐欧拉去的是医学部，因为只有那儿有空缺，为此他突击学习了生理学并在巴塞尔大学旁听了医学讲座，科学院混乱的管理正好给了欧拉机会，他偷偷溜进了数学部。那以后的六年时间里，欧拉埋头于自己的研究，完全沉浸在数学王国中，直到他的引路人之一丹尼尔·贝努利（尼古拉·贝努利在欧拉抵达前一年溺水身亡）决定离开俄国。

在丹尼尔回到瑞士以后，欧拉接替了他在彼得堡科学院的数学教授职位，那年欧拉 26 岁，准备在俄国安家了，新娘是彼得大帝西游时带回来的画师的女儿，也是欧拉的瑞士同胞。那时俄国早有了一位新女皇，即彼得大帝的侄女安娜·伊万诺夫娜，虽说在安娜的情夫的间接统治下俄国经受了历史上最血腥的恐怖时期，但科学院的境况并没有变得更糟，欧拉这样的数学家对当权者无害。欧拉喜欢孩子，他的两任妻子（第二个妻子是第一个妻子的同父异母妹妹）先后生下了13 个孩子，欧拉常常一边抱着婴儿一边写论文，稍长的孩子们则围绕着父亲嬉戏，他是在任何地方、任何条件下都能工作的少数几位大科学家之一。

1740 年，安娜女皇退位并于当年去世，欧拉遂接受了普鲁士国王腓特烈大帝的邀请，到柏林科学院担任数学部主任。传说普鲁士的太后很喜欢老实持重的欧拉，有一次她故意逗他说话，但是欧拉的回答

达朗贝尔 [上]
欧拉的引路人 ——
丹尼尔·贝努利 [下]

总是很简洁，"是"或者"不是"。"为什么你不愿意跟我多说话呢？"太后问。"太后，我刚从那样一个国家来，在那里你要是说多了话，就会被吊死。"相比之下，欧拉与普鲁士国王相处并不愉快，因为国王喜欢溜须拍马的大臣。他之所以支持数学只是感到那是一种责任，但他从内心讨厌这门学问，因为他自己的数学很蹩脚，这方面他无法与法兰西皇帝拿破仑相比，后者自称是个几何学家，并与同时代所有的巴黎数学家都交上了朋友。

在很长一段时间里，欧拉代理柏林科学院院长的职务，他在柏林不受欢迎的另一个原因是，他对腓特烈大帝津津乐道的哲学问题一无所知。有一次，法国启蒙主义思想家伏尔泰来访，在竭尽所能取悦了一番国王之后，他又以一套近乎玄学的语汇拿欧拉逗乐。忠厚老实的欧拉耐着性子接受了这一切，但国王却感觉自己丢了面子，他决心物色一位能说会道的数学家来领导他的科学院，结果法国人达朗贝尔被邀请到了柏林。比欧拉年轻 10 岁的达朗贝尔是偏微分方程的开拓者，又是世界上第一部《百科全书》的副主编。

显而易见，这样一位全才的人物足以让腓特烈大帝的虚荣心得到满足，没想到的是，达朗贝尔却是一位头脑清醒、判断力精确的人，虽然他和欧拉在学术上有过一些不快。这位法国客人十分坦率地告诉普鲁士国王，把任何其他数学家置于欧拉之上都是一种错误的行为。可惜的是，这不仅没有让自负的国王改变对欧拉的看法，反而变本加厉使得欧拉更难以忍受。为了自己子女的前途，欧拉只好打点行装，离开生活25年之久的柏林，再次回到了寒冷的彼得堡，他的妻子和儿孙们也一同返回。

此时俄国又有了一位新女皇，即叶卡捷琳娜二世，她本是德意志亲王的女儿，因为嫁给彼得大帝的外孙来到俄国，有机会接近并攫取王位。叶卡捷琳娜二世在位的34年里，继承了彼得大帝未竟的事业，领导俄国全面参与欧洲的政治和文化生活，制定法典并厉行改革，同时夺取了波兰和克里米亚的大部分领土，故又被称作叶卡捷琳娜大帝。在欧拉回到彼得堡之后，女皇以皇室的规格接待他，拨给他一栋可供全家18人居住的大房子和成套的家具，并派去自己的一个厨子。恼羞成怒的普鲁士国王只得写信给法国数学家拉格朗日："欧洲最伟大的国王希望欧洲最伟大的数学家在他的王宫里。"显而易见，他对欧拉的离任耿耿于怀。

有一件事可以说明叶卡捷琳娜二世与腓特烈大帝的行事风格截然有别，她曾经邀请法国哲学家狄德罗，就是那套著名的《百科全书》的主编先生来访。本来彼得堡就是彼得大帝仿巴黎建造起来的，俄国人一直对法国文化非常推崇。没想到狄德罗为了表明自己被邀请是非常值得的，努力说服在场的大臣们改信无神论，这下子可惹恼了女皇，她命令欧拉用法语让这位只会空谈的哲学家闭嘴。欧拉（这件事做得并不高明）径直朝狄德罗走去，他以一种极为平稳认真的语调说："先生，因为 $(a+b^n)/n=x$，故而上帝是存在的！"因为心比天高而拒绝上大学的狄德罗对数学可是一窍不通，他听了以后不知所措，周围的大臣们报之以热烈的笑声，可怜的哲学家感到自己受到了羞辱，他请求女皇准许他立刻回国，女皇神态自若地同意了。

值得一提的是，在安娜和叶卡捷琳娜二世之间，俄国还有过一位女皇，那便是彼得大帝的女儿伊丽莎白。她在位的 20 年间，欧拉一直生活在柏林，尽管如此，俄国方面照付给他院士津贴。也是在她在位期间，彼得堡科学院第一次有了本国院士——科学家兼诗人罗蒙诺索夫。有一年，俄罗斯军队入侵柏林远郊，欧拉的农场遭到了抢劫，女皇知道后加倍赔偿了他的损失。可以说，欧拉的一生得到了俄国四位女皇的垂青。

3. 孜孜不倦的失明者

在人类文明史上，从古代希腊的荷马到中世纪波斯的鲁达基，从近代英国的弥尔顿到 20 世纪阿根廷的博尔赫斯，不乏失明的歌唱者。可是，在科学家中这类人物极为罕见。如同创作不朽旋律的贝多芬双耳先后失聪一样，从事数学研究的欧拉也在晚年双目失明，但这丝毫不减他们的创造力。贝多芬一生写作了九部交响曲、五部钢琴协奏曲、十部钢琴和小提琴协奏曲，还有难以计数的钢琴奏鸣曲、弦乐四重奏、声乐和歌剧作品。而欧拉完成了八百多篇（部）论文和著作，其中 58% 是数学方面的，物理学—力学和天文学各占了 28% 和 11%，其余 3% 是关于航海学和建筑学的。从 1907 年欧拉诞辰二百周年开始，瑞士政府着令有关部门编辑《欧拉全集》，那是 72 卷大四开本的巨著，至今尚未完成。

必须指出的是，欧拉的失明并非由于家族遗传。第一次灾难降临时欧拉只有 28 岁，为了赢得一项天文学的巴黎大奖，他连续工作了三天三夜，把这个难题给解决了，而当时其他几位主要数学家都认为那需要数月的时间。结果引发了一场疾病，欧拉从此失去了右眼的视力，这一点我们从他本人留下来的几幅肖像画中也可以看出。欧拉的左眼患上白内障是在他第二次居留俄国期间，那时他快 60 岁了。虽然欧拉的通信者如法国数学家拉格朗日、达朗贝尔等表示了深深的忧虑，他本人倒是能够泰然处之。在完全失明之前，他努力尝试用粉笔把公式写在大石板上，然后让儿子或秘书抄下来，他自己再口述对公式的说明和其他文字。这样一来，他写作论文的效率非但没有降低，反而提高了。

与许多失明者一样，欧拉有着非凡的记忆力。除了几乎把那个时代的全部数学结果铭记于心以外（有时难免张冠李戴，譬如数论中的佩尔方程），他还长于心算。更让人不可思议的是，欧拉能背出古罗马大诗人维吉尔的十二卷史诗《埃涅阿斯纪》每一页的首句和末句。这部史诗描述了特洛伊沦陷以后王子埃涅阿斯历尽艰辛，在异国他乡

（罗马）重新建立居留地的故事，其优美智慧的诗句、结构和韵律达到了尽善尽美的地步，以至于但丁在《神曲》里让维吉尔引领他到达了天堂。或许，欧拉从中获得了某种共鸣，他的数学发明总是以优美的形式出现。晚年当被友人问起在哪个地方度过的时光最美好时，他不假思索地回答说是彼得堡。在欧拉完全失明的17年间，最让他得意的工作是发现月球的运动规律，那曾是唯一使牛顿头痛的问题，被欧拉通过复杂的分析和心算推导出来了。

在欧拉生活的年代，尚未有专门刊载数学论文的期刊。但在伦敦《皇家学会哲学纪要》和《法国科学院纪要》创刊半个多世纪之后，《彼得堡科学院通讯》《柏林科学院纪要》也相继诞生，后两种杂志的问世当然与欧拉有关，他本人也是主要作者之一。传说欧拉在家人两次叫他吃饭的半小时里，就能够写成一篇论文。欧拉从不为投稿费神，写完一篇论文后，他就把它放在一堆不断增高的文章的最上头。当院报需要时，编辑便从那最上头取走一篇或两篇论文。于是经常出现这样的情况，论文的写作和发表日期顺序并不一致，更为有趣的是，由于欧拉每每会围绕着一个问题写出系列文章，这样一来，读者在阅读他的论文时有时会摸不着头脑。

除了失明以外，欧拉一生还遭遇了许多不幸，八个孩子先后夭折，晚年的一场大火几乎夺走了他的生命和手稿，幸亏瑞士仆人奋力抢救，但他的房子连同藏书全被烧毁了。叶卡捷琳娜二世获悉后马上补偿了全部经济损失，欧拉重又投入了工作。值得一提的是，在安娜和叶卡捷琳娜二世之间，俄国还有一位伊丽莎白女皇，那便是彼得大帝的女儿。她在位的 20 年间，欧拉一直生活在柏林，尽管如此，俄国方面照付给他院士津贴。也是在她在位期间，彼得堡科学院第一次有了本国院士——科学家兼诗人罗蒙诺索夫。有一年，俄国军队入侵柏林远郊，欧拉的农场遭到了抢劫，女皇知道后加倍赔偿了他的损失。可以说，欧拉一生得到了俄国四位女皇的垂青。

1783 年 9 月 18 日，一个晴朗的秋日下午，欧拉像往常一样在石板上写着什么，那可能是在计算气球上升的轨迹。然后，他和家人一起吃晚饭，谈论着新近发现的天王星。那会儿，在德国中北部的不伦瑞克，一座离开柏林不到两百公里的小城里，石匠的儿子高斯已年满六岁，充分显露出了数学神童的天赋。晚餐后，欧拉一边喝着茶，一边和小孙女玩耍，突然之间，烟斗从他手中掉了下来。他说了一句"我死了"，随即"欧拉停止了生命和计算"。后面这句经常被数学史家引用的话出自法国哲学家兼数学家孔多塞之口，他是大革命时期的急先锋，后来不幸死于狱中。不知为何，这句话使我联想起欧拉喜爱的维吉尔的诗句："锚抛下去，飞驰的船停住了。"

每个人都有时代的局限性，在欧拉研究过的诸多难题中，有的尚未完全解决，例如天文学中的三体问题，即太阳、地球和月亮在相互引力下如何运动的问题，这个问题至今仍然存在。由于欧拉涉足的研究范围十分广泛，即使在他为之倾心的数学领域，仍有许多未解决的问题，例如毕达哥拉斯时代遗留下来的完美数和友好数问题，这方面以欧拉的贡献最大；再如费尔马大定理，欧拉也有出色的贡献，但最终的解答由英国数学家怀尔斯在 20 世纪末给出；又如哥德巴赫猜想，

▶ 欧拉之墓（作者摄于圣彼得堡）

是欧拉和数学家哥德巴赫通信时提出来的，至今未有证实或否定。哥德巴赫的故乡在普鲁士的哥尼斯堡，诞生于这座城市的"七桥问题"是拓扑学的出发点，而把这个世俗问题抽象到数学高度并予以解决的正是欧拉。

确切地说，欧拉是历史上最著名的宫廷数学家，他毕生往返于两个敌对的国度——俄国和德意志之间，侍奉不同的国王和皇后。一次，腓特烈大帝命令欧拉给他的侄女授课，他便动笔写下了一系列文笔优美的散文，后来变成畅销数十个国家的《给一位德国公主的信》，这是出自科学家手笔的科普著作的早期范本。尽管如此，由于欧拉既不像前辈牛顿那样建立起一门新科学（微积分学）和完整的力学体系，也不像后来的高斯那样建立起一个数学学派（哥廷根学派），加上他来自小国家，他的公众知名度并不特别高。有许多时候，欧拉以一种谦逊之心默默做着别的大数学家不愿意做的工作，如同欧拉早年的导师约翰·贝努利给他信中所写："我在教高等分析的时候，它还是个孩子，而您正在将它带大成人。"

谈到 18 世纪的数学家，尽管法国人更愿意抬高自己的同胞拉格朗日，欧拉仍被更多的同行推崇为最有成就的一位。有的数学史家还把欧拉与阿基米德、牛顿和高斯并列为有史以来最伟大的四位数学家。他们拥有一个共同点，即在创建纯粹理论的同时，也把自己发明的数学工具用以解决大量天文、物理和力学问题。他们不断地从实践中吸取营养，同时又绝不满足于解决具体问题；他们把宇宙看成是一个有机的整体，力图揭示出它的内在奥秘和规律。有着"法兰西的牛顿"之誉的拉普拉斯赞叹道："学习欧拉吧，他是我们所有人的老师。""数学王子"高斯也曾经说过："对于欧拉工作的研究，将仍旧是数学人能上的最好的无可替代的学校。"从某种意义上讲，自从欧拉去世以后，数学再也不像从前那样有序而美好了。

2006 年 12 月，杭州

高斯，离群索居的王子

——纪念《算术研究》发表二百周年

上帝创造了整数，其余一切都是人造的。
——利奥波德·克罗内克
数是各类艺术最终的抽象表现。
——瓦西里·康定斯基

历史上间或出现神童，神童常常出现在数学、音乐、棋艺等方面。卡尔·弗雷德里希·高斯，一位数学神童，是各式各样的天才里最出色的一个。就像狮子号称万兽之王，高斯在数学家之林中称王，他有一个美号——数学王子。高斯不仅被公认为是 19 世纪最伟大的数学家，并且与阿基米德、牛顿并称为历史上最伟大的三个数学家。现在阿基米德和牛顿的名字早已进入中学的教科书，他们的工作或多或少成为大众的常识，而高斯和他的数学仍遥不可及，甚至于在大学的基础课程中也很少出现。但高斯的肖像画却赫然印在 10 马克——流通最广泛的德国纸币[1]上，直到 2002 年马克被欧元取代。

1. 与自然数的"情谊"

1777 年 4 月 30 日，高斯出生在汉诺威公国（今下萨克森州）的不伦瑞克市郊外（现属市区）。其时德意志民族远未统一，除了汉诺威，尚有奥地利、普鲁士、巴伐利亚等邦国。在高斯的祖先里，没有一个人可以说明为什么会产生高斯这样伟大的天才。他的父亲是个普通的劳动者，做过石匠、纤夫、花农，母亲是他父亲的第二个妻子，做过女仆，没受过什么教育。她甚至忘了高斯的生日，只记得是星期三，耶稣升天节前八天，高斯后来自己把它算出来了。但母亲聪明善良，有幽默感，并且个性很强。她以 97 岁高寿仙逝，高斯是她的独养儿子。

据说高斯两岁时就发现父亲账簿上的一处错误。九岁那年，他在公立小学念书，一次老师为了让学生们有事干，让他们把 1 到 100 这些整数加起来，高斯几乎立刻就把写好结果的石板面朝下放在自己的课桌上。当所有的石板都被翻过后，这位老师惊讶地发现只有高斯得出了正确的答案：5050，但是没有演算过程。事实上，高斯已经在脑子里对这个算术级数求了和，他注意到 1+100=101，2+99=101，

1 原德国马克纸币共 8 种，从 5 马克到 1000 马克。10 马克纸币的反面是统计学里的正态（高斯）分布曲线。除了高斯和一位诺贝尔生理学医学奖得主以外，纸币上另外几位分别是诗人、作家、音乐家、画家和建筑师，包括童话作家格林兄弟和钢琴家克拉克·舒曼。

▶ 数学王子——高斯

Carl Friedrich Gauß   30.4.1777 - 23.2.1855

▶ 停止流通的德国马克

3+98=101，等 50 对数，从而答案是 50×101 或 5050。高斯在晚年常幽默地宣称，他在会说话之前就会计算，还说他问了大人字母如何发音，就自己学着读起书来。

　　高斯的早熟引起了不伦瑞克公爵费迪南的注意，这位公爵的名字也叫卡尔，是个热心肠且始终如一的赞助人。高斯 14 岁进卡洛琳学院（现不伦瑞克技术大学），18 岁入哥廷根大学。当时的哥廷根大学仍默默无闻，事实上，它创办不到 60 年。由于高斯的到来，才使得这所日后享誉世界的大学变得重要起来。起初，高斯在做个语言学家抑或数学家之间犹豫不决，他决心献身数学是 1796 年 3 月 30 日的事了。当他差一个月满 19 岁时，他对正多边形的欧几里得作图理论（只用圆规和没有刻度的直尺）做出了惊人的贡献，发现了它与费尔马素数之间的秘密关系。特别地，他给出了作正十七边形的方法，这是一个有着两千多年历史的数学悬案。

　　那一年可谓是高斯奇迹年，就在他发现正十七边形作图理论 9 天以后，即 4 月 8 日，他发展了同余理论，首次证明了二次互反律，这样就彻底解决了二次同余方程的可解性判断问题。5 月 31 日，高斯提

▶ 费迪南公爵纪念碑
（作者摄于不伦瑞克）

出了被后人称为素数定理的猜想，也即当 x 充分大时，不超过 x 的素数个数近似为 $x/\log x$，这个猜想直到一百年后才被证明；又过了 50 年，两个用初等方法证明它的人中有一个因此获得了菲尔兹奖。7 月 10 日，高斯证明了费尔马提出的三角形数猜想。10 月 1 日，他发表了有限域里一个多项式方程解数问题的研究，导致一个半世纪后法国数学家韦伊提出了他的著名猜想。

高斯初出茅庐，就已经炉火纯青了，而且以后的 50 年间他一直保持这样的水准。不过，高斯取得博士学位是在同属下萨克森州的黑尔姆斯泰特大学，那里不仅离他的故乡更近，还有一位当时德国最好的数学家普法夫。值得一提的是，这所创办于 1576 年的古老大学在 1810 年并入了哥廷根大学，可是普法夫却去了哈雷大学。高斯所处的时代，正是德国浪漫主义盛行的时代。高斯受时尚的影响，在其私函和讲述中，充满了美丽的辞藻。高斯说过："数学是科学的皇后，而数论是数学的女王。"那个时代的人们也开始称高斯为"数学王子"。事实上，综观高斯整个一生的工作，似乎也带有浪漫主义的色彩。

数论是最古老的数学分支之一，主要研究自然数的性质和相互关系。从古希腊的毕达哥拉斯时代起人们就沉湎于发现数的神秘关系，优美、简洁、智慧是这门科学的特点。俄国画家瓦西里·康定斯基甚至认为："数是各类艺术最终的抽象表现。"就像其他数学神童一样，高斯首先迷恋上的也是自然数。高斯在 1808 年谈道："任何一个花过一点功夫研习数论的人，必然会感受到一种特别的激情与狂热。"现代数学最后一个"百事通"希尔伯特是 19 世纪后期重新崛起的哥廷根数学学派的领军人物，其传记作者在谈到大师放下代数不变量理论转向数论研究时指出：

> 数学中没有一个领域能够像数论那样，以它的美——一种不可抗拒的力量，吸引着数学家中的精华。

另一方面，我也注意到一些不曾研究过数论的伟大数学家，如帕斯卡尔、笛卡尔、牛顿和莱布尼茨，他们都把后半生的精力奉献给了哲学或宗教，唯独费尔马、欧拉、拉格朗日、勒让德、高斯、狄利克雷这几位对数论有着杰出贡献的数学家，终其一生都不需要任何哲学和宗教。或许，这是因为他们心中已经有了最纯粹、最本质的艺术——数论。值得一提的是，对一些优美的数学定理或公式，高斯经常一而再，再而三地给出新的证明。例如被他称为"皇冠上的宝石"的二次互反律，高斯一共给出了六种证明方法。即便在今天，这个定律仍与中国剩余定理一样，出现在每一本基础数论教程中。

这里我想引用印度数学天才拉曼纽扬的故事说明数论学者与自然数的"情谊"，这位来自印度最南端泰米尔纳德邦的办事员具有快速且深刻地看出数的复杂关系的惊人才华。著名的英国数论学家 G. H. 哈代在 1913 年"发现"了他，并于次年邀他来剑桥大学。哈代一次去探望病中的拉曼纽扬时告诉他，自己刚才乘坐的出租车车号是 1729。拉曼纽扬立即回答："这是一个很有意思的数，1729 是可以用两种方式表示成两个自然数立方和的最小的数。"（既等于 1 的三次方加上 12 的三次方，又等于 9 的二次方加上 10 的三次方。）哈代又问，那么对于四次方来说，这个最小数是多少呢？拉曼纽扬想了想，回答说："这个数很大，答案是 635318657。"（既等于 59 的四次方加上 158 的四次方，又等于 133 的四次方加上 134 的四次方。）

2. 现代数论的新纪元

1801 年，年仅 24 岁的高斯出版了《算术研究》，从而开创了现代数论研究的新纪元。书中出现了有关正多边形的作图，方便的同余记号、二次型理论、类数问题以及优美的二次互反律的首次证明，他还把复数引入数论，即后人所称的高斯整数环。除了第 7 章（最后一章）给出代数基本定理的首次严格证明（他的博士论文结果）以外，其余各章讲的都是数论。在这部著作出版以前，数论只有若干零散的定理和猜想，高斯把前人的结果和自己的原创性工作结合起来，使其成为有机的整体和一门严格的数学分支。

值得一提的是，这部伟大的著作在他 21 岁时即已完稿，高斯曾把他寄到法国科学院，却遭到拒绝，但他自己将它出版了（费迪南公爵支付了印刷费）。与高斯的前期论文一样，它是用拉丁文写成的，这是当时科学界的世界语，然而由于受 19 世纪初盛行的国家主义的影响，高斯后来改用德文写作。此书当年极少有人读得懂，可是，年长的拉格朗日在巴黎看到后即致函高斯祝贺："您的《算术研究》已立刻使您成为第一流的数学家。"晚辈同胞、直觉主义先驱克罗内克则赞叹其为"众书之王"。在那个世纪的末端，德国数学史家莫里茨·康托尔这样评价道：

> 《算术研究》是数论的宪章。高斯总是迟迟不肯发表他的著作，这给科学带来的好处是，他付印的著作在今天仍然像第一次出版时一样正确和重要。他的出版物就是法典，比人类其他法典更高明，因为不论何时何地从未发觉出其中有任何一处毛病，这就可以理解高斯暮年谈到他青年时代第一部巨著时说的话："《算术研究》是历史的财富。"他当时的得意心情是颇有道理的。

在《算术研究》出版的第二年，高斯就当选为圣彼得堡科学院外籍院士，同时俄国方面也向他提供了教授职位，但被他婉言谢绝了，那座城市是 18 世纪大数学家欧拉钟爱的第二故乡。直到四年以后，为了不使德意志失去这位最伟大的天才，包括洪堡在内的多位学者和政要联名推荐，高斯被破格聘任为哥廷根大学数学教授兼天文台台长，全家一起搬入新落成的天文台，他担任这个职位直到去世。

关于《算术研究》，流传着这样一个故事。1849 年 7 月 16 日，哥廷根大学为高斯获得博士学位五十周年举行庆祝会。当进行到某一程序时，高斯准备用《算术研究》的一张原稿点烟，当时在场的柏林大学教授狄利克雷像见到犯了渎圣罪一样吃了一惊，他立刻冒失地上前从高斯手中抢下这一页纸，并一生珍藏它；他的遗著编辑者在他死后从其文稿中间找到了这张原稿。

狄利克雷比高斯小 27 岁，他上大学那会儿，整个德意志民族只有高斯一个有名望的数学家，却不怎么喜欢教学。狄利克雷只好远赴巴黎留学，师从法国数学家傅里叶和泊松，但他始终携带着高斯的《算术研究》，可以说是第一个真正读懂这本书的人。留学巴黎期间，狄利克雷证明了费尔马大定理在指数为 5 和 14 时成立。这个结果当年曾轰动一时，因为 3 和 4 的情形分别是由欧拉和费尔马本人解决的。狄利克雷后来娶了同胞作曲家门德尔松的妹妹为妻，在高斯去世以后，他被哥廷根聘请继任了高斯的职位。

与艺术家一样，高斯希望他留下的都是十全十美的艺术珍品，任何丝毫的改变都将破坏其内部的均衡。他常说："当一幢建筑物完成时，应该把脚手架拆除干净。"高斯对于严密性的要求也非常苛刻，这使得一个定理从直觉的形式到完整的证明，中间有一段漫长的过程。此外，高斯十分讲究逻辑结构，他希望在每一个领域中，都能树立起一致而普遍的理论，从而将不同的定理联系起来。鉴于上述原因，高斯很不乐意公开发表他的东西。他的著名警句是："宁肯少些，但要成熟。"为此，高斯付出了高昂的代价，包括把非欧几何学和最小二乘法的发明权与罗巴切夫斯基、鲍耶和勒让德共同分享，就如同费尔马把解析几何和微积分的发明权让给了笛卡尔和牛顿、莱布尼茨。

说到鲍耶，他是匈牙利历史上最伟大的数学家，其父亲老鲍耶也攻数学，是高斯在哥廷根念书时最要好的朋友。1797 年，他曾陪同高斯徒步到不伦瑞克探望高斯的双亲。等到高斯走出房间，他的母亲迫不及待地询问鲍耶自己儿子的前途如何。当听到回答"他是全欧洲最伟大的数学家时"，老人家已经老泪纵横，那年高斯才 20 岁。老鲍耶毕业后回到匈牙利娶妻生子，但在随后的半个世纪里仍与高斯保持书信往来。当他把儿子发明非欧几何学的消息和结果告诉老同学时，并没有得到足够的鼓励和任何帮助。小鲍耶后来郁郁寡欢，默默无闻地度过一生，晚年专心于文学创作。

从做出有关正多边形发现的那天起，高斯便开始了著名的数学日记，他以密码式的文字记载下许多伟大的数学发现，共持续了 18 年。有意思的是，高斯的这本日记直到 1898 年才被找到，它包括一百多条很短的注记，其中有数值计算结果，也有简单的数学定理。例如，关于正多边形作图问题，高斯在日记中含蓄地写道：

圆的分割定律，如何以几何方法将圆十七等分。

值得一提的是，这项结果在两个月后出版的《新知文献》杂志上就发表出来了，而当时的汉诺威科学并不发达。又如 1796 年 7 月 10 日的记载：

num $= \triangle + \triangle + \triangle$

意指"每个自然数均可表示为不超过三个三角形数之和"。此处三角形数是指按点排列可以构成正三角形状的数，例如 1、3、6、10、15……这是 17 世纪法国数学家费尔马猜想的一个特例，后者说的是，当 n 大于 2 时，每个自然数均可表示成不超过 n 个 n 角形数之和。高斯还在这条日记旁边写上"Eureka！"——即"我发现了！"这是阿基米德在浴桶里悟出浮力定律时说的话。就像莫扎特一样，高斯年轻时候风起云涌的奇思妙想使他来不及做完一件事，另一件又出现了。

∃. 多才多艺的天才

高斯不仅是数学家，还是那个时代最伟大的物理学家和天文学家之一。在《算术研究》问世的同一年，即 1801 年的元旦，意大利天文学家皮亚齐在西西里岛观察到在白羊座（Aries）附近有光度八等的星移动，这颗现在被称作谷神星（Ceres）的小行星质量只有月球的五十分之一。它在天空出现了 41 天，扫过 8 度角之后，就在太阳的光芒下没了踪影。当时天文学家无法确定这颗新星是彗星还是行星，这个问题很快成了学术界关注的焦点，甚至成了哲学问题。

比高斯年长七岁的哲学家黑格尔那时正任教于离哥廷根不远的耶拿大学，还只是个无薪讲师。他写文章嘲讽天文学家说，不必那么热衷于找寻第八颗行星，他认为用他的逻辑方法可以证明太阳系的行星不多不少正好是七颗。几个月过去了，这场争论仍未见分晓。年轻的高斯也对此产生了兴趣，他想既然天文学家通过观察找不到谷神星，

▶ 哥廷根的高斯饭店（作者摄）

那么可否利用数学方法找到它呢？高斯相信，天文学是离不开数学的，开普勒正是凭借着自己的数学才能，发现了行星运动三大定律；牛顿也是凭着渊博的数学知识，发现了万有引力定律。

果然，高斯在欧拉工作的基础上，用自己发明的最小二乘法简易地计算出了行星轨道。他根据皮亚齐的观测资料，只用一个小时便算出了谷神星的轨道形状，并预测了它的下一次出现。不管黑格尔有多么不高兴，那年的最后一个夜晚和次年的第一个夜晚，两位天文爱好者分别在德国的两座城市把望远镜对准天空。果然，这颗最早被发现、迄今仍是最大的小行星准时出现在高斯指定的位置上，这应该是他后来得以出任哥廷根天文台台长的重要原因。自那以后，小行星、大行星（海王星）和矮行星（冥王星）接二连三地被人发现了。

在物理学方面高斯最引人注目的成就就是在 1833 年和物理学家韦伯发明了有线电报。韦伯只比狄利克雷年长一岁，他在洪堡召开的一次学术会议上做了一个报告，台下的高斯听了十分欣赏，随后不久便将其引荐延聘到哥廷根。两人各自擅长理论和实践，加上韦伯性格温和谦让，可谓是一对黄金搭档，开始了愉快而卓有成效的合作。次年高斯曾在给鲍耶的信中情意绵绵地提道："我的生活因为他的出现而变得更加精彩，他的性格非常亲切而又富有天赋。"

可是，四年以后，哥廷根发生了反对废除自由宪法的"七君子事件"，韦伯与六位文科教授（包括高斯的女婿和童话作家格林兄弟）失去了教职。在这场政治较量中，高斯作为哥廷根最有威望的教授并没有挺身而出，而是选择了明哲保身。韦伯被迫去了莱比锡任教（格林兄弟到了卡塞尔），直到 12 年后才重返哥廷根，接替高斯担任天文台台长，但没有再担任教职。

高斯和韦伯的电报术利用了丹麦人奥斯特的电磁转向与电流方向垂直原理（1820）和苏格兰人法拉利的电磁感应原理（1831）。这项发明使得高斯的声望首次超出学术圈进入公众，但他们的商业意识不太强，一直使用那台电报机，直到 1845 年被一次闪电打坏为止。其时，在英国和美国，电报产业早已如火如荼地开展起来了。有趣的是，作为一名科学家，高斯是韦伯的恩师；而作为磁场感应的单位，一高斯只有一万分之一韦伯。

对于天文台台长高斯来说，望远镜是不可或缺的工具，除了用来观察天空以外，他还用自制的望远镜推动了光学研究。1843 年，高斯的光学巨著《光折射研究》出版，书中首次提出了光的焦距、焦面和焦点等概念。他利用几何学的方法，证明了不论透镜有多厚，光的折射均可以用薄透镜或单折射面的简单公式来研究推导。在此以前，欧拉、拉格朗日和莫比乌斯都只考虑薄透镜的折射，而实际面临的应用问题并非如此。

在流体静力学方面，高斯写过一篇重要论文《关于力学的一个新的普遍原理》（1829），提出了后人所称的高斯最少约束原理，即任何一组相互影响并受外界影响的质点，在任何时刻其运动的方式必尽可能地接近自由运动，也就是最少约束运动。此处的约束是以每个质点离开自由运动轨迹的距离的平方乘上质量后，对所有质点求和来决定的。高斯曾感叹说："自然对于一个物理运动方式的修正，与数学家对他的观察数据修正一样，都是采用最小二乘法进行的。"

除此以外，高斯在测地学、水工学、电动学等方面也有杰出的贡献。即使是数学领域，我们谈到的也只是他年轻时在数论领域里所做的部分工作，在其漫长的一生中，他几乎在数学的每个领域都有开创性的工作。例如，前文提及的最小二乘法便是一种数学优化技巧，通过平面上的一组坐标值来确定一条直线的方程。这是高斯当年用以找寻谷神星的数学工具，后来他把它写进著作《天体运动论》（1809）。最小二乘法如今在测绘学中有着广泛的应用，可是因为法国数学家勒让德独立发现并发表在先（1806），曾有过不太愉快的优先权之争。1829 年，高斯还给出了最小二乘法的优化效果强于其他方法的证明。

又如，在高斯发表了《曲面论上的一般研究》大约一个世纪之后，爱因斯坦评论说："高斯对于近代物理学的发展，尤其是对于相对论的数学基础所做的贡献（指曲面论），其重要性是超越一切，无与伦比的。"而他对椭圆函数的先驱性发现和非欧几何学方面的划时代工作，都没有在生前发表。说到椭圆函数，它是一种双周期的亚纯函数，最初是从求椭圆弧长时导出来的，直到今天仍是数学的研究热点。正是由于高斯在《算术研究》里暗示了这片未开采的处女地，引导后来阿贝尔和雅可比开展了一场著名的数学竞赛。

至于非欧几何学，堪称现代数学史上最伟大的发现。高斯是最早怀疑欧氏几何是自然界和人类思想所固有的人之一（拥护的人中有牛顿和康德）。欧几里得是建立系统性几何学的第一人，他的著作中的部分思想被称为公理，它们是通过逻辑构建整个系统的出发点。在这些公理中，平行公理显得尤为突出。依照这条公理，通过给定直线外的任意一个点只能作一条直线与该直线平行。许多人试图从其他公理推出这一公理，但没有一个证明是正确的，高斯是最早意识到可能存在平行公理不适用的几何学的人之一，后来他自己证实了这一点，且新的几何学内部是相容的。

1830 年前后，当俄国的罗巴切夫斯基和鲍耶先后发表他们的非欧几何学时，高斯才宣称早在 30 年前他就得出了同样的结果。事实上，在 1799 年 9 月的一则日记里，高斯这样记载："在几何基础的问题上，我们得到了很好的结果。"同年底他在给老鲍耶的信中写道："面积任意大三角形的存在性与欧氏平行公理是等价的。而在非欧几何学里，所有三角形的面积都不能超过一个界限。"1824年，高斯在给一位业余数学家的信中写道："由三角形内角和小于一百八十度的假设中可以导出一种奇异的几何，这种几何与欧氏几何大不相同，但其本质却是相合的。"对此老鲍耶十分理解，他说："很多事物仿佛都有那么一个时期，届时它们在许多地方同时被人们发现了，正如在春季看到紫罗兰处处开放一样。"

4. 离群索居的王子

在高斯的时代，几乎没有什么人能够分享他的想法或向他提供新的观念。每当他发现新的理论时，找不到人可以讨论。这种孤独的感觉，经年累月积存下来，就造成他高高在上、冷若冰霜的心境了。这种智慧上的孤独，在历史上只有很少几个伟人感受过。高斯从不参加公开争论，他对辩论一向深恶痛绝，认为那很容易演变成愚蠢的喊叫，这或许是他从小对粗暴专制的父亲一种心理上的反抗。高斯成名后很少离开哥廷根，可能只在1828年去过柏林（普鲁士王国首都）参加过一次学术会议（即发现韦伯那次）。

高斯甚至厌恶教学，也不热衷于培养和发现年轻人，自然就谈不上创立什么学派，这主要是由于高斯天赋优异，因而心灵上离群索居。可这不等于说高斯没有出类拔萃的学生，黎曼堪称史上最伟大的数学家之一（在就读哥廷根期间有两年到柏林师从雅可比和狄利克雷），戴特金和艾森斯坦也对数学做出了杰出贡献。但是由于高斯的登峰造

▶ 高斯最得意的弟子黎曼

▶ 匈牙利邮票上的鲍耶

极，在这三个人中，也只有黎曼（在狄利克雷死后继承了高斯的数学教授职位）被认为和高斯比较亲近。虽说黎曼生前只发表了十篇论文，却是复变函数论、解析数论、几何学、常微分方程、实分析、数学物理和物理学等领域的开拓者。黎曼猜想已成为数学史上不朽的谜语，被公认为是最伟大的数学猜想。韦伯记得晚年的高斯谈起黎曼的工作时十分激动，给予了罕见的高度赞扬。对年长黎曼三岁的艾森斯坦，高斯也曾寄予厚望，艾森斯坦如果不是 29 岁英年早逝，很可能成为黎曼强有力的竞争者。

比高斯晚一辈的大数学家雅可比和阿贝尔都抱怨高斯漠视了他们的成就。雅可比是个很有思想的人，他有一句流传至今的名言："科学的唯一目的是为人类的精神增光。"同时雅可比也是位了不起的教育家，为了鼓励学生早些独立做研究工作，他作了一个著名的比喻："如果你主张，在与一个女子结婚之前先要认识世界上所有未婚女子的话，你父亲就一辈子不会结婚，那样的话也不会有你了。"

雅可比比狄利克雷大一个多月，两人都是柏林最顶尖的数学家，也都在数论领域做出过重要贡献。雅可比给出了费尔马四角形数（平方数）猜想的一个漂亮证明，用的是自守形式的方法；而狄利克雷任职柏林期间证明了算术级数上存在无穷多个素数，把两千多年前欧几里得的结果做了推广。但雅可比一直没能和高斯攀上亲密的友情，在 1849 年哥廷根那次庆祝会上，远道而来的雅可比坐在高斯身旁的荣誉席上。当他想找话题谈数学时，高斯不予理睬，这可能是时机不对，当时高斯几杯甜酒下肚，有点不能自制；但即使换个场合，结果恐怕也是一样。

在给他兄弟论及那场宴会的一封信中，雅可比写道："你要知道，在这 20 年里，他（高斯）从未提及我和狄利克雷……"一年以后，雅可比因患天花去世，年仅 47 岁。不过，狄利克雷能当上布雷斯劳大学教授（隶属普鲁士，今波兰弗罗茨瓦夫大学），可是高斯（还有洪堡）写的推荐信。需要提及的是，狄利克雷虽然数学天赋优异，但因为拉丁文不及格，未能获得巴黎大学的博士学位。回国以后，他向波恩大学申请，同样没有成功，倒是给了他荣誉博士学位。

阿贝尔的命运很惨，他与后来的同胞易卜生、格里格、蒙克和阿蒙森一样，是最早在自己领域里取得世界性成就的挪威人。他是一个伟大的天才，却过着贫穷的生活，并不为同时代的人所了解。阿贝尔 20 岁时，解决了数学史上的一个大问题，即证明了用根式解一般五次方程的不可能性，他将短短六页"不可解"的证明寄给欧洲一些著名的数学家，高斯自然也收到了一份。阿贝尔在引言中满怀信心，以为数学家们会亲切地接受这篇论文。

不久，乡村牧师的儿子阿贝尔获得政府的资助，开始他一生唯一的一次远足，当时他想以这篇文章作敲门砖。阿贝尔此行最大的愿望就是去拜访高斯，但高斯高不可攀，只是将论文瞄了几行，便把它丢在一旁，仍然专心于自己的研究工作。阿贝尔只得在从巴黎去往柏林的旅途中，以渐增的痛苦绕过哥廷根。26 岁那年，阿贝尔死于肺病和营养不良，他去世后的第三天，一封迟来的信件才送到，在这封信里，柏林大学向他提供了一个教职。

高斯虽然孤傲，但令人惊奇的是，他春风得意地度过了中产阶级的一生，而没有遭受到冷酷现实的打击；这种打击常无情地加诸每个脱离现实环境生活的人。或许高斯讲求实效和追求完美的性格，有助于让他抓住生活中的简单现实。高斯 22 岁获博士学位，25 岁当选圣彼得堡科学院外籍院士，30 岁任哥廷根大学数学教授兼天文台台长。虽说高斯不喜欢浮华荣耀，但在他成名后的 50 年间，这些东西就像雨点似的落在他身上，几乎整个欧洲都卷入了这场授奖的风潮，他一生共获得 75 种形形色色的荣誉，包括 1818 年英王乔治三世[1] 赐封的"参议员"，1845 年又被赐封为"首席参议员"。

高斯的两次婚姻也都非常幸福，第一个妻子死于难产后，不到十个月，高斯又娶了第二个妻子。心理学和生理学上有一个常见的现象：婚姻生活过得幸福的人，常在丧偶之后很快再婚，一生赤贫的音乐家约翰·塞巴斯蒂安·巴赫也是这样。高斯始终没有忘记费迪南公爵的

---

[1] 乔治三世，在位时间 1760 ～ 1820 年。那时哥廷根隶属三个国家：大英帝国、爱尔兰和汉诺威公国，哥廷根大学便是由其祖父英王乔治二世（1727 ～ 1760 年间在位）于 1737 年所建。

恩情，他一直对他的赞助人在 1806 年惨死在拿破仑手下这件事耿耿于怀，因而拒不接受法国大革命的信条和由此引发的民主思潮的影响，他的学生都称他为保守派。从这点来看，高斯可以说是贵族专制社会体系中最后的也是最伟大的文化结晶。

高斯很喜欢文学，他把歌德的作品遍览无遗，却不怎么推崇。由于与生俱来的语言特长，高斯阅读外文得心应手。他精通英语、法语、俄语、丹麦语，对意大利语、西班牙语和瑞典语也略知一二，他的私人日记是用拉丁文写的。高斯 50 岁时，又开始学习俄语，部分原因是为了阅读年轻的诗人普希金的原作。不过，高斯的语言天赋在数学家中并不算最突出的，使爱尔兰人在数学领域享有盛誉的神童哈密尔顿，在 13 岁的时候就能够流利地讲 12 种语言。高斯爱看蒙田、卢梭等人的作品，却不怎么喜欢莎士比亚的悲剧，但他选择了《李尔王》中的两行诗作为自己的座右铭：

> 大自然啊，我的女神，
> 我愿为你献身，终生不渝。

高斯最钦佩的英语作家是苏格兰人司各特，几乎阅读了他所有的作品。有一次，高斯在司各特爵士有关自然景观的描述中找到了一个错误（满月是从西北方向升起来的），因而狂喜不已。他不仅在自己那本书上把它纠正过来，还跑到哥廷根书店把其他未售出的书都改了。

和所有伟大的数学家一样，抽象符号对高斯来说并非虚幻而不真实。有一次他谈道："灵魂的满足是一种更高的境界，物质的满足是

▶ 高斯之墓（作者摄于哥廷根）［左］
高斯纪念塔基座上的正十七角星（作者摄于不伦瑞克）［右］

多余的。至于我把数学应用到几块泥巴组成的星球，或应用到纯粹数学的问题上，这一点并不重要。但后者常常带给我更大的满足。"高斯的身体一直不错，而他的第二任妻子早他 24 年便已离世，在他晚年受到病魔袭击之前，他一直没有在宗教或精神上花时间。心脏病不断摧毁他的意志，1848 年，高斯写信给他最亲密的朋友说：

> 我经历的生活，虽然像一条彩带飞舞过整个世界，但也有其痛苦的一面。这种感受到了年迈的时候更是不能自持，我乐于承认，如果换一个人来过我的生活的话，也许会快乐得多。另一方面，这更使我体会到生命的空虚，每一个接近生命尽头的人，都一定会有这种感觉……

高斯还说过："有些问题，如果能解答的话，我认为比解答数学问题更有超然的价值，比如有关人类和神的关系，我们的归宿，我们的将来，等等。这些问题的解答，远超出我们能力之所及，也非科学的范围内能够做到。"1855年2月23日清晨，高斯在睡梦中平静地与世长辞，享年77岁。他曾经要求在他的墓碑上刻一个正十七边形，但事与愿违，因为雕刻工坚持认为正十七边形刻出来后几乎与圆一模一样。作为一种弥补，在其故乡不伦瑞克的高斯纪念碑的基座上刻下了一颗有十七个尖角的星。

高斯曾被形容为："能从九霄云外的高度按照某种观点掌握星空和深奥数学的天才。"他将自己的数种天赋——有创造力的直觉、卓越的计算能力、严密的逻辑推理、十全十美的实验——和谐地组合在一起，这种能力的组合使得高斯出类拔萃，在人类历史上找不到几个对手。习惯上只有阿基米德和牛顿与他相提并论（最多加上欧拉），他们都非常多才多艺。当然，爱因斯坦也属于同一水准，但他有所局限，因为他所依赖的数学工具不是自己创造的；另外，爱因斯坦也不是实验家，他的理论需要别的科学家检验。

1991 年 5 月初稿

2001 年 5 月二稿

2012 年 5 月三稿

阿贝尔与伽罗瓦，
一对精灵

我依然不明白他是如何想出它的。
——理查德·费曼

1. 诺迪克的精灵

精灵（Elf）是日耳曼神话（即北欧神话或诺迪克神话，其影响力和文学价值在欧洲仅次于希腊神话）中出现的一种生物，与小巧而带翅膀的仙子（Fairy）不同，精灵高大、没有翅膀。他们往往是金发碧眼，有着尖尖的耳朵，手持弓箭，模样有点像是日耳曼人。日耳曼人如今是欧洲的一个主要种族，起源于包括挪威在内的斯堪的纳维亚地区，从前他们与凯尔特人、斯拉夫人被罗马人视为欧洲三大蛮族。

说到斯堪的纳维亚（Scandinavia）这个欧洲面积最大的半岛，有时会让我想起中东两河流域的美索不达米亚，那是人类文明最早的发祥地之一，这可能是因为两者都拥有多音节的发音。其实，斯堪的纳维亚这个地名来自于条顿（日耳曼人的一支）语里的 skadino，意思是黑暗，加上表示领土的后缀 via，就成了"黑暗的土地"。这是因为北欧靠近北极圈或被其穿越，比别的地方有更多时间不见阳光，而"诺迪克"的意思则是"北方"。

▶ 1936 年，维特根斯坦寄给摩尔的信中，夹了一张他在挪威的小屋的照片

1802 年 8 月 5 日，数学天才尼尔斯·亨里克·阿贝尔出生在挪威西南部弗罗兰郡的小村庄内德斯特朗。阿贝尔的父亲是稍南的芬岛上的路德教牧师，如同比阿贝尔晚一辈的另一位德意志（日耳曼的另一分支）数学天才黎曼的父亲。阿贝尔的童年在芬岛上度过，该岛于 2020 年并入郡府、挪威第四大城市斯塔万格。那次他的父母去内德斯特朗村的一位法警朋友家里做客，不巧阿贝尔早产三个月。按照当地习俗，他应该是在红葡萄酒里浸洗过才存活下来的。

阿贝尔家族是 17 世纪从日德兰半岛南部一个叫石勒苏益格的小公国迁移到挪威来的。1920 年，石勒苏益格公国一分为二，南部归属德国，北部归属丹麦。阿贝尔祖上好几代人都是牧师，他的爷爷在挪威南部格德尔郡的杰斯塔教堂担任牧师。杰斯塔教堂是一座白色美丽的教堂，坐落在同名的村庄里，阿贝尔的父亲在杰斯塔村

▶ 明信片上的杰斯塔教堂和教区，阿贝尔的爷爷和父亲于此担任牧师

出生并长大的，他在阿贝尔祖父去世后继承了牧师之职，父子俩担任杰斯塔教堂牧师共 38 年。

阿贝尔的母亲安妮·玛丽是个美丽活泼的女人，她的父亲是一位造船主，来自与杰斯塔村相距不远的滨海小城里瑟。据说安妮·玛丽家是里瑟最富有的，她随两个继母长大，生活环境相对优裕。安妮·玛丽结婚以后，仍喜欢举办舞会和参加社交活动。种种迹象表明，她很早就开始酗酒，对孩子们的教育没什么兴趣。阿贝尔继承了她的优点，外貌清秀英俊，从他留下的唯一一幅肖像画来看，很像是一个精灵。

挪威在 9 世纪时形成一个王国，之前它只有一些零散的部落。8 至 11 世纪是北欧海盗（维京人）称霸海上和欧洲大陆的全盛时期，

数学传奇

挪威、瑞典和丹麦是他们的根据地，14 世纪开始衰落。从 1397 年开始，挪威与其他北欧国家受控于丹麦主导的卡尔马联盟，1814 年挪威又成为瑞典王国的属国，直到 1905 年才赢得独立。阿贝尔短暂的一生，挪威先后受丹麦和瑞典统治。

如今挪威已是一个高度发达的资本主义国家，是世界第三大石油输出国。新世纪以来，挪威曾连续多年被联合国评为世界上最幸福的国家和最适宜居住的国家，并多次举办冬奥会，是历届冬奥会获得金牌最多的国家。但是，在阿贝尔生活的年代，挪威十分贫穷，由于接连与英国和瑞典发生战争，以及由此产生的饥荒，阿贝尔和他的五个弟妹以及精神不太正常的哥哥经常饿肚子。

幸运的是，阿贝尔有一个幸福的家庭，且阿贝尔很早就发现了自己的数学天赋。如同美国数学史家 E. T. 贝尔所描绘的：在严寒的挪威，阿贝尔家里经常出现这样一幕温馨的生活场景——"他坐在火炉边思考数学问题，家人在房间里聊天、嬉笑，他的一只眼睛盯着弟妹们，另一只眼睛盯着桌上的某个公式或定理，吵闹声丝毫不会分散他的注意力。"

13 岁那年，阿贝尔离开了故乡，进入了首都奥斯陆（当时叫克里斯蒂安尼亚，以丹麦国王命名）的一所教会学校。起初他的学习成绩并不突出，后来一位具有虐待倾向的老师因为体罚一位学生致死，被学校解雇了，继而来了一位叫霍尔姆伯（相当于德语里的洪堡）的数学老师。霍尔姆伯非常欣赏阿贝尔，他成为阿贝尔的启蒙老师和第一个伯乐。

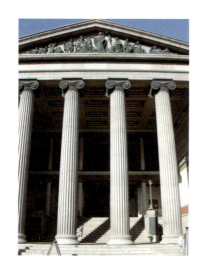

▶ 阿贝尔的母校——奥斯陆大学法
学院，1989 年以前，诺贝尔和平
奖在此颁发

　　霍尔姆伯教如饥似渴的阿贝尔学习高等数学，鼓励他阅读瑞士数
学家欧拉、德国数学家高斯和法国数学家拉格朗日、泊松的著作。18
岁那年，由于阿贝尔的父亲自以为是地过多参与宗教和政治事务，同
时频繁饮酒导致判断失误，最后失落地回到了内德斯特朗村，以至于
身体迅速恶化而英年早逝。不久以后，精神恍惚的寡母也在家中被一
位不怀好意的男子占了便宜。

　　尽管如此，1921 年，19 岁的阿贝尔幸运地进入了成立不久的挪
威第一所大学——皇家弗雷德里克大学（以国王命名，1939 年易名奥
斯陆大学）。更为幸运的是，有三位教授愿意为聪明好学却家境贫困
的阿贝尔解囊相助，其中一位教授的家更是阿贝尔可以随意出入的地
方，他的数学思想火花也因此层出不穷。另一位教授则资助他第一次
离开挪威，去哥本哈根旅行。

在阿贝尔大学时代完成的前三篇研究论文中，有一篇叫《利用定积分解两个问题》。很久以后，这篇论文成为现代放射医学的数学基础。1979年，借助于阿贝尔的这项研究而发明了X射线断层扫描仪（即CT扫描仪）的美国物理学家科马克和英国电子工程师豪恩斯菲尔德获得了诺贝尔生理学或医学奖。他们首先建立起计算机扫描的数学基础，即人体不同组织对X射线吸收量的计算公式，而这个公式正是建立在阿贝尔开创的积分几何的基础之上。

法国数学家笛卡尔曾经信心满满地说过："一切问题都可以转化为数学问题，数学问题可以转化为代数问题，而代数问题又可以转化为解方程问题。"大学时代的阿贝尔最大的野心和目标在于——历史悠久的五次或五次以上方程的求解，那是将近三个世纪以来欧洲最有才华的数学家都试图寻找的方法和结果。他们孜孜不倦地寻找着，犹如古代东方皇帝们渴望寻找长生不老的仙丹。

2. 法兰西的神童

在阿贝尔九岁那年秋天，即1811年10月25日深夜，法国首都巴黎南郊的小镇拉赖因堡出生了一个男孩，他的名字叫埃瓦里斯特·伽罗瓦，这个男孩注定要成为与阿贝尔双星闪耀、为后世津津乐道的数学天才。伽罗瓦的爷爷和父亲都曾是一所学校的校长，父亲后来成为热衷政治的共和党人，也喜欢写作散文和滑稽戏。伽罗瓦的母亲是法官的女儿，精通古典文学，并能熟练地阅读拉丁文。有趣的是，他的父亲家和母亲家住在同一条街的斜对面。

伽罗瓦四岁那年，拿破仑从地中海的厄尔巴岛归来，推翻了复辟的波旁王朝，再度称帝。正是在那一年，13岁的阿贝尔进入了奥斯陆的教会学校。在这个史称"百日王朝"的历史时期，老伽罗瓦被推选为故乡小镇镇长，他的任职延续到拿破仑滑铁卢战役之后。在12岁以前，伽罗瓦的教育是母亲亲自给予的。事实上，伽罗瓦10岁时，母亲曾想送他去法国东北部香槟－阿登大区兰斯的一所学校念书，但她很快后悔了，决定让儿子在家多待两年。

1823年，阿贝尔还在奥斯陆念大学时，伽罗瓦跳过了小学，直接进了巴黎一所皇家中学——路易学校。这所久负盛名的学校创建于17世纪，杰出校友里有罗伯斯庇尔和维克多·雨果。雨果是大诗人也是大作家，创作了遐迩闻名的小说《巴黎圣母院》《悲惨世界》《九三年》等。雨果是阿贝尔的同龄人，他进入路易学校时恰好阿贝尔进入奥斯陆的教会学校，但当伽罗瓦入学时雨果已经毕业。

罗伯斯庇尔是法国大革命时期的领袖，后来成为雅各宾派领袖。1793年，他坚决主张处死国王路易十六，使之成为法国历史上唯一被处决的国王，也是欧洲历史上三个被处死的国王之一，其他两位是英国国王查理一世（1649）和俄国末代沙皇尼古拉二世（1918）。具有讽刺意味的是，1794年，即路易十六被处决的第二年，法国发生了"热月政变"，罗伯斯庇尔自己也被送上了断头台。同年，巴黎综合理工学院创立，这所学校后来成为培养科学家和工程师的摇篮。

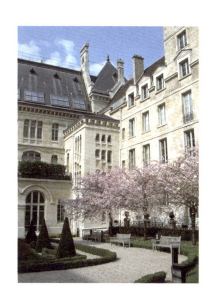

▶ 伽罗瓦的中学母校——路易学校
　一景

　　出人意料的是，路易学校有着监狱一般冷酷的建筑和军队一样严酷的纪律，甚至在进餐时也必须保持缄默，食堂伙食缺乏营养，早餐只有面包和水。更为不可思议的是学校的作息时间表，下午 5 点半开始上课，第二天早上 8 点半结束，每两人共用一支蜡烛。学生只有极少的娱乐时间，如若他们对管理有丝毫反抗，包括吃饭时停止进食，都会进单人房间被关禁闭，学校里居然有 12 个这样的房间。

　　1824 年元月的一次晚宴上，一批学生因为未向前来视察的国王路易十八和其他高官敬酒，被学校迅速除名。幸亏伽罗瓦那时才上一年级，没有被卷入，但他对此事件印象深刻。即便是在如此严酷和缺乏人性的环境里，伽罗瓦仍在学校里取得了引人瞩目的成绩，母亲对他古典文学的熏陶让他在拉丁文和希腊文学习方面轻松自如，他还在一

次数学竞赛中获奖了。尽管如此，那时离他找到对数学的特别感觉，还需再过两年。

1826年秋天，24岁的阿贝尔来到了巴黎，他已经取得非凡的数学成就，正在等待法兰西科学院大咖们的赏识和肯定。而在离阿贝尔只有几公里远的路易学校，15岁的伽罗瓦却遇到了麻烦，在进入该校的第四个年头，他的修辞课大大退步了（可能是没过及格线）。虽说任课老师看到了伽罗瓦的努力，但保守苛刻的校长却认为他太年轻，不适合上高年级班，让他留级一年。

大约正是在这个时期，伽罗瓦的一位同学为他画了一幅素描，就是我们今天经常见到的伽罗瓦像。于是，在任何一部数学史中，我们都会看见，15岁的少年伽罗瓦与那些睿智老成的数学家（例如笛卡尔、牛顿、莱布尼茨、欧拉等）并列在一起。有趣的是，也是在巴黎，阿贝尔遇见了一位叫约翰的同胞画家，约翰为阿贝尔画了一幅我们熟知的他一生唯一的肖像画。两人都有着微卷的头发，清澈而略带忧郁的眼睛，是一对神奇的精灵。

也因为这次留级，让伽罗瓦遇到了一位优秀的见习数学老师维纳。维纳向同学们推荐了勒让德的《几何学原理》，这本1794年版的数学著作比赫赫有名的欧几里得的《几何原本》更容易读懂。据说如饥似渴的伽罗瓦只用两天时间就读完了此书，而它原本是要教足足两学年的。值得一提的是，前文提到的那位德意志天才黎曼正是在伽罗瓦留级那年出生，他后来在中学念书时也在六天时间里读完了校长推荐给他的勒让德另一部 859 页的巨著《数论》。

从那时起，伽罗瓦便被数学吸引了，他痴迷于阅读原始著作和文献，就像如今有些小朋友痴迷于《哈利·波特》系列故事那样，伽罗瓦完全沉浸于不久以前逝去的同胞数学家拉格朗日的著作。面对此情此景，他的修辞老师无奈地说道："在伽罗瓦的作业里除了奇怪的幻想和粗心大意以外一无是处。""他已经痴迷于数学的激动中……对其他事物视若无睹……如果他的父母只允许他研究数学，我认为对他来说是最好的。"

1828 年夏天，17 岁的伽罗瓦参加了巴黎综合理工学院入学考试，结果却由于"在某个领域知识太多，而其他领域知识太少"名落孙山，没有进入以自由的氛围而著称的名校，他只好在路易学校再读一年。幸运的是，他进入了理查德的数学专业班，后者和维纳对于伽罗瓦的意义正如霍尔姆伯对于阿贝尔的意义。理查德发现，这位学生的数学天赋远超其他同学，便给了他一等奖学金。老师保留了他所有的课堂笔记本，正如母亲和姐姐保留了他少年时代所有的画作，他们都认定伽罗瓦是天才。

虽然巴黎的纬度与阿贝尔的故乡芬岛相差整整 10 度，但经度却比较接近，都在东经 5 度左右，属于同一时区。翌年春天，在阿贝尔去世前五天，伽罗瓦正式发表了第一篇论文，那是一篇有关连分数的论文，但他显然不满足于此。与中学时代的阿贝尔一样，伽罗瓦也把目标对准了五次或五次以上方程的可解性问题。与阿贝尔所走的道路一样，伽罗瓦一开始也是着力于寻找这类方程的一般根式解，以求一鸣惊人。

3. 三次和四次方程

为了阐明五次方程求解的意义，我们先来回顾一下古希腊。虽说数学取得了辉煌的成就，但在古希腊的大部分时间，几何学是数学的代名词。众所周知，柏拉图学园的入口处写着："不懂几何学的请勿入内"。而数学就像毕达哥拉斯定义的单词词根，指一切可以学到的知识，那更多的是一种哲学含义。究其原因，几何学可以通过图像，而不怎么需要文字和符号来推理表达，因此更容易自由发展，这也是欧几里得几何学得以率先诞生的原因。

可是，对于一次和二次方程，因为比较简单，在没有方便的符号体系下，包括"四大文明古国"在内的各个古老文明都能自己找到解答，甚至知道利用根式给出的表达方法。只不过，对于二次方程，有的民族只取一个解，有的民族只取正值解或实数解。而说到一般的代数方程和它的求解，必须要首先提到丢番图，他是古希腊最后一位数学大家，生活在公元 3 世纪的亚历山大。

丢番图最重要的著作是《算术》，这是一部划时代的数学名著。原本有 13 卷，但很长时间人们只见到其中的 6 卷希腊文本。直到 1973 年，才在伊朗马什哈德图书馆里奇迹般地发现了 4 卷阿拉伯文译本。这 10 卷书中共有 290 个数学问题，大多数是数论问题，其中希腊文本中的第 2 卷第 8 题是有关毕达哥拉斯数组。17 世纪《算术》的拉丁文译本出版以后，引起了法国数学家费尔马的兴趣，毕达哥拉斯数组因此演变成了赫赫有名的"费尔马大定理"。

除了数论问题以外，《算术》还涉及一些代数问题和代数思想。但它不像之前的代数问题那样披着几何的外衣，而是还代数以原有的模样。对于一次方程，丢番图采用"移项"和"合并同类项"等技巧，这与我们现在的解题思路是一致的。对于二次方程，虽说丢番图已懂得负数的运算法则，但只满足于寻找正有理数解，且如果有两个正根时，他只取较大的那个。

更有价值的是，丢番图比较系统地提出了代数符号概念。例如，他用希腊字母的前几个 α、β、γ 表示数字 1、2、3，而用其他字母表示未知数不同的幂次。丢番图采用速记的形式来表达一元多次方程，这样的表达可以称之为速记代数。16 世纪以前的欧洲，用一套符号使得书写更为方便、简洁的只有丢番图一人。可以说，丢番图使得代数从几何形式中解脱出来，成为数学的一个重要分支。

值得一提的是，古代中国尤其是宋元时期的数学也取得了辉煌的成就。南宋秦九韶发明了用迭代法求高次方程近似解（正根）的"正负开方术"，被现代人称为秦九韶算法。元代李冶发明"天元术"，用特定汉字表示未知数，打破了以《九章算术》为代表的"文辞代数"。稍后朱世杰发明"四元术"，将其推广到至多四个未知数的情形。他们的工作堪称"半符号代数"。

在印度，7 世纪的数学家兼天文学家婆罗摩笈多首先得到了 0 的运算法则，他给出了二次方程的求根公式，允许系数可正可负，他还用数的上方加点来表示负数，用不同颜色的首字母表示不同的未知数，效果与字母表达的方程十分接近。到了 12 世纪，婆什伽罗给出的二次方程求根公式与现代的如出一辙，他还讨论了个别的三次方程和双二次方程。

阿拉伯数学家花拉子密生活在 9 世纪，虽说他还没有接受负数的概念，但却对二次方程做了全面系统的讨论。更为重要的是，他的著作《代数学》在 1140 年被译成拉丁文出版后，在欧洲被用作教科书长达数个世纪，代数学（Algebra）因此而得名，他本人的名字则成为"算法"（Algorithm）拼写的由来。与丢番图一样，花拉子密也享有"代数学之父"的美名。

时间到了 16 世纪，在亚平宁半岛，三次方程和四次方程的求解即将取得里程碑式的进展。在此之前，在克里斯托弗·哥伦布到达美洲两年之后的 1494 年，他的意大利同胞数学家帕乔利在一部百科全书式的数学巨著的最后以悲观的语调写道："对于三次和四次方程，直到现在还不可能形成一般规则。"他还认定，那无疑与古希腊遗留下来的化圆为方问题一样困难。

或许，正是为了挑战帕乔利的悲观论调，他的同胞数学家们接连取得了突破性的进展。先是欧洲最古老的博洛尼亚大学数学教授费罗，他解出了缺项的三次方程 $x^3 + mx = n$（系数为正）。接着是自学成才的塔尔塔利亚，他不仅也能解上述三次方程，同时也会解方程 $x^3 + mx^2 = n$（系数为正）。

1535 年，在费罗去世九年后，他的徒弟菲尔奥与塔尔塔利亚有过一场公开的数学竞赛。这是那个时代数学家的传统，他们相互出同样数量的题目（方程），然后在规定的时间内交卷，结果当然是塔尔塔利亚大获全胜。借着这个东风，塔尔塔利亚后来完全解决了三次方程的求解问题，即与二次方程的求解一样，通过根式来表达。

这场竞赛引起了米兰医生卡尔达诺的注意，他本是医术高超的名医，却嗜赌成性，家庭也遭遇不幸，妻子早逝，长子杀妻被处绞刑，幼子偷窃进了牢房。数学是卡尔达诺最大的安慰，他写过一本研究概率的书，后来被解方程问题迷住了。卡尔达诺邀请塔尔塔利亚来米兰，好酒好肉招待三天之后，在保证不外传的情况下，后者以诗歌的形式向他透露了解三次方程的秘诀。

据说，古希腊的毕达哥拉斯定理也是以诗歌的语言叙述的。塔尔塔利亚告知的解法是费罗已掌握的那一类三次方程。卡尔达诺经过钻研，把其他形式的三次方程也解了出来。协助卡尔达诺的是仆人费拉里，这个名字是意大利名车法拉利的另一个译法。费拉里十分聪明，他把四次方程的解也求出来了，即对一般的四次方程，他都可以通过转化变为三次方程，从而给出根式的一般解答。

1545 年，卡尔达诺到博洛尼亚造访了费罗的学生兼女婿纳夫，看到费罗手稿上早就有塔尔塔利亚透露给他的解法之后，便下决心在当年出版了《大术》一书，将三次方程和四次方程的解法公之于众，其中提到了费罗、塔尔塔利亚和费拉里等人的工作。这部书轰动了欧洲，卡尔达诺也成为赫赫有名的人物。虽然书中提及塔尔塔利亚的贡献，但后者对于卡尔达诺的背信弃义仍十分恼火。

塔尔塔利亚不仅公开指责卡尔达诺，而且要求与他直接竞赛较量，仿佛这是为名誉而战的一场决斗。对此卡尔达诺保持了沉默，起身迎战的是年轻 20 多岁的费拉里。结果可以想象，在米兰客场作战的塔尔塔利亚因不太会解四次方程，未等裁决结果出来便离开了米兰，后来郁郁寡欢抱恨而终。天有不测风云，名声大振并出任博洛尼亚大学教授的费拉里却被贪财的姐姐用砒霜毒死。

⼋. 阿贝尔定理

三次和四次方程求解问题解决以后，五次方程自然摆在所有数学家的面前。而自从 1545 年卡尔达诺出版《大术》，到阿贝尔上大学，时光已流逝了快三个世纪，这个棘手的问题依然存在。这期间，法国人韦达早在 1591 年就研究出二次方程根与系数关系的韦达定理，这个定理后来被荷兰数学家吉拉德推广到一般 n 次方程的情形（他本人并没有给出严格的证明）。

不仅如此，韦达还把代数问题符号化，他用辅音字母表示已知数，元音字母表示未知数。遗憾的是，这种方法不容易区分已知数和未知数，因此没有流传下来。后来，笛卡尔建议，用最前面的字母 *a*、*b*、*c* 等表示已知数，用最后面的字母 *x*、*y*、*z* 等表示未知数。这样的表示法一目了然，逐渐被推广到全世界，并且沿用至今。

代数方程的理论问题则要等到 18 世纪末，由德国"数学王子"高斯来完成。1799 年，22 岁的高斯在其博士论文中首次严格证明了：任何实系数的 *n* 次方程至少有一个复根。由此人们不难推出，*n* 次方程有 *n* 个复根。1849 年，在庆祝取得博士学位 50 周年之际，高斯给出了上述定理的第 4 个证明：任何复系数的 *n* 次方程至少有一个复根。这个定理如今被称为代数基本定理。

现在，我们要说说阿贝尔的工作了。在中学的最后一年，他雄心勃勃地开始了非凡的冒险，试图解决一般五次方程的根式求解问题。不久他找到了求解公式，他的老师霍尔姆伯看不出证明的破绽。于是，这篇文章便被寄给丹麦的一位数学家，那时候纬度最低的丹麦是北欧最发达的地方。这位丹麦数学家也没看出问题，但却谨慎地建议他多举例说明解法。经此提点，阿贝尔终于发现论证本身存在漏洞。

其实，18 世纪法国数学家拉格朗日在五次方程求解问题上也栽过跟头。他后来认识到，用类似三次和四次方程求解的方法去导出五次方程的解是不可能的。比拉格朗日晚一辈的意大利数学家鲁菲尼对这个问题也进行了一番努力，他写了一篇 500 多页的论文，证明一般五次方程不能通过一个公式求解。然而，他的证明既冗长又存在漏洞，并未被人接受。

上大学以后，阿贝尔开始往相反的方向使力。终于在1824年，他成功地证明了五次或五次以上的方程不存在一般的根式解。可是，依然没有人可以验证他的证明。翌年，在教授们的支持和帮助下，他获得挪威政府的一笔旅行奖学金，准备去拜访西欧国家的一些著名数学家。可是，阿贝尔只在柏林遇到一位业余数学爱好者兼出版家克列尔，他是继霍尔姆伯之后第二个对阿贝尔的事业有较大帮助的人。

克列尔与霍尔姆伯都相信，阿贝尔是非比寻常的数学家。克列尔在1826年创办了一本叫《纯粹数学与应用数学杂志》的数学期刊，首卷即发表了阿贝尔的7篇论文，其中包括《四次以上方程的不可解证明》。而在前3卷里，居然连续发表了阿贝尔的22篇论文，内容涉及面很广，包含了方程论、无穷级数、椭圆函数论等。可是，这本如今德国最重要的数学杂志在当时并没有什么影响。

在巴黎，每到夏天大部分人都到海滨避暑了。阿贝尔潜心于数学问题，他完成了一篇有关超越函数的论文，递交给法国数学界的元老勒让德和权威柯西审阅，结果却被忽视了。椭圆函数是复分析理论中非常重要的一种双周期亚纯函数，是由阿贝尔首先定义的，他把它看作椭圆积分的反函数，因与椭圆的弧长问题有关而得名。椭圆函数在数学和物理学中都有着广泛的应用，与椭圆曲线和模形式也有着深刻的联系。

后来，比阿贝尔小两岁的德国数学家雅可比称赞阿贝尔的这篇论文"也许是这个世纪最伟大的数学发现"。多年以后，年轻一代的法国数学家埃尔米特仍然赞叹："这篇论文里留下来的东西足够让数学家们忙碌 500 年。" 1830 年，为了弥补以往的过失，法国科学院同时授予阿贝尔和雅可比数学大奖。遗憾的是，阿贝尔永远无法领取这个大奖了。

再来说说让阿贝尔获得信心和旅行奖学金的那篇有关高于四次的方程不可解性的论文，他在出发旅行之前，在奥斯陆印刷了好多份。可是，为了节省费用，阿贝尔把论文压缩成只有六页。这样一来，即便是数学同行，也觉得文章像密码一样晦涩难读。其结果是，阿贝尔原先希望作为名片或敲门砖的论文，却没有起到任何效果。

高斯在哥廷根自然也收到一份，但他恐怕不会相信，这么一个世界性的难题会被一个名不见经传的来自偏远地区的年轻人用短短几页予以解决。不过，高斯并没有把它扔进废纸篓，而是夹在某两本书之间。在高斯去世以后，有人在整理他的遗物时发现，放置阿贝尔论文的信封并没有被拆开。在这一不幸事件中，蒙受损失的不仅是阿贝尔，也包括整个数学学科。

阿贝尔证明了高于四次的方程没有一般的根式解的关键在于，他修正了鲁菲尼证明中的一个缺陷，尽管他并不知晓后者的工作。阿贝尔证明的是如今被称为阿贝尔定理的命题：如果一个方程能用根式求解，那么出现在根的表达式中的每个根式，一定可以表示成该方程的根和某些单位根的有理函数。正是利用这个定理，阿贝尔证明了五次或五次以上的方程没有一般的根式解。

另一方面，阿贝尔并未否定对某些特殊的高次方程来说存在根式解的可能性。事实上，早在 1801 年出版的《算术研究》里，高斯已

▶ 阿贝尔画像

▶ 阿贝尔的未婚妻克里斯
汀·坎普

经证明，分圆方程 $x^p-1=0$（p 为素数）可以根式求解。阿贝尔也考虑了一类能用根式求解的特殊方程，现在被称为阿贝尔方程。尤其是，他引进了两个十分重要的概念——"域"和"不可约多项式"。遗憾的是，因为早逝，他没有完全解决方程的求解问题，这项工作要留待伽罗瓦来完成。

1827 年，阿贝尔万分无奈地返回祖国。之后他的生活变得更为艰难，没有固定的工作和收入，只能以私人授课维持生计。翌年，他在一所大学找到代课教师的职位，可是不久，他得了肺结核（据说他在巴黎时已患上），这在那个年代属于不治之症（黎曼患的也是同一种疾病）。1829 年 4 月 6 日，不满 27 周岁的阿贝尔走完了他短暂的一生。

令人欣慰的是，阿贝尔生前体验过爱的滋味。1823 年，即阿贝尔证明高于四次的方程不可解的头一个夏天，他在一位教授的资助下，去丹麦—挪威联合王国的首都哥本哈根过暑假，在那里见到了几位著名数学家，同时也发现，"挪威真是一个野蛮的地方"。在哥本哈根，他遇见了女同胞克里斯汀，那是在他叔叔家的舞会上。当乐队演奏起华尔兹时，两人尴尬地站在那里，他们对这一新舞曲不甚了解，于是一起悄悄地离开。

第二年圣诞节过后，阿贝尔向他的同学和老师们宣布他订婚了。据说他们从未有过任何身体接触，更没有过性爱体验。即便这样，当遇到女人的话题时，他也因为已经订婚不需要做任何解释。但阿贝尔却无力迎娶克里斯汀，他尚且不能养活自己。1828年圣诞节，他乘雪橇回弗罗兰看望未婚妻，途中病情加重。虽然暂时的好转让他们一起享受了假期，但他没有熬过那年春天。

阿贝尔最后的日子是在弗罗兰的一个英国人家里度过的，克里斯汀在那里做管家。阿贝尔考虑到未婚妻的未来，便写信给一位叫基尔豪的朋友，希望自己死后他们能结为夫妻，"她不算美丽，有着红色的头发和雀斑，但她是一个出色的女人。"虽然他们两人并没有见过面，后来还真的结婚了，如同阿贝尔所希望的那样。而克里斯汀也谢绝了别人的帮忙，坚持自己照顾阿贝尔，"单独享有那些最后的时刻"。

阿贝尔去世后的第三天，克列尔的一封信到达了挪威。原来克列尔一直在柏林为阿贝尔寻找一份工作，最终成功地让他获得柏林大学的教授职位。但是，好消息来得太晚了。据说此前四位法国科学院院士也曾联名给瑞典—挪威国王写信，希望重视阿贝尔这位天才。除了证明高于四次的方程不存在根式解和发展了椭圆函数论以外，他还为无穷级数理论奠定了严密的基础，同时求解出了第一个积分方程。

5. 伽罗瓦理论

为了研究方程的可解性问题，中学生伽罗瓦发明了"群"的概念。他进而建立起一门新的数学分支，现在人们称这套方法为伽罗瓦理论。所谓群是由一些元素组成的，记为 G（group）。这些元素之间存在一种运算 $\times$，它满足四条性质：封闭性，a 和 b 属于 G，则 $a \times b$ 也属于 G；结合律，a、b、c 属于 G，则 $(a \times b) \times c = a \times (b \times c)$；存在单位元 1 属于 G，即对任意 a 属于 G，满足 $1 \times a = a \times 1 = a$；对任何 a 属于 G，存在逆元素 b，$a \times b = b \times a = 1$。

前文已提及，高斯证明了代数基本定理，每个 n 次复系数方程有 n 个复根。对于方程的根来说，有个置换群，即根的不同排列。依照排列组合原理，n 个根有 n 阶乘（$n!$）个置换，它们在某种意义上构成置换群 S_n。例如，三次方程的三个根 x_1，x_2，x_3 组成的置换群 S_3 共有 6 个元素，如果用下标的数字表示的话便是（1），（12），（13），（23），（123）和（132），其中（1）表示恒等置换，（12）表示 x_1 和 x_2 对换，而（123）表示 x_1，x_2，x_3 轮换。

按照拉格朗日定理，对有限群来说，子群的阶数（元素个数）必整除群的阶数，两者相除所得的正整数叫做它们之间的指数。伽罗瓦定义了正规子群，它是一种性质较好的子群。例如，（1）（123）（132）组成的子群 H 是正规子群，阶数最高的正规子群称为最大正规子群。对于方程的可解性判断来说，伽罗瓦理论的精妙之处在于：n 次方程根式可解当且仅当它的置换群 S_n 的最大正规子群系列之间的指数均为素数（称为可解群）。

例如，S_3 的最大正规子群系列为 S_3、H、单位元群，其指数 6/3 = 2，3/1 = 3，均为素数，故根式可解。而对于 S_4 来说，它有 24 个元素，其最大正规子群 G_4 有 12 个元素，G_4 的最大正规子群 G_3 有 4 个元素，G_3 的最大正规子群 G_2 有 2 个元素，其最大正规子群系列的指数分别为 24/12 = 2，12/4 = 3，4/2 = 2，2/1 = 2，均为素数，故根式可解。

而对 $n > 4$ 来说，可以证明，S_n 的最大正规子群 A_n 共有 $n!/2$ 个元素，A_n 的正规子群只有单位元群一个，因此其最大正规子群系列的指数为 2 和 $n!/2$，后者当 $n > 4$ 时必不为素数（$n=5$ 时这个数是 60）。故而，依据伽罗瓦理论，当 $n > 4$ 时，一般的方程没有根式解。多么美妙简洁的判断和证明，这是 18 岁的伽罗瓦独立发现的。它先是由理查德带给柯西，尔后又以《一个方程可以通过开方解出的条件》为题，递交给法兰西科学院，参与那年的数学大奖竞赛。

遗憾的是，法国数学的执牛耳者柯西忽视了伽罗瓦的论文（此时勒让德已老态龙钟），科学院秘书傅里叶突然逝去，遗失了伽罗瓦的论文。如前所说，最后大奖颁给了已经去世的阿贝尔和与阿贝尔一起建立椭圆函数论的德国数学家雅可比。说到柯西，他是历史上第三多产的数学家，以他名字命名的定理和准则遍布高等数学教程，而傅里叶发明的三角级数理论是应用数学最强有力的工具之一。

至于伽罗瓦理论，伽罗瓦建立的是更一般的形式，这要依赖于阿贝尔首先提出的"域"的概念。域是至少有两个元素的数集，它对应加减乘除（除数不为 0）运算是封闭的，记为 F（field）。正如群有子群，域也有子域，若 K 是 F 的子域，则 F 是 K 的扩域。显而易见，有理数、实数和复数都是域。有理数域是最小的域，实数域和复数域都是有理数域的扩域。此外，形如 $a+b\sqrt{2}$（其中 a 和 b 是有理数）的全体也是域，它是有理数域的二次扩域。

伽罗瓦定义了"方程的群"（伽罗瓦群），它是由一部分置换组成的子群，这些置换保持根的代数关系不变，或者说具有对称性。伽罗瓦证明了，对任意次数 n，总能找到一些方程，其伽罗瓦群为整个 S_n。而伽罗瓦扩域基本定理是说，方程的系数域与根域之间的所有域与伽罗瓦群的所有子群之间存在一一对应关系。这是伽罗瓦理论的核心，它能帮助我们通过研究较为简单的置换群来解决复杂的域的问题。

报考巴黎综合理工学院失利和两次错失成果被承认的机会，远不是伽罗瓦最背运的遭遇。18 岁那年，他又一次报考巴黎综合理工学院，其结果是"一个较高智商的考生在一个较低智商的考官面前失败了"。从此，这所大学对他永远关闭了大门，因为只允许每个考生报考两次。据说，一道口试题他明明答对却被判错。离开考场前，愤怒的伽罗瓦把黑板擦掷向考官的脸，结果被他掷中了。

最为沉重的打击是父亲的惨死，这件事发生在他第二次报考巴黎综合理工学院前一个月。由于老伽罗瓦支持市民反对神父，他成为教士们恶意攻击的对象，一个诡计多端的年轻神父利用镇长喜欢写诗的癖好，模仿他写了一首下流肮脏的诗给自己的一位家庭成员，并签上镇长大名在市民中间散发。这使得极其正派的镇长无地自容，他一个人偷偷去了巴黎，在离儿子学校不远处的一个地方打开煤气窒息而亡，甚至在他出殡时也发生了骚乱。

进不了巴黎综合理工学院，伽罗瓦只得去投考师范预科学校，即如今赫赫有名的巴黎高等师范学校，可是当时它的声望并不高。尽管如此，考生也必须要取得中学文凭和通过口试。虽说遇到麻烦，偏科严重的伽罗瓦还是被录取了。1830年，伽罗瓦发表了两篇方程论文和一篇数论论文，后者首次提出了有限域的概念。然而，革命的枪声响起，义无反顾参与其中的伽罗瓦不久便被学校开除。第二年，他又作为政治犯两次被捕，最后一次判了六个月徒刑，关押在五区的圣佩拉杰监狱。

1832年春天，巴黎流行霍乱，每天有100多人死亡。伽罗瓦因此得以被假释，从监狱转移到"康复之家"。在那里，他经历了一生唯一的一次恋爱。可是，这次恋爱既短暂又不幸。不满17岁却善于卖弄风骚的少女斯蒂芬妮是"康复之家"主人的女儿，她在激起伽罗瓦对其产生兴趣后又冷淡了他。随后伽罗瓦写信给一位叫奥古斯特的朋友："我对一切的幻想已破灭，甚至对爱情和名声的幻想也已经破灭。"

6. 迟来的荣誉

2002年8月5日是阿贝尔200周年诞辰，这一天挪威政府宣布设立阿贝尔数学奖，以弥补邻国瑞典的化学家、阿贝尔晚辈诺贝尔所设奖项的缺陷。按照挪威国王的提议，阿贝尔奖的奖金接近于诺贝尔奖，

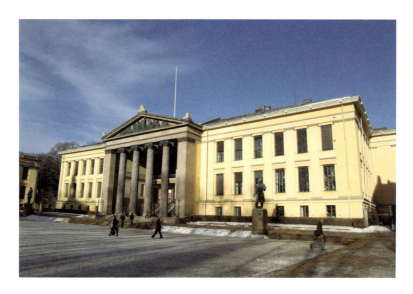

▶ 奥斯陆大学法学院。2003 开始，阿贝尔数学奖在此颁发

且以诺贝尔奖的方式颁发，每届获奖人数是 1～2 名，少于诺贝尔科学奖的获奖人数。第一届阿贝尔奖于 2003 年颁发，得主是伽罗瓦同胞、法国数学家塞尔。虽然此奖设立还不到 20 年，却已取代历史悠久的沃尔夫奖，成为数学领域最重要的终身成就奖。

　　在阿贝尔之前，挪威从未产生过一位世界级的科学或文化巨人，但在阿贝尔之后，却在不同领域接连不断地出现彪炳史册的人物，他们中有戏剧家易卜生、作曲家格里格、艺术家蒙克、探险家阿蒙森。这其中，《玩偶之家》和《培尔·金特》的作者易卜生是在阿贝尔去世前一年出生的，而蒙克在忧郁、惊恐的精神控制下，以扭曲的线条表现暗淡的人生，又常让人想起阿贝尔的悲惨命运。

在数学领域，挪威也是人才辈出。例如，索菲斯·李，21世纪两个十分重要的数学分支——李群和李代数均得名于他。1872年，德国数学家克莱因发表了《埃尔朗根纲领》，试图用群论的观点统一几何学乃至整个数学，他所依赖的正是李的工作。2007年过世的美国数学家赛尔伯格也是挪威人，他是作者见过且交谈过的数论同行，早在1950年，他便因给出素数定理的初等证明等成就荣获菲尔兹奖。

在阿贝尔去世三年零一个月以后，伽罗瓦面临一场决斗，地点在11区的一个小湖附近。至于决斗的对手是谁？在相隔将近两个世纪以后，仍有点扑朔迷离。他的政敌、他的学弟，抑或女孩的父亲？反正最后的结局是，伽罗瓦被25步外的对手射中了腹部，并不是他的枪法不准或拔枪慢了，而是两把手枪里只有一把有子弹。后来，他被一个过路的农夫送到医院，于次日去世。只有弟弟被通知赶到医院，伽罗瓦努力安慰他说："不要哭，我需要我的全部勇气在20岁时死去。"

在决斗的前夜，伽罗瓦预感到结局不妙，

▶ 伽罗瓦科学遗嘱最后一页

▶ 伽罗瓦纪念碑，在他的出生地小镇墓地

他写下了三封绝笔信。两封是给他的政党和同道，希望他们不要责怪杀死他的人，另一封是给奥古斯特的科学遗嘱，几乎完整地表述了深奥的伽罗瓦理论。伽罗瓦去世两天后，他的遗体被安葬在蒙巴纳斯公墓，具体地点无人知晓。

在伽罗瓦时代，有两位法国作家记录了他的言行，其中阿贝尔的同龄人、小说《三个火枪手》的作者大仲马与伽罗瓦一样是共和党人，他后来回忆了伽罗瓦被逮捕前的一次党内政治集会，"一个年轻人，两只手分别举着酒杯和匕首，正试图让别人听他说话，他是埃瓦里斯特·伽罗瓦……我有点担心地回了家。显然，这个插曲会有它的后果。果然，两三天以后，伽罗瓦被捕了。"

奈瓦尔是比伽罗瓦大三岁的法国诗人、超现实主义艺术的先驱之一，19岁就把歌德的《浮士德》译成法语出版，还曾启发普鲁斯特写作《追忆似水年华》。奈瓦尔也是学生游行示威的积极参与者，成了伽罗瓦的狱友，他对伽罗瓦假释离开监狱前的几分钟是这样回忆的："现在是下午五点，一个狱友将我领到门口，并且吻了我，他答应出狱后来看我。那时他还有两三个月刑期。这是不幸的伽罗瓦，我再也没有看见他，因为他在获得自由的早上，就在一次决斗中被杀死了。"

伽罗瓦的工作开启了近世代数的研究，不仅解决了方程可解性这一难题，更重要的是，群的概念的引进导致代数学在对象、内容和方法上的深刻变革。实际上，其他代数结构如环、域和向量空间，也可看作是具有附加运算和公理的群。群作为"数学抽象的最高艺术"，有着越来越广泛的应用，从晶体结构到基本粒子，从量子力学到材料科学，群论也是公钥密码术的核心。总之，正是由于阿贝尔和伽罗瓦的工作，数学家们得以把更多精力投入到数学内部的发展和革新。

在阿贝尔逝世100周年之际，挪威发行了一套四枚不同面值和颜色的纪念邮票。半个世纪以后，他的肖像被印在

▶ 挪威发行的阿贝尔纪念邮票

500 克朗——面值最高的挪威纸币上。在阿贝尔的故乡弗罗兰和首都奥斯陆，都立有他的雕像。相比之下，法国政府没那么重视伽罗瓦，这可能是因为法国杰出的人才太多，包括许多伟大的数学家。不过，巴黎 20 区有条街道以伽罗瓦名字命名。1848 年，在伽罗瓦去世 16 年之后，他的弟弟依据记忆绘制了哥哥另一幅肖像，但人们似乎更认同他 15 岁时同学画的那幅素描。

无论如何，阿贝尔和伽罗瓦这对数学精灵生活在同一个时代，研究领域如此接近，世所罕见。尽管他们成长的环境截然不同，一个在贫穷落后的挪威荒岛，另一个在科学发达的法国首都，命运却十分相似，虽说他们念中学时都遇到一位好老师，但他们的伟大成就生前都被忽视了。最后的结局是，一个死于疾病，一个死于愚昧。而在他们身后，都被公认为 19 世纪乃至是人类历史上最伟大的数学家之一，以他们名字命名的数学术语各有 20 来个。

虽说阿贝尔生前写作和发表的论文比伽罗瓦要多，最终两人的成就却旗鼓相当。代数里有所谓的阿贝尔群和伽罗瓦域，这两个名词容易让人同时想起两位天才。群是伽罗瓦的发现，阿贝尔群意指任意两个元素的运算交换秩序之后保持不变的群，即交换群。域是阿贝尔的创造，伽罗瓦域则意味着域中的元素只有有限多个，即有限域。由此看来，这两个名词意味着阿贝尔与伽罗瓦这对数学精灵的珠联璧合。

2020 年秋天，杭州西溪

黎曼，
他对素数有着迷人的依恋

我身体的大部分会逃脱死亡，我将会永生，仍然活在后世的赞美声中。

——贺拉斯

2019 年 4 月 10 日，包括上海天文台在内的全球六家天文观察机构同时发表声明，公布了他们合作拍摄的首张黑洞照片。回忆此前三年多的时间里，引力波被直接探测到和阿蒂亚爵士宣称证明黎曼猜想这两项重大科学新闻，同样引发了全球公众的高度关注，丝毫不亚于一年一度的奥斯卡颁奖礼或四年一度的夏季奥运会。物理学家爱因斯坦再次成为人们膜拜的偶像，与黑洞一样，引力波的存在性也是他的广义相对论所预言的。然而，却有一个关键性人物被忽视了，那便是 19 世纪的天才数学家黎曼，他建立的黎曼几何学是爱因斯坦广义相对论的基石，同时他又提出了迄今为止数学领域最负盛名的黎曼猜想。

1. 来自文德兰的乡村男孩

2010 年秋天，我有幸应哥廷根大学一位数学同行的邀请，造访了这一慕名已久的数学圣地。9 月 4 日，星期六，一早我便乘坐巴士去了哥廷根车站，开始了一周一天的火车之旅。我按照既定的计划，上午游览不来梅，下午游览汉堡，它们是首都柏林以外仅有的两座直辖市，也是德国货物吞吐量最大的两个港口，分别位于威悉河和易北河下游，离北海入海处均不远。在汉堡用过晚餐之后，我乘火车踏上了归途。与来时路线相反，我选择了东线，经过吕讷堡、于尔岑，到汉诺威后再换车返回哥廷根。

巧合的是，这几座城镇都与本文主人公——德国数学家兼物理学家伯恩哈德·黎曼有着密切的关联。于尔岑是离黎曼出生地布雷斯伦茨村和他度过童年大部分时光的小村奎克博恩最近的火车站，即便黎曼时代不通火车，这里也是他去往哥廷根求学的必经之地。记得火车是在日落时分抵达，靠站后才发现，我的车厢正对着小站出口。下了车，拍摄了于尔岑车站的牌匾，蓝底白字，站台上有彩色鹅卵石铺就的几何图案。在那短促的几分钟时间里，我满脑子都是黎曼的身影。

无论布雷斯伦茨，还是奎克博恩，离源于波兰和捷克边界附近的易北河都只有几公里远。那是汉诺威王国向东伸入到普鲁士王国的地方，由于两国以大河为界，因此也堪称一处地理死角。此地旧称文德兰（Wendland），在古德语里的意思是"说斯拉夫语的人"。据说 6 世纪时，文德兰是大批斯拉夫人西迁到达的最远处，而"布雷斯伦茨"

这个词本身就是从斯拉夫语的"桦树"一词转化而来。1826年9月17日，黎曼出生在布雷斯伦茨。几年以后，他的父亲奉调到离易北河更近的村庄奎克博恩担任牧师，他们全家也随之迁往那里。

14岁那年，黎曼进入了汉诺威的文理中学。汉诺威是同名王国的首府，17世纪的数学家兼哲学家、微积分学的两位发明人之一莱布尼茨在此度过一生的大部分时光，后来他也葬身于此，大量手稿保存在汉诺威图书馆。正是因为莱布尼茨的出现，才给大器晚成的德意志民族以智力上的自信。但黎曼来汉诺威上学主要是因为他的外祖母在此，这样可以省去住宿费。他的父亲是一位穷牧师，人到中年才成婚，后来一下子有了六个孩子，黎曼在家中排行老二也是长子。

不幸的是，黎曼就读汉诺威两年后，外祖母便去世了。他转学到吕讷堡镇的一所中学，在一位希伯来文老师家里膳宿。吕讷堡是"音乐之父"巴赫初出茅庐的居留地，那里离黎曼的故乡也比较近，他可以步行回家，因此常在节假日与家人团聚。这样一来，黎曼不再像在汉诺威时那样感到孤单。虽然那会儿他尚未显示出是个多么优秀的学生，但已开始对数学发生兴趣。中学校长注意到这个孩子的数学才能，让他随意进出自己的图书馆，甚至允许他可以不上数学课。有一次校长借给黎曼法国数学家勒让德859页厚的巨著《数论》，没想到他仅用六天时间便看完归还了。

另一方面，由于贫穷造成的营养不良，黎曼从小身体虚弱，甚至每次步行回家都会觉得很累，但他却十分享受与家人在一起的短暂时光。不仅如此，每次回家前夕，他都要用节省下来的零花钱给父母和兄弟姐妹买小礼物，这给他带来心灵的慰藉。在黎曼的母亲写给儿子的信中，也常常为他的身体感到担忧。1846 年，20 岁的黎曼被哥廷根大学神学院录取了，那个年龄上大学对一位数学天才来说可算是够晚的，而且他和家人当时的想法只是子承父业，将来做一名牧师。

黎曼来到哥廷根的时候，这所汉诺威王国的最高学府已经创办了一个多世纪。九年前哥廷根经历了"七君子事件"，包括物理学家韦伯和童话作家格林兄弟在内的七位知名教授因为反对新继位的国王取消"自由宪法"而遭解聘，元气尚未恢复。尽管如此，哥廷根却因为拥有"数学王子"高斯而吸引了全欧洲对数学感兴趣的年轻人，即便那时高斯已年近七旬。黎曼在听过高斯的"最小二乘法"课以后，向父亲坦承，他对数学的兴趣超过了神学。而黎曼的父亲为人仁慈，加上他对自己毕生从事的职业也不甚满意，便同意儿子遵循自己的意愿以数学谋生。

2. 外表文弱羞怯的年轻人

关于黎曼的生平，至今我们所知的仍然不多，他本人也没有留下内心活动的记录，只有部分往来的书信。即便同代人的描述，也只有他的师弟戴德金在黎曼去世十年以后编撰他的合集时为他写下的一篇小传。这篇小传共 17 页，恰好是高斯最喜爱的数字之一。戴德金是黎曼与他共同的导师高斯的同乡，出生在不伦瑞克，是高斯的关门弟子。不伦瑞克在汉诺威的东南，因此不在我那个周六的旅行线路上，但在此之前的那个周末，我曾专程游览了汉诺威和不伦瑞克。

在高斯的弟子中，即便把黎曼排除在外，戴德金也未必是最出色的，至少在哥廷根时期如此。他比黎曼晚一年获得博士学位，之后留校做了无薪讲师（依照修课的学生多少获取报酬）。六年以后，他并没有获得提升，而是转任苏黎世联邦理工学院的前身—— 一所技术专科学校，并在随后回到故乡不伦瑞克的卡洛琳技术学院（那是他和高斯的母校）。戴德金生命的最后约半个世纪时光在故乡度过，他比牛顿还要长寿。在他70岁那年，英国数学家、哲学家罗素这样写道，

▶ 黎曼任无薪讲师时的故居（作者摄）

芝诺曾关心过三个问题：无穷小、无穷和连续。每一代最优秀的智者都尝试过解决这些问题，但是确切地说，他们什么也没有得到……维尔斯特拉斯、戴德金和G.康托尔彻底解决了它们，他们的解答清楚得不再留下丝毫怀疑，这可能是这个时代所能夸耀

的最伟大的成就。

依照戴德金的描述，黎曼是个极为羞怯的人。每当黎曼出现在人群中，他都会觉得不自在。这与他从小所处的宗教环境不无关系，他的家族成员都是虔诚的路德教徒，他们"每天在上帝面前自我反省"。在家族成员之间，他们的关系非常亲密，而每当离开奎克博恩那个牧师之家时，黎曼便会犯思乡病，就如同法国前辈数学家、思想家、文学家帕斯卡尔，或者后来客居英伦的印度数学天才拉曼纽扬一样。此外，他和拉曼纽扬还有一个不愿离去的共同的老朋友——肺结核。

除了思乡病和肺结核以外，黎曼还是一位疑病症患者，这个词是如今流行的忧郁症的同义语。只不过由于黎曼遗孀的请求，戴德金才避免使用它。黎曼夫人是他的姐姐的朋友，他的姐姐是兄弟姐妹六人中唯一比黎曼活得长久的人。在他们备受崇敬和爱戴的父亲去世以后，黎曼经常沉浸在痛苦的回忆之中，幸好他有一座安逸的避风港，适时转移了他的注意力，那就是他的数学世界。特别地，黎曼对素数及其分布有着一种深深的、迷人的依恋。

在黎曼的时代，德意志的高等教育已开始实行教育家冯·洪堡倡导的改革，大学的首要任务是教学，尤其是培养优秀的中学教师，而把研究工作交给科学院。于是乎，甚至高斯那样伟大的数学家都被要求讲授《线性代数》那样的基础课程，唯有冯·洪堡本人创办的柏林大学例外，那里的数学研究处于领先地位，尽管没有高斯那样英雄史诗般的人物。幸好那时候德意志的大学有条规则，学生学习期间可以到其他学校修学。为了汲取更多的营养，黎曼转学到了柏林，他的师弟戴德金稍后也跟着去了。

在柏林大学的两年期间，黎曼如饥似渴地学习新的、充满活力的数学，那会儿年富力强的数学家雅可比、狄利克雷、施坦纳和艾森斯坦等人都在柏林大学。黎曼向他们学到了很多东西——从雅可比那里学到高等代数和高等力学，从狄利克雷那里学到数论和分析，从施坦纳那里学到了现代几何，而从仅仅比他年长三岁的艾森斯坦那里则学到了椭圆函数和自信，让他有信心超越那些前辈同行。与此同时，黎曼也不可避免地参加了发生在柏林的政治运动，他曾在皇家卫队里熬夜值班守护貌似神圣的国王，不过那对他的学术生涯似乎没有影响。

3. 一颗太阳一样辉耀的心

1849 年，黎曼从柏林回到了哥廷根，开始攻读博士学位。两年以后，他提交了一篇题为《单复变函数一般理论的基础》的论文，获得了博士学位，那一年他 25 岁。原本，黎曼可以更早完成博士论文，但他在哥廷根求学的最后一年半，以极大的兴趣去听哲学讲座和韦伯的实验物理学课程——他对物理学着了迷，把纯粹数学暂时放到了一边。这使得他后来的数学工作常常处于更深的哲学背景下，同时也毕生保持了对物理学的浓厚兴趣。虽说黎曼的外表文弱、羞怯，但他的内心却勇敢而强大，拥有一颗像太阳那样辉耀的心，加上卓越的才华，

▶ 哥廷根数学研究所走廊里的黎曼像
（作者摄）

使他具备一种惊人的冲击力和能量。

复变函数论是数学的重要分支，黎曼与法国人柯西、德国同胞维尔斯特拉斯被公认为是这一分支的三大奠基人，他们的出发点有所不同，柯西是从分析出发，维尔斯特拉斯是从函数论出发，而黎曼则是从几何出发。柯西虽然已建立柯西－黎曼方程，但主要是针对单值函数，他甚至对极点和支点也不加区分。黎曼的工作弥补了这方面的缺陷，他给单值解析函数下了严格的定义，还对多值函数定义了黎曼曲面，使得单值函数的某些定理可以推广到多值函数。此外，黎曼还率先研究了曲面拓扑，并解决了曲面上函数存在性和唯一性问题，这对后世数学有着重要影响。

黎曼的博士论文堪称 19 世纪数学的经典，但在当时除了曾被高

数学传奇

斯关注以外，并未引起太多的反响。直到三年以后，黎曼才被哥廷根聘为无薪讲师。这期间他写的几篇论文生前大多未曾发表，他的知名度主要是通过他的就职论文和演讲获得。1853 年，他为申请无薪讲师提交了论文《论三角级数表示一般函数的可能性》，这属于实分析理论。法国数学家傅里叶指出，区间（−π，π）上任何有界可积函数均可展开成三角级数，其系数是该函数与三角函数乘积的定积分。黎曼建立了上述级数收敛的充要条件，同时把可积函数由连续函数加以推广，他还最早认识到函数连续性与可微性的区别。

翌年，黎曼又为无薪讲师职位做了就职演讲，只有演讲通过才能取得授课资格。黎曼向系教授会提交了三个题目，其中两个是关于数学物理的，他原本希望能选中这两个题目中的一个，因为他已经有所准备。但是最后时刻他又无意中说出第三个题目，那是关于几何基础的。没想到高斯对这个问题更感兴趣，他本人对此已考虑多年，并与俄国数学家罗巴切夫斯基、匈牙利数学家鲍耶各自建立了一种非欧几何学。由于鲍耶发表在后，而高斯干脆没有发表，只是悄悄地记在笔记本上，因此这种几何也叫罗巴切夫斯基几何。尽管黎曼并未有完全的把握，也只好硬着头皮上台了。

黎曼演讲的题目是《论作为几何学基础的假设》，从中他建立起黎曼几何学的基础，并给出了黎曼度量的定义。他把高斯的内蕴几何从欧几里得空间推广到任意 n 维空间，并称其为流形，再把流形上的点用 n 元有序数组表示。黎曼还引进子流形和曲率的概念，让他尤其关注的是所谓"常曲率空间"，即每一点上曲率都相等的流形。这种常曲率有三种可能性：

曲率为正常数，曲率为负常数，曲率为零。

黎曼指出，第二种和第三种分别对应于罗巴切夫斯基几何和欧几里得几何，即锐角几何和直角几何，而第一种情形对应的则是他创造的黎曼几何，即钝角几何。在欧氏几何里，过已知直线外一点恰好能作一条直线与该直线平行；在罗氏几何里，过已知直线外一点可以作不止一条直线与该直线平行；而在黎曼几何里，过已知直线以外一点不能做任何直线与该直线平行。可以这么说，黎曼是第一个理解非欧几何学全部意义的数学家。从这个意义上讲，黎曼是富有哲学头脑的数学家，倘若他的寿命再长一些，应该会像前辈同胞莱布尼茨一样成为哲学家的。

黎曼的演讲所含思想如此丰富和先进，60 年后它才作为广义相对论的主要数学框架得到应用，人们用诸如"划时代的""不朽的"等词汇形容它。有趣的是，这个演讲几乎没用什么符号，只有一个公式、三个根号、四个和式与五个等号。而爱因斯坦广义相对论所需要的数学工具，即三维空间和时间可以在数学上处理为四维空间，也已包含其中。作为牛顿之后最重要的科学发现，广义相对论首次把引力场解释成时空的弯曲，并推导出大质量恒星最终归结为一个黑洞。事实上，在黎曼几何里，球面上两点的最短距离是圆弧的一部分。就职演讲结束以后，高斯在他多年的合作伙伴韦伯面前对黎曼不吝溢美之词。

4. 教学有点糟糕的无薪讲师

黎曼获得无薪讲师资格后，回了一趟故乡，与父亲和兄弟姐妹团聚，那是一段近 194 公里的路程，单程通常需要两天。他于 9 月回到哥廷根，开始了讲师生涯。对不善言辞的黎曼来说，走上讲台显然让他感受到了压力，尤其是选课的人数多少直接关系到经济收入。第一学期，黎曼的课程吸引了八位同学报名，这已经算不错了。在讲过第一次课以后，黎曼写信给他的父亲，"希望在半年以内我对我的上课会感觉轻松一些，并且对讲课的思考不会破坏我在奎克博恩的逗留以及与您在一起时的兴致。"

没想到第一学期结束不久，哥廷根便出了大事。高斯于 1855 年 2 月 23 日因心脏病突发去世，享年 77 岁。高斯的遗体安葬在哥廷根一座街心公园里，而不是像其他教授那样葬在公共墓地。据说高斯的大脑浸泡在药水里，收藏在哥廷根生物学系，至今仍然保存在那里。校方很快做出决定，高斯的教授职位由柏林大学的狄利克雷接任。这是一项莫大的荣誉，狄利克雷毫不犹豫地接受了，并在几个星期后来到哥廷根。其时比狄利克雷年长一岁的雅可比已在四年前死于天花，他俩是柏林最好的数学家，也是德国仅次于高斯的数学家。

狄利克雷比高斯小 28 岁，比黎曼大 21 岁，可以说是中间一代了。他早年留学巴黎，最好的工作是在数论领域，他因为引进狄利克雷特征和函数，给出了算术级数上的素数分布定理，从而证明每个算术级数上存在无穷多个素数。后来，他又证明了指数为 5 时费尔马大定理

▶ 哥廷根天文台，也是高斯和黎曼任教授时的家（作者摄）

成立。黎曼对狄利克雷的到来很是欢迎，因为他当初在柏林大学学习时，狄利克雷厚待他，从中他学会了不少东西。两年前狄利克雷访问哥廷根，黎曼又与他增进了友谊。狄利克雷也很高兴，因为他在柏林教学任务比较重，他感到疲倦。只有他的夫人不甚开心，她是音乐家门德尔松的妹妹，喜欢柏林的社交生活，后来她在哥廷根倾力组织舞会，这个传统一直延续到 20 世纪初期的希尔伯特时代。

再来谈谈黎曼的教学，比他小五岁的师弟戴德金是法学教授的儿子，爱好交际和音乐，在柏林大学学习期间很适应那里的生活，在社交能力方面明显胜过黎曼。回到哥廷根后，戴德金在黎曼之后不久也取得无薪讲师职位，他在教学方面可谓得心应手，同时也观察到师兄面临的窘境。黎曼总是试图从学生的表情方面判断自己是否讲得太快，这一点无意中打乱了他的思路，影响了教学。戴德金和黎曼互听过对方的课，在为黎曼写的小传里，戴德金这样描述：

> 毫无疑问，教学工作给黎曼大学职业生涯的第一年造成了很大的困顿。他卓越的才华和有先见之明的想象力没有很好地体现出来。他在论证时有一种逻辑上的跳跃性，这让理解力稍差的人不容易跟上。如果他被要求详细阐述被省略的部分，他会变得心神不安，无法把自己调整到提问者那种较慢的思考节奏……

高斯去世的同年秋天，黎曼经历了更大的痛苦。他亲爱的父亲去世了，接着一个妹妹也走了，继任父亲职位的牧师搬进了他的家。从此以后，黎曼与故乡奎克博恩村的亲密关系结束了，他永远失去了精神避难所。除了弟弟在不来梅邮政局工作以外，另外三个姐妹生活无着落，他把她们接到了哥廷根，和他一起生活。黎曼全身心地投入研究工作，发表了一篇阿贝尔函数方面的里程碑式的论文，这篇论文让他得到了同行的认可。同年，他又发表了一篇关于超几何级数的论文。在他担任无薪讲师两年以后，终于升任为助理教授，有了固定薪水，尽管薪水相当微薄。

可是，就在黎曼获得晋升的同一个月，他的弟弟去世了。翌年年初，他最小的妹妹也去世了。夏天，狄利克雷在瑞士蒙特勒演讲时心脏病突发，他被艰难地送回到哥廷根。就在狄利克雷身患重病期间，他的夫人突然死于中风，不久他本人也随之而去。狄利克雷享受到与高斯一样的荣誉，至今大脑仍被保存在生物学系，夫妻俩安葬在大学图书馆附近。狄利克雷的墓是方方正正的，有些地方镂空，叫人想起他发现的鸽笼原理：把 $n+1$ 只鸽子放进 n 个笼子，则至少有一个笼子关着不止一只鸽子。

5．他对素数有着一种迷人的依恋

随着狄利克雷的去世，高斯的席位再次空缺。此前一年，戴德金已经到苏黎世任职。但即便他在哥廷根，仍难以继任高斯的席位。事实上，在戴德金漫长一生的终点，他的工作还是比他本人更为知名。现在，黎曼成为继任高斯席位的不二人选。1859 年 7 月 30 日，黎曼晋升为正教授，他和他仅存的两个姐妹搬进了哥廷根天文台，那是高斯生前居住过的地方。之后，荣誉接踵而来，在黎曼晋升教授仅仅 12 天以后，32 岁的他被任命为柏林科学院通讯院士。在相隔十年多以后，黎曼又一次回到了柏林，这次他是头戴庄严的桂冠。

在授予通讯院士的仪式上，黎曼又做了一次重要的演讲。他向柏林科学院提交的演讲题目是《论小于一个给定值的素数的个数》。他演讲的第一句话，是向高斯和狄利克雷两位前辈表达了敬意和感谢。第二句话引入了欧拉发现的关于素数的无穷乘积的级数展开式，那被认为是解析数论的金钥匙。第三句话是，黎曼把上述级数展开式命名为 zeta 函数 $\zeta(s)$，它被后人称为黎曼 ζ 函数，即

$$\zeta(s) = \sum_{n=1}^{\infty} \frac{1}{n^s},$$

容易推出，这个函数在负实数轴的偶数点均取零值。

这是黎曼在数论领域发表的唯一一篇论文，也可能是迄今为止这个被称为"数学的皇冠"领域里最重要的一篇文献，这也是黎曼唯一不涉及几何学的论文。换句话说，柏林（而非哥廷根）非常偶然地成为如今赫赫有名的黎曼假设或黎曼猜想的诞生地。所谓黎曼猜想说的是：

> 黎曼 $\zeta(s)$ 函数的所有非平凡零点都在实部为 1/2 那条垂线上。

黎曼猜想诞生 30 年以后，仍没有取得任何进展，甚至可以说是无人问津。可是，"小于某个给定值的素数的个数"却是非常热门的数学问题，早在半个世纪以前，它的近似值就由高斯和法国人勒让德分别独立提出来了。假设那个给定值是 x，不超过 x 的素数的个数为 $\pi(x)$，高斯和勒让德猜测 $\pi(x) \sim x/\log x$。那便是黎曼时代赫赫有名的素数定理，这也是黎曼的柏林演讲题目的由来。

19 世纪的最后十年，素数问题忽然有了很大的转机。1890 年，法国科学院设立了大奖，授予"确定小于一个给定值的素数的个数"的最佳论文，申报期限是 1892 年 6 月。结果，年轻的法国数学家阿

达玛拿走了大奖，但他并不能证明素数定理。三年以后，德国数学家冯·曼戈尔特得出一个结论：如果某个比黎曼假设弱得多的猜想获得证明，那么就可以证明素数定理。这个弱黎曼猜想是这样的：

黎曼 ζ 函数的非平凡零点实部都小于 1。

正是沿着这个思路，翌年阿达玛杀了一个回马枪，证明了上述弱黎曼猜想，从而证明了素数定理。与他分享这个成就的还有比利时人瓦莱·普桑，后者发表的时间甚至还早一点点。幸运的是，他们之间并没有像牛顿与莱布尼茨那样出现发明"优先权之争"，而是分享了这个荣誉。这可能是"论证"和"发明"的差异。半个多世纪以后，另外两位不同国籍的数学家——挪威人赛尔贝格和匈牙利人爱多士各自用初等方法再次证明了素数定理，仍收获了巨大的荣誉，他们分别得到了菲尔兹奖和沃尔夫奖。

素数定理是 19 世纪的大白鲸，也就是说，是最吸引人最具挑战性的数学难题，就如同 20 世纪的费尔马大定理，它们都在世纪末获得证明。那时有个说法，谁证明素数定理，谁就将获得永生。事实上，瓦莱·普桑是在 96 岁差 5 个月时去世，而阿达玛则是在 98 岁差 2 个月去世。阿达玛的人生经历过许多磨难，他的三个儿子均死于世界大战，其中两个死于"一战"的凡尔登战役，另一个死于"二战"的北非战役，他钟爱的孙子死于一次登山事故。1936 年，阿达玛曾来清华大学访学两个月，期间帮助华罗庚与苏联数学家维诺格拉多夫建立了联系。

无论如何，素数定理的证明是一个伟大的转折点。它是由弱黎曼猜想推导出来的。可以这么说，假如没有黎曼出人意料的工作，素数定理是否能在今天获得证明仍不好说。与此同时，因为素数定理的证明，黎曼猜想一下子被推到了前台，成为每个数学家都要面对或者被问及的问题。以至于在 2018 年秋天，年迈的英国数学家、菲尔兹奖和阿贝尔奖获得者迈克尔·阿提亚爵士在事先昭告天下的前提下，在海德堡获奖者论坛当众宣布他证明黎曼猜想并散发预印本这一戏剧性的场面。可是，阿提亚爵士的证明并不成立。现在，还是让我们返回一个世纪以前的巴黎。

6. 希尔伯特第八问题

1900 年 8 月 8 日，哥廷根大学数学系的掌门人希尔伯特在巴黎大学的一个报告厅登台演讲，听众里有不久前证明素数定理的法国人阿达玛。那是第二届国际数学家大会期间的一个特邀报告，希尔伯特的演讲题目是《数学问题》。开头的那句话数学人都十分熟悉了，就如同文学爱好者熟悉加西亚·马尔克斯在《百年孤独》开篇的那一句话。"我们当中有谁不想揭开隐藏着未来的帷幕，看一看我们这门学科接下来的进展和在未来世纪中如何发展的奥秘？"演讲的高潮则是希尔伯特列举出 23 个问题，这些问题为 20 世纪数学的发展指明了前进的方向。

在希尔伯特 23 个数学问题中，被公认为最重要、最难解决的是第八问题，也即"素数问题"，这是属于数论领域的问题。一般来说，数论是研究整数的性质和相互关系的。如果整数只是分为奇数和偶数，那么它的性质小学生就已掌握；可是，（正）整数还可以分成 1、素数和合数，而素数的分布很不规则，这是数论困难的地方，也是数论之所以迷人的原因。可以这么说，任何数学问题一旦与素数发生联系，难度便骤然增大。希尔伯特第八问题至少提到了三个与素数有关的难题，那便是哥德巴赫猜想、孪生素数猜想和黎曼猜想。

那年希尔伯特虽然只有 38 岁，但他在数学界出名已经有 12 年了，他的成名作是证明了代数不变量中著名的哥尔丹问题。据说哥尔丹看过希尔伯特的证明以后说了一句话，"这不是数学，这是神学。"自从希尔伯特来到哥廷根以后，这所古老的大学逐渐恢复了高斯时代的活力，甚至更胜一筹，被称为哥廷根数学学派。希尔伯特也被赞为"数学领域最后一个百事通"，那时"希尔伯特"与"哥廷根"这两个词在数学家心目中是联系在一起的，就如同"乔伊斯"与"都柏林"，"约翰逊"与"伦敦"对于文学爱好者来说是一样的。在民国时期，中国数学界流传一句话："背起你的背包，去到哥廷根！"

关于擅长演说和酷爱跳舞的希尔伯特，有许多逸事流传下来。例如，有一天一位学生退学了，希尔伯特向其他人询问原因，被告知那个学生做了诗人。希尔伯特说："我不能说我很意外，我从不认为他有足够的想象力成为一个数学家。"在希尔伯特的报告之后，黎曼猜想也引起了英吉利海峡对岸英国数学家的热情关注。在此以前，由于牛顿与莱布尼茨的微积分学"优先权之争"，使得英国和欧洲大陆数学界之间的交流中断了一个多世纪，英国数学大大的落后了。直到比希尔伯特小 15 岁的哈代的出现，才又有了剑桥数学学派，英国数学再度崛起。

哈代是 19 世纪的英国才可能产生的那类数学家，他在晚年写了一本奇特的书《一位数学家的辩白》。将近 70 年以后，剑桥的书店的显著位置仍会陈列这本书。C. P. 斯诺在序言里写道："哈代直到老年还保持着一个才华横溢的年轻人的生活状态，他的心灵也是如此：他的娱乐，他的兴趣，保持着一种年轻人的轻盈。"正是哈代发现了印度数学天才拉曼纽扬，他也是华罗庚访问剑桥时的指导老师。哈代与李特尔伍德有着长达数十年的精诚合作，但是在黎曼猜想的研究成果方面，他们却是各自独立发表的，那是在 1914 年，即第一次世界大战爆发之年。哈代率先证明了，黎曼 ζ 函数在实部为 1/2 这条直线上存在无穷多个零点。

那么，在实部为 1/2 直线上的零点有没有具体的估计数值呢？这方面最早的成果是丹麦数学家格拉姆获得的。他是一位业余的数学爱好者，正式职业是一家保险公司的董事长（也有人说他是保险公司的计算员），就如同稍晚的美国诗人斯蒂文斯一样。格拉姆借助微积分中著名的欧拉－麦克劳林求和公式，自创了一种效率颇高的人工计算方法，他算出了 15 个最靠近实轴并处于上方的零点（下方与实轴对称的点同样也是零点），其中最靠近实轴的那个零点是（i 表示虚部）

$$1/2 + （14.134725\cdots\cdots）i$$

人们有所不知的是，被誉为"人工智能之父"的图灵也被黎曼猜想深深地吸引过，他曾是哈代的学生。不同的是，图灵认定黎曼猜想不成立。从 26 岁开始，图灵就着迷于寻找一个实部非 1/2 的非平凡零点。起初他试图设计机械计算装置来生成一个反例，两年以后，因为第二次世界大战的爆发这一努力暂时中断了。战后的 1953 年，图灵借助电子计算机算出了 1104 个非平凡零点，可惜没有一个是他希望的反例。不然的话，即便因为性取向遭受歧视和侮辱，相信图灵也不会在翌年咬下那只涂有氰化物的苹果。如今，人们已计算出数千亿个非平凡零点，它们依旧都在实部为 1/2 的那条垂线上。

7. 世间万事万物相互助力

虽说牛顿既是数学家又是物理学家，但是这两个身份并没有真正的区别，在他之前和在他之后的相当一段时间里均是如此。即便到了黎曼的时代，这种区别也不是很明显。黎曼的想象力很大程度上类似于物理学家，在他生前发表的所有十篇论文中，有四篇可以说是属于物理学的范畴，或者说是数学与物理学的联姻。不仅如此，这十篇论文都可以看作是相互独立的、开创性的学术著作，各自引领一个方向或学科。如同《大不列颠百科全书》"黎曼"条目所写的，"他的学

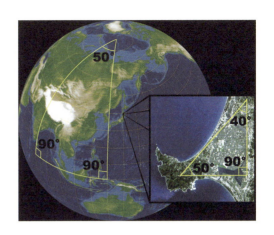

作为黎曼几何的球
面，其上的三角形内
角和大于 180 度

术成果大部分是杰作——充满了独创性的方法、意义深刻的思想和广
泛深远的想象。"

　　黎曼毕生保持着对物理学的浓厚兴趣，他热衷于研究热学、声学、
电学和光学。例如，黎曼的论文《论有限振幅平面声波的传播》讨论
了压缩波和膨胀波：压缩波压缩得越厉害，波速越快；膨胀波膨胀得
越厉害，波速越减缓。1860 年，黎曼晋升教授的翌年，他发表了论文
《热传导的一个问题》，从中发展了二次微分形式，这种微分形式是
相对论的基础。同年，黎曼应邀访问了巴黎，他受到了包括埃尔米特
在内的法国数学家们的热情接待，后者对黎曼给予极大的赞赏。

　　1862 年夏天，36 岁的黎曼结婚了，夫人名叫爱丽丝。婚后不到
一个月，他患上了胸膜炎，由于康复得不够完全，导致了肺结核。从
此黎曼与意大利结了缘，他生命最后的四年基本上是在亚平宁度过的，

▶ 黎曼像（1863）

▶ 于尔岑，离黎曼故乡最近的火车站
（作者摄）

那里有着温暖的气候。黎曼很喜欢意大利的艺术，他在那里有喜有悲，他们的独女伊达在比萨出生，而前来照顾他们的一个妹妹却在比萨郊外的一座小镇病故。有两次黎曼以为自己康复了，但穿越阿尔卑斯山的旅途劳顿和严寒天气又使得病情复发，幸好哥廷根方面慷慨地一再延长他的休假期。

英裔美国作家约翰·德比希尔早年曾就读于伦敦大学数学系，后来成为一名计算机程序员，同时出版了若干科普著作，他的《素数之恋》曾获得美国数学协会颁发的首届欧拉图书奖（2007）。德比希尔把数学家分成两类，即逻辑型的和直觉型的，两者都可能出现杰出的数学家，他并分别举了两个德国人——维尔斯特拉斯和黎曼为例。他认为维尔斯特拉斯是攀岩者，每一步都建立在坚实的论证基础上，而黎曼则是空中飞人表演者，有很强的直观想象力和跳跃性的思维。这让我想起去世不久的物理学家弗里曼·戴森的演讲《飞鸟与青蛙》

（2008），也把天才人物做了相似的分类。

在黎曼生命的最后一年，他接连获得荣誉。巴黎科学院选举他为通讯院士，英国皇家学会选举他为外籍会员。与此同时，他的病由于结合了黄疸症而变得愈发严重，最终无力回天。1866 年 7 月 20 日，黎曼在意大利北部的塞拉斯加与世长辞，那是在阿尔卑斯山南麓的马焦雷湖西岸，爱丽丝和三岁的女儿伊达陪伴在他身边。黎曼走时十分宁静，由他父亲传递给他的那份虔诚始终伴随着他。而黎曼这个名字，无论过去、现在还是将来，都将永远伴随着每一位数学工作者。黎曼安葬在马焦雷湖畔，他的墓碑上用德文刻写着圣徒保罗《罗马书》（《圣经·新约》）中的一句话，

▶ 意大利马焦雷湖畔的黎曼之墓

世间的万物相互助力，
爱神的人必诸事顺畅。

黎曼下葬以后，爱丽丝带着女儿伊达（英国诗人拜伦的独女也叫伊达，她是最早的计算机程序员）返回了哥廷根，她们

搬出了天文台。黎曼的教授席位由克勒布施接替，后者撰写了代数几何方面的著名教程，并创办了德国《数学年刊》。虽说克勒布施的成就与黎曼无法相比，但两人居然活得一样长，都是差两个多月满40岁。伊达后来嫁给一位数学博士，他的导师是她们家的邻居。黎曼的这位从未谋面的女婿后来出任不来梅一所航海学校的校长，把岳母爱丽丝和岳父唯一在世的姐姐（也叫伊达）接了过去。他们组建了一个大家庭，儿孙的数目难以统计，黎曼的后裔如今已融入普通百姓之中。

2019 年夏天
2020 年改定

数学传奇

·下册·

蔡天新

著

$$e^{\pi i}+1=0$$

商务印书馆
The Commercial Press

我们不只是要记住各种事实，而是要训练大脑如何思考。

阿尔伯特·爱因斯坦

庞加莱，第四维、
立体主义与相对论

1. 第四维与现代艺术

19 世纪前半叶是从古典进入到现代的关键时期，走在最前列的依然是生性敏感的诗人和数学家，爱伦·坡和波德莱尔的相继出现，非欧几何学和非交换代数的接连问世，标志着以亚里士多德的《诗学》和欧几里得的《原本》为准则的延续了两千多年的古典时代的终结。进入到那个世纪的后半叶以后，更加速了产生天才人物的步伐，在1880 年前后不到两年的时间里，科学巨匠爱因斯坦和艺术大师毕加索分别在德国南方和西班牙南方两个偏远的小镇乌尔姆和马拉加出世，这两个生命的诞生为技术主义泛滥的 20 世纪增添了迷人的光彩。

毫无疑问，爱因斯坦和毕加索这两位激励了好几代科学家和艺术家的天才人物，是我们这个时代遥不可及的偶像。阿瑟·I. 米勒博士——《爱因斯坦·毕加索》（上海科技教育出版社，2003 年 8 月第 1 版）一书的作者——甚至断言，现代科学就是爱因斯坦，现代艺术就是毕加索。在这部奇特的著作里，作者以上述两位天才为案例，分析了他们各自的生活经验、工作经历和创造性中的相似性，尤其是在 20 世纪的头一个 15 年，也即他们 20 岁到 35 岁（最具创造力的）那段时期，不仅为我们揭示了他们思考方式的共同点，也让我们窥见了艺术创造和科学发现的本质。

然而，这部著作最让我感兴趣的部分却是，连接爱因斯坦相对论和毕加索立体主义的纽带竟然是数学中的第四维，也即黎曼几何学的一种特殊形式。当人们仍在激烈地辩论非欧几何学以及违反欧几里得第五公设的哲学后果时，法国数学家亨利·庞加莱是这样教我们想象

▶ 爱因斯坦故居
　（作者摄于伯尔尼）

四维世界的："外在物体的形象被描绘在视网膜上，这个视网膜是一个二维画；这些形象是一幅透视图……"按照他的解释，既然二维面的一个景象是从三维面而来的投影，那么三维面上的一个形象也可以看成是从四维而来的投影。庞加莱建议，可以将第四维描述成画布上接连出现的不同透视图。依照毕加索的视觉天赋，他认为这不同的透视图应该在时间同时性里展示出来，于是就有了《阿维尼翁少女》——立体主义的开山之作（阿维尼翁是法国南方靠近马赛的一座小镇，离梵高的圣地阿尔只有十几公里远）。

庞加莱被认为是通晓全部理论数学与应用数学知识的最后一人，他涉足的研究领域惊人地广泛，并不断使之丰富。他还是数学的天才普及者，其平装本的通俗读物被人们争相抢购，并被译成多种文字，在不同的国度和阶层广泛传播，就如同后来的理论物理学家、《时间简史》的作者斯蒂芬·霍金那样。按照米勒博士的说法，在庞加莱的名作《科学与假设》（1902）的众多读者里头，有一位叫普兰斯的巴黎保险精算师，在立体主义诞生前夕，他和比他年轻六岁的毕加索共同拥有一位情妇，正是这位水性杨花的女人把普兰斯介绍给了毕加索，于是毕加索和他的"洗衣舫"艺术家圈子才有机会聆听非正式的几何学讲座。

《阿维尼翁少女》的命名人、诗人安德烈·萨尔蒙后来在《巴黎日报》的专栏文章里称赞普兰斯是"立体主义的数学家"，并在1907年夏天（《阿维尼翁少女》的创作期）这个关键时刻做出了特殊的贡献。他写道："在蒙马尔特的那间旧画室里进行的激烈辩论和探讨，立体

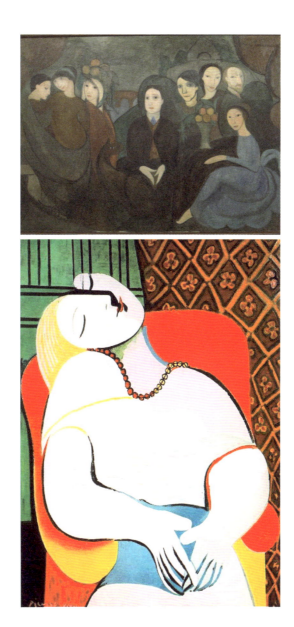

▶ 收藏在巴黎毕加索博物馆内的《阿波利奈尔和他的朋友》[上]
毕加索的《梦》（1932）[下]

主义就是在那里诞生的。"这些相互启发的讨论的参与者里既有画家，也有诗人。诗人们"只不过提供了一些有意味的语汇，这对理解新生事物十分必要。还有一个神秘的数学家，他给朋友们提供了经过推理的准确性"。不管毕加索本人是否承认，几何学成为他"充满热情地探索着的"新艺术语言。

其实，萨尔蒙的描述多少有些夸张。在毕加索的艺术家圈子里，最重要的要数诗人阿波利奈尔，他同时也是小说家、演出经纪人、美食品尝家、藏书家、色情文学的支持者，并被后人尊称为立体主义绘画的解释人。在巴黎的一次秋季沙龙开幕式上，阿波利奈尔发表了关于第四维和现代艺术的演讲。在他眼里，第四维并不是一个数学概念（他恐怕理解不了欧氏几何和非欧几何的区别），而是一个隐喻，它包含着新美学的种子。阿波利奈尔把立体主义与科学革命相提并论，将其描述成一种第四维的艺术，认为："立体主义用一个无限的宇宙取代了一个以人为中心的有限宇宙"；"几何图形是绘画必不可少的，几何学对于造型艺术就如同语法对写作艺术一样重要"。必须指出，普兰斯也是那次沙龙的组委会成员，显而易见，阿波利奈尔把他引进的几何学加以发挥了。如同文艺复兴时期的艺术家创立透视法和没影点（vanishing point）这两种几何方法获得了第三维，立体主义画家也拥抱了第四维。

2．第四维与相对论

至于第四维与爱因斯坦相对论的关系，那是有目共睹的。庞加莱于 1898 年发表的一篇论文探讨了如何"在一个以时间为第四维的四维空间里建立一种数学表述",其重要性立刻被爱因斯坦在瑞士苏黎世联邦工业大学的数学老师闵可夫斯基捕捉到了,并适时传递给了学生,尽管数学家本人对这个经常逃学的留小胡子的青年毫无印象。1904 年,即发现狭义相对论的前一年,爱因斯坦读到《科学与假设》的德文译本,立刻被书中席卷数学、科学和哲学的气势所感动,从中了解了几何学的基础。可是,直到 1912 年(庞加莱去世的那年,此时闵可夫斯基已经过世三年),爱因斯坦才恍然领悟到,狭义相对论只有在高度几何化后才能完全广义化。而在广义相对论发表后的第二年,即 1916 年,德国数学家希尔伯特发出了这样的感叹:"物理学家必须要首先成为几何学家。"

虽然爱因斯坦的相对论诞生已经快一个世纪了,人们对它的理解仍十分肤浅,只知道根据这一理论,时间是相对的,空间是弯曲的,光并不是沿着直线传播的;物质和能量的分布决定着时空的弯曲,这种时空弯曲等同于万有引力。这里我想引用一位物理学家举的例子:"让我们设想有两只飞船。飞船 X 以每秒 10 万公里的速度飞离地球。飞船上的观测者和地球上的观测者同时对这一速度进行测量,他们得到的结果是一致的。而飞船 Y 以与飞船 X 相同的方向运行,地球上的观测者测量它的速度是每秒 18 万公里。可是,爱因斯坦预言,如果两只飞船上的观测者来测量它们之间分离的速度时,却是每秒 10 万公里而不是 8 万公里。"

这个结果表面上看起来十分荒谬,但可以用爱因斯坦发现的质能

▶ 亨利·庞加莱

转换公式来推导，也即一个质量为 M 的物质的能量 E 等于该质量 M 和光速 c（每秒 18.6 万公里）的平方的乘积。这个公式为爱因斯坦赢得了持久的声誉，"政治是暂时的，而方程式是永恒的"，同时 c 平方这个庞大的数字也可以解释投放在广岛和长崎的那两颗原子弹的威力。不过，那两次爆炸使得爱因斯坦痛心不已，正是他在 1939 年致函美国总统罗斯福，指出研制原子弹的必要性，并强调美国抢在德国之前发展这一武器的重要性，这封信促进了直接导致第一颗原子弹出现的"曼哈顿计划"的展开。

如果上述例子仍不足以解释相对论，还有一种办法可以帮助我们理解，那就是试图理解更难的非欧几何学。直到 18 世纪末 19 世纪初，几何领域仍然是欧几里得一统天下，笛卡尔的解析几何只是改变了几何研究的方法，并使牛顿和莱布尼茨发明的微积分学表述得更加清晰，却没有从本质上改变欧氏几何本身的内容。欧氏几何赖以存在的前提

▶ 曾经的南锡第一大学——
亨利·庞加莱大学徽标

中有这么一条不那么自明的假设，即"过直线外一点能且只能作一条直线与已知直线平行"，也就是所谓的"第五公设"。这个暧昧的假设引起了数学家的广泛关注，其中大多数人试图证明它，也有的沿着不同的方向，即试图给出相反的假设。

俄国人罗巴切夫斯基就是一个叛逆性的人物，1826 年，他在偏远的喀山（那里比莫斯科离哈萨克斯坦更近一些）大学发表了非欧几何学的第一篇论文，这篇论文正是建立在假定"过直线外一点可以引至少两条直线与已知直线平行"的基础上。可是，由于语言的隔膜和交通的不便，这项成果将近十年以后才传递到西欧，几乎就被匈牙利数学家鲍耶抢了先。1854 年，德国数学家黎曼发展了罗氏理论而建立起更广泛的非欧几何学，他引进了流形曲率的概念，在三维常曲率空间里有三种情况，即曲率为正常数、零或负常数。后面两种情形分别对应于欧氏几何和罗巴切夫斯基几何，而第一种几何是黎曼本人的创造，它意味着"过直线外一点不能引任何直线与已知直线平行"。

至此，有关非欧几何学的含义就变得比较明晰了，多年以后，庞加莱等人又先后在欧氏空间中给出非欧几何的直观模型，从而揭示出非欧几何的现实意义。无论是欧氏几何还是非欧几何，都存在任意有限维的甚至无限维的空间，庞加莱为物理学家提供了那个以时间为第四维的四维空间，可以看作是非欧几何学的一个特例。闵可夫斯基进一步指出，在这个四维度量空间的长度计算公式里，第四维时间 t 的平方前面需要加一个负号。这个公式是如此美妙，爱因斯坦的一位同事、物理学家马克斯·玻恩这样感叹："从那以后，所有的理论物理学家每天都在使用它。"总之，在广义相对论里，空间和时间变成了一种四维结构，只不过这个四维结构的形状被其中的大质量物体扭曲了。这样一来，宇宙就由一块刚性的铁板变成了一个弹性的垫子。

３.是征服者非殖民者

1854 年，即黎曼拓展非欧几何学的那一年，庞加莱出生在法国东北部名城南锡一个显赫的家族，他的父亲是一位著名的医生，他的一位堂弟在第一次世界大战期间曾出任法兰西第三共和国总统，另一位堂弟曾任大众教育和美术部长。庞加莱的超常智力不仅使他接受知识极为迅速，而且拥有一副流利的口才，并从小得到才华出众的母亲的教导，却不幸在五岁时患上白喉症，从此变得体弱多病，不能顺利地用口语表达思想。但他依然喜欢各种游戏，尤其是跳舞；他读书的速度也十分惊人，且能准确持久地记住读过的内容。小庞加莱擅长的科目包括文学、历史、地理、自然史和博物学，他对数学的兴趣来得比较晚，大约开始于 15 岁，不过很快显露出非凡的才华。

19 岁那年，庞加莱第二次赢得全法国中学生数学竞赛一等奖，被保送到巴黎综合理工学院，从此离开了自己的故乡。虽然庞加莱从未在南锡念过大学，但那里的最高学府——南锡第一大学（建于 1572 年）却以他的名字命名。我国数学家华罗庚获得的第一个学位便是这所大学授予的荣誉博士学位，那是在 20 世纪 70 年代末。2002 年春天，我有幸在亨利·庞加莱大学的卡当研究所访问了三个月，不仅了解到庞加莱的父亲曾是这所大学医学院的教授，也对南锡这座绿草如茵的小城留下美好的记忆，12 世纪以来它就是洛林王朝的都城（2012 年，南锡一大与其他三校合并易名为洛林大学）。庞加莱从巴黎综合理工学院毕业后进入高等矿冶学院，几年后获得采矿工程师的资格，可是他却醉心于数学，继续攻读科学博士学位，再后来，他成了巴黎大学数学和天文学的终身教授，并在母校巴黎综合理工学院拥有类似的职位。

庞加莱从未在一个研究领域做过久的逗留，一位同僚戏称他是"征服者，而不是殖民者"。即使在数学和相对论以外，他的贡献也难以胜数：光学、电学、电报、弹性力学、热力学、量子论、势论、毛细现象、宇宙起源，等等。从某种意义上讲，整个数学都是庞加莱的领域，但他对拓扑学的贡献无疑最为重要。1904 年，诞生了著名的庞加莱猜想：任意三维的单连通闭流形必与球面同胚。将近一个世纪以后，这个猜想才被俄罗斯数学家佩雷尔曼证明。之前，它已经被悬赏一百万美金。有意思的是，这个猜想在大于或等于五维和四维上的推广，先后被两位美国数学家攻克，也因此颁发了两枚菲尔兹奖章。可是，佩雷尔曼却谢绝了包括菲尔兹奖（2006）在内的所有荣誉。

庞加莱的哲学著作除了《科学与假设》以外，具有重大影响的还有《科学的价值》《科学方法论》。他是唯心主义的约定论哲学的代表人物，认为公理可以在一切可能的约定中进行选择，但需以实验事实为依据，避开一切矛盾。同时，他反对无穷集合的概念，反对把自然数归结为集合论，认为数学最基本的直观是自然数，这使他成为直觉主义的先驱者之一。正是由于这些成就的取得才使庞加莱既当选为法兰西科学院的院士（后成为院长），又当选为法兰西学院的院士，他同时处身于科学和人文两座金字塔的塔尖。庞加莱相信艺术家和科学家之间创造力的共性，相信"只有通过科学与艺术，文明才体现出价值"。

庞加莱给世人的印象是，留着胡子，戴着金丝眼镜，神态庄重。从气质上讲，我认为他与稍后的同胞画家马蒂斯、作曲家德彪西比较接近，他对哲学、文化领域的关注和贡献则延续了帕斯卡尔、笛卡尔这些前辈同行的传统。庞加莱被认为是一位法语散文大师，其哲学著作在各界人士中拥有广泛的读者。同样以文字见长的英国哲学家、长期引领英伦学术界和思想界的伯特兰·罗素也曾经谈到，庞加莱是20世纪初法兰西最伟大的人物。当他在巴黎初次拜访这位数学奇才时，"舌头一下子失去了功能，直到费了一些时间（大约有两三分钟），仔细端详和承受可谓他思想的外部形式的面貌和神采时，我才发现自己能够说话了"。

可是，每个人都有他的时代局限性，虽然庞加莱对相对论做出了不可磨灭的贡献（相对性 relativity 这个词是由他发明的），但直到去世他都没有完全接受狭义相对论，这也是让爱因斯坦永远感到遗憾的一件事。事实上，庞加莱和荷兰物理学家洛伦兹都曾无限接近相对论，但分别是从哲学和数学的角度。用后辈物理学家杨振宁的话说：爱因斯坦对于时空有着更为自由的眼光。正如英国数学家兼哲学家怀特海所言："非常接近真理和真正懂得它的意义是两回事。每一个重要的理论都在它被发现之前被人说过。"

1911 年万圣节，也是庞加莱生命中的最后一个冬天，他和爱因斯坦在布鲁塞尔举行的一次光学会议上首次得以相见。虽然庞加莱没有明说，但爱因斯坦敏感地意识到了。他非常失望地告诉友人："庞加莱（对相对论）基本上持否定态度。"尽管意见不一致，但会议一结束，庞加莱就应爱因斯坦的请求给他的母校——瑞士联邦工业大学写了一封推荐信："爱因斯坦先生是我所见过的最具创新精神的思想家之一……"次年夏天，庞加莱穿衣时因脑血栓逝世于巴黎，年仅 58 岁，爱因斯坦则返回苏黎世做上了教授。

2004 年 2 月，杭州
2015 年 2 月，修改

希尔伯特，
一个时代的终结者

天才即勤奋。
——乔治·利希藤贝格
要从最简单的例子开始。
——大卫·希尔伯特

1. 23 个数学问题

就我所知，与 23 这个素数紧密相连的非同寻常的人物有四位。一位是尤利乌斯·恺撒，他由于征服了埃及而威风八面，结果在政敌庞培的塑像前被元老院雇用的杀手捅了 23 刀一命呜呼。一位是中国魏晋时期的数学家孙子，他举了答案是 23 的"物不知数"例子，引导后来的秦九韶发现中国剩余定理。另一位是迈克尔·乔丹，他因为对一个远为逊色的篮球运动员的崇拜选择了 23 这个数字作为自己的代码。还有一位就是大卫·希尔伯特，他在 1900 年巴黎国际数学家大会上提出了 23 个数学问题，为 20 世纪的数学研究指明了方向。

▶ 大卫·希尔伯特

　　1862 年，希尔伯特出生在东普鲁士的哥尼斯堡郊外，如今属于被分隔的俄罗斯版图，周围是波兰、立陶宛和波罗的海，并早已更名为加里宁格勒。虽然那座城市出生的最伟大的公民是哲学家康德（他的一生都是在这座偏远的城市度过），可是却与数学结下了不解之缘。原来流经市区的普莱格尔河上有七座桥，其中五座把河岸和河中的一座小岛相连接，于是产生了一个数学问题，假设一个人只能通过每一座桥一次，能否把七座桥走遍？这个看似简单的问题后来成为拓扑学的出发点，并被瑞士数学家欧拉给解决了。巧合的是，欧拉持之以恒的通信者、数学家哥德巴赫也出生在哥尼斯堡。

　　不过，直接引导希尔伯特坚定地走上数学之路的却是同城一个比他小两岁的男孩赫尔曼·闵可夫斯基，这位天才的犹太少年刚满 18 岁就赢得了巴黎科学院的数学大奖。很多年以后，爱因斯坦正是利用闵可夫斯基的"四维几何学"建立起了广义相对论，而闵氏则对那位早年瑞士联邦工业大学学生的数学才能毫无印象。与这样一位旷世的才俊为伍，希尔伯特的才华不仅没有被埋没，反而得到了磨炼和囤积，并促使他默默奋斗，打下了更为坚实的基础。两人的友谊持续了四分之一个世纪，从哥尼斯堡一直延伸到哥廷根，闵可夫斯基后来因为患急性阑尾炎英年早逝，希尔伯特则活到了八十多岁，成就了一代大师的伟业。

谈到相对论，我们不能不提到维纳·海森堡的导师、曾与爱因斯坦和奥本海默共事的物理学家马克斯·玻恩说过的一席话，他认为闵可夫斯基的理论为相对论的数学基础提供了一座完整的武器库，"从此以后，所有的理论物理学家每天都在使用它"。希尔伯特的评价是："哥廷根马路上的每一个孩子，都比爱因斯坦更懂得四维几何学。尽管如此，发明相对论的仍然是爱因斯坦而不是数学家。"而爱因斯坦本人则曾经略带讽刺地开玩笑说："哥廷根的人，有时给我很深的印象，好像他们不是想要帮助别人解释清楚某些事情，只是要证明自己比我们这些物理学家聪明得多。"的确如此，在爱因斯坦的广义相对论即将大功告成之际，希尔伯特突然快速插了进来，因此有了爱因斯坦－希尔伯特作用力，它能够导出引力场方程。

2. 数学家兼教育家

希尔伯特成年以后上了哥尼斯堡大学，那时的数学专业仍隶属哲学系，老康德当年执教这座大学时也是既讲哲学又教数学，他的一个著名论断是：人的观念不是后天的（即不是从经验得到的）而是先验

　　　数学传奇

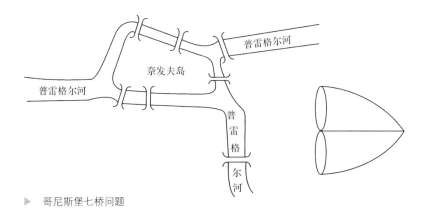

▶ 哥尼斯堡七桥问题

的。为论证这一点，康德引用了逻辑、算术和几何学中的一些概念作为例子，包括欧几里得几何原理。虽然，先于希尔伯特诞生的非欧几何学使人们对康德的上述论断产生了怀疑，他依然同意"数学王子"高斯的看法，"数只是我们心灵的产物"。在希尔伯特看来，反对康德的算术判断具有先验性质的理论是没有依据的，后者是康德的"三大判断"之一——纯粹理性判断的重要组成部分。

在希尔伯特时代的德国，有一条规则如今在西方已经消失，那就是，从第二学期开始学生可以到本国的任何其他一所大学修课。希尔伯特选择的是海德堡大学——德国最古老、最富浪漫情调的学府（他的大学老师里有一位来自海德堡），即使在"二战"期间，希特勒和丘吉尔也有"君子"协定，德国不轰炸牛津和剑桥，作为回报，英国不轰炸海德堡和哥廷根。哥廷根，德国中部的一座大学城，那可是产生过高斯和他的伟大弟子狄利克雷、黎曼的地方，希尔伯特显然神往已久。1895 年初春，差不多刚好是高斯抵达一百年以后，希尔伯特来到了哥廷根，那年他已经 34 岁了，比高斯整整晚了 18 个年头。

尽管如此，希尔伯特的到来使这座因为高斯逝世而日渐衰落的大学恢复了青春，重新回到了充满激情的年代。在他的身边很快聚集起了一大群年轻的数学家和物理学家。与高斯的孤傲和离群索居截然相反，希尔伯特一生都保持了对散步、旅行和跳舞的爱好，这一点我们不妨与他的同乡康德做一下比较。终生未婚的哲学家始终过着一种禁欲主义的生活，当然也没有学会跳舞，他一生最远的一次旅行是到离故乡 60 英里以外的小镇阿恩斯多。不过，正如哥尼斯堡有一条"哲学家小道"（邻居们甚至利用康德散步的时间对表），哥廷根也有一条"数学家大路"。有所区别的是，康德总是形影孤单，而希尔伯特散步时却不乏同伴，他们在一起探讨正在研究的数学问题。

希尔伯特不仅是历史上最伟大的数学家之一，同时也是历史上最为成功的数学教育家之一。这一点有赖于一种耐心细致的品格和对教育学的浓厚兴趣，他并不十分看重学生的数学天分，而是相信绝大多数概念要经过多次熏陶才能被接受。"要保持做乘法表那样最低水平的计算能力"，"要从最简单的例子开始"，这是他一贯遵循的基本原则。每当希尔伯特提出一些新的概念，他总是试图采用生动形象的方式，寻找某个参照物以便于学生们理解和记忆。例如，他曾用下面这句自嘲的话说明纯粹的存在性命题和特殊对象之间的联系："在这间教室中，有这么一位，他的头发根数最少。"又如，在另一门课（大概是逻辑课）上他说："并非每个叫克特的女孩子都长得漂亮，因为这跟起名字有关，而那是任意的。"在这里，希尔伯特顺便称赞了妻子的美貌。

　　　　数学传奇

3. 最后一位全才

在科学的任何一门分支里，都存在着两种不同形式的天才，一种具有全新创造的才能，另一种善于发现不同事物之间的内在联系。希尔伯特无疑属于后一类，他身上具备一种深邃的不可抗拒的洞察力，因此在许多领域他都取得了了不起的成就，在数学方面至少包括不变量理论、代数数域、超越数、解析数论、几何基础、泛函分析、变分法和积分方程论。他用抽象方法研究不变量理论，震惊了挑剔的前辈同胞克罗内克。"这不是数学，是神学。"正是在这个意义上，他终结了不变量理论，随后被不可抗拒的力量——数论之美吸引。他给予华林问题以肯定的定性回答，留待哈代学派不断完善，也给了华罗庚崭露头角的机会。

▶　哥廷根数学研究所

正因为如此，希尔伯特才敢于在巴黎的那次数学家大会上揭开深藏于未来的帷幕。其实，不满 40 岁的希尔伯特那时候还没有成为数学世界唯一的执牛耳者，数学世界还不是一个圆，而是一个椭圆，它的两个中心（焦点）的另一头是法国人亨利·庞加莱，作为那一届国际数学家大会的主持人，庞加莱向年轻的德国同行发出了邀请。此前希尔伯特刚刚出版了《几何基础》（1899）。这是他公理化思想的代表作，书中把欧几里得几何学加以整理，成为建立在一组简单公理基础上的纯粹演绎系统，并开始探讨公理之间的相互关系，研究整个演绎系统的逻辑结构。

后来，希尔伯特又着手研究数学基础问题，提出了论证数论、集合论或数学分析一致性的方案。他试图从若干形式公理出发将数学形式化为符号语言系统，建立相应的逻辑系统，进而研究这个系统的逻辑性质，因此创立了元数学和证明论。希尔伯特的目的是试图对某一形式语言系统的无矛盾性给出绝对的证明，以便克服悖论引起的危机，一劳永逸地消除对数学基础以及数学推理方法可靠性的怀疑。然而在 1930 年，年轻的奥地利数理逻辑学家哥德尔获得了否定的结果。希尔伯特的数学梦想被他的不完备性定理粉碎，正如爱因斯坦的物理梦想被海森堡的测不准原理粉碎。

在希尔伯特 60 岁生日晚会的来宾合影中，我们可以发现前面两排聚集了十多位年轻数学家的夫人。那时的哥廷根已成为世界的数学中心，这一点从战争期间散布到美国的希尔伯特弟子的所作所为也可见一斑。赫尔曼·外尔在新泽西参与组建了普林斯顿高等研究院，理查德·库朗则在纽约创立了库朗研究所。爱米·诺特是抽象代数的奠基人，她虽然不是希尔伯特的嫡传弟子，但他却顶住传统的压力，延聘了这位后来被认为是史上最伟大的女数学家，还留下一句名言，"这是大学，不是澡堂"。

而在 20 世纪的下半叶，随着数学分工的逐渐变细，人们才真正意识到，希尔伯特是历史上最后一位数学全才。在新千年来临之际，已经没有人能够就 21 世纪整个数学的发展指出方向，不得已，国际数学家联盟组织了三十多位顶尖数学家，集体撰写了《数学：前沿和展望》一书，以此满足或敷衍人们对再现希尔伯特演说的期盼心理。与此同时，意大利数学家、伽利略奖和皮亚诺奖获得者皮·奥迪弗雷迪出版了《20世纪的数学》一书，阐述了 20 世纪取得重大突破的三十个数学问题，其中纯粹数学、应用数学和与计算机相关的数学各占二分之一、三分之一和六分之一，其中有不少与希尔伯特提出的问题有关。

可是，在因为两次世界大战"大发横财"而成为世界数学中心的美国，《时代》周刊评选出来的 20 世纪 20 位科学人物中却没有希尔伯特。唯一入选的数学家是哥德尔，这位在今日捷克布尔诺出生的逻辑天才也是在战争年代移居新大陆，以他名字命名的著名定理说的是，在任何一个严格的数学系统中，必定有用本系统内的公理不能证明其成立或不成立的命题，也就是说，数学的基本公理有可能出现矛盾。哥德尔的不完备性理论摧毁了希尔伯特设想过的证明数学的内部相容性的全部希望，也使得某些广泛流行的哲学体系被废弃或翻新。显然，哥德尔远非希尔伯特那样的数学全才，但他却凭借着浓重的哲学意味在数学以外的世界大放光彩。当然，希尔伯特遭冷落还存在着别的因素，他的成就均匀地分布在两个世纪，而哥德尔的整个生命都属于 20世纪—— 一个技术主义泛滥的世纪。

如今，希尔伯特的传记（《希尔伯特——数学世界的亚历山大》）

▶ 希尔伯特之墓
（作者摄于哥廷根）

已经由两位数学史专家译成中文并出版了。但是，由一位非数学专业出身的女士来写一部数学家的传记，只能说明数学家们或者忙于自己的专业事务，或者文笔不够流畅易懂。英国数学家 G. H. 哈代曾有过所谓"忧郁的经历"，指的就是只谈论数学而不是证明定理。记得 20 世纪 90 年代初，精神依然矍铄的陈省身先生（他创立的伯克利数学研究所与普林斯顿高等研究院、库朗研究所在美国数学界三足鼎立）来杭州做学术报告，他演讲的题目《数学与物理学》颇为诱人，吸引了不少人文学科的听众，可是他还没开口说上几分钟，就开始在黑板上写深奥的数学公式，他解释说自己三句话不离本行，显而易见，那不是大部分听众原先想象的一次演说。

　　如果要我指出不足的话，这部传记对两次大战前夕和战争期间主人公及其周围人物的心态描述得不够。既然有那么多优秀的文学作品和电影能够对普通人的生命倾注关怀和爱，那么对于数学家们来说也应该可以做到，因为他们至少也是一些普通人。2010 年奥斯卡奖的大赢家《美丽心灵》就是这方面的典范，这部电影根据德国出生的乌兹别克裔美国记者西尔维娅·娜萨撰写的同名传记改编，此传记曾获普利策奖提名，主人公是一位患精神病的数学家（约翰·纳什），他试图解释竞争者之间的威胁和行动的动力学，在对策论领域取得了开创性的成果。2015 年，数学家图灵和物理学家霍金的传记影片《模仿游戏》和《万物理论》也分别摘取了奥斯卡最佳改编剧本奖和最佳男主角奖。

虽然作为哥廷根少数几个雅利安数学家之一，希尔伯特本人并没有受到特别的冲击或迫害（他只是因为有个大卫的名字而受到调查），可是，随着身边的同事和弟子一个个离去，哥廷根和巴黎之间的竞争已成为往昔，德国和法国失去了整整一代数学家，希尔伯特内心的痛楚和迷惘绝不亚于那些失去亲人的犹太人。他的暮年是在纳粹分子的鼓噪声中孤寂地度过，幸好他没有活到那一天，他的故乡哥尼斯堡落入了俄国人之手。

现在，距离希尔伯特初到哥廷根已经有一个多世纪，虽然德国数学重又回到国际领先的位置，却没有再现高斯时代或希尔伯特时代的辉煌（迄今只有两位德国人获得象征最高荣誉的菲尔兹奖）。即使在世界的数学中心美国，数学家的精华也是分散在东西海岸的若干所大学里。随着希尔伯特的离去，我们送走的不仅是一个时代，而是所有以某个人为中心的时代，这是无法以人类的意志为转移的。无论如何，希尔伯特时代的哥廷根数学学派在我看来都像是提香时代的威尼斯画派（他那张戴着巴拿马帽的标准头像则常常让我想起拉斐尔的自画像），那种作坊式和家长式的训练分别属于数学史和艺术史上的鼎盛时代，也是永不再现的时代。虽然那个时代结束了，可是它的智慧之光却会永远照耀着我们。

2002 年 1 月，杭州

2018 年 9 月，修改

冯·诺伊曼:

因为他，世界更加美好

从爪印判断，这是一头狮子。

——丹尼尔·贝努利

1. 一颗匪夷所思的大脑

他本是东欧一位富有的银行家的公子，放浪不羁喜欢逛夜总会，却成了 20 世纪举足轻重的人物。"二战"以前他是一位杰出的数学家和物理学家，是美国普林斯顿高等研究院首批聘请的 5 位终身教授中最年轻的一位（29 岁，最年长的爱因斯坦 54 岁）。"二战"期间，无论陆军还是海军，美国还是英国，盟军离不开他，因为他是最好的爆炸理论专家，也是第一颗原子弹的设计师和助推人。"二战"以后，他创立的博弈论极大地开拓了数理经济学的研究，至少影响了 11 位诺贝尔经济学奖得主的工作。而他最大的贡献则可能是在计算机理论和实践方面，被誉为"电子计算机之父"。简而言之，他是20世纪美国引进的最有用的人才。此人不是别人，正是本文的主人公，匈牙利出生的犹太人约翰·冯·诺伊曼。

冯·诺伊曼身材敦实，有一双明亮的棕色眼睛和一张随时可以咧嘴一笑的脸。这些都寻常可见，可是，要取得如此丰富伟大的成就，必然有一颗奇异的大脑。首先，他对自己专注的事情，有着惊人的记忆力，能够整页背诵15年前读过的英国作家狄更斯的小说《双城记》和《大英百科全书》中富有启示性的条目。至于数学常数和公式，更是塞满他的大脑，且随时可以提取出来。其次，他的阅读速度和计算能力也同样惊人。据说在少年时代，上厕所时他有时也要带上两本书，成名后他的助手或研究生经常会觉得自己像是在"骑着一辆自行车追赶载着冯·诺伊曼博士的快速列车"。当他做计算时，样子有些古怪，眼睛盯着天花板，面无表情，此时他的大脑在高速运转着。如果是在快速运行的火车上，他的思想和计算速度也会加快。

如果说上述几种能力显示了他神奇的一面，那么下面一种能力并非高不可攀，那就是不断学习新事物的愿望和行动。在柏林大学求学期间的一个暑假，化学系本科生冯·诺伊曼返回布达佩斯家中，结识了一位准备去剑桥攻读经济学的小老乡，立刻向他咨询并要求推荐经济学的入门书籍，从此开始牵挂这门对他来说全新的学科。还有一次，他被邀请到伦敦，指导英国海军如何引爆德国人布下的水雷，却在那里学到了空气动力学的知识，并对计算技术发生了浓厚的兴趣。前者

▶ 冯·诺伊曼［左］ 冯·诺伊曼在他参与研制的电子计算机前［右］

使他成为研究斜冲击波的先驱，后者让他开数值分析研究的先河。而他对电子计算机的直接介入，则起因于月台上的一次邂逅，他在旅行途中尤其多产。让人惊叹的是，他的几乎所有成就都是在他主要从事别的工作时取得的。

对一个经常需要与各种各样出类拔萃的科学家合作，有时甚至要与政治家、军事家打交道的人来说（从美国数学会主席到总统特别顾问他都担任过），还需要具备敏锐的政治嗅觉和平衡能力。"二战"以前冯·诺伊曼就曾预言，德国将会征服孱弱的法国，犹太人会惨遭种族灭绝，如同"一战"期间土耳其的亚美尼亚人所遭受的屠杀一样；之后，趁两个劲敌（德国和苏联）鹬蚌相争，美国会坐收渔利。他还认定，苏联人迟早会发明核武器，因为"原子弹的秘密很简单，受过教育的人都会研制"。至于平衡能力，对他来说可能是与生俱来的，

数学传奇

而非雄心所致，他不需要花钱去改善公共关系。他还有一个显著的特点，不事张扬也不喜欢与人辩论，遇到紧张的气氛时善于利用讲段子和逸闻将其化解。

当然，冯·诺伊曼天才的大脑也存在着不足。最主要的是，他不像同事爱因斯坦和牛顿那样有独创性。但他却能抓住别人原创的思想火花或概念，迅速进行深入细致的拓展，使其丰满、可操作，并为学术界和他人所利用。爱因斯坦来到美国之后，只是个象征性甚或装饰性的人物，没有发挥多大的作用，而冯·诺伊曼的所作所为却是无可替代的。鹰派成员、海军上将施特劳斯认为："他有一种非常宝贵的能力，能够抓住问题的要害，把它分解开来，最困难的问题也会一下子变得简单明了。我们都奇怪怎么自己没能如此清晰地看穿问题得到答案。"诺贝尔物理学奖得主维格纳在被问及冯·诺伊曼对美国政府制定科学和核政策的影响力时也曾谈道："一旦冯·诺伊曼博士分析了一个问题，该怎么办就一清二楚了。"

当所有这些素质都加在一起，集中到一个人身上，他的优势便显得非常突出了。维格纳从小与冯·诺伊曼在布达佩斯一起长大，他承认在这位比自己低一届的中学校友面前怀有自卑情结，他在获得诺贝尔奖后接受了著名的科学史家、《科学革命的结构》一书作者库恩的采访。"您的记忆力很好，是吗？""没有冯·诺伊曼好。不管一个人多么聪明，和他一起长大就一定有挫折感。"另一位诺贝尔奖得主、德裔美国物理学家贝特和维格纳一样，都是冯·诺伊曼在洛斯阿拉莫斯实验室的老同事，他曾经发出这样的感叹："冯·诺伊曼这样的大脑是否意味着存在比人类更高一级的生物物种？"在人类历史上，他属于那种在黑板上写几个公式就能改变世界的少数几个人之一。法国数学家、布尔巴基成员迪厄多内甚至相信，冯·诺伊曼是"最后一个伟大的数学家"。

2. 午餐时分的家庭聚会

1903 年 12 月 28 日，冯·诺伊曼出生在多瑙河畔的匈牙利首都布达佩斯，原名 Neumann Janos（诺伊曼·亚诺什）。其时匈牙利和奥地利虽然组成了奥匈帝国，但那只是外交和军事上的联合，内政和经济各自独立，且有自己的国名、国王和语言。与绝大多数欧洲人不同而与中国人一样，匈牙利人的姓在前名在后，这成了学者们考证他们的祖先来自中亚或蒙古草原的重要依据。需要说明的是，亚诺什相当于英文里的约翰，它们的昵称分别是扬奇和约翰尼。冯·诺伊曼 10 岁那年，做银行家的父亲因为担任政府经济顾问有功，被授予贵族头衔，从此家族姓氏前面多了一个 von，变成了冯·诺伊曼。而在他移居到美国以后，全名就成了约翰·冯·诺伊曼。

在冯·诺伊曼出生前的 35 年里，布达佩斯一直是欧洲发展最快的城市，如同纽约和芝加哥（内战战胜方）是美洲发展最快的城市。人口数量从全欧第 17 名一举跃为第 6 名，仅次于伦敦、巴黎、柏林、维也纳和圣彼得堡。布达佩斯率先实现了电气化，铺设了欧洲第一条电力地铁，并用电车取代了公共马车（彻底清除了散布病菌的马粪）。就在冯·诺伊曼出生那年，横跨多瑙河的伊丽莎白大桥建成，那是当时世界上最长的单孔桥。那会儿匈牙利正处于黄金时代，布达佩斯颇有些巴黎的情调和氛围，仅咖啡馆就有六百多家，歌剧院的音响效果超过了维也纳，来自世界各地可供挑选的保姆不计其数，夜总会里迷人的女郎耐心地倾听客人们的政治主张。

在第一次世界大战爆发前的半个世纪里，布达佩斯和纽约是世界各国聪敏的犹太人优先考虑移民的城市。在这两处人间天堂里，他们迅速成为医生、律师那样的专业人士或成功的商人。相比之下，移民到纽约的犹太人大部分出身较为低下。这是由于当时交通工具的限制，横渡大西洋的船票唯下层的统舱比较低廉，能够乘坐豪华客轮的只有极少数的富豪，且漂洋过海生命无法保障。布达佩斯更为那些中产阶级和上层社会的犹太人向往和喜爱，那里有着理想的中学教育环境。尤其重要的是，在中欧其他国家犹太人仍低人一等的时候，在匈牙利已经有所改变。主要原因是当一些少数民族酝酿暴动的时候，犹太人坚定地站在主要民族马扎尔族一边，他们的先见之明后来得到了回报，歧视性的法令被逐一废除。值得一提的是，出生在布达佩斯的犹太人中，还包括犹太复国主义的创始人赫茨尔。

冯·诺伊曼的祖上来自俄国，他的父亲出生于紧邻塞尔维亚的匈牙利南方小镇，他在故乡接受了良好的乡村教育，中学毕业后来到首都布达佩斯，通过律师资格考试后进入银行，开始了兴旺发达的事业。他广泛交际的朋友中有一位法学博士，后来成为上诉法庭的大法官。

有趣的是，他们两人成了连襟，并通过联姻成为殷实的犹太家族的一员。冯·诺伊曼的外祖父与人合伙经营农业设备，成功借鉴了美国西尔斯公司的销售经验，四个千金全部招了入赘女婿，一家占据了布达佩斯一条繁华商业大街的两侧，底层是商铺，上面是住宅。冯·诺伊曼在店铺的楼上长大，比他晚20多年出生的英国政治家撒切尔夫人也是这样。

在冯·诺伊曼10岁以前，他接受的是典型的犹太式教育，也就是请家庭教师授课。在那个年代，家庭教师和保姆也是中上层阶层的组成部分。外语学习特别受重视，不少家长认为，只会说马扎尔语的孩子将来连生存都成问题。先是德语，然后是法语和英语。年龄稍长以后，还要学拉丁语和希腊语。说到拉丁语，它在匈牙利已经被教授了几百年了。这是一种公理化的语言，会使人头脑条理化，逻辑性增强。可以说，正是早年的拉丁语训练，帮助冯·诺伊曼后来创造出计算机语言。当然，数学也至关重要。从小他就表现出计算方面的天赋，可以快速心算两个四位数或五位数的乘积，这方面的遗传来自他的外祖父。冯·诺伊曼注意到，数学并非抽象枯燥，而是有一定的规律可循。母亲的艺术素养帮助他发现数字的优雅，后来这成为他对学问境界的一个要求。

对历史，冯·诺伊曼也非常酷爱，据说他曾在极短的时间里，啃完一套44卷的《世界史》，且书中夹满了小纸条。当然，冯·诺伊曼并非万能，比如他在击剑和音乐方面才华平平，甚至因为击剑教练的称谓的缘故，他后来一直反感被人家叫"教授"。虽然家里请来出色的大提琴教师，但他似乎永远处于指法练习阶段。不过，匈牙利犹太人中不乏伟大的指挥家和钢琴家，移居美国的就有芝加哥的索尔蒂、费城的奥曼迪、克里夫兰的塞尔、达拉斯的多拉蒂。至于美语里的电影一词 movie，很有可能从匈牙利语 mozi 演变而来，后者是匈牙利第一家电影制片厂。正是移居美国的匈牙利人创造了好莱坞，其中包括福克斯和祖可，后者是派拉蒙公司的奠基人。而当老冯·诺伊曼在银行业取得成功以后，也开始投资电影业和戏剧。

必须提及的是，冯·诺伊曼家有一个很好的传统，那就是午餐时分的家庭聚会。孩子们争相提出一个个问题供大伙讨论，比如海涅的某一首诗、反犹主义的危害性、"泰坦尼克"号的沉没、外祖父的成就，等等。(相比之下，如今中国大学学生餐厅里最不缺少的是高清电视机。) 在那个时候，大人不会把自己的观点强加给孩子。有一天，小冯·诺伊曼提出，眼睛的视网膜成像原理不同于照相负片上的小颗粒，应该是多通道或多区域输入，而耳朵可能是单通道或线性输入。综观他的一生，都对中枢神经系统的运转技术和人工输入机器或机器人的技术之间的区别感兴趣。当他第一次见到有声电影时，惊讶于声音明明是从银幕上看不到的扬声器里发出，看起来却好像是从演员的嘴巴里说出。冯·诺伊曼度过了幸福的童年，他后来娶到的两任夫人都是昔日一起玩耍的邻家女孩。

10 岁那年，冯·诺伊曼上了中学，在英语和法语里一般叫公学或文法学校，在德语里叫 gymnasium。那些视德国为精神领袖的国家，包括奥匈帝国也用这个词，本义是体育馆或健身房。自古希腊以来，那里便是年轻人赤身裸体参与竞争的地方。那时候匈牙利采用精英教育，引入激烈的竞争机制，对十分之一高智商的学生进行精心培养，对其余的孩子则听之任之。这项政策有利于犹太人的脱颖而出，对他们来说，研究理性的数据比与人打交道更容易。连爱因斯坦也承认，自己喜欢从你我的世界逃脱，去物的世界。"二战"结束后，日本模仿了匈牙利的精英教育模式，以考取东京大学学生多少衡量一所中学的水准，不仅迅速提升了经济实力，还培养出数十位诺贝尔奖和菲尔兹奖得主。日本人赶超的是战胜他们的美国人，正如匈牙利人希望超越"可恨的奥地利人"。相比之下，目前中国的教育尚缺这方面的动因。

冯·诺伊曼进了用德语授课的路德教会学校，在那前后，共有四位年龄相仿的犹太男孩进入布达佩斯三所最顶尖的学校，他们后来全部移居美国。除了冯·诺伊曼以外，还有齐拉特、维格纳和特勒，主要是依靠这四个匈牙利人，美国研制成功了原子弹和氢弹。正是后面这三位物理学家在 1939 年夏天说服爱因斯坦给弗兰克林·罗斯福总统写信（实为齐拉特执笔），建议发展原子弹，才有了"曼哈顿计划"。齐拉特的贡献在于率先提出了链式反应的理念，维格纳建立了中子吸收理论，并协助费米建成首座核反应堆，而特勒（中国物理学家杨振宁的博士导师）则被誉为"氢弹之父"。作为犹太人，这四位科学家对纳粹德国和昔日的沙皇帝国有一种恐惧和厌恶感，这促使他们奋不顾身地投身核武器的研制。

1914 年也是第一次世界大战爆发的年份，奥匈帝国因奥地利王储遇刺向塞尔维亚宣战，俄国和德国迅速卷了进来。冯·诺伊曼家族因为地位高无人服兵役，战时仍可到威尼斯等地旅行。同盟国战败后，俄国末代沙皇尼古拉二世被列宁的红色政权取代，匈牙利也被邻国瓜

数学传奇

▷ 冯·诺伊曼与美军军官们，左一为 IBM 总裁［左］
   冯·诺伊曼与奥本海姆［右］

分走三分之二的土地。可是，精英教育并未受影响，中学校长十分赏识冯·诺伊曼的数学才华，把他推荐给布达佩斯大学的教授。17 岁那年，他与一位教授合作研究车比雪夫多项式根的求解，在一家德国杂志发表了处女作。1921 年，冯·诺伊曼以获得厄特沃什奖圆满地结束了自己的中学时代，这个奖的得主还有齐拉特、特勒，以及工程学家、"超音速飞机之父"——冯·卡门，后者是中国核工业奠基人钱学森的博士导师。

∃. 辗转在欧罗巴的土地上

中学的最后一年，老冯·诺伊曼便开始为儿子的前途操心。他征询过许多朋友的意见，包括当时担任共产党—社会民主党联合政府教育部次长的冯·卡门。最后决定让儿子学化学工程。这就像新千年之交的中国，很多家长希望孩子读计算机和生物学一样，长辈的意志强加在了后辈身上。小冯·诺伊曼要去柏林大学和苏黎世联邦工业大学学习化学工程，但他真正感兴趣的却是数学，而数学家在匈牙利前景并不看好。结果，他一边在柏林和苏黎世学化工，一边在布达佩斯大学注册成为数学博士候选人。也就是说，尚不满 18 岁的年轻人要在相距遥远的三座城市兼读跨专业的本科生和研究生。由此可见，冯·诺伊曼父子是多么得自信和坚毅。

1921 年秋天，冯·诺伊曼来到德国首都柏林。原先他想要拜著名的犹太化学家哈伯为师。哈伯非常了得，他在 1915 年发明了毒气，极大地帮助"一战"时期四面受敌的德国。1918 年德意志战败，同年哈伯却因另一项发明——用氢和氮合成氨——获得诺贝尔化学奖（那年物理学奖的得主也是德国人、量子力学的开创者普朗克），他成了"一战"期间唯一的诺贝尔化学奖得主。这一点足以说明，瑞典确实保持了中立国的立场。可是，冯·诺伊曼到柏林以后，却意外地"失踪了两年"。他不仅没有去拜访哈伯，还时常在上化学课时逃学。那个年代柏林的性服务业臭名昭著，荒淫无度，对手持外币的年轻人来说又十分廉价，冯·诺伊曼夫妇对这些令人担忧的事耳有所闻。

事实上，这种担心有些多余，对于生性活跃而又有远大理想的冯·诺伊曼来说，既然不会满足于一个专业方向，更不会沉湎于一种娱乐或游戏。那时他的主要兴趣在集合论方面，虽然他在柏林大学听过爱因斯坦关于统计力学的讲座，但更多地受到数学老师施密特教授的影响。施密特是希尔伯特早年的学生，也是策梅罗（Zermelo）的朋友。后者为消除著名的罗素悖论率先提出了一个公理化的集合论，可惜在明确性方面存在一个歧义。几年以后，另一位德国数学家弗兰克尔（Fraenkel）提出了替代的公理，这个集合论因此被称为 ZF 集合论或 ZF 系统。当 1931 年哥德尔证明了不完备性定理以后，ZF 系统成为康托尔连续统假设成立的唯一希望。直到 1963 年，这一希望才被美国数学家柯恩摧毁，后者因此得到了菲尔兹奖。

1923 年，冯·诺伊曼终于完成了他的长篇论文，投给施密特担任编委的德国《数学杂志》，后者把它交给弗兰克尔审阅。弗兰克尔读后深感震惊，随即邀请 20 岁的冯·诺伊曼到德国中西部的马伯里做客，最后建议他以《集合论的一种公理化》为题发表。冯·诺伊曼所建立的公理体系后经瑞士数学家贝尔纳斯（Bernays）和奥地利数学家哥德尔（Gödel）的完善，形成了集合论中一个新的系统——NBG 系统。现已证明，NBG 系统是 ZF 系统的扩充，至今它仍是集合论最值得信赖的基础之一。值得一提的是，在文章的最后冯·诺伊曼写道："没有一种已知的方法可以避开所有的困难。"换句话说，他已经隐约预见到哥德尔革命性成果的出现。

多年以后，已经移居以色列的弗兰克尔回忆起这段往事，说他自己当时就断定这是一篇了不起的文章。他还引用 18 世纪瑞士数学家约翰·贝努利读到牛顿匿名论文时说过的一句话："从爪印判断，这是一头狮子。"这篇论文尚未发表，已经在重量级人物中间传阅，从那时起，这位化学系的本科生便时常受邀到哥廷根，成为数学大师希尔伯特家的常客。两位相差 40 多岁的一老一少常在书房或花园里一待就是几个小时，弄得哥廷根一些教授心里不是滋味。可以说，冯·诺伊曼"失踪的两年"与 17 世纪牛顿返回故乡躲避鼠疫的两年颇为相似，后者借机发明了近代科学。不同的是，牛顿是在静谧的农庄，而冯·诺伊曼却在繁华的都市。值得一提的是，也是在那两年里，现代主义文学的代表作——艾略特的《荒原》和乔伊斯的《尤利西斯》得以问世。

现在，让我们把目光转向苏黎世。冯·诺伊曼在柏林的两年，只是修了一些化学的基础课程，拿学位却要到苏黎世。1923 年秋天，他在苏黎世联邦工业大学轻松通过了一年一度的入学考试（爱因斯坦考了两次），开始了第二阶段的学习。第一学期他的功课全优，其中包括有机化学、无机化学和分析化学，有意思的是，在数学方面成就斐然的他不得不修最基础的高等数学。两年以后，他勉强读完了化学工程的全部课程，摔破的实验室玻璃容器难以计数。其时，他早已经与这所大学两位最好的数学家——外尔和波利亚建立了密切的关系。外尔去外地讲学开会的时候，化学系本科生的冯·诺伊曼会替他代课。匈牙利老乡兼师兄波利亚最怕冯·诺伊曼提问，他还曾回忆过一件往事，有一次他在课堂上提起一个悬而未决的数学问题，没想到下课时就被冯·诺伊曼解决了。

1925 年夏天，冯·诺伊曼在苏黎世联邦工业大学获得化学工程学士学位。次年春天，他在布达佩斯大学通过数学博士论文答辩，年仅22 岁。他名义上的博士导师是布大数学系主任费耶，师兄弟中除了波利亚还有爱多士和图拉。在希尔伯特的安排下，他来到哥廷根做访问学者，此时他已经被量子力学迷住了。那以后，他被柏林大学聘为无薪讲师。这是19世纪德国为那些有意走学术之路的年轻人设置的岗位，也是取得教授席位的必由之路。不仅没有编制，连薪水也不发，所得酬劳全部来自修课学生的学费，这迫使年轻人发愤图强。对冯·诺伊曼那样有钱人家的公子这不成问题，对家境贫寒的爱因斯坦来说无疑是一种折磨了，这应是他一直躲在伯尔尼做小小的专利员，迟迟未去大学工作的原因。

冯·诺伊曼在柏林大学待了两年以后，又转到了汉堡大学。在担任无薪讲师期间，他在集合论、代数学和量子理论方面取得了一系列重要的研究成果，开始在数学界引人注目。例如，在测度论方面，冯·诺伊曼发表了《一般的测度理论》，把测度问题从欧氏空间推广到一般的非阿贝尔群，证明了所有可解群都是可测度的。可是，这项工作并不像他早先发表的《集合论的一种公理化》那样，在集合论中处于中心地位。在算子理论方面，冯·诺伊曼首先给出了希尔伯特空间的抽象定义；之后，他把这个空间上的自共轭算子谱理论从有界推广到无界，从而建立起了自己的谱理论，这是"抽象数学之花"——泛函分析诞生的必要条件。相比之下，那段时间里冯·诺伊曼在量子理论方面的工作最出色也最重要。

迄今为止，牛顿力学仍统治着这个世界的大部分领域，适用于我们肉眼所能看见的一切事物。只有当物体运动速度太快时，爱因斯坦相对论的某些定律才开始起作用。而当物体太小时，量子力学起了支配作用，它使得我们能够描述分子、原子和电子的状态。"量子"一词的拉丁文含义是"多少"，如同普朗克所发现的，光、X 射线以及其他的波只能一份份地发出，每一份称为"一个量子"。量子力学是理论物理学和现代技术的基础，它直接导致了电子革命和原子弹的诞生。量子力学的一个基本点是原子状态的数学描述，冯·诺伊曼赋予它以全新的形式：原子的状态是由希尔伯特空间中的单位向量来表示，这就使得量子力学的两种表示方式——海森堡的矩阵力学和薛定谔的波动力学——相互统一。

4．大萧条时期的美利坚

冯·诺伊曼之所以愿意接受汉堡大学无薪讲师的职位，是因为那里比柏林有更多升迁的机会（那年春天他的父亲去世了）。如果他真的做上汉堡大学的教授，那么几年以后中国留学生陈省身就有可能成为他的学生。没想到当年（1929）秋天，美国的普林斯顿大学便向他伸出橄榄枝，邀请他担任客座讲师。原来此前，他在苏黎世的老师外尔到普林斯顿做了一年的访问教授，适逢希尔伯特退休，外尔奉命返回哥廷根接替老师的职位，尽管师生两人的哲学观点相互背离。与此同时，外尔向美国人推荐了冯·诺伊曼。显而易见，客座讲师只是一个过渡职位。可以说，因为德国教授位置的稀缺，也因为战争的逼近，让美国获得了一个不可多得的人才。冯·诺伊曼先是回了趟布达佩斯，皈依天主教，完成了一桩人生大事——结婚。随后，他便携带着新婚妻子，在法国的瑟堡乘船渡过了大西洋。

虽然那会儿美国正处于经济大萧条时期，但冯·诺伊曼第一眼就爱上了这个移民国家。美国人讲究实效、言之有物，以及不墨守成规。果然第二年，他便顺利晋升教授。又过了两年，雄心勃勃的普林斯顿高等研究院成立，冯·诺伊曼成了首批聘请的终身教授。不过，这得感谢外尔的临时退出，虽然冯·诺伊曼原本就是被考虑的对象，但由于年纪太轻，加上普林斯顿大学舍不得给，一直没有敲定。但外尔在获知希特勒当上德国总理以后，最终还是接受了邀请。加上爱因斯坦，高等研究院首批聘请的 5 位教授中，有 3 位来自德国。这 3 个人当中，只有外尔不是犹太人，但他是犹太人的女婿。有人做过统计，1933 年及以后从德国移民到美国的科学家中，有 11 人获得了诺贝尔奖，10 人参与了"曼哈顿计划"。

说到普林斯顿（以下如没注明大学，均指高等研究院），人们的印象似乎只有羡慕和崇拜了。即便在大萧条时期，教授们仍拿着高薪，而不用承担任何义务。那里还有一些奇怪的规则，比如，从不招收研究生，只吸纳优秀的博士生做博士后研究，为他们日后寻找工作提供跳板；又比如，虽然有物理学家，但不设任何实验室。对此，有不少人不以为然。"曼哈顿计划"的领导人奥本海默就不愿意当那里的教授（后来他不仅当了而且还做了院长），认为那是"一个疯人院：在那里，唯我独尊的星星们孤独、绝望地发着各自的光"。数学家库朗（希尔伯特的另一个学生）和物理学家费曼（诺贝尔奖得主）都认为，在自己缺少灵感时，学生们"提出的相关问题"会刺激他们，"教学和学生使得生活有意义"。

即便是爱因斯坦，也在普林斯顿感受到了压抑的气氛。他在给爱丁堡的物理学家玻恩的信中写道："我觉得自己像是在穴中冬眠的熊。"当初他从欧洲抵达美国，纽约市长带着一支乐队到码头恭候，结果却吃了闭门羹，一艘汽艇直接把客人接到了新泽西海岸。甚至罗斯福总统夫妇邀请爱因斯坦共进晚餐时，也被高等研究院方面婉言谢绝。有些人以为，顶尖科学家都不食人间烟火，伟大的思想都出自真空。爱因斯坦依然勤奋，他试图找出量子理论中矛盾的地方（的确存在），却劳而无获。他在给比利时女王的信中写道："一座古怪而死板的村庄，住着一群盛名之下其实难副的人"，落款是"集中营，普林斯顿"。

即便是冯·诺伊曼，在普林斯顿过得也不开心，每到夏天来临，他都携带妻女迫不及待地返回欧洲。三年以后的那个夏天，他的妻子没有跟他回来，此前她在普林斯顿因为生活习惯不同频出洋相。他们唯一的女儿跟妈妈走了，直到上中学后才回到爸爸身边，那时他早已娶了另一位儿时伙伴。不过，冯·诺伊曼的学术研究从来没有停止过，且总是成绩卓著。20世纪90年代，当高等研究院快要迎来60华诞时，院方认真总结了三个标志性的成果，分别是：哥德尔对连续统问题的研究，杨振宁和李政道推翻宇称守恒定律，冯·诺伊曼的工作。当然，现在必须加上怀尔斯对费尔马大定理的证明。

在普林斯顿大学任教期间，冯·诺伊曼从数学意义上总结了量子力学的发展，出版了《量子力学的数学基础》，它至今依然是一部经典著作。

　　　数学传奇

此外，他还推出统计学中著名的弱遍历定理。受聘高等研究院的当年，他在群论方面的研究取得了突破，解决了紧致集情形的希尔伯特第 5 问题。在年轻数学家默里的协助下，冯·诺伊曼写出了"算子环"的系列论文。算子环是有限维矩阵代数的自然推广，后来成为量子物理学的强有力武器，并催生出连续几何学这一副产品。人们为了纪念他，将其命名为冯·诺伊曼代数。在格论方面他率先发现布尔代数中交与并的运算必然是无穷分配的，这种分配性又等价于连续性。这一切，应归功于他的年轻和持续的创造力，他是一个懂得如何放松和思考的人。

5. 水雷和"曼哈顿计划"

1937 年，冯·诺伊曼宣誓加入了美国国籍。同年，日本全面发动侵华战争。接下来的两年里，德国吞并了奥地利和捷克斯洛伐克，意大利吞并了阿尔巴尼亚。可是，在西方史学家看来，1939 年 9 月才意味着"二战"的开始，其标志是希特勒军队侵入波兰，英国和法国对德宣战。不过此前，马里兰州东北部一个叫阿伯丁的滨海小镇早已经开始忙碌了，冯·诺伊曼被邀请来这里担任陆军机械部所属的弹道试验场实验室顾问（后来又成为科学咨询委员会委员）。迎接他的是一门新的学问——火炮弹道学，科学家们早就发现，炮弹穿越浓度变化的空气的运动阻力和轨迹是非线性方程，这类方程的求解并不容易。于是，冯·诺伊曼成了前计算机时代冲击波和弹道轨迹的计算者。

不过，直到 1941 年底日本偷袭珍珠港，冯·诺伊曼一直没有在阿伯丁花费太多的精力，他相信英国能够暂时抵御德国的入侵，美国不会太早宣战。他与普林斯顿的助手继续合作，撰写有关算子环的论文。期间他还涉猎天体物理学，与印度（巴基斯坦）出生的物理学家钱德拉塞卡（1983 年诺贝尔奖得主）联名发表了一篇题为《恒星的无规则分布引起的引力场统计》的论文。闲暇时，冯·诺伊曼开始革新经济学，不过这得等战后才能发挥更大的作用。当然，冯·诺伊曼也与人合作写下诸如《逐次差分估计的可能误差》的研究报告，并对这篇报告作了三次增补。看得出来，他的合作意愿越来越明显，这对他未来的工作将很有帮助。

冯·诺伊曼撰写的那些报告使他成为美国最重量级的爆炸理论专家，待到美国参战几个月以后，他更是声名鹊起，成为复杂爆破（如碰撞爆破）的计算大师，阿伯丁实验室的指挥官西蒙上校（后为西蒙上将）对其尤为崇拜。在陆军机械部名声大振后，海军机械部很快盯上了他。相比陆军上将，冯·诺伊曼更喜欢海军上将，因为陆军将军们午餐时只喝冰水，海军将军一上岸就喝酒，而他本人喝起酒来从不上头。后来，冯·诺伊曼果然被转到水雷作战处工作。起初的三个月，他在华盛顿的海军部上班，那里离普林斯顿不远。接下来的半年，他被派到英国工作，他的第二任妻子与其同行，两人乘坐轰炸机飞越了大西洋。

英国之所以需要冯·诺伊曼，是因为德国人在英吉利海峡上布下了大量的磁性水雷。起初，这些水雷一感应到金属就被吸引，随即爆炸销毁。这样，利用金属拖网很容易发现它们的位置并将其引爆。后来，狡猾的德国人在水雷中设置了机关，不在第一次感应，而是在感应若干次以后才爆炸，每只水雷都不一样，其中的模式无法解破，于是英国人不得不请求盟军帮助。这对冯·诺伊曼来说可谓是小菜一碟，他运用数学技巧轻而易举地完成了这项任务，避免了无数海军官兵的无谓牺牲。除此以外，他还根据自己对空气中和水下破坏性最强的斜击波反射的了解，为英国海军设计了锥形爆炸的方程。

到了 1943 年 5 月，华盛顿方面就要求伦敦送他们最好的爆炸理论专家回国。冯·诺伊曼却希望在英国再待上一段时间，他在那里学到了许多空气动力学方面的知识，正与一些他认为有趣的实验物理学家合作，甚至觉得"我还对计算技术也有了不同寻常的兴趣"，最后一句话很可能意味着他已经见过图灵了。说到图灵，这位确立了数字计算机基本模式的英国人，几年前在普林斯顿大学攻读数学博士时，就已成为冯·诺伊曼挑中的助手之一。可是，等到年中的某个时候，美国还是强行召回了冯·诺伊曼。他的下一个任务令其无法抗拒，那牵涉到人类发明的分量最重的一个词——核。可是，返回美国之初，他仍沉浸在英国刚学到的知识中，帮助陆军改善了防空系统，扩展了高空爆炸理论，不久又将其应用到水下。接下来，情况发生了变化。

冯·诺伊曼被任命为新墨西哥州的洛斯阿拉莫斯实验室顾问，这个头衔看起来并不起眼，取得的成果却极其辉煌。从那以后，他便身兼四职了（几乎每一项都是全职）：普林斯顿，陆军机械局，海军机械局，洛斯阿拉莫斯。更有甚者，那时他在英国还留有一些尾巴工作。

因此，他的某一位朋友或同行读到下面这封发信地址不详的短函也就不足为怪了："我从英国回来以后，每个星期都要辗转三四个不同的地方。现在我在西南部（指洛斯阿拉莫斯）……圣诞节前可能还要去一趟英国……何时去、待多久我也不清楚……没办法及时回信实在失礼。"可是，冯•诺伊曼对投放日本的两颗原子弹的贡献究竟有多大呢？

众所周知，核武器的研制要依靠集体的智慧和力量，第一个取得成功的美国人更不可能例外。先是冯•诺伊曼的布达佩斯老乡齐拉特在1933年"灵光乍现"，想到了链式反应。按照他的设想，以等比级数的数量形式释放中子，可以在几百万分之一秒内，在狭小的空间里释放出超出人类想象的巨大能量。可是当时，包括爱因斯坦、卢瑟福、玻尔在内的资深物理学家都轻视他的发现，爱因斯坦甚至开玩笑说："原子能研究就如同在黑夜里开枪射中一只体形娇小且珍稀的鸟。"当在伦敦医学院工作的齐拉特要求到英国海军部任职时，同样也遭到了拒绝。其时，意大利物理学家费米正在罗马以中子轰击一切可能的物质，包括铝、铁、铜、银等金属和硅、碳、磷、碘等非金属，甚至水。

自从17世纪伽利略被迫在宗教裁判所认罪，意大利的科学事业便走下坡路了，直到马可尼（发明无线电）和费米的出现才有了转机。1934年秋天，费米轰击铀时，中子穿过了原子核并开始改变原子。四年以后，费米"因认证出由中子轰击产生新的放射性元素以及他在这一研究中发现由慢中子引起的反应"而荣获诺贝尔奖，墨索里尼政府居然同意他去瑞典。结果，他在斯德哥尔摩领完奖后，携带着犹太妻子、一对儿女和奖金直接乘船去了纽约。有趣的是，当年晚些时候柏林威廉皇帝研究所的三位科学家用慢中子轰击铀，却发现所谓的新元素其实是已知的 56 号元素钡。也就是说，诺贝尔奖可能发错了。幸好费米还做出了其他重要的贡献，例如他发现，用降低速度的中子容易引起被辐射物质的核反应。这一点正如速度太快的篮球容易从框上弹出，速度慢的较容易进篮筐一样，这种方法很快被各国同行采用了。

柏林的那三位科学家中，有德国化学家哈恩和斯特拉斯曼，最年长的是奥地利犹太物理学家迈特纳，她是居里夫人之后又一位巾帼英雄，正是她命名了"裂变"。倘若不是希特勒种族歧视，蔑视犹太人，讨厌核物理学，认为那是一种"犹太物理"，德国有可能先于美国制造出原子弹。事实上，在那个微妙的时刻，物理学家海森堡曾经向希特勒政府装备部长的同僚郑重汇报过，但希特勒知道后却不为所动。当匈牙利被德国占领，迈特纳从外籍犹太人变成了德国犹太人，她时刻担心自己遭到清洗，于是被迫出逃丹麦。留在柏林的两位同事完成了后续工作，并赢得了大部分荣誉（1944 年诺贝尔化学奖）。虽然终身未嫁的迈特纳没有移居美国，但她和同事的研究成果后来通过哥本哈根学派的领袖、海森堡从前的导师玻尔带到了美国。

此时洛斯阿拉莫斯人才济济，除了"匈牙利四人帮"以外，还有玻尔、费米，以及实验室主任、土生土长的美国物理学家奥本海默，甚至混进来一位克格勃间谍、德裔英籍物理学家富克斯。在一堆顶尖的物理学家队伍里，一个数学家能做什么呢？虽然冯·诺伊曼非常重视数学与物理学之间的内在关系，他本人也是出色的物理学家，但主要成就是在理论物理方面，确切地说，对量子力学的数学化做出了贡献，冯·诺伊曼却通过自己的努力，成为最受物理学家尊敬的数学家。他指导了原子弹最佳结构的设计，确保体积不大可以装进一架轰炸机，同时，他还探讨了实现大规模热核反应的方案。依照他的观点，炸药和其他事物一样，可以用数字代表实验中的物理元素，只要处理得当，这些数字就可以构成整个实验。这样一来，不仅节约了时间，也节约了财力和物力。据说，每次他来到实验室，都会被同行们团团围住，向他讨教某些计算中出现的问题。

经过一段时间的协作努力，科学家们确认，铀－235 和钚－239 是裂变的最佳材料，投放广岛和长崎的两颗原子弹分别由这两种材料制成。（中国第一颗原子弹是铀弹，而朝鲜试爆的是钚弹。）两者的区别在于，钚可以通过化学方法分离获取，而铀因其同位素有着相同的化学性质，只能一个原子、一个原子地分离。这就是为何广岛原子弹投放三天以后，日本仍然没有投降的意思，因为次日有科学家报告，要制作另一颗同样的原子弹需要花费一年时间。可是，当三天后长崎也落下原子弹，天皇不得不宣布无条件投降了。钚弹的优越性在于，一个月就可以制作两到三枚。不过，当初曾遇到无法解决的难题，适用于铀弹的炮击法（用一块铀射击另一块铀）不适用于钚弹。冯·诺伊曼发挥了聚爆专家的作用，他亲自为钚弹设计了一枚由棱镜构成的内爆装置，在第一次核试验中获得了成功（铀弹并未试爆）。

值得一提的是，当初美国计划在日本的四座城市投放原子弹，空军列出了六个候选地点：京都、广岛、横滨、东京的皇宫、小仓军械库和新潟。冯·诺伊曼是决定投放地点的委员会成员，他圈出的四座城市与委员会的选择一致，没有皇宫和新潟。幸运的是，陆军部长对京都提出了异议，理由显而易见，京都既是故都，又是佛教和道教圣地，摧毁它会引起公愤。否则的话，战后的政治格局和经济形势恐会改变。接着横滨也被排除了，理由是，以往轰炸得够多了，且离东京太近，改由九州的长崎代替。美国人意识到，投降的决定将在首都做出。1945 年 8 月 6 日，铀弹"小男孩"投放广岛，9 日，钚弹"胖子"投放长崎，第二次世界大战由此结束。不难推想，战争每延续一天，包括中国在内的国家就会有更多的军人和百姓伤亡。笔者以为，广岛之所以始终在投放目标之列，原因在于它是本州最偏远的大城市。

└. 商人如何赢取最大利润

原子弹在日本投放后，奥本海默引用了印度史诗《薄伽梵歌》里的诗句自我忏悔："现在我成了死神，世界的毁灭者。"爱因斯坦也深感痛悔，他认为给罗斯福总统寄出的那封信，是自己一生所犯的最大错误（由于那年 4 月罗斯福突然去世，投放原子弹的命令由继任的杜鲁门签署）。1954 年，核反应堆的设计师费米因患癌症去世，冯·诺伊曼也因参与比基尼岛上的核试验遭受核辐射。稍后，苏联的马雷舍夫和中国的邓稼先也没有逃脱厄运，即便是寿命较长的奥本海默，也只活到了 62 岁。冯·诺伊曼认为，既然原子弹可以制造出来，那么，寄希望于独裁者的良心发现是不足取的。冯·诺伊曼的亲人中有不少死于对纳粹的恐惧，有些是在他们移居美国以后。人类许多科学进步，从蒸汽机船到飞行器，从工业化到医药试验，从枪支弹药到坦克，都会有死亡事件的发生，然而这些进步却帮助人类提高生育率、延长寿命、节约时间或摆脱专政，赋予生命更多的意义。

对冯·诺伊曼那样曾服务了三届美国政府的实干家来说，有太多有关民生和建设的事情要做。即便在 1944 年，洛斯阿拉莫斯的同僚们最忙碌的时候，他也抽空对经济学做了全面的思考，那一年，他与经济学家摩根斯坦合著的《博弈论与经济行为》正式出版，立刻获得凯恩斯母校剑桥大学的经济学家斯通（1984 年诺贝尔奖得主）的赞誉，称其为凯恩斯的《就业、利息和货币通论》之后最重要的经济学教科书。说到博弈论，它本是应用数学的一个分支，后来在经济理论和应用中发挥了重要作用，并广泛深入到政治、军事、商业、法律、体育、生物学等领域。博弈论对于扩展和精炼战略思想具有较大的影响和指导意义，而对于商人来说，则教导他们如何运作以赢取最大利润。

最早提出博弈问题的是法国数学家波莱尔，他以创建实变函数论里的波莱尔集闻名，他同时也是一位著名的政治家和教育家，曾担任巴黎高等师范学校的领导人、市长、议员和海军部长。20 世纪 20 年代，波莱尔首先定义了策略的应对，考虑了最优策略、混合策略、均衡策略和无限对策，同时提出了解决个人对策与零和两人对策的数学方案。所谓两人对策是与多人对策相对应的，前者是完全对抗的，后者必须考虑结盟的可能性和稳定性。零和对策是与非零和对策相对应的，前者每次结局给竞争者（局中人）的支付总和为零或常数，而后者的支付总和是可变的。前者一个竞争者的所得恰好是另一个竞争者的所失，后者竞争者可以同时有所得或有所失。

1928年，还在柏林大学任无薪讲师的冯·诺伊曼发表了第一篇重要的博弈论文章《关于伙伴游戏理论》，利用一个表示讨价还价能力的矩阵建立了关于零和两人对策的极大极小定理，后来成为博弈论的基石和中心定理。作为一个应用，冯·诺伊曼讨论了合作对策问题，特别考虑了零和三人对策中有两方联合的情形。为此他引入了数学中的特征函数概念，明确给出了多个竞争者的一般博弈方案，并在附加条件下证明了，多人对策问题的解是存在并且唯一的。按照冯·诺伊曼的理论，福特公司的经济政策之所以正确，是因为它的制定不完全依赖于市场，而是同时考虑了通用、日本、德国以及其他汽车制造商实施的战略在市场上引起的变化。

1932年，冯·诺伊曼在普林斯顿的一个数学研讨班上，做了一个没有讲稿的报告，标题叫《关于经济学的几个方程和布劳威尔不动点定理的推广》。这篇报告从数学的角度指出了经济问题的解决方案，可谓是一种新型的扩张经济模型："所有商品以尽可能低的成本和尽可能大的量生产"。这是一种理想的模型，一旦达到最大的增长率，就会自动产生一个动态的平衡。四年以后，冯·诺伊曼本计划在维也纳的一次数学会议上再次报告这篇论文，结果却因婚姻破裂而改变旅行计划。因为无法前往，他在巴黎的旅店里用德文匆匆草书了九页，发表在随后出版的会议论文集上，并未受到特别的关注。1945年，这篇文章被译成英文在英国重新发表，标题改为《普遍经济均衡的一个模型》。大约半个世纪以后，此文被公认为是数理经济学最重要的论文。

　　冯·诺伊曼把经济学引入具有线性、非线性编程和未来发展动力模型的科学，使人们能够更好地理解计划经济和市场经济的无为及有为所在。迄今为止，至少有六位获诺贝尔奖的经济学家承认自己的工作受到了冯·诺伊曼的影响，他们是萨缪尔森、阿罗、坎托罗维奇、库普曼斯、德布勒、索洛，还有五位获奖者的工作是对冯·诺伊曼创立的博弈论的直接发展或应用，即1994年获奖的豪尔绍尼、纳什和泽尔敦，2005年获奖的奥曼和谢林。这些经济学家来自美国、英国、德国、苏联和以色列，即使在日本，也有推崇冯·诺伊曼的经济学家遵循他倡导的模式，"如果要使动态平衡存在，就有必要最大限度增产。"战后日本的国家政策是，"努力在十年内将实际收入增加一倍"。当时有些西方经济学家断定那会导致严重的通货膨胀，结果证明他们多虑了，日本的经济跳入了"良性循环"的轨道。

　　1938年，德国经济学家摩根斯坦来到普林斯顿大学执教，这使得冯·诺伊曼的理论有了拓展的机会和空间，也使得他对诸如货物交换、市场控制和自由竞争等经济行为产生了兴趣。经过几年的合作，他们完成了那部600多页的经济学巨著。虽然如此，战后仍有许多经济学家对冯·诺伊曼的理论不以为然，甚至心生怨恨，这部分是因为存在着种种误解，更主要的是因为他是经济学专业的一个闯入者。随着时间的推移和实践的检验，这些误解被逐渐消除。今天，冯·诺伊曼被公认为是博弈论的创立者，也是现代经济学的重要分支——数理经济学的开拓者。萨缪尔森发出由衷的赞叹："冯·诺伊曼是无与伦比的，他不过在经济学领域蜻蜓点水，这一领域便今非昔比了。"

7．让人类生活得更加美好

自从牛顿和莱布尼茨发明了微积分，实现了物理学的数学化之后，科学家对计算数表的需求大大增加。除了一般的对数表和三角函数表等以外，更多特殊的表是科学家在研究时临时产生的。牛顿的竞争对手莱布尼茨为此感叹："一个优秀的人像奴隶一样把时间耗费在计算这一苦差使上，真是太不值得了。"莱布尼茨因此发明了一种类似机械化算盘的机器。只要摇动四周的轮子，就可以做加法或乘法运算。这种轮式的计算机比早些时候帕斯卡尔发明的台式加法计算器要高级一些，但19世纪英国一位异想天开的数学家巴比奇并不满意。巴比奇利用当时最时髦的蒸汽技术驱动，结果未获成功。但他意识到了，计算机应该以精确的、数学形式的逻辑为基础。果然不久，自学成才的爱尔兰人布尔发明了新形式的数学——布尔代数。

到了20世纪中叶，情况又有了新的变化。在洛斯阿拉莫斯，原子核裂变过程中所产生的大量计算任务，促使冯·诺伊曼关注电子计算机的研制情况。《博弈论与经济行为》出版的当年，他在阿伯丁火车站的月台上遇到他的同事、参与第一台电子计算机 ENIAC 设计的戈德斯坦，后者向他做了汇报。当时冯·诺伊曼正准备去洛斯阿拉莫斯，立刻予以关注。他发现这台机器的主要缺陷是，仍采取以往机电式计算机的"外插型"。接下来的几年时间里，冯·诺伊曼亲自参与宾夕法尼亚大学和普林斯顿高等研究院两台计算机的设计，即 EDVAC 和 IAS。他建立了计算机内部最主要的结构原理——存储程序原理，确定由五个部分组成，即计算器、控制器、存储器、输入和输出装置。

与 ENIAC 相比，这两台机器有不少改进，最重要的是：将十进制改为二进制，程序和数据均由二进制代码表示（虽然莱布尼茨早就发明了二进制，但并没有用到他发明的轮式计算机上）；程序由外插变成内存，当算题改变时，不必变换线路板而只需更换程序。由存储原理构造的电子计算机被称为冯·诺伊曼型机，或冯·诺伊曼结构，这一结构一直使用至今。冯·诺伊曼因此被誉为"电子计算机之父"，而另一位计算机领域的天才图灵的贡献主要在理想计算机和人工智能方面，后者因为性取向、英年早逝和图灵奖的颁发广为人知。在这两台机器中，冯·诺伊曼对 IAS 倾注了更多的精力，因为他本人担任普林斯顿高等研究院计算机技术研究所所长。1951年，IAS终于获得成功，其运行速度是 ENIAC 的数百倍。

虽然冯·诺伊曼的名字是与计算机设计家联系在一起的。然而，他本人对计算机的主要兴趣并不在于计算机的设计与制造，而在于如何利用这种新型工具，开创现代科学计算的新天地。1950 年，冯·诺伊曼领导了一个天气预报研究小组，利用 ENIAC 完成了数值天气预报史上首次成功的计算。随着天气预报和其他科学、工程领域计算需要的增加，计算方法对于计算速度的提高可以说与计算机硬件同等重要。于是，在纯粹数学与应用数学之外，一门新的数学分支——计算数学——应运而生。计算数学不仅设计、改进各种数值计算方法，同时还研究与之相关的误差分析、收敛性和稳定性等问题，冯·诺伊曼无疑也是这门学科的早期奠基人。

在历史上，许多民族的数学家都创造了各种便捷的数值计算方法，可是，这些古典的方法对于计算机未必是最优的，而一些看起来在算法上极为复杂的方法，编制为程序后反而容易在计算机上实现。换句话说，计算机有其适合的计算方法和技巧。在这方面，冯·诺伊曼做出了许多重要贡献，他先后创造了矩阵特征值计算、求逆、多元函数值和随机数产生等10来种计算技巧，在工业部门和政府计划工作中得到了广泛的应用。特别值得一提的是，他与奥地利出生的美国数学家乌拉姆合作创造了一种新型的计算方法——蒙特卡罗方法。这是一种通过人工抽样寻求问题近似解的方法，它将需要求解的数学问题化为概率模型，在计算机上实现随机模拟获得近似解。举例来说，在总统选举以前，只需少量取样或随机取样，民意调查者就会对投票选举结果做出较准确的判断。

蒙特卡罗方法体现了计算机处理大量随机数据的能力，是计算机时代新型算法的先锋。它在解决实际问题时需要分两步：首先模拟产生各种概率分布的随机变量，继而用统计方法把模型的数字特征估计出来，从而得到实际问题的数值解。冯·诺伊曼用赌城蒙特卡罗命名，赋予其神秘的含义。这一方法在金融工程学领域也得到广泛的应用，比如金融衍生产品期权、期货、掉期等的定价及交易风险估算，变量的个数（维数）有时高达数百甚至上千，这就是所谓"维数的灾难"。

▶ 冯·诺伊曼之墓
（作者摄于普林斯顿）

蒙特卡罗方法的优点在于，它的计算复杂性不依赖于维数。值得一提的是，20 世纪 70 年代中国数学家华罗庚和王元用确定性的超均匀分布序列代替随机数序列，提出了所谓的拟蒙特卡罗方法。对某些计算问题，华—王方法比蒙特卡罗方法快了数百倍，并可计算出精确度。

　　如果冯·诺伊曼活到今天，看到计算机数量激增和能力提高，无论公司、机关还是学校、家庭，无论上天还是入地都不可或缺，一定会倍感欣慰。引用冯·诺伊曼的女儿、经济学家玛丽娜·惠特曼博士的话说："如果我的父亲被告知，我所在的通用汽车公司每年生产和使用数百万台电计算机（该公司每年生产约八百万辆汽车，每一辆都包含计算机），我相信他一定会大吃一惊。虽然有些家长因电子游戏带坏了青少年而指斥计算机，但这可能会使他感到有趣，甚至窃喜，因为他的个性中有童真、嬉戏的一面。"可是，我们也有理由猜测，冯·诺伊曼在惊诧于计算机造福全社会和全人类的同时，也会为它没能帮助在科学上取得更大的成就而沮丧。

8. 假如他的生命能够延长

"假如约翰尼的寿命像一般科学家那么长，活到现在，他会不会使我们的生活发生很大的变化呢？"1992年，冯·诺伊曼的传记作者、英国经济学人诺曼·麦克雷曾这样发问。对此他自己的回答是肯定的。从冯·诺伊曼晚年未曾发表的笔记来看，他对科学的未来有自己的设想。事实上，在他生命的最后时刻，他还在探究一些其他科学家压根儿没有想过的问题，例如，从人类的神经系统可以学到哪些技巧应用于计算机？这有点像小时候他在家庭午餐聚会上提出的问题。按照冯·诺伊曼在病榻上完成的遗著《计算机与大脑》中的设想，未来的计算机和机器人应根据环境的变化做出效率更高的反应，自我繁殖的下一代计算机应遵守适者生存法则和进化论法则。

20世纪前半叶，冯·诺伊曼亲自参与了三项革命性的突破——对原子的科学认识、量子力学的数学化，以及随之而来的电子计算机的发展，并做出了卓越的贡献。而从他的讲座和留下的笔记显示，他希望在未来可能的三项重大突破中扮演同样的角色，它们是：对大脑的科学认识、对细胞（基因）的科学认识，以及对自然环境的治理。最后一项是控制天气而不仅仅是预报天气，比如使冰天雪地的冰岛变成气候宜人的夏威夷。此外，他还期望能将模糊的经济学精确化。按照冯·诺伊曼的设想，计算机时代所有数的概念也应当重新确立。令人遗憾的是，在所有这些期望中，迄今为止只有对基因的理解取得了令人满意的长足进步，那还是基于他在世时看到的一个发现，即脱氧核糖核酸（DNA）的双螺旋分子结构。恰如冯·诺伊曼所预料的，人类基因是类似于计算机的简单信息储存器。

假如冯·诺伊曼的生命能够延长，"他会因为分子生物学而感到兴奋，就像当年因为量子力学而兴奋一样，他会非常期待将之数学化"。有意思的是，冯·诺伊曼唯一的孙辈现在是哈佛大学医学院的分子生物学家。至于其他科学领域的发展，显然不如冯·诺伊曼预计或期望的那么快那么好，这可能是因为世界过早地失去他的缘故。公元前三世纪，古希腊的智者阿基米德用巨型弩炮发射每枚 250 公斤的石弹，摧毁了罗马人的一支舰队。与阿基米德一样，冯·诺伊曼也曾用自己掌握的数学技能，帮助美国赢得第二次世界大战的最后胜利。1956 年，冯·诺伊曼获得了首次颁发的爱因斯坦纪念奖和费米奖。后一个奖项授予那些对原子的科学认识贡献卓著的人，费米自己是第一个获奖者而冯·诺伊曼是第二个。

1957 年，正当遥远的中国发动一场大规模的"反右运动"时，冯·诺伊曼的生命即将到达终点，核辐射带来的骨癌细胞已经在他的体内扩散（比邓稼先还早逝九年）。冯·诺伊曼很早就意识到了，最聪明能干的人往往不是犹太人就是中国人，晚年他在笔记本里称赞汉语是诗歌的语言。1937年，冯·诺伊曼从美国数学家、控制论的发明人维纳处了解到中国数学的现状，产生了到中国访问的愿望，曾在清华大学讲学一年的维纳遂致函清华校长梅贻琦和数学系主任熊庆来。遗憾的是，两个月以后发生了卢沟桥事变，日本侵华战争全面爆发，冯·诺伊曼的愿望落空了。想当年维纳和法国数学家阿达玛对中国的访问，引起了数学界的轰动，如果多才多艺的冯·诺伊曼能来中国，其推动力将难以估量，而他自己也可能从这一新奇的东方之旅中获取无穷的灵感。

2月8日，冯·诺伊曼在华盛顿沃尔特·里德陆军医院去世，享年53岁。弥留之际，美国国防部正副部长，陆海空三军总司令以及其他军政要员齐聚在病榻前，聆听他最后的建议和非凡的洞见。时任美国原子能委员会主席的斯特劳斯上将亲眼目睹了这一幕，他后来回忆道："这是我见过的最富戏剧性的场景，也是对智者的最感人的致敬。"此前，艾森豪威尔总统亲自给坐在轮椅上的冯·诺伊曼颁发了一枚特别自由勋章。与此同时，乔装打扮的FBI特工不分昼夜地监视着病房，生怕昏迷中的冯·诺伊曼说出国家军事机密。斯特劳斯将军无法想象的是，半个世纪以后，这家医院成为主要收治阿富汗和伊拉克战争伤兵的场所。黄昏时分，夕阳的余晖洒落在波托马克河两岸，也透过了陆军医院的玻璃窗。这是日落前最后的辉煌，20世纪最伟大、最活跃的大脑之一停止了思想。

2010年春天，杭州彩云居

纳什，
两个世界里的爱

对话可以增强理解力，但是孤独
却是天才的摇篮。

——爱德华·吉本

　　2002 年，为了纪念 26 岁死于营养不良和疾病的同胞数学天才阿
贝尔 200 周年诞辰，挪威设立了阿贝尔奖，这部分弥补了一个世纪以
前邻国瑞典设立的诺贝尔奖不授予数学家的遗憾。美国数学家约翰·纳
什是 2015 年度阿贝尔奖的两位获奖人之一，但这不是他第一次在北
欧获得荣耀，1994 年 12 月 10 日，纳什因为博弈论方面的卓越贡献，
在斯德哥尔摩领取了诺贝尔经济学奖。

　　2015 年 5 月 19 日，纳什偕夫人艾丽西亚刚刚在奥斯陆从国王哈
拉尔五世手中领取了这份荣誉。四天以后，他们返抵与纽约隔水相望

的纽瓦克机场，搭乘出租车准备回到位于普林斯顿东南的小镇西温莎家中，不料途经米德尔塞克斯县（Middlesex）门罗镇时出了车祸。鲁莽的司机试图超车未成，撞上了隔离墩，而坐在后排的纳什夫妇未系安全带，双双去了天国，享年 87 岁和 82 岁。

1. 西弗吉尼亚，天才的童年

回想起来，笔者恰好在纳什获得诺贝尔奖的那年夏天，第一次游历了普林斯顿，并在那条去纽瓦克机场的公路上数次往返。四年以后，又与友人结伴，驱车沿 64 号高速公路，穿越阿巴拉契亚山脉，顺着卡诺瓦河，听着乡村歌手约翰·丹佛那首著名的《乡路带我回家》（1971），来到西弗吉尼亚的首府查尔斯顿。记得歌词中有那么一句："乡路带我回家，到我生长的地方——西弗吉尼亚，我的山峦妈妈。"

1928 年 6 月 13 日，约翰·纳什出生在西弗吉尼亚州最南端默瑟县的布鲁菲尔德（Bluefield），那是阿巴拉契亚山中的一座森林小镇，海拔近 800 米，是美国落基山脉以东最高的城市之一。与他同名的父亲是"一战"老兵，曾是法国步兵师的一名中尉，退役后在故乡的电力公司做了一名电器工程师。老约翰之所以从事技术工作，可能与他的父亲、小约翰的祖父有关，祖父是一个酒鬼，一事无成，还喜欢调戏妇女，后来离家出走或是被扫地出门。幸好他的母亲、小约翰的祖母是个勇敢、足智多谋的女子。

▶ 少年时代的纳什

纳什的母亲弗吉尼亚出身名医之家，笑容可掬、自信活跃，婚前她是一名出色的中小学英文教员，婚后她按当地的习俗做了家庭主妇。她毕业于西弗吉尼亚大学的语言学专业，曾花几个暑假与一位女伴出游，还在包括加州的伯克利、纽约的哥伦比亚和弗吉尼亚大学等名校听过课，也可谓见多识广。但她的家庭同样遭遇不幸，她的哥哥、弟弟和妹妹均因疾病或交通事故早夭，她本人童年也患过猩红热，导致一只耳朵完全失聪。

纳什幼时寄居在外祖母家，常听到老人家在客厅里弹奏钢琴。他不是神童，但自小性格十分内向、不愿与人交往，而喜欢向父亲提出各种理性的问题，且热衷于做实验。他的内向孤僻似乎没有任何征兆，母亲怀他时没有患流感或其他并发症，分娩时也没有借助外力；理性可能与当地的重商主义风气有关，小镇上有一个较大的科学爱好者的团体。纳什因而既对实用的经济学产生兴趣，同时也偏爱纯粹数学。

多年以后，比纳什小两岁的唯一的妹妹玛莎这样回忆道："他永远与众不同。父母知道他不同寻常，也知道他很聪明。他总是按照自己的方式做事。母亲坚持要我帮助他，把他引入我的朋友圈里。她要我给他介绍女朋友。她是对的，但是我并不十分乐意向大家介绍我的有点古怪的哥哥。"不仅如此，父母还敦促儿子参加童子军营、舞蹈学校、礼拜日读经班和礼仪训练班等，目的是为了改善他的社交才能，这方面的担心既有必要又是多余的。

少年时代的纳什喜欢恶作剧，偶尔也会到不可收拾的地步。他爱用古怪的小漫画描绘他的同学，还"喜欢虐待动物"。据说有一次他制作了一张摇椅，通上了电，想让妹妹坐上去。他在化学实验课上曾制造一次小爆炸，被叫到校长办公室里训话。还有一次，他和几个男孩没有遵守宵禁的规定，被警察逮住了。最危险的一次，是与街坊男孩一起制作土炸药，结果发生了意外，炸弹在那个男孩的膝盖上爆炸，导致动脉断裂身亡，亏得当时他不在现场。

对纳什来说，最好的、最温暖的朋友是书本，他阅读总是乐此不疲。在获得诺贝尔奖后撰写的自传随笔里他回忆道，父母送他一部百科全书，他通过这部书学到了很多知识，他家里和外祖父母家里都有许多书籍可供他阅读。每天最美好的时光是晚餐以后，他趴在收音机前面，听古典音乐或新闻报道,然后一个人看书,或者翻阅陈旧发黄的《生活》《时代》杂志。大约在 13 岁那年,他第一次读到了美国数学家 E. T. 贝尔撰写的《数学精英》(*Men of Mathematics*)。

贝尔是加州理工学院的数学家,《数学精英》初版于 1937 年,讲述了从芝诺到庞加莱共 34 位数学家的故事。这些人物传略未必完全精确,却生动有趣、栩栩如生。在贝尔的笔下,数学家一个个活力非凡、充满了冒险精神。他还暗示,有一些美妙艰辛的数学问题可以由年少的业余爱好者来解决,这自然激发了许多像纳什那样的少年读者的热情和好奇心。

让纳什尤感兴趣的是费尔马,他的研究领域包含了数论。这位 17 世纪的法国数学家是一个因循守旧的执法官吏,平日里的生活乏善可陈,却把夜晚的业余时间奉献给数学研究。纳什曾悄悄地推导出费尔马小定理的结果:如果 n 是任意整数,p 是任意素数,n 自乘 p 次后减去 n,所得的值恰好是 p 的倍数。虽然纳什没有迷恋上费尔马大定理,但在他成为麻省理工学院的讲师以后,曾一度沉溺于另一个数论难题——黎曼猜想。

2. 从匹兹堡到普林斯顿

中学毕业后,纳什获得全额奖学金进入了邻州宾夕法尼亚匹兹堡市的卡内基技术学院,最初他读的是化学工程专业,有望像父亲那样成为一名工程师。匹兹堡是一座钢铁城市，处处可见冶炼厂、发电厂、高耸的矿渣堆和污染的河流。浓浓的含硫烟雾吞没了市区，以至于人们坐火车来到或路过时误以为是午夜。但这却是与西弗吉尼亚距离最近的大城市，是属于苏格兰出生的钢铁大王卡内基的地盘。

卡内基技术学院坐落在半山腰上，环境稍许好些，可是象牙色的砖墙也很快变成了黑黄色。同学们开玩笑说，万一办学失败，可以随时改建成工厂。事实上，这所学院最初的目标便是"为匹兹堡的工人阶级子女提供良好的职业培训"。不过，战后院方努力使之变成一流的大学，并取得了成功。他们积极招募数学、物理学和经济学等方面的优秀研究人员，而在其中几位年轻教员的熏陶之下，纳什最终放弃了工程学科，转向了数学和经济学，并提前获得了学士学位。

值得一提的是，纳什的同龄人安迪·沃霍尔也与他同年进入该学院。沃霍尔出生在匹兹堡，父亲是煤矿工人，母亲是家庭主妇。这位未来的波普艺术大师是斯洛伐克移民的后裔，以《玛丽莲·梦露》《毛泽东》和《电椅》等作品闻名于世，同时也是一位摄影师和电影导演。批评家把沃霍尔与法国的马塞尔·杜桑、伊夫·克莱因和德国的约瑟夫·博伊斯并称为20世纪后半叶对世界艺术贡献最大的四位艺术家，在笔者看来，沃霍尔是其中的佼佼者。

我们无法了解，纳什和沃霍尔有没有在学校里认识，他在自传随笔里也未曾提及。但两人都改变了自己的专业方向，沃霍尔起初学的是艺术教育学，预备做一名中小学校的教师，四年后他获得了图形设计的学士学位，随后便去了艺术之都纽约闯天下。1987年，红遍世界的沃霍尔因为一起医疗事故在曼哈顿去世，年仅58岁，他的两个哥哥把他的遗体运回故乡安葬。如今安迪·沃霍尔艺术馆已成为匹兹堡最吸引游客的地方，而合并升级之后的卡内基·梅隆大学也成为美国的名校，尤以计算机和戏剧见长。

1948年春天，纳什仍在卡内基技术学院念三年级，却已经被哈佛、普林斯顿、芝加哥和密歇根大学这四座名校同时录取为研究生了。指导老师给纳什的推荐信只写了五个单词"This man is a genius"（这是一位天才）。这四座名校有着世界一流的数学专业研究生课程。虽然哈佛名头最响，但普林斯顿数学系主任给了他肯尼迪奖学金，且离家较近，于是他选择了后者。这笔奖学金的总额是1150美元，后来的事实告诉人们，它非常值。

普林斯顿是一座大学城，过去、现在均位于纽约和费城的远郊。事实上，早年它是连接上述两座名城公共马车的驿站。18世纪华盛顿曾在这里指挥了一场大败英军的战役，后来此地成为新生的合众国短暂而秘密的首都。小说家菲尔茨杰拉德称赞它是"世界上最令人心旷神怡的乡村俱乐部"，后来幸运地获得两笔财富，石油大亨洛克菲勒的基金会选择它作为巨额资助的三所大学之一，百货巨子班伯格出资创建了普林斯顿高等研究院，院址与数学系的范氏大楼相隔约两公里。到1936年，丹麦人哈洛德·玻尔称这里是"宇宙的数学中心"。

决定给纳什提供全额奖学金的系主任叫莱夫谢茨，他是俄裔犹太人，出生于莫斯科，幼时随家人迁居巴黎，后来又移民美国。原先他学习工程技术，后来在一次工业事故中失去双手，才转攻数学，他在代数拓扑、代数几何和微分方程等领域卓有成就，并使得《数学年刊》成为世界名刊。莱夫谢茨在研究生入学典礼上强调独立思考和独创精神，希望他们尽早投入到研究中去，在短时间内完成高质量的论文。此外，还要求他们衣冠整洁，参加每天的下午茶活动。

纳什本人的学习方法很特别，主要通过休息室的谈话和数学家的学术讲座。没有人看见他拿过一本书，与他同年进入普林斯顿的意大利人、几何学家卡拉比（丘成桐因为证明了卡拉比猜想而名噪一时并赢得了 1982 年的菲尔兹奖）后来回忆说：纳什为自己不读书辩护的理由是，过度学习二手知识可能损害创造力和独创精神。但纳什随时携带一个笔记本，不时在上面写点什么，那是留给自己的提示、想法和数据，字迹几乎无人可以辨认。

更多的时候，纳什喜欢独自思考、散步、骑车，躺在图书馆或休息室的木地板上。有时他会吹巴赫的曲子，通常是小赋格曲，招来秘书们向主任打小报告。那时，上海出生的杭州人钟开莱刚刚在普林斯顿取得博士学位，他留校做了一名讲师。有一个秋天的早晨，他推开

▶　青年时代的纳什

休息室的大门，发现里面那张大桌子上铺满了稿纸，上头卧着一个黑头发的高个男孩，那正是来自西弗吉尼亚的研究生新生纳什。钟开莱早年就读于西南联大，后来做了斯坦福大学数学系主任，他是20世纪概率论的教父级人物。

必须提及的是，纳什还发明了一种新的棋类——六角棋（hex），并在普林斯顿的休息室里大为流行。之前，数学家们喜欢下国际象棋或围棋，有一位叫盖尔的同学帮助他制作了六角形格子的菱形棋盘。与国际象棋一样，这也是一种两人零和博弈，但国际象棋常以和局告终，纳什却证明了，六角棋的先行者总可以取胜。不过，玻尔物理研究所的丹麦人海因也独自发明了这一博弈，且比纳什早上几年。

在普林斯顿，六角棋的发明为纳什带来了不少崇拜者，其中包括米尔诺（1962年菲尔兹奖和2011年阿贝尔奖得主）和库恩。40多年以后，库恩成了纳什获诺贝尔奖的积极推动者。那时的普林斯顿数学系师资方面力量较强的专业有拓扑学、分析学、代数学、计算机理论、逻辑学和博弈论，库恩和加拿大人塔克共同主持一个博弈论的讨论班。其中塔克是莱夫谢茨的学生，他后来成为纳什的博士导师。

3．博弈论，或纳什均衡定理

这里必须提及，纳什在卡内基技术学院就读时曾选修过经济学课程，这给了他后来写作第一篇论文《讨价还价问题》（The Bargaining

Problem）以动力，那是入读普林斯顿研究生的第二学期，这篇论文让他对博弈论这门数学分支产生了兴趣。事实上，交易的概念作为经济学的基础，几乎与人类的历史一样悠久。但即便在亚当·斯密的《国富论》出版两个世纪以后，仍然没有一个经济学原理可以说明讨价还价的各方会怎样相互作用、划分利益。

1881 年，英国学者埃奇沃思首先提出了讨价还价问题，经济学家们才想到用数学来替代传统的历史和哲学方法来分析。纳什的博士论文《非合作博弈》（Non-Cooperative Games）引入了非合作博弈均衡的概念，即"纳什均衡"，这个概念对经济学和社会科学均产生了巨大影响，也帮助他在将近半个世纪之后获得诺贝尔经济学奖。人们甚至认为，这个 1950 年正式发表的均衡定理与冯·诺伊曼 1928 年发表的极大极小定理共同构成了博弈论的基石。

多年以后，纳什自己这样评价他获得的这项成就和荣誉："这不是数学中的一个奖项，虽然我做的是数学工作。它利用了拓扑学中的一个非常重要的定理，即布劳威尔不动点定理。那是一个具有特殊的拓扑性质或几何特征的定理。它与空间有关，是那种维数可以无限多的空间。"而纳什本人后来的研究工作，无论数学还是经济学，也几乎全是独立（非合作）开展的。

必须指出，近来国内多家主流媒体以"博弈论创立人纳什车祸去世"为标题报道新闻，与事实并不相符。博弈论又称对策论，是现代数学的一个分支，它是研究具有斗争或竞争性质现象的数学理论和方法。博弈论考虑游戏中的个体的预测行为和实际行为，研究它们的优化策略。经济学家用它作为经济学的标准分析工具，生物学家用它来理解和预测进化论的某些结果。

1932 年，从匈牙利移居美国的数学家冯·诺伊曼在普林斯顿的一个数学研讨班上，做了一次没有讲稿的报告，题为"关于经济学的几个方程和布劳威尔不动点定理的推广"。他从数学的角度指出了经济问题的解决方案，可谓是一种新型的扩张经济模型，"所有商品以尽可能低的成本和尽可能大的量生产"。这是一种理想的模型，一旦达到最大的增长率，就会自动产生动态平衡。

这正是博弈论的基本原理，现在冯·诺伊曼已被公认为这门学科的创立者，他同时也是现代经济学的重要分支——数理经济学的开创者。迄今为止，至少有六位获诺贝尔奖的经济学家承认自己的工作受到了冯·诺伊曼的影响，还有十几位获奖者的工作是对博弈论的直接应用或发展，纳什是其中最早、最具创新性的一位。

在冯·诺伊曼提出博弈论的时候，纳什还只是一个四岁的男孩。他们至少有四个共同点，上大学时都学化学，都成为数学博士，都对经济学和博弈论入迷，也都与普林斯顿有缘。对纳什来说，近水楼台的普林斯顿高等研究院有好几位让他膜拜的大人物。首先是爱因斯坦，纳什通过爱因斯坦的助手约见过物理学家本人，两人聊了一个小时，他陈述了自己有关"引力、摩擦和辐射"的一个想法。最后爱因斯坦告诉他，最好还是多学点物理。而冯·诺伊曼那时正处在创造力的高峰期，虽然答应与他见面，却只是应付而已，根本无心倾听这位初生牛犊的见解。

▶ 1994 年 12 月，纳什（前排右二，右四为日本作家大江健三郎）与其他诺贝尔奖得主在斯德哥尔摩的诺贝尔颁奖典礼上

　　20 世纪 50 年代初，纳什曾受雇著名的兰德咨询公司，那是美利坚合众国的智库。纳什在西海岸的洛杉矶度过好几个夏天，他的博弈论研究成果在美国军事和外交策略中得到了应用，这又让他与偶像冯·诺伊曼多了一个共同点。不过结局不同，纳什因为被发现与同性恋人群混在一起而被捕，虽然很快就被释放了，却失去了兰德公司的职位，这对他来说是一个不小的打击；而冯·诺伊曼则是主动中止兰德的顾问职务，转而成为原子能委员会的成员。

　　在 1994 年秋天诺贝尔经济学奖揭晓的那天下午，普林斯顿大学为纳什举行了一个小型香槟酒会。当初，没有一个人立刻意识到那篇论文的重要性。塔克后来说过："我当然马上就看出那是一篇博士学位论文，但我那时并不知道它会是一个诺贝尔奖的得奖作品。"就连自信满满的纳什本人也不例外，当然还有那位激励了作者和无数才俊的天才人物冯·诺伊曼，他在诺贝尔经济学奖开始颁发前 11 年便已过世。

在普林斯顿期间，曾独立推出布劳威尔定理和高斯定理的纳什在纯数学领域也取得了重要进展，自谦为"有关流形（几何术语）和实代数簇的一个漂亮的发现"。该结果表明，任何流形可用代数簇进行描述，几何物体可用方程定义，且形式远比人们先前认为的简单。这一成果为他树立了一流的纯粹数学家的形象，但却没有能够帮助他留校工作。因为有一位重量级的教授抱怨，纳什不懂得怎样教书或与学生们相处。

4. 波士顿和纽约：嵌入定理

1951 年，23 岁的纳什获得了普林斯顿大学博士学位，随后受聘麻省理工学院，另一个可供选择的职位是在芝加哥大学。其时，麻省理工学院尚且默默无名，后来名扬天下的几个院系——经济学系、语言学系、计算机科学系和数学系也刚刚起步，它还只是一所工程学院，并非与哈佛齐名的超一流研究型大学。可是没过多久，工程学与科学的比例就由原来的 85% 对 15% 变成 50% 对 50%。

在纳什眼里，数学系最重要的人物无疑是"控制论之父"维纳，这位神童出身的俄裔犹太人在纯粹数学和应用数学领域都有卓越贡献。维纳是美国的冯·诺伊曼，他有两部传记《昔日神童》和《我是一个数学家》全都译成了中文版，前者还登上美国图书畅销榜。如同纳什因为母校普林斯顿的拒绝深感痛苦，维纳也因为离开哈佛留下了长久的创伤。因此，当纳什来到麻省理工学院时，维纳给了他一个深情的拥抱。

几年以后，数学系又迎来了一位天才、波兰裔犹太移民的后裔柯恩，其时他的主要兴趣在调和分析领域。柯恩后来因为证明李特尔伍德猜想，获得了调和分析最高奖——博歇奖。之后他转向数学基础研究，证明了康托尔的连续统假设与 ZF 集合公理系统彼此独立，从而一举获得菲尔兹奖（1966）。遗憾的是，麻省理工学院却没有抓住机会，让他在一年后溜走了。不过，按照柯恩的说法，纳什曾"陶冶了"他，他们彼此欣赏，关系密切。

在经济学系，最重量级的人物是另一位波兰裔犹太人萨缪尔森，尽管那时候离他为美国赢得第一个诺贝尔经济学奖尚有 17 年时间，可是他的代表作《经济学》已经问世，后来它被译成 40 多种语言。萨缪尔森发展了数理和动态经济理论，将经济科学提高到新的水平，被认为是凯恩斯主义的集大成者，经济学界的最后一位通才。与维纳一样，他也因为哈佛的反犹主义来到这里，时年 25 岁，尚没有取得博士学位。

在波士顿，纳什研究了流形等距嵌入 n 维欧氏空间问题，得到了两个嵌入定理（embedding theorem），指出每个黎曼流形都可以等距嵌入到欧几里得空间。这里，等距离表示"保持曲线长度"，换句话说，每个黎曼流形可以看作是欧几里得空间的子流形。第一个定理是一维的，第二个定理是解析的或多维的（三维以上至无穷维），均由纳什独立完成，分别发表于 1954 年和 1956 年（解析的情形发表在 1966 年）。

这两个定理后来都以纳什命名，被公认为是 20 世纪几何分析理论中最具原创性的成果之一，据说当年若不是菲尔兹奖只给两位获奖人（1966 年起允许四人），他已经获奖了。多年以后，俄国出生的法国数学家、1993 年沃尔夫奖和 2009 年阿贝尔奖得主格罗莫夫指出："在我看来，纳什在几何方面的作为远远超出他在经济学的作为好几个数量级。"半个世纪以后，他终于凭借嵌入定理获得了阿贝尔奖。虽说纳什并非第一个获得诺贝尔经济学奖的数学家，但他却是迄今为止唯一一个既获得诺贝尔奖又获得阿贝尔奖的人。

1956 年，纳什获得了新设立的斯隆研究基金，这份资助可以使他至少有一年时间不必从事教学工作，去到他喜欢的任何地方。纳什选择了普林斯顿，却不愿把住处也安排在母校。夏天来到，他先去了西海岸的华盛顿大学，在西雅图的微分几何研讨班度过了一个月，同行的有尼伦伯格（与纳什分享了阿贝尔奖）和惠特尼（1982 年沃尔夫奖得主）。不过，最出风头的却是学弟米尔诺，25 岁的他宣布七维球面上存在 28 种不同的微分结构，这与传统猜测只存在一种微分结构的假设完全相悖，因此被称作"米尔诺怪球"。

秋天来临，纳什到了纽约，在格林尼治村找到一个不带家具的公寓，然后在一家旧货店买了几件二手家具。之所以没有在普林斯顿的爱因斯坦大道租一套公寓，部分原因是出于浪漫的想法，自从读研期间与同学来度过几次周末以后，纽约的夜生活便吸引了他。那里有着狂野和令人兴奋的美丽，尤其是华盛顿广场周围，有一种魔力吸引着对自由、性爱或精神方面有特别需求的人们。

可是，没过不久，纳什的父亲因为心脏病发作，母亲花了好大力气才通知到儿子，因为他没有电话。当她终于联系上小约翰时，老约翰已经过世了。纳什立即赶往故乡布卢菲尔德，参加父亲的葬礼。对内心尚未完全成年的纳什来说，这又是一次沉重打击。幸运的是，纳什适时在纽约找到了一处避难所。那一年他有相当长的时间是在应用数学的天堂——纽约大学的库朗数学研究所——度过的，在那里开始研究非线性理论中的椭圆型偏微分方程问题。

1935 年成立的库朗研究所以它的主要创建人、德国数学家理查德·库朗命名。它设在一座 19 世纪旧建筑的顶楼，距离华盛顿广场不到一个街区，因此可以说就在纳什的家门口。起初他只在驱车去普林斯顿的路上，在库朗待上一两个小时，后来逐渐把更多的时间留在那里。那时库朗已有不少与纳什一样热衷于非线性理论或偏微分方程的年轻人，拉克斯（1987 年沃尔夫奖得主）、莫泽（德国人，1995 年沃尔夫奖得主）、尼伦伯格等，还有来访的瑞典人赫尔曼德（1962 年菲尔兹奖、1988 年沃尔夫奖得主）。

尼伦伯格为纳什提供了一个吊胃口的问题，结果他在非线性偏微分方程理论以及将该理论应用于几何分析方面均做出卓越的贡献。无数成功例子已证明，偏微分方程可用于描述物理、化学、生物以及其他科学现象中的基本规律，同时有助于数学内部的几何分析。如今，纳什的这项成果已成为研究非线性方程必不可少的工具，该理论的各个分支都感受到他的影响，从基本的存在性到解的定性研究。

即便当初，纳什的新成果也立即引起了人们的注意，甚至超出了他的嵌入定理，尼伦伯格确信他是一位天才，库朗向他提供了一份待遇优厚的工作。可惜第二年暮春，纳什发现，意大利有一个同龄的年轻人德·乔治（1990 年沃尔夫奖得主）比他早几个月就证明了令他骄傲的连续性定理，发表在一家没有名气的地区性杂志上。这件意外的事故，又一次几乎让纳什垮掉。而那一年他在高等研究院也没有取得令人印象深刻的成就，反而因为量子理论与那位大名鼎鼎的院长奥本海姆有过一次极不愉快的争论。

5．两个世界里的爱

20 世纪 60 年代，库朗研究所的一位叫卡佩尔的数学家曾经说过："所有数学家都生活在两个不同的世界里。一个是由完美的理想形式构成的晶莹剔透的世界，一座冰冷的宫殿；另一个是凡人生活的普通世界，事物因其发展或转瞬即逝，或朦胧不清。数学家们穿梭于这两个世界中，在透明的世界里，他们是成人；在现实世界里，他们是婴儿。"

这个说法对那些有着一流数学团队的名校来说更为准确，那里男性占绝对的统治地位，那里不乏强力的竞争意识和冷酷的私心，那里很少感受到友情和同情心，那里不时出现令人仰慕的天才人物。不过，正因为缺乏精神寄托，一旦遇到合适的倾诉对象，便有可能产生情感上的依附，尤其那些从小孤僻的男孩。按照德国出生的乌兹别克裔美国记者西尔维娅·娜萨撰写的《美丽心灵》（上海科技教育出版社，2014年版），纳什第一次对男性产生爱慕之情，便是在1950年的普林斯顿。之前，有关美国白种男人性行为的报告显示，大部分异性恋者或早或晚有过同性恋爱关系。

那年纳什只有22岁，有一位比他年长五岁的师兄沙普利，他的父亲是哈佛大学著名的天文学家。"二战"期间，沙普利是驻扎在成都的美军航空兵士官，因破译了日本人的天气密码获得一枚铜质勋章。战后他返回哈佛完成了学士学位，随后来到普林斯顿，成为塔克的研究生，与纳什一同参加博弈论讨论班。沙普利出身高贵，才华横溢，又是战斗英雄，且成熟、宽容、耐心，这是特别吸引纳什的地方。但这种依附是单方面的，后来他们成为竞争对手。2012年，沙普利也获得了一枚迟到的诺贝尔经济学奖章。

除此以外，纳什还与多名男性有过情感纠葛。麻省理工学院的同事纽曼是纳什的知音，他回忆说，纳什总想与男性建立浪漫色彩的友谊。有一次他正在开车，坐在副驾驶座上的纳什试图在他身上撒娇。相比之下，对纳什一见倾心的另一位同事布里克陷入了真正的麻烦，直到很久以后才得以摆脱。纳什与米尔诺曾驱车横穿美国大陆，带着自己的妹妹玛莎和她的同学露西，露西抱怨说，途中纳什都没有正眼瞧她。在西海岸，纳什至少还有过两次恋情，对象分别是洛杉矶的一位航空工程师和西雅图的一位昔日校友。

相比之下，在与女性的交往中，纳什似乎更有魅力。1.85 米的身高，具有阳刚之气的身躯，酷似英国贵族的容貌，他像天神一样英俊。在波士顿，纳什认识了后来的终身伴侣艾丽西亚·拉迪，一位出生在萨尔瓦多的讲西班牙语的年轻漂亮、气质优雅的女生，从小她的理想便是成为居里夫人。艾丽西亚是当年麻省理工学院物理系录取的仅有的两位女学生之一，纳什是她的微积分老师。

拉迪一家原来是法国贵族，祖上是香槟地区的酿酒商，法国大革命期间来到美国，落脚在路易斯安那州的首府巴吞鲁日。其中一支后裔去了中美洲，先是在危地马拉，继而来到萨尔瓦多，经营旅馆业。那正是艾丽西亚的先祖，她本人 1933 年出生在圣萨尔瓦多，11 岁那年，一场反独裁统治的群众运动，促使他们全家迁回美国。在密西西比州的滨海小城比洛克西短暂停留以后，来到了纽约附近，艾丽西亚的父亲曾担任萨尔瓦多驻旧金山的领事，外祖母则是英国外交官的妻子。

可是，纳什首先遇见并坠入情网的却是校医院的女护士艾莱娜，她比他年长五岁。当时纳什因为静脉曲张，做了一个小手术。艾莱娜妩媚迷人、心地善良，之前宁愿跟椅子而不是女孩跳舞的纳什被她迷住了，两人很快就好上。她和纳什生过一个儿子，也是他唯一精神健康的孩子。可就在艾莱娜分娩前夕，纳什离开了她，这在 2002 年成了电影《美丽心灵》获奥斯卡奖的一个障碍，有人抨击纳什是因为她社会地位低才分手。

接下来的故事因为传记和电影尽人皆知，纳什在而立之年又一次做了父亲，几乎是同时他得了妄想型精神分裂症。在失踪两周之后，纳什来到同事身边，神秘兮兮地指着手中的《纽约时报》说，来自外太空的组织正通过它跟他交流。其时芝加哥大学已为纳什准备了永久的职位，数学系主任却收到了纳什来信，告知他即将出任南极洲皇帝。与此同时，纳什还给驻华盛顿的各国使馆去信，声称自己正在组建一个世界政府，想跟大使和首脑们聊聊。在1962年夏发病最厉害的时候，纳什甚至给母校普林斯顿寄去让其转给毛泽东的一张明信片，上边仅用法语写了一句有关三重平面的谜语。

纳什多次被强制送进精神病院，最受伤害的无疑是深深爱恋他的妻子艾丽西亚。尽管纳什在许多人看来孤僻、怪异，不好相处，这也使得他迟

▶ 纳什和艾丽西亚的结婚照

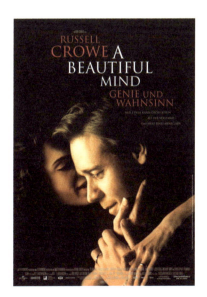

▶ 电影《美丽心灵》剧照

迟未能取得麻省理工学院的终身职位。然而在艾丽西亚眼里，"他非常英俊、聪明……"这有点儿像英雄崇拜。"落花流水春去也"，艾丽西亚必须面对这样一个痛苦的现实：她的丈夫变得越来越冷漠，难以捉摸，甚至威胁说要伤害她。终于，他们在1963年分道扬镳了。

"穿着蓝色制服醒来。"美国大诗人罗伯特·洛厄尔在诗集《人生写照》里这样写道。这位两度普利策诗歌奖得主也是哈佛大学教授，早已享誉文坛，却在纳什首次住院两周后，来到马萨诸塞州贝尔蒙特市的麦克莱恩医院，成为他的病友。洛厄尔被诊断为狂躁抑郁症患者，在过去的10年里5次入院。1977年，洛厄尔因为心脏病发作，在纽约的出租车内（与纳什一样）去世。据当年前往探视的学院同事回忆，洛厄尔常与纳什在一起，当他瞧见挺着大肚的艾丽西亚，便开始引述《圣经》里有关生儿育女的文字。50天以后，纳什重获自由，其时他的儿子已出生一个星期。

随后的30多年里，无论数学界还是经济学界，无论在美国还是在欧洲，同行们都对纳什予以关切和尽可能的帮助，包括普林斯顿的赛尔贝格、波士顿的萨缪尔森、法国数学界的格罗滕迪克。更难能可贵的是，离婚后艾丽西亚仍保持了非同寻常的爱心和耐心，沉着和机智。她觉得自己要对纳什负责，相信自己可以给予他医生无法给予的东西。1969年，纳什妹妹玛莎的第二个孩子出生了，当年感恩节过后不久，纳什的母亲去世了。翌年，艾丽西亚提出愿意收留纳什住在自己家中，而不希望看到他又被送进精神病院。

在漫长的岁月里，艾丽西亚那温柔的目光和举止，无疑对纳什的康复起到了极其重要的作用。人们注意到：纳什去听讲座了，能跟人讨论学术问题了，可以外出旅行了……在经历幻想的破灭、艰难困苦和种种失望之后，艾丽西亚那始终如初的少女般的爱恋一直未消失，终于等到了花好月圆的一天。2001年，在相隔38年以后，纳什与艾丽西亚正式复婚。而如今，他们已携手去往天国。

2015年5—8月，杭州莲花街

拉曼纽扬，
一个未成年的天才

数只是我们心灵的产物。
——高斯

1. 皇家学会会员

自从 16 世纪以来，剑桥大学一直是英国的最高学府，在它拥有的种种优良学术传统中，有两点至关重要，那便是精英意识和团队精神。前者的典范是卢卡斯数学教授和卡文迪什实验物理学教授职位的设立和聘任，后者则表现在这所大学的大门始终向全世界的英才敞开着。1912 年，23 岁的奥地利工科大学生维特根斯坦应邀来到剑桥，与那个时代最伟大的两位哲学大师伯特兰·罗素和乔治·摩尔密切共事。两年以后，来自印度南方马德拉斯港务局的小职员拉曼纽扬

（又译拉马努金）也被请到剑桥，与两位正处于事业巅峰的数学巨匠G. H. 哈代和约翰·李特伍德开始了天作之合。不到四年，从未获得任何学位的拉曼纽扬也和他的两位同事一样，名字后面有了一个记号F. R. S.，即英国皇家学会会员，那年他刚满 30 岁。

在新千年到来之际，美国《时代》周刊评选出的 20 世纪一百位最具影响力的人物中，唯一入选的哲学家便是维特根斯坦，而拉曼纽扬则被公认是一千年来印度最伟大的数学家。从尼赫鲁到英迪拉·甘地，历任印度总理都对拉曼纽扬予以褒扬，他被誉为"印度之子"，与诗人泰戈尔并驾齐驱成为印度最受尊敬和爱戴的人物。到了 1987年，即拉曼纽扬一百周年诞辰来临之际，印度已拍摄了三部有关他生平的电影，美国佛罗里达州开始出版《拉曼纽扬杂志》，并成立了一个国际性的拉曼纽扬数学会。在拉曼纽扬的故乡马德拉斯，当凝聚他最后一年心血的遗著《失散的笔记本》出版时，拉吉夫·甘地总理亲自赶来祝贺并参加了首发式。

德国数学家克莱因曾经说过："推进数学的，主要是那些有卓越直觉的人，而不是以严格的证明方法见长的人。"毫无疑问，拉曼纽扬正是这样一位有着卓越的数学直觉的天才，而哈代则教会他证明和严格性，同时保证他的创造性的思想之源畅通。更重要的是，哈代是那样一种人，"只要他站在你面前，你就得使出全部力量来"。当有人问起他一生最重要的贡献是什么时，他回答说："发现拉曼纽扬。"而在另一处有记载的文字里，哈代也提到："拉曼纽扬是我的发现。"在拉曼纽扬辞世多年以后，哈代亲自设计出一种计算一个人数学天分

▶ 拉曼纽扬纪念邮票 [左] 拉曼纽扬 [右]

的评分表，他自己得了 25 分，李特伍德得了 30 分，同时代最伟大的德国数学家希尔伯特得了 80 分，而拉曼纽扬则得了满分 100 分！

　　除了在纯粹数学方面做出卓越的成就（拙作《数之书》里提到的就有拉曼纽扬和、拉曼纽扬同余式，以及关于分拆数的哈代－拉曼纽扬近似公式）以外，拉曼纽扬的理论还得到了广泛的应用，他发现的好几个定理在包括粒子物理、统计力学、计算机科学、密码学理论和空间旅行等不同领域起着相当重要的作用，甚至晶体和塑料的研制也受到他创立的整数分拆理论的启发，而他在模形式领域的工作则是目前相当流行的超弦理论不可或缺的，他生命中最后一项成果——仿 θ 函数甚至有力地推动了用孤立波理论来研究癌细胞的恶化和扩散。1962 年，当印度邮政局发行纪念拉曼纽扬的邮票时，着实费劲地说明了他另一项工作的应用潜力："他在黎曼 ζ 函数方面的研究成果，现

在已经与齿轮技术的进步挂上了钩，还被用
于测温学和炉子的改进，以便用来建造更好
的高炉。"

2. 受宠的"独生子"

在有着"圣雄""印度国父"之称的穆罕
穆德·甘地前往英国留学的那一年，即 1887 年
12 月 22 日，斯里尼瓦萨·拉曼纽扬（Srinivasa
Ramanujan）出生在印度南方泰米尔纳德邦高
韦尔河畔的小镇埃罗德，这里是他母亲的娘
家。高韦尔河是南印度的恒河，拉曼纽扬满

▶ 拉曼纽扬的发现者哈代

周岁后，按照当地的习俗，随母亲搬回到下游二百多公里处的城市贡
伯戈纳姆，那里曾是历时一千多年、领土一度扩张至锡兰和马来群岛
的朱罗王朝的古都，离如今的邦府、南方第一大城市马德拉斯大约
320 公里。拉曼纽扬的父亲在当地一家卖莎丽的店里做伙计，月收入
仅二十多个卢比，为补贴家用，母亲只好到附近的印度教寺庙里唱圣
歌，募到的钱一半归庙堂，一半归自己。

南印度的天气闷热而潮湿，两岁的时候，拉曼纽扬不幸患上了天
花。于是发生了这样一幕情景，一个幼小黑暗的身影睡在麻果杉叶堆
上，年轻的母亲坐在旁边，一边哼着小曲，一边用麻果杉叶蘸着姜黄

粉水洗涤孩子的身体。印度的草医相信，这样做既可以止痒又能够退烧。拉曼纽扬的天花斑痕一生都没有褪掉，他能够活下来已经够幸运了。与此同时，从五岁踏入校门开始，拉曼纽扬便显示出异常的天资，他常常提出怪异的问题。例如，谁是这个世界上的第一个人？两朵云之间究竟有多远？另一方面，由于接连三个弟弟妹妹都在一两岁时夭折，他被养成了受宠的独生子的习性，既敏感又固执，吃得肥头大耳的，还有许多怪僻。幼时拉曼纽扬只在庙里才吃东西，回到家里常常把铜盆铁锅一字儿沿墙摆开，如果没有吃到喜欢的东西，就在烂泥里打滚发脾气。

即使在学校里，拉曼纽扬也好不了多少，他总是千方百计地逃学，有时家人竟然要请警察帮助将其捉拿回去。与其他小孩打架时，拉曼纽扬利用自己的重量把别人压得嗷嗷叫。为此他经常遭老师处罚，例如，被勒令抱臂而坐，并把一根手指放在唇前做出噤声的姿态，而他干脆就气呼呼地跑出教室。对拉曼纽扬来说，学校不是一个启蒙的地方，而是一条他竭力想摆脱的锁链。尽管如此，拉曼纽扬的学习成绩相当优异，在他快满十岁的时候，轻松地以全地区第一名的成绩通过了小学毕业考试，考试科目包括英文、泰米尔文、算术和地理，他因此得以进入历史悠久、用英文授课的市立中学。

接下来的六年时间里，拉曼纽扬均是在这所学校里度过，相当于中国的初中和高中。上二年级时，同学们纷纷找他帮助解题。到了三年级，他开始找老师的麻烦。有一次，数学老师说任何一个数自身相除一定等于1，例如，3个人分3个苹果，每个人得到一个；1000个人分 1000 个苹果，每个人也得到一个。拉曼纽扬站起来问，0 除 0 是否也等于 1？没有苹果也没有人分是否每个人都得到 1 只？后来，因为数学的缘故，拉曼纽扬变得安静而有修养了。14 岁时，一些同学便开始认为他是无法交往的天外之人。"我们，包括老师在内，完全不能理解他。"半个世纪以后，一位当年的同班同学这样回忆说。

3．从《汇编》到《笔记》

虽说拉曼纽扬身上有着高贵的婆罗门血统，可是他出生时家道已经败落。待他稍长一些，经济情况更加困难，因此家里经常招几个大学生来寄宿。大约在中学毕业前几个月，拉曼纽扬从寄宿的大学生那里搞到一本英文版的数学书《纯粹数学与应用数学基本结果汇编》（以下简称《汇编》）。书中列举了五千多个方程、定理和公式，并且分门别类，内容涉及代数、三角、微积分、解析几何和微分方程，19 世纪后期人类知晓的大部分数学均包含其中。作者只是伦敦的私人数学教师，而不是什么高明的数学家。就《汇编》本身来说，"也并非一本了不起的书"，后人评置说，"是拉曼纽扬让它出了名"。

19 世纪后半叶乃至 20 世纪初，英国大学生最为关注的事情，就是以艰深出名的 Tripos 学位考试，几乎一生的出路均在此一举。尤其是数学毕业考最为困难，以剑桥大学三一学院为例，诗人丁尼生、小说家萨克雷、历史学家麦考莱等就因为没能通过而未获学位。既然考试如此重要，为学生补习的私人教师便应运而生，《汇编》的产生也源于此。拉曼纽扬中学毕业后，凭借着对《汇编》的吃透，轻松地进入了有着"南印度的剑桥"之誉的贡伯戈纳姆学院。上大学以后，拉曼纽扬并未丢弃《汇编》这一敲门砖，而是陷入了纯数学的陷阱，沉湎于发现公式之间的有机联系之中，以至于对其他功课失去了兴趣。17岁那年，他因为英文写作课不及格失去了奖学金，为此离家出走，一个人跑到一千公里以外的维沙卡帕特南，那是一座讲泰鲁固语的海滨城市。

在那座位于马德拉斯和加尔各答之间的陌生城市流浪了一个多月以后，拉曼纽扬才回来，没有人了解这段经历，家人曾在报纸上登出寻人启事。不用说，拉曼纽扬没有获得学士学位，这一点让父母非常失望。因为在印度（和在其他国家一样），获得学位是找到好职业的先决条件。一年以后，他又一次得到机会，进入马德拉斯的帕协阿协学院。很快，他在新学院里如鱼得水，数学老师尤其赞赏他的才华，每次遇到不太自信的时候，总要停下来问："你看对吗，拉曼纽扬？"此时人人都知道，南印度没有一所大学可以给他更多的数学知识。可是同样的问题出现了，他的生理学课再次不及格，毕业时又没拿到学位。

与此同时，拉曼纽扬对《汇编》却越来越着迷。"每证明一个数学公式，他就会发现好些其他公式，于是一本《数学笔记》（以下简称《笔记》）便开始产生了。"很多年以后，带拉曼纽扬去英国的剑桥数学教授内维尔这样写道。好些时候，他一个人坐在家门口，看着邻家孩子在街上玩耍，大人们说他眼里"空空的"，其实他的内心像着了火似的熊熊燃烧，这便是数学之火。以他为计算圆周率设计的无穷级数为例，第一项便可精确到小数点后八位，而早年莱布尼茨的级数五百项才能精确到小数点后三位，这个新级数为用计算机快速求取圆周率提供了方法。这部《笔记》最初是用一种很奇怪的绿色墨水书写的，就像费尔马的算术注记和高斯的数学日记一样，里面充满了奇思妙想。正是其中一小部分内容组成的一封书信，惊动了万里之外的英国大数学家哈代。

4. 港务局小职员

很久以来，拉曼纽扬的双亲放任自己的儿子，没有及时制止他的偏科。用内维尔的话说，让他过着"1909年前那些无忧无虑的好日子"。直到今天，印度仍有宽阔的空间和时间容纳和造就孤独的天才，包括来自不同国度的神秘主义者、瑜伽练习者甚或遁世者。我本人两次印度之旅亲眼见到，由于生活费用低廉、气候温暖，在这个国家的西北部和南方某些邦，藏匿着数以千计的外国青年，他们经年累月地在那里无所事事，做着形而上学的白日梦。事实上，从萨克雷到吉卜林，从福斯特到奥威尔，没有一个前殖民地国家像印度那样为英国造就出如此众多的文学天才。可是，在拉曼纽扬两次没有获得学位以后，他的父母终于失去了耐心，他们想到了古代中国人常用的办法——给他娶一个媳妇。

1908 年岁末的一天，拉曼纽扬的母亲来到贡伯戈纳姆以西大约一百公里处的小镇拉金德兰探望朋友，在那里一位眼睛明亮的女孩的身影从她眼前闪过。这位姑娘叫佳娜琪，是她一位远亲的女儿。她去讨了女孩的天宫图，再拿出儿子的天宫图进行对照，认为他们很合适。于是便开始商谈一场婚姻，那年拉曼纽扬 21 岁，佳娜琪才 9 岁。两家的经济和社会地位相仿，佳娜琪的父亲是一个小商贩，她是全家五个姐妹中的一个。第二年夏天结婚以前，他们连面都没见过。举办婚礼的头一天，前来迎娶的拉曼纽扬乘坐的火车晚了好几个钟头，佳娜琪的父亲着急万分，如果女婿再迟一会儿出现，他就要当时当地把女儿嫁给自己的外甥了。

结婚以后，按照习俗，小两口并未圆房，新娘甚至返回了老家。拉曼纽扬不得不暂时忘掉他的数学，开始寻找一个活命之计。他差不多跑遍了全邦，先是以故乡为目标，继而把重心转移到马德拉斯。他常常需要朋友或好心人的资助，因为一张到马德拉斯三等车厢的双程车票大约要花掉父亲一周的薪水，或者可以购买一百磅的大米。至于住宿只好到朋友那里去挤，他同时在寻找做家庭教师的机会，即便如此，也因为教学方法古怪而招不到几个学生，甚至以此出名。再后来拉曼纽扬就病倒了，朋友把他送到火车站让他回家，在开车之前，他掏出两大本数学笔记，要求如果他死了，就把它们交给他认识的两位数学教授之一，这大概是他的第一份遗嘱。

幸好没有死，1910 年下半年的一天，拉曼纽扬从故乡出发再次乘上一列去马德拉斯的火车，半路上他在一个小镇下车，前去拜访一位税务官。税务官是一个业余的几何学家，更重要的是，几年以前他发起并成立了印度数学会（比中国数学会早了30年）。他写了一封介绍信，把拉曼纽扬推荐给马德拉斯的两位数学会同行，结果没有得到实质性的帮助。后来拉曼纽扬便坐上了火车，沿着孟加拉湾的海岸线继续向北，来到160公里外的另一座城市，拜会了另一位税务官、数学会秘书拉奥。

当拉奥了解到拉曼纽扬只是想拥有一份闲暇，以便继续他的数学研究时，慷慨地答应以个人的名义每月资助他25卢比。这样一来，拉曼纽扬就安心地回到了马德拉斯，租下一套小公寓，继续为他的《数学笔记》添加神秘的公式。值得一提的是，所有这些帮助过拉曼纽扬的人都是婆罗门，如果他本人不属于这个最高级别的种姓，则一切皆不可能。这段时期，拉曼纽扬的用纸特别费，为了节省卢比，他改用石板演算。朋友们看见他的肘部又粗又黑，原来他是怕找布擦耽误时间而用手来代替。第二年，拉曼纽扬的第一篇论文发表在《印度数学会杂志》上，从此他正式登上了数学的舞台。

此后不久，拉奥又把拉曼纽扬推荐到马德拉斯港务局，在信托处财务科做了一名小职员（其时20世纪的另一位天才爱因斯坦刚辞去伯尔尼专利局小职员的位置不久）。这时候，他的妻子已经13岁，基本上发育成熟，两人终于生活在一起，但是否过上名副其实的夫妻生活，就不得而知了。至少拉曼纽扬没有让妻子怀孕，而那个时候的印度是不使用避孕措施的。生活的安定让拉曼纽扬有了更多的心思去研究数学，那段时间他的主要兴趣是无穷级数，以至于有人戏称无穷级数是他的初恋。事实上，在拉曼纽扬还是一名中学生的时候，他对三角函数的理解与老师在课堂里教的就不一样，一般人把它们看作是直角三角形各边长的比，而在他眼里却是比较高深的无穷级数。

5.英国绅士哈代

在拉曼纽扬的生活场景转移到英国之前必须要提两个人，一位是马德拉斯港务局的总工程师、爱尔兰人斯普林爵士，另一位是港务局总会计长、印度数学会会员耶尔。由于得到他们的赏识、关照和友谊，拉曼纽扬甚至上班的时候也可以研究数学，他的同事和上司都是睁一只眼闭一只眼。有一次，斯普林把耶尔叫到办公室，质问他为何把写满数学公式的稿纸夹在文件里面。耶尔不认账，认为那是拉曼纽扬的笔迹，斯普林听了哈哈大笑。更为重要的是，通过斯普林以及他周围的关系，拉曼纽扬才进入到"英国印度"。在此以前，他和英国人接触太少，现在终于有了变化。

这种变化带来的一个后果是，拉曼纽扬对宗主国英国有了向往之心。起初，通过斯普林的引见，《笔记》中的一些成果经过几次转折以后被送到伦敦大学的一位教授手中，这位教授以严格教育学生著称，而不是以数学上的成就闻名。虽然教授的回信并不十分肯定拉曼纽扬的工作，但至少没有否定他的天才和创造性。这给了拉曼纽扬勇气和自信，在 1913 年元旦前后（那一年泰戈尔获得了诺贝尔文学奖），他提笔给剑桥大学的三位顶尖数学家写信，经过耶尔的润色后连同部分笔记一起寄出。第一位和第二位收信人都是 F. R. S.，可是他们要么没有回复，要么爱莫能助。第三位最年轻，当时只有 35 岁，可也已经是 F. R. S. 了，他的名字叫 G. H. 哈代。

哈代出身于一个书香门第，和其他数学家一样（罗素例外）家族里没出过高官，与小说《苔丝》的作者托马斯·哈代也无血缘关系。哈代的祖父是个铸造工人，外祖父本是监狱里的牢头，后来成为面包师傅，他的双亲和妹妹都是乡村中学老师，分别擅长地理、音乐、画画和写诗，由此养成温和、雅儒的气质，而他数学上的早慧可能得自于父母一位剑桥大学毕业的同事。据说哈代上小学时便不大爱听数学老师讲课，而是忙着把圣诗号码的数目分解成因数。哈代后来不仅成为一名杰出的数学家，还和德国医生魏因贝格合作，提出了生物医学中著名的哈代 – 魏因贝格定律，解决了显性和隐性遗传因子在大量混合群体中以何种比例遗传的难题，这对于研究血友病和 RH 血型的分布至关重要。

由于哈代在学术上的重要成就，以及身上具有的那份动人的潇洒——英俊的相貌、文雅的谈吐和敏锐的直觉，他被邀请加入剑桥名重一时的"使徒社"。这个社团的宗旨是："与一群志同道合、亲密无间的朋友一起，全心全意、毫无保留地追求真理。"始建于 1820 年的使徒社有自己严格的社规和标准，且限额 12 名，层次高，范围广，包括诗人丁尼生、物理学家麦克斯韦、哲学家怀特海和罗素、经济学家凯恩斯、小说家福斯特。哈代的介绍人是哲学家摩尔。作家伦纳德·伍尔夫认为："他（哈代）是最奇怪也最吸引人的家伙。"伍尔夫后来娶了才女弗吉尼亚，夫妻双双成为伦敦小团体布卢姆斯伯里的发起人，而哈代却终生未婚，他和使徒社社员凯恩斯、福斯特一样，毕生保持了爱慕同性的癖好。此外，他还是一流的板球运动员，板球被认为是一种"绅士的游戏"。

自从牛顿发明微积分以后，英国的纯粹数学一直停滞不前。它本是一个岛国，对外来的事物容易怀疑而不容易接受，偏偏德国人莱布尼茨也在巴黎创立了微积分。为了争夺发明权，两人在世时就争论不休，死后更是闹得天翻地覆，英国人当然是为牛顿辩护，结果使得好几代数学家都抵制欧陆，在 19 世纪几乎没有产生一个大数学家。这种现象要等到哈代出现时才被扭转，他在剑桥建立起了哈代学派，引得全世界的同行前来朝拜，美国数学神童、控制论的创始人维纳就是其中之一。这里必须提一下哈代长期的合作者、仅比拉曼纽扬年长两岁的李特伍德，他幼时随父母在南非居住，是一个粗狂而又魅力十足的男人，可他和哈代一样终生未婚。不同的是，李特伍德极乐意置身脂粉堆里，并与一有夫之妇有染，甚至弄出一个私生女来。

ㅂ. 被辱的婆罗门

哈代收到拉曼纽扬来信的时候，正处于学术创造的高峰，而另外两位收信人却已达到声望的顶点。更为重要的是，如同他的同事 C. P. 斯诺所评价的,哈代是"我所见到过的最远离忌妒情感的人","彻底摆脱了人生的种种卑鄙狭隘的个性"。另一方面,牛津大学的一位经济学家曾经这样回忆哈代:"他对于卓越性的感觉是绝对敏锐的,稍有逊色的从来不屑一顾。"当哈代看过拉曼纽扬的《笔记》,便确信这个人的数学天赋高于自己,下定决心要把他邀请到剑桥去。正巧三一学院年轻的助教内维尔要到印度去,哈代便委托他去会见拉曼纽扬。内维尔在哈代眼里是"一位能干的数学家",他到马德拉斯大学做微分几何方面的一系列讲座,此外,他的另一项任务就是把拉曼纽扬弄到英国去。

虽说家道败落,但由于宗教上的顾虑和文化上的抗拒心理,婆罗门和遵守教规的印度教徒是不能漂洋过海的,到英国去是对家族的一种玷污,其严重性堪与公开抛弃圣巾、吃牛肉或迎娶寡妇相比。将近四分之一个世纪以前,甘地因为去英国留学,就被家族逐出了种姓。但到了拉曼纽扬时代,印度人因为出国而良心不安已经减轻了许多。当拉曼纽扬和内维尔第三次一起坐在他的笔记本前面时,他竟然松了口,并主动把从不离手的笔记本借给内维尔看。原来,在内维尔的影响之下,印度数学会的几位好心人已经做过拉曼纽扬父母的工作。幸运的是,拉曼纽扬得到了全家信奉的纳马卡尔神庙里的女神的谕旨,她对他的英伦之行表示了赞许。

关键性障碍被排除以后,剩下的问题便是路费和生活费。相比后来的美国大学教授来说,英国人在经济方面一直是非常小气的。即使是20多年以后,在清华大学任教的美国人维纳推荐之下,中国的数学天才华罗庚赴剑桥访问(其时哈代已经60岁了,他的学生海尔布伦在学术和生活方面给华提供了帮助），仍是拿着中华文化教育基金会每年 1200 美元的资助，虽然第一年他就完成了 11 篇文章，每一篇都可以让他取得博士学位，却因为交不起入学注册费而放弃了。对于拉曼纽扬，哈代表示，他和李特伍德可以每年共同提供 50 英镑，但这笔钱只够支付开销的五分之一。内维尔果然活力非凡，居然请出马德拉斯的英国总督说情，最后，马德拉斯大学提供了 600 英镑的经费，大约相当于今天的三万美元。

与早年从上海或天津起程去欧洲留学的中国学生一样，从马德拉斯出发的拉曼纽扬走的也是水路，只不过从印度走比从中国出发近了一半。他乘坐的轮船穿越了阿拉伯海、红海和地中海，一路停靠科伦坡、亚丁、塞得港、热那亚、马赛和普利茅斯。1914 年 4 月 14 日，拉曼纽扬抵达伦敦，两个月以后，第一次世界大战便打响了，又过了两个月，英国参战。这场战争使得剑桥两千多人死亡，伤者不计其数。尽管如此，拉曼纽扬首先面临的却是英国人的矜持，以及拒人于千里之外的冷漠。在一本写给留英印度学生的小册子里有这样的介绍："即便是那些学院里的看门人，他们在执行自己的职守时，也绝不会关心一下新来的学生。"每个人的感情四周都似乎围了一堵墙，拉曼纽扬和他的同胞对这一现象感到惊讶，正如外国游客看到印度街头那些无人看管的牲口时所表现出来的一样。

除了孤独以外，拉曼纽扬还面临严寒的气候和饮食的不适。在印度时，他从来没有做过饭，甚至没有进过厨房。但是在剑桥，母亲和妻子都不在身边，他又不相信学院餐厅里的素菜真是素的，只好自己学着做了。当拉曼纽扬觉得自己的手艺已经不错了，就邀请几位朋友来家做客。几道菜上过以后，主人问客人是否还再来一点，没想到其中的两位女士没有吭声。不一会儿，客人们便发现主人不见了，门卫说他搭乘一辆出租车走了。几个小时后仍没有音讯，第二天还是没有回来，一直到第五天，拉曼纽扬从一百多公里外的牛津给他的朋友发来一封电报，问能否汇五英镑给他做路费。后来他解释说："小姐们不肯吃我做的东西，让我感到无地自容。"

事实上，每当拉曼纽扬觉得自己受了屈辱，他就非常冲动。十年前因为失去了奖学金，那次冲动将他驱赶到千里之外，这次幸亏他口袋里装的钱不多，他没有走得太远。可以说，他的内心仍未成熟，仍属于未成年。对公开受辱的过分敏感，心理学家称之为"羞辱感"。它和罪恶感不一样，罪恶感是因为做了坏事，而羞辱感源于自己的失败或不良习性被人发现，比如手淫或顺手牵羊。虽说被发现是导致羞辱感产生的直接要素，但有的患者只要想到可能被发现就会有羞辱感。拉曼纽扬就属于这种情况，那两位做客的女士并没有说他做的菜不好吃，但他潜意识里却想当然了。美国心理学家莱奥·维尔姆塞在《羞辱的面具》一书里指出：羞辱感最典型的症状是有逃脱的冲动，"躲开的念头是内在的，与羞辱感无法分开"。

7. 乡愁引发疾病

羞辱感及其事例大概可以说明，拉曼纽扬的青春期较常人长久，他的内心（甚或生理上）始终是一个未成年人。虽说他与哈代和李特伍德在数学方面的合作很有成效（这是不需要生活经验的），尤其在整数分拆和无穷级数理论方面取得了突破性进展，却花费不少时间沉溺于乡愁。拉曼纽扬常常在空气里闻到母亲烹调食物的气味，或者马德拉斯街上飘着的烧牛粪的气味，耳朵里会传来节日期间游行队伍里错落有致的乐声和铃声，眼睛里会浮现出故乡田野里身着白袍的劳动者，还有河边穿莎丽的妇女。有一次，拉曼纽扬写信给母亲，希望妻子佳娜琪能来英国陪他，结果母亲根本没告诉她，就回信说不可能。这件事说明，婆媳之间已经不和了。

到英国的第四年春天，拉曼纽扬终于倒下了，他患上一种无法搞清楚的疾病。起初，他被诊断为胃溃疡，后来医生又坚持认为是癌细胞扩散或血液中毒，后者是基于他爱把铅做的蔬菜罐头直接放在煤气上加热后食用。可是到头来，他还是像大多数印度学生一样，按结核病治疗。由于印度和英国天气的反差，留学生们容易患肺结核和其他胸腔疾病。拉曼纽扬先后被送到五家医院和疗养院，他是一个十分难缠的病人，除了饮食方面特别挑剔以外，总是要和医生唱对台戏。甚至哈代也写信给马德拉斯大学，告诉他们拉曼纽扬得了一种不治之症，准备把他送回印度。只是由于当时正值一次大战期间，潜艇使得海上旅行极其危险，加上路上又没有医生陪伴才作罢。

幸运的是，半年以后，拉曼纽扬的身体大为好转。可是，他的头脑却没有好起来。有一天，当他离开疗养院短期外出时，曾企图自杀。拉曼纽扬在伦敦的一条铁路线上，突然朝着迎面开来的火车跳下了轨道。亏得司机眼睛尖，拉下了闸门，火车尖叫着停在离他几英尺远的地方。人虽然得救了，却流了许多血，胫骨上留下了一道伤痕。

拉曼纽扬被带到伦敦警察总署，哈代被招来了，没想到，这位向来彬彬有礼的英国绅士居然也慌了神，告诉警察他们抓的是皇家学会会员（相当于其他国家的科学院院士）。警察局很快就查明，拉曼纽扬还不是 F. R. S.，不过既然得知他是一位著名的数学家，还是很快就把他放走了。

其实，哈代并没有撒谎，在拉曼纽扬返回疗养院十天以后，他即收到了哈代发来的电报，告诉他已经当选皇家学会会员了。也就是说，在拉曼纽扬自杀以前，皇家学院可能已经投票通过他的增选。虽说妻子长久没有来信让他烦恼，此前没有得到他想要的三一学院研究员职位也使其深感失望，可是这一次，F. R. S. 这个头衔终于洗刷了一切不快和羞辱，他的身体康复得也更快了。不久，拉曼纽扬如愿当选三一学院的研究员，他年轻时的梦想实现了。在 1860 年以前，担任这个职位必须要独身。同样让人高兴的是，战争终于以协约国的胜利告终，旅途中可能出现的危险也排除了，他没有理由再在英国待下去了，故土的气候和饮食更有利于他的健康，况且 F. R. S. 和三一学院的职位都不需要他在此定居。

8. 重返马德拉斯

1919 年 3 月，拉曼纽扬乘坐"名古屋号"船出发，永远离开了英伦，当轮船抵达孟买，他的母亲和弟弟在码头迎接。一个星期以后，母子三人乘火车回到了马德拉斯，差不多正好是在他出发去英国五年以后。佳娜琪依然没有出现，因为婆婆没有告诉她，可她还是从报纸上知道丈夫的归来，并接连收到了他的两封信。拉曼纽扬最早的资助者、税务官拉奥也前往车站迎候，他看到的是一个消瘦憔悴、满脸病态的拉曼纽扬。"我看到结局了。"他后来回忆说。尽管如此，当地的名流仍排着队去拜见这位天才，富人们争先恐后地要为他支付医疗费和其他费用，或者把自己的房子让给他住。马德拉斯大学为他提供了教授职位和充足的研究经费，一点也不比他去英国访问时的津贴少，足以让他自由自在地去世界各地进行学术交流。

事实上，历史上还没有一个印度人达到他那时在科学上的地位和名望。可是，拉曼纽扬已经没有时间去享受这些旅行和荣誉了，也没有精力去为马德拉斯大学做贡献。在英国，他已经看过很多的医生和医院，但都不能治疗肺结核，现在回到印度，自然更困难了。他曾经幽默地对别人说："我有一个老朋友比你们更爱我，根本不肯离开我，这就是肺结核的高烧。"南印度的夏天很快来临，白天的气温已超过38度。拉曼纽扬如今有机会和财力去山中避暑了，母亲和妻子陪着他，这回在两个女人的矛盾和斗争中他偏向年轻的一方，佳娜琪那时年方18，正值青春年华，两口子多了一份亲昵，或许第一次有了性生活。遗憾的是，她没有怀上身孕。除了发脾气的时候，拉曼纽扬喜欢和她开玩笑，博得她的一笑，他终于有勇气摆脱母亲的控制了。

秋天来临，拉曼纽扬的身体有了起色，他重又开始研究数学，那是被他称为"仿 θ 函数"的新伙伴，可以展开成无穷级数，他的"初恋情人"。仿佛是鸳梦重温，他得到了一些令人吃惊的成果。以至于让他在返回印度十个月以后，高兴地提笔给哈代写下了第一封信。这

　数学传奇

▶ 拉曼纽扬故乡的寺庙［上］
印度南方的四轮手推车（作者摄于班加罗尔）［下］

一点似乎应验了中国人所说的"回光返照"，当一个肺结核病人快死时，他会被推向创造性的高潮，死亡的临近会使得生命出现最后的灿烂。这些"仿 θ 函数"的工作非常出色，后来却不幸连同记载它们的笔记本一起丢失了。直到 1976 年，才由一位名叫乔治·安德鲁斯的美国访问教授在剑桥大学的图书馆里发现、加以整理并发表，至于它如何到的剑桥，就无人知晓了。有人把这件事做了比喻，"好比突然发现了贝多芬第十交响曲的全本"。一般认为，安德鲁斯后来当选美国科学院院士，与他的这一发现有着必然的联系。

1920 年 4 月 16 日早晨，拉曼纽扬返回祖国刚满一年，他陷入昏迷。连续数个小时，佳娜琪坐在他身边，试图用冲淡的牛奶喂他。那天上午刚刚过去一半，拉曼纽扬就去世了，享年 32 岁。他的妻子、父母和两个弟弟陪伴在他周围。当天下午便安排了火葬，尽管他名声远扬，那些正统的婆罗门亲友都没有来，因为他曾经漂洋过海，回国后又由于身体原因没有举行净化仪式。拉曼纽扬没有留下一个后代，也没有招收过一个弟子，但在他的精神感召下，20 世纪后半叶的印度数学和自然科学有了很大的进展。就我所知，在数论领域，至少在加拿大的印度人占据了统治地位。在物理学方面，印度人也有卓越的贡献，仅马德拉斯大学就出过两位诺贝尔奖得主——拉曼和钱德拉塞卡，后者在拉曼纽扬去世时才是一个九岁的男孩。

2005 年，为纪念拉曼纽扬，他的故乡贡伯戈纳姆市的 Shanmugha 艺术和科学技术研究院（SASTRA）创立了 SASTRA 拉曼纽扬奖。该奖每年颁发一次，授予在拉曼纽扬研究领域做出杰出贡献的年轻数学家，奖金为一万美元，获奖者的年龄不能超过拉曼纽扬谢世时的 32 岁。颁奖礼于 12 月 22 日——拉曼纽扬的生日当天，在 SASTRA 大学举行的数论和自守形式国际会议上举行。也是在 2005 年，意大利理论物理中心（ICTP）和国际数学联盟（IMU）设立了拉曼纽扬奖，每年颁发一次，授予不超过 45 岁的在任何数学领域做出杰出贡献的发展中国家的数学家，典礼于当年的最后一天在意大利的里雅斯特举行。[1]

2003 年 12 月，我应印度国立数学研究所的邀请，赴南印度的花园城市班加罗尔参加为庆祝拉马羌德拉（Ramachandra）70 周岁生日召开的国际数论会议。拉氏被认为是拉曼纽扬之后印度最重要的数论学家之一，他还做了这位前辈未做的事情，即培养了众多杰出的人才，会议的发起人巴鲁教授便是他的得意弟子。巴鲁是拉曼纽扬的老乡，现任马德拉斯大学数学研究所所长，他肤色黝黑，精力旺盛，与我一见面就谈论数学。在到过欧美的各种学术场所以后，我突然发现，只有南印度的数学家保持了对数学的原始激情，如同古希腊的毕达哥拉斯学派一样。回忆几年前巴鲁证明格雷厄姆猜想所使用的巧智，或许他就是现代健康版的拉曼纽扬。本来，马德拉斯（它现在的名字叫夏奈）是我没去过的南亚城市中最渴望一游的，现在无疑又添加了几分好奇之心。或许，我应该寻找时机，谋求第三次印度之旅。

2008 年 8 月，剑桥

---

1 迄今为止，已有七位中国数学家分获这两个奖项，分别是哈佛大学的张伟（2010）、斯坦福大学的恽之玮（2012）、耶鲁大学的刘一峰（2018）和加州大学伯克利分校的唐云清（女，2022），北京大学的史宇光（2010）、中国科学院的田野（2013）和北京国际数学研究中心的许晨阳（2016）。

华罗庚与陈省身，
两位同时代的数学大师

在这些日子里，拓扑天使和代数魔鬼在
为各自占有每一块数学领域而斗争着。
——赫尔曼·外尔

1. 太湖的西北和东南

在 19 世纪后期和 20 世纪初期，中国东部的太湖流域人才辈出，诞生了许多位大师级的人物，犹如两宋时期的鄱阳湖流域。可以毫不夸张地说，近现代中国半数以上的文坛巨子和科学巨匠出自这个地区。今天，我们习惯把这片土地称为长江三角洲，那更多的是从经济学的角度考量，以对应改革开放最初的前沿阵地——珠江三角洲。但从历史和文化渊源来看，这个地区与太湖的关系比它与长江的关系无疑更为密切，太湖的北岸和南岸分别是江苏的苏锡常和浙江的杭嘉湖这六

少年华罗庚［左］
少年陈省身［右］

座城市，在宋代属于两浙（西）路，可谓是中国百姓口中传颂的"鱼米之乡"，也是文人墨客诗词里赞美的秀丽"江南"。

1910 年 11 月 12 日，数学奇才华罗庚出生在常州市金坛县（今金坛区）的一个小商人家庭。他的父亲原先是学徒，经过多年的艰苦奋斗和打拼，拥有了三家规模不等的商店，一度担任县商业丝会的董事。不料后来一场大火把大店烧个精光，接着中店也倒闭了。等到罗庚出世时，华家只剩下一爿经营棉花的小店，且以委托代销为主。九天以后，即 11 月 21 日，在离开金坛县几十里远的无锡市，一位瘦弱的男婴在一户诗书人家呱呱坠地，那便是日后以小说《围城》名闻遐迩的大才子钱锺书。这两个苏南人一文一理，在 20 世纪的中国历史上各自书写了光辉夺目的篇章，他们的人生轨迹也不时相交。

1931 年，华罗庚因为发表了一篇题为《苏家驹之代数的五次方程式解法不能成立之理由》的文章，被慧眼的数学家熊庆来识中，破格邀请到清华大学算学系担任助理员。那项职务介乎于工友和文书之间，华罗庚可以利用业余时间听课、自修并做研究。其时，钱锺书正在清华就读外语系，那时中国大学的规模都比较小，想必他已听说这位患有严重腿疾、自学成材的同乡大名。1936 年，华罗庚被官费公派至剑桥大学访问时，钱锺书已经在牛津大学留学。他们在英国各自停留了两年，其中有一年是重叠的，但这两位清华校友兼江苏同乡却似乎未曾有过交往。

值得一提的是，有着严重腿疾的华罗庚那时是独身前往英伦，而身体健康的锺书却携带着新婚夫人、未来的作家和学者杨绛。后来，钱锺书因为到巴黎游学了一年，他和华罗庚同在 1938 年回国，两人均受聘于昆明的西南联合大学。一向喜欢交游、性格开朗的华罗庚本应该在那时（如果以前没有的话）听说或遇见过钱锺书，但笔者发现，在其弟子、数学家王元所著《华罗庚》（开明出版社，1994）书后所列人名索引里，虽有七位钱姓大学者，包括著名的物理学家"三钱"（均来自太湖流域），却没有出现钱锺书的名字。

江南可谓人杰地灵，尽管华罗庚与钱锺书没有相遇（至少没有相知），但在太湖另一头的浙北，一个叫秀水（嘉兴）的县城里，在华罗庚和钱锺书两人出世后不到一年，又诞生了一位非凡的天才，日后注定要成为华罗庚的室友、同行和竞争对手。此人姓陈，名省身。与华罗庚的家庭背景不同，陈省身的父亲是个读书人，中过秀才，这从他给儿子起的名字里也可以看出。他的母亲倒也出身于商人之家，但一生朴实无华。有了儿子以后，做父亲的只身去了杭州，考入浙江法政学校。在辛亥革命之初，这样的选择是要有眼光和卓见的。

　　数学传奇

父亲毕业后，进入司法界工作，很少回家。陈省身跟着疼爱他的祖母和小姑识字读文，有一次父亲回嘉兴过年，教会他阿拉伯数字和四则运算，并留下了一套三本头的《笔算数学》。此书由传教士和中国人合编，没想到小小年纪的陈省身竟然能做出书中的大部分习题，并由此对数学产生了兴趣。八岁那年，即1919年，他终于被家人送入当地的一所县立小学，插读四年级。可是上学第一天，陈省身就目睹了老师用戒尺挨个责打同学，幼小的心灵受到刺激，从此不肯再去学校，他的小学只读了一天。

一年以后，陈省身进了秀州中学高小部。这是一所教会学校，他的大姑父在学校里担任国文老师，因此他在学习、生活方面都得到很好的照顾。毫无疑问，教会学校的学习对陈省身后来长年的异国生活是有裨益的。据张奠宙、王善平合著的《陈省身传》(南开大学出版社，2004)记载，除了能做相当复杂的数学题以外，陈省身也非常喜欢国文，课余还能读些《封神榜》等闲书，文学气质在这类消遣性的阅读中获得熏陶，他甚至在校刊上发表了两首诗作。1921年夏天，当参加中共"一大"的张国焘、毛泽东等十三人从上海秘密转移到嘉兴南湖的一条游船上时，陈省身正好也在故乡。第二年，他的父亲转到天津法院任职，全家从此离开了嘉兴。

就在陈家北上的那一年，华罗庚在金坛进入了刚成立的县立初级中学。说实话，他在小学时因为淘气成绩有点糟糕，只拿到一张修业证书，但做父亲的却重男轻女，让成绩好的姐姐辍了学。那时候金坛中学总共只有八个学生，却有专任的数学和国文老师，从第二年开始，数学老师便对华罗庚另眼相看了，经常把他拉到一边，悄悄地跟他说："今天的题目太容易，你上街去玩吧。"三年级时，华罗庚已着力简化书中的习题解法，他在国文方面同样有自己的想法，曾发现并指出胡适《尝试集》中一首诗的逻辑错误，结果却遭到老师的痛斥。

可是，等到华罗庚初中毕业，做父亲的却又犯了难。一方面，他希望儿子"学而优则仕"，另一方面又有所顾虑，如果送他去省城读高中，经济负担是否会太重。此时有一位亲戚提供了一个信息，教育家黄炎培等人在上海创办的中华职业学校学费全免，只需付食宿和杂费，且初中毕业即可以报考。结果华罗庚被录取了，进入该校商科就读，这相当于今天的中专。那一年是1926年，小他一岁的陈省身在天津刚好从詹天佑任董事的扶轮中学（今天津铁路一中）毕业，他跳过大学预科，直接进入了南开大学。而华罗庚即将面临的则是辍学回家、结婚生育，以及一场几乎使他丧命的疾病。

2．选择数学作为职业

虽然中华职业学校的数学老师水平不高，但华罗庚已经学会了自己寻找和总结方法，并在上海市珠算比赛中获得第一名。那并非他打算盘的本领有多高，而是事先动了脑子，悄悄地把乘法运算作了简化，结果击败了众多参赛的银行职员和钱庄伙计。而从业余兼职的英语老师邹韬奋（后来成为著名的新闻记者和社会活动家）那里，他学到了一种罚站的教学方法，日后竟然被应用到中国科学院数学研究所的研究生培养中去。可是，华罗庚才读了一年书，家里便再也无法负担他在上海的生活费用。于是，他没有毕业就回到了家乡，帮助父亲在棉花店里站柜台，同时，业余时间依然保持着对数学的浓郁兴趣。

那一年，16岁的华罗庚与同城的一位吴姓姑娘成了亲，而陈省身完成自己的人生大事时已经28岁，早已经获得洋博士并荣任西南联大教授了。年轻时的华罗庚相貌周正、身材魁梧（华老女儿华苏亲口告诉笔者是一米八），且性格活跃、喜欢玩耍，他酷爱地方上流动的戏班子，有时甚至跟着到别处看演出。他的夫人美丽端庄，出身军人世家，岳父毕业于保定军官学校，却在她五岁时不幸去世。因此，华夫人只有小学毕业，出嫁时家境甚至不如华家。据说在金坛县立"华罗庚纪念馆"里，还保留着他们结婚时的全部家当。如同华罗庚后来调侃时所说的，他们比较"门当户对"。

婚后第二年，妻子生下一个女儿，可是，华罗庚依然喜欢看数学书和演算习题。此时，他已经自学了高等数学的基础内容，有时看书入了迷，竟然忘了接待顾客，老父知道后不由得怒火中烧，骂儿子是呆子，甚至把他的演算草稿撕碎，往街上或火炉里扔。直到有一天，老父在茶馆喝茶时掉下一颗牙，而"牙齿"和"儿子"在当地土语里谐音。迷信的他忽然害怕起来，担心独生子保不住，才不再干涉他对数学的迷恋，心想有个傻儿子总比没有强。后来有一次，华罗庚纠正了账房先生的一处严重错误，做父亲的终于有了欣慰感。

又过了一年，以前赏识华罗庚的初中老师王维克从巴黎大学留学归来，担任金坛中学校长，他看到华罗庚家庭困难同时又好学，便聘请他担任学校会计兼庶务。这位王校长虽然学理，曾在巴黎大学听过居里夫人的课，同时是个有成就的翻译家，是意大利诗人但丁的《神曲》和印度史诗《沙恭达罗》的第一个中文译者。事实上，那时的中学老师不仅学识高，且对学生有一颗真诚的爱心。此前的金中校长韩大受也出版过《训诂学概论》等多部著作，在做人和学问等方面循循教导华罗庚，同时免去他的学费。华罗庚向来被认为是自学成材的典范，其实他在初中阶段的学习中受益匪浅，不仅在知识方面，这一点非常重要，也是如今的教育制度所缺失的。

正当王校长准备提拔华罗庚，让他担任初一补习班的数学教员时，不幸却接踵而至，华家真出大事了，父亲的预兆几乎应验。先是母亲得了子宫癌去世，接着华罗庚患上伤寒，卧病在床半年，医生都认为高烧不退、昏迷不醒的他没必要治了。最后死马当活马医，华罗庚在喝了一帖中药以后竟然奇迹般地得救。当时虽有妻子精心护理，可是由于缺乏医学知识，没有能经常替他翻身，华罗庚的左腿落下了残疾，从此走路需要左腿先画个圆圈后，右腿才能跟上一小步，有人因此戏称他的步履为"圆规与直尺"。

那时候华罗庚尚不满20岁，幸运的是，他已经成家了。而19岁的陈省身那年刚从南开大学毕业，获得理学学士学位，进入清华大学算学系，成为中国历史上第一个硕士研究生。在就读南开之前，15岁的陈省身便因为同乡老师、数学史家钱宝琮的缘故，与数学更为亲近了。说到钱宝琮，他和陈省身父亲是嘉兴时的同学，后来留学英国，获得土木工程学位后回国，却钟情于数学，并潜心于中国古代数学史的研究。离开南开后，钱宝琮长期执教浙江大学，并在陈建功回国以前担任数学系主任。那时因为铁路线经常中断，到外地上学不便，陈省身便与南开有缘了，但他并非一开始就选择数学，毕竟他的父亲在司法界工作。

那时的南开理学院一年级不分系，有一次上化学课，老师要求吹玻璃管。陈省身面对手中的玻璃片和加热的火焰一筹莫展，后来在别人的帮忙下，总算勉强吹成了，但他觉得玻璃管太热，就用冷水去冲，结果玻璃管当即粉碎。这件事对陈省身触动很大，他发现自己动手能力差，于是决心放弃物理和化学，这成了他终身献身数学的起点。事实上，心理学上有这样的解释："有些理论型人才，脑子思考快，手却跟不上，所以往往出错。"物理学家杨振宁也是因为在实验中屡遭失败而转攻理论物理，在他早年求学的芝加哥大学就流传着这么一句笑话："哪里有爆炸，哪里就有杨振宁。"

提到南开大学，它的前身是 1904 年创办的南开学校。1919 年的五四运动以后，中国社会开始崇尚科学和民主，青年人热衷于新文化，接受高等教育遂成为一种时尚。南开大学应运诞生，其主要创办人张伯苓十分重视学术水准，延聘了多位著名学者担任教授。南开从一开始就成立了数学系，这可能与蔡元培在北大推崇数学不无关系，而第一个受聘南开的数学教授则是那年刚获得哈佛大学博士学位的温州平阳（今龙港市）人姜立夫（从浙南的这个小县城里走出的数学名家还有苏步青，他比姜立夫刚好小了一轮）。很快，陈省身便得到了姜立夫的赏识，受其影响，他对几何学萌生了兴趣。

再来看华罗庚，他因为腿的残疾更坚定了攻读数学的决心。否则的话，聪明的华罗庚对自己的人生之路也许另有抉择。那年 12 月，上海的《科学》杂志以读者来信的方式发表了华罗庚的第二篇论文《苏家驹之代数的五次方程式解法不能成立之理由》，从此改变了他的命运。说起《科学》杂志，它创刊于 1915 年，今天依然存在，虽然每期都有一两位院士为它撰稿，却主要刊登综述和科普性质的文章。但在 20 世纪二三十年代，它经常发表研究性质的科学论文，编辑部主任由中央研究院化学所首任所长兼任，尽管这些论文大多没有跟上世界潮流。

　　除了《科学》，当时的上海还有一本综合性中文杂志《学艺》，1926 年，它刊登了一篇苏家驹撰写的《代数的五次方程式之解法》。这与一个世纪前挪威数学天才阿贝尔建立的理论恰好相悖，包括清华大学算学系主任熊庆来在内的行家一看就知道是不可能成立的，但却没人去挑毛病（也可能是无暇）。年轻无名的华罗庚就不一样了，他很认真地拜读并琢磨"苏文"，随后将苏的方法推广到六次方程的求解。欣喜之余认真查对，华罗庚终于发现有一个十二阶的行列式的计算有误，遂撰文陈述理由并否定了"苏文"的结果。

　　清华订有《科学》，读到华罗庚的文章，熊庆来和同事杨武之等人暗自高兴，尤其是看了文章的序言更加赏识，作者诚实地说明了自己对"苏文"从相信到摹仿再到否定的过程。可是，这个华罗庚究竟是何人呢？（今天这个问题转变成，这个苏家驹究竟是何人呢？）巧合的是，当时的清华教员（总共七八个）里恰好有个金坛人，叫唐培经，在韩大受之后、王维克之前担任过金坛初中校长，不过那时华罗庚正辍学在家。

唐培经曾收到过华罗庚的来信并有回复，遂向主任做了汇报，告之华罗庚通过自学，数学钻研已经很深。熊庆来得知后经与系里同事商议，并在理学院院长叶企荪同意后，即邀请华罗庚来清华算学系担任助理员。

这里我想插一句，在徐迟那篇著名的报告文学《哥德巴赫猜想》里，有这么一段话：

> 当初，我国老一辈的大数学家、大教育家熊庆来，我国现代数学的引进者，在北京的清华大学执教。30年代之初，有一个在初中毕业以后就失了学，失了学就完全自学的青年人，寄出了一篇代数方程解法的文章，给了熊庆来。熊庆来一看，就看出了这篇文章中的英姿勃发和奇光异采。他立刻把它的作者，姓华名罗庚的，请进了清华园……

应该说，里面的内容与事实并不完全相符。首先是称谓值得商榷，其次，并不是华罗庚率先把文章寄给熊庆来，而是后者和杨武之等同事看到杂志后发现了华罗庚。无论如何，华罗庚终于迈出了成为一名数学家的关键一步。在清华，他将结识先期抵达的陈省身，共同翻开中国数学史的崭新一页。

3. 从清华园到欧罗巴

旧中国的科学底子薄弱，尤其在1930年以前，当时只要是在外

▶ 陈省身母校——汉堡大学圆形主楼
（作者摄）

国取得博士学位回来的人，统统被聘为教授，这些人回国后待遇优厚、衣食无忧，尤其是因为教学繁忙、资料匮乏，缺少良好的学术环境和氛围，基本上放弃了学术研究。以姜立夫为例，在南开数学系最初的四年里，只有他一个教师，因此什么课都得他亲自讲授。1949 年以后，他又在广州创建了岭南大学数学系（1952 年并入中山大学）。而清华大学算学系主任熊庆来当时只有法国的硕士学位（华罗庚到清华那年他再次留学巴黎，两年后获博士学位返回清华），却是东南大学（后改名中央大学，现名南京大学）、清华大学两所大学数学系的创建人和首任主任。

可是，清华大学毕竟是"皇家学院"，美国退回的"庚子赔款"除了资助姜立夫这样的青年才俊留学以外，还用以创办和扶持清华学校（1928 年升格为清华大学）。平心而论，上个世纪初，英美等"八国联军"借口保护本国教士和侨民，残酷镇压义和团运动，可谓是中国人的奇耻大辱，但也给当时的中国带来一些其他方面的影响，"庚子赔款"的退还及其使用法则就是其中之一。不然的话，清政府恐怕不愿一下子拿出那么多银子来办教育或通过选拔资助有为青年出国留学，这些青年中有许多后来成为国家的栋梁之才，并为我们所熟知。

还是在清华学校时期，这所学校请来了康乃尔大学数学硕士郑桐荪（后来成为陈省身的岳父），由他担任大学部算学系主任。1928年，正是在郑桐荪的举荐下，熊庆来出任更名为清华大学的算学系主任（几年以后浙江大学的陈建功也举荐苏步青接替自己的系主任职位），不久又有芝加哥大学博士孙光远和杨武之（杨振宁的父亲）加盟。可是这四位教授中，也只有孙光远仍在继续做研究，他的主攻方向是微分几何，毕业论文发表在美国著名的《数学年刊》杂志上，回国后也多次在日本的《东北数学杂志》上发表论文，令陈省身十分仰慕。而清华之所以吸引他，还因为它的研究院可以派遣成绩优异者公费留学。

孙光远是浙江余杭（杭州）人，与陈省身算是半个同乡。陈省身从南开大学毕业那年，清华大学刚好成立了中国第一个研究院，他遂成为孙光远的研究生。不过，这位学问出色的孙教授个性也比较特别，没过多久，他便因为与学校领导闹矛盾，竟然撒手不管自己的研究生，奉行"凡清华的事我一概不管"。两年以后，孙光远应母校南京中央大学之聘永远离开了清华。不过，孙教授后来在中央大学（南京大学）也曾长期担任数学系主任和理学院院长。1978年，陈省身回国时到访南大，专程看望了孙先生，一年后孙先生就去世了，此乃后话。1933年，陈省身成为中国历史上第一个硕士，答辩委员会的三位成员是叶企孙、熊庆来和杨武之。

回到1930年，由于清华算学系只录取了陈省身和他的同班同学吴大任两个人，而后者因为父亲失业不得不到广州中山大学先做一名助教。系里因此决定缓招研究生，这样陈省身就在清华做了一年的助教。次年 8 月，正当他开始读研究生之际，华罗庚来到了清华大学。作为一名助理员，他的办公室就在系主任熊庆来的办公室外面，无论谁来找主任，都会见到他。如前文所言，华罗庚性格外向，说话风趣，很快他便与大家熟悉了，包括陈省身。华罗庚甚至自嘲是"半时助理"，因为按照清华的规定，高中毕业的人才能当助理，而他只是初中毕业。

事实上，当时华罗庚的薪水只有助教的一半，约为四十元，略高于工友，与做研究生的陈省身所获的生活津贴（三十元）相差不多。华罗庚因为家里贫困，只身在清华园，他的家属仍留在老家金坛。那年夫人又生了一个孩子，这回是个儿子，清华五年，他只有在寒暑假才回到老家。王元在《华罗庚》里，记载了恩师晚年一次甜蜜的回忆："每当我寒暑假回家乡探亲时，熊庆来先生总是依依不舍，他生怕我嫌钱少不肯再回来了。他哪里知道，清华给我的钱比金坛中学给我的钱优厚多了，清华对我来说是求之不得的。"

虽然华罗庚来清华那年，借着成名作的光在《科学》上一气发表了四篇论文，但那些工作都是原来在家乡完成的，属于低水平的初等数学。到清华以后，他如饥似渴地钻研高等数学，接下来的两年里没有发表论文，而是埋头自学和听课。据前任四川大学校长、数学家柯召回忆："（当时）陈省身与吴大任是研究生，我与许宝騄是转学的高年级学生，华罗庚是助理员。我们五个人在一个班里，教员就是熊庆来、杨武之与孙光远先生。由他们三个人给我们五个人上课。"陈省身也曾写道："这个时期是罗庚自学最主要和最成功的一段。在那几年里，他把大学的功课学完了，并开始做文章。"

在华罗庚听的课中，有杨武之先生开设的群论课，同时华罗庚还随他研习数论。杨武之在芝加哥大学的博士论文题目是《华林问题的各种推广》，其中最好的结果是证明了"每个正整数都可以表示成 9 个棱锥数之和"，此结果在世界上领先了二十多年。虽然杨武之回国后学问做得少了，但却培养了华罗庚在数论方面的兴趣，晚年的华罗庚怀着感激之心回忆道："引我走上数论道路的是杨武之教授"，"从英国回国，未经讲师、副教授，直接提升我为正教授的又是杨武之教授"。

从 1934 年开始，华罗庚的数学潜能得到了充分的发挥，他每年都发表六至八篇论文，其中大多是在国外刊物，包括德国的权威杂志《数学年刊》，一时声名鹊起。这些论文大多是数论方面，也有的是代数和分析，显示了他多方面的兴趣和才华，这大大超出了包括熊庆来在内同事们的期望。来清华之前，华罗庚的英语尚未过关，凭着他自己独创的"猜想法"，很快做到不仅可以用英文撰写数学论文，还能借助字典阅读德文和法文文献。他的方法是这样的，遇到不认识的单词时，先根据上下文猜测其意义，再查字典验证。这样一来，就会记忆深刻。

正当华罗庚在清华开始大显身手的时候，自小目标远大的陈省身也已通过硕士学位论文答辩，准备出国留学了。1934 年 7 月，清华大学的教授评议会通过派遣他去德国留学的议案，所用的款项仍然来自那笔"庚子赔款"。参加会议的教授中既有他未来的岳父郑桐荪和"媒人"杨武之，也有校长梅贻琦、文学家朱自清等。月底，陈省身从上海坐船去欧洲，途经香港、印度、苏伊士运河到意大利北部的里雅斯特，再从那里坐火车到汉堡，开始跟随先前在北京认识的汉堡大学布拉施克教授研究几何。

说到这位德国导师，陈省身与他的结识要归功于同城的北京大学。就在财源充足的清华修筑大楼、广招贤能的时候，历史悠久的北大却人心涣散、纪律松弛，经常拖欠教授薪水。待到文学院院长、国学大师胡适（此时校长是蒋梦麟）出任掌管"庚子赔款"退款的中华教育文化基金会董事之后，力促其通过了资助北大的"特款办法"，情况才有了改变。北大研究院也在清华研究院成立两年之后挂牌，同时开始邀请外国专家来校讲学。布拉施克便是最早来到北大的数学家之一，他的系列讲座题目是"微分几何的拓扑问题"。在南开读书时，陈省身就随姜立夫先生学习过布拉施克的几何著作，因此很容易跟上，每次听课都没有落下，得以结缘这位数学大家。

4. 易北河与剑河之水

汉堡是德国的一座名城，也是德国最重要的水上交通枢纽，从大西洋来的万吨级巨轮可以沿着易北河直达此城。城内河道纵横，有1500多座大大小小的桥梁，同时也是欧洲仅次于阿姆斯特丹的情色之都。可是，汉堡大学却非常年轻，年轻得几乎难以置信，她与南开大学同一年（1919）创办。而在科学文化事业发达的德国有的是历史悠久的学府，

▶ 华罗庚与闻一多两家在西南联大旧居（1940~1941）

比如洪堡大学（1810）、哥廷根大学（1737）、图宾根大学（1477）、海德堡大学（1386），尤其是哥廷根，因为希尔伯特的出现成为世界的数学中心。可是，陈省身首先考虑的是导师，那时假如他愿意，他还可以选择英法或美国的名校，就像其他留学生做的那样。

　　陈省身晚年谈到自己成功的秘诀时，认为一半是天分，一半是运气。可以说，陈省身最初的运气便是结识汉堡大学这位喜欢云游的布拉施克先生。他抵达汉堡是在1934年秋天，此时希特勒已经上台，所谓的"公务员法"也已颁发，规定犹太人不能当大学教授，哥廷根这类名校首当其冲受到冲击。而汉堡这所新大学因为没有犹太教授相安无事，可以继续做学问。等到1937年，"新公务员法"颁布，连犹太人的配偶也不能当教授时，汉堡大学三位数学教授中才有一人被迫移居美国。那时，陈省身早已获得博士学位，被导师推荐到塞纳河畔的巴黎跟大数学家嘉当深造去了。

　　陈省身之所以没有像其他数学家（包括华罗庚在内）那样，把勤奋视作取得成功的一个主要手段，是有他的原因的。他的小学只读了一天，中学又少读了两年，便以第二名的成绩按同等学力考取南开大学，拿到硕士学位的当年即出国留学，可谓是个天才和幸运儿。由于中华文化教育基金会给的奖学金比较高（即便四分之三个世纪后的今天仍无法相比），陈省身始终自信满满，他经常下高级餐馆，邀请同乡吃饭，即使如此仍有许多积余，自费到巴黎继续深造（基金会自然又给予追加资助）。唯一辛苦的可能是过语言这一关，那时的欧洲大学不像现在通用英语，好在他在南开便上过德语和法语课，有一定基础，到汉堡以后去补习班恶补一下也就成了。

　　要说陈省身在汉堡的学术研究，他并没有埋头写论文，因此也没有发表许多论文，而是把重点放在学习和掌握最前沿、最先进的几何学进展和方法上，同时与一些大家建立起比较广泛的联系。除了布拉施克和嘉当以外，陈省身还与法国布尔巴基学派的代表人物韦伊、美国普林斯顿的维布伦等有了交流。这就像长距离的跑步或划船比赛，必须紧紧跟上第一梯队，才能伺机突破并超越。必须提及的是，陈省身为人真诚，很善于交朋友，这里以他与嘉当的友谊为例。虽然他的法语水平不高，与不会任何外语的嘉当无法进行思想上的交流，但在"二战"最困难的时期，他却从美国源源不断地给嘉当寄去食品包裹。

　　相比之下，自小苦出身、又缺乏家长和名师指点的华罗庚更多地依靠个人奋斗和自学，因此也特别刻苦。即使辍学在家替父亲的小店做伙计，他也起早贪黑地看书，甚至比开豆腐店的邻居起床还早。因此，当华罗庚后来被清华破格聘为职位低下的助理员时，特别珍惜也更加努力地钻研学问，他在短时期里便在国内外发表了数量可观的研究论文，这与"名门出身"的陈省身风格自然不同。不过，在布拉施克访问北大三年之后，清华也邀请到了两位级别更高的大数学家，那便是法国数学家阿达玛和美国数学家维纳，他们在北京停留的时间也更久。

阿达玛在数学的许多领域都有开创性的工作，其中在解析数论方面尤为出色，他率先证明了素数定理，那是"数学王子"高斯梦寐以求的结果。那项工作是在19世纪末完成的，即使半个多世纪以后，因为这个定理的一个初等证明，又颁发了一枚菲尔兹奖和一枚沃尔夫奖。遗憾的是，阿达玛来中国时年事已高，不在前沿做学问了。而维纳那时刚过40，可谓年富力强。作为控制论的发明人，维纳为数学史书写了光辉的一页。虽然研究方向不同，但维纳的函数论功底很好，便推荐华罗庚去了他年轻时求学过的剑桥大学，跟随当年的老师哈代。不用说，华罗庚去英国的奖学金也是来自那笔"庚子赔款"。

写到这里，我想插一句。如果今天有人做出华罗庚那样的成就（虽然那时远没有达到他的最高水平），早就有外国同行（比如美国的大学教授）出钱邀请了。但在20世纪30年代，尤其像英国和剑桥那样的老牌帝国和学府，是非常吝啬的。即使是殖民地印度出来的天才拉曼纽扬，而且是哈代主动邀请来访的，也是由印度政府提供的路费和生活费。那次华罗庚赴欧洲的旅途是选择陆路，即沿着西伯利亚铁路，今天的留学生是很难有这样的机会了。当时华罗庚与物理学家周培源做伴，经由莫斯科抵达柏林，陈省身也从汉堡赶来相聚。那会儿正逢夏季奥运会在柏林举行，陈省身陪华罗庚兴致盎然地一起观看比赛。

这不是华罗庚和陈省身在欧洲的唯一一次晤面，当年秋天，陈省身离开汉堡转道伦敦去巴黎时，也曾特意到剑桥看望了华罗庚。当然，从陈省身轻松面对学问这一点来看，他到柏林和剑桥并非单纯去见华罗庚，而是与他比较贪玩也有关系。毕竟，奥运会和牛顿的剑桥大学对每一个青年学子都有吸引力。这里需要提一下，据中华文化教育基金会的档案记载，在华罗庚到剑桥访学之前，曾两度获得该基金会资助，让他到汉堡大学研修，但不知何故，都没有成行。倘若那时华罗庚来汉堡，可能会随赫克或较为年轻的阿廷研究前途无量的代数数论，那样的话，后来中国数学的面貌将会有较大的不同。

当然，历史是无法改变的。华罗庚抵达剑河之滨时，哈代正在美国旅行讲学，行前他看过维纳的推荐信和华罗庚的论文，留了一封短函请系里同事转达。哈代在信中告诉华罗庚，他可以在两年之内拿到博士学位。可是，华罗庚为了节省学费和时间，放弃了攻读学位，他在剑桥期间，专心于听课、参加讨论班和做论文。不难想象，像华罗庚那样的初中毕业生要获得申请博士的资格，需要补考多少门课，那无疑会成为他心理的一种折磨。而假如华罗庚真的读了博士，那今天剑桥的某所学院倒是多了一位来自中国的著名校友，就像钱锺书就读的牛津埃克塞特学院一样。

哈代那时已经年过花甲，当他一年后旅行归来，似乎也没有给华罗庚以指导，至少没有像当年拉曼纽扬来访时那样有合作。可以说，华罗庚又一次依靠自学，只不过这回从中国的最高学府转移到了世界一流的大学。他在剑桥的两年时间里，写出了十多篇堪称一流的论文，大大超出了以前的水准。用王元的话讲就是："已经脱胎换骨，成为一个成熟的数学家了。"当然，这与剑桥拥有非常强的解析数论研究团队不无关系，这支团队以哈代为核心，他们与当时最顶尖的数论学家、苏联的维诺格拉朵夫联系密切。有时维氏会把一篇新获得的结果一页页地传真过来，剑桥这边随即加以讨论和研究。

两年以后，华罗庚启程回国，当他向哈代辞行时，大师问他在剑桥都做了哪些工作，华罗庚一一道来。惊讶之余，哈代告诉华罗庚自己正在写一本书，会把他的一些结果收录其中。这本书便是剑桥出版社出版的《数论导引》（1938），华罗庚的那些结果可能是近代中国数学家最早被外国名家引用的。他在剑桥取得的主要成就表现在，完整三角和的估计、圆法和华林问题、布劳赫－塔内问题以及哥德巴赫猜想等方面。与此同时，华罗庚自己有了后来成为他代表作的《堆垒素数论》的腹稿，而他另一部相对通俗的数论名著与哈代的著作恰好同名。

值得一提的是，华罗庚在剑桥期间，并没有在美丽的剑河上学会传统的撑篙，或到苏格兰等地游览，却以不懈的毅力学会了骑自行车，这对患有腿疾的人可不容易。帮助华罗庚学车的中国同学中，有当时攻读文学硕士、后来成为戏剧和电影导演的黄佐临，而华罗庚学车的目的自然是为了节省时间，因为在剑桥这座大学城里，租住的房子、办公室和图书馆通常离得比较远。华罗庚在剑桥的另一大收获是，他与苏联数学家维诺格拉朵夫建立了学术联系和友谊，这对他回国以后的研究尤其重要。值得一提的是，以英国人的矜持和冷漠，华罗庚与哈代或剑桥的其他同事难以建立和保持陈省身与嘉当那样的友谊。

5. 从昆明到普林斯顿

1937年，即华罗庚从英国回国的前一年，陈省身便准备从巴黎启程了，那时他已经在欧洲居留了三年，母校清华大学聘他为教授。没想到就在启程前三天，爆发了"七七事变"，日本军队占领了北京城。虽然前途未卜，可是陈省身却不顾危险，说到原因，他的个人问题没有解决应该也是一个实在的因素。早在汉堡时期，陈省身的老师杨武之教授就亲自写信，把另一位教授郑桐荪的千金介绍给他，他在清华读书时见过郑小姐，印象还不错，于是两人便开始通信了。在那个年代，这也就算是名义上的男女朋友了。虽然有急于赶回去的心情，但贪玩又有远谋的陈省身还是先坐船横渡大西洋，去了纽约。

陈省身的第一次美国之行历时一个月，玩过纽约看过百老汇的大腿舞之后，便乘火车到新泽西的普林斯顿朝圣。遗憾的是，时值炎炎夏日，多数人都避暑去了，他既没有遇着通过信的维布伦，也没有见到仰慕已久的爱因斯坦、冯·诺伊曼、外尔等大学者，唯一有过交谈的是维布伦的一位合作者。接下来，陈省身穿越美洲大陆来到加利福尼亚，最后北上到达加拿大的温哥华，从那里搭乘"伊丽莎白女王号"邮轮回上海。这次美国之行给陈省身留下了美好印象，六年以后，他重返美国，在那里度过了大半生，包括学术生涯的黄金时期，此乃后话。可是，当邮轮抵达长江口时，陈省身却发现岸上火光冲天，原来上海刚被日本人占领。

不得已，邮轮掉头向南去了香港。陈省身无法与在上海的女友见面，到达香港后又滞留了一个多月，方才得知清华、北大、南开已搬到湖南，组成长沙联合大学。这次联合的建议出自法学家、时任南京政府教育部常务次长的周炳琳，他是笔者的黄岩老乡、夫人是长沙名门闺秀。陈省身赶在 11 月开学之前抵达，可是，战火迅速向南蔓延，他在长沙只待了两个多月，便又随学校南迁至昆明。那年岁末，陈省身在长沙完成了一桩人生大事——订婚。虽然是战时，仪式却相当隆重，证婚人之一正是介绍人杨武之，另一位则是理学院院长、后来担任中国科学院副院长的吴有训，那会儿郑小姐还是燕京大学生物系的二年级学生，两人的婚礼要等到一年半后，才在昆明举行。

说到这次从长沙到昆明的南迁，西南联大兵分两路，大部分老师和同学们一起，有时步行，有时坐一段烧煤的汽车，足足花了 68 天；而陈省身和杨武之等名教授及家眷则经香港坐船到越南海防，再乘坐火车北上，只用了 13 天。有意思的是，那时昆明与邻省四川、贵州不通火车，反而与越南有窄轨连接，那是法国殖民者修筑的。这里笔者想插一句，陈省身他们抵达昆明几年以后，先父为了到西南联大求学，也沿陆路从浙江去了昆明。当时迁往大西南的名校还有浙江大学

（贵州湄潭、遵义）、中央大学（陪都重庆），不过在这两所学校的校史里叫西迁。

就在陈省身抵达昆明的那一年，华罗庚从英国回来了，他也被破格聘请为西南联大的教授，两人当时年纪只有二十六七岁。在华辗转从香港、西贡和河内抵达之前，他的夫人和孩子们已先期来到，一家团聚之后住在郊区，以避开日军飞机的轰炸。据家父回忆，当年他因错过联大报名时间，通过老乡介绍造访过华先生府邸，得到了帮助。联大也坐落在郊区，但离华家比较远，华罗庚每次坐着颠簸的牛车去上课。后来，在有课的时候他就住到学校里，和另外两个单身汉同居一室，其中就有陈省身。原来，陈省身婚后不久，夫人有了身孕，便送她回到上海随其父母生活了。令人难以置信的是，由于战乱分离，加上后来去美国访学，陈省身夫妻再次相聚时，儿子已经满六岁了。

在西南联大的那些年里，华罗庚和陈省身的数学研究都取得了新的突破。两人做室友有一年光景，每人一张床、一张书桌和一把椅子，此外，屋子里就没有多少空地了。那时联大的教授尽管生活清贫、工作条件艰苦，教书和研究的热情却异常高涨，还有许多出类拔萃的学生，如杨振宁、邓稼先、李政道等。一段时间里，华罗庚和陈省身一早起来有说有笑的，然后便沉浸在各自的数学空间里，直到深夜。虽然两人从未合作写过论文，但他们在联大联合举办过"李群"讨论班，这在当时全世界都十分先进。值得一提的是，也是在那个时候（约1939年），华罗庚的父亲在金坛老家过世。那会儿正值战乱，加上路途遥远，他无法赶回家送别父亲。

在西南联大期间，华罗庚在数论方面的研究主要与获得牛津大学博士并在普林斯顿做过博士后的闵嗣鹤合作（后者也曾担任过陈省身的助教），同时努力完成自己的第一本专著《堆垒素数论》。其时华罗庚已是这个领域的领袖级人物了，但他并不满足于此，而是另辟蹊径。例如，他在自守函数和矩阵几何领域均做出了出色的工作，前者至今仍是研究热点，后者与陈省身老师嘉当的工作有关。华罗庚在一篇论文的末尾还提到陈省身，感谢他提供嘉当论文的抽印本。此外，他还研究了代数学中的若干问题，如有限群、辛群的自同构性质，后者在不久的将来引导他深入研究典型群论。

与此同时，陈省身的学术研究也取得了新的进展。回国第二年，他便在美国的《数学年刊》上发表了一篇论文，这家由普林斯顿大学与高等研究院联合主办的刊物今天仍是全世界数学领域里最重要的。几年以后，陈省身又两度在《数学年刊》上露面，他在克莱因空间的积分几何等领域做出了出色的工作。后来成为陈省身终身好友的法国数学家韦伊在《数学评论》上撰写长文，予以高度评价，他认为，此文超越了布拉施克学派原有的成就。这些工作为陈省身后来进入并立足美国铺平了道路，也正是在那段时间，他开始对高斯－博内公式产生浓厚的兴趣。

1943 年夏天，陈省身由昆明启程去美国，那时还没有飞越大洋的民航班机，由于太平洋战事吃紧，他也无法搭乘远洋轮船，那样的话他本可以途经上海探视久别的妻子和从未见过的儿子。结果陈省身往另一个方向绕了地球一圈，他先是搭乘空载返回的美国军用飞机，到印度的加尔各答和（今巴基斯坦）卡拉奇，接着经非洲中部的某个国家飞越南大西洋，到巴西以后再北上佛罗里达，最后才抵达普林斯顿。陈省身在普林斯顿逗留了两年半，完成了一生最出色的工作，包括给出高斯－博内公式的内蕴证明，这标志着整体微分几何新时代的来临。

值得一提的是，这项工作是陈省身抵达美国最初的三个月内完成的，足见他在昆明时已经做了充分的准备。整整两年以后，就在陈省身接获母亲病危消息准备回国前夕，他又提出了现在被称为"陈示性类"的不变量理论。那时抗战已经取得胜利，华罗庚在中国如鱼得水，以他的个人成就和交游能力，与国民党军政要员和苏联方面也联系密切。他先是应邀访苏三个月，接着又被选入赴美考察团，同行的有李政道等八位科学家。1946 年 4 月，正当华罗庚准备出发去美国时，陈省身回国了，两人在上海得以晤面。按照陈省身的回忆，"他（华罗庚）负有使命，但我们仍谈了不少数学，我们的数学兴趣逐渐接近。"

Ь．天各一方瑜亮无争

说到华罗庚访苏，那是当年中国知识界无人不晓的事件，因为他撰写的三万字日记在《时与文》杂志上连载了四期。这是一家由热衷参政议政的知识分子在上海创办的周刊，在 20 世纪 40 年代中后期十分红火。由此可见，在中国近现代的各个时期，像华罗庚那样的传奇人物都是受大众关注的。同时也说明，即使在国民党统治时期，中苏

▶ 沉迷于数学王国里的华罗庚［左］ 1976 年的陈省身［右］

关系也非常重要。在苏联，华罗庚见到神交已久的维诺格拉朵夫以及其他数学家。我对他的旅行路线颇感兴趣，他从昆明出发，乘飞机和汽车，经过印度、巴基斯坦、伊拉克、伊朗、阿塞拜疆、格鲁吉亚，最后飞抵莫斯科和列宁格勒。当然，这比起陈省身的赴美旅途来还是要简捷安全。值得一提的是，华罗庚往返都经过加尔各答，并见到了数学家皮勒，他被认为是拉曼纽扬之后印度最好的数论学家。可惜四年以后，在去美国参加国际数学家大会途中，皮勒即因飞机失事身亡。

　　几年以前，华罗庚和陈省身早年的得意门生、数学家徐利治谈到两位恩师时认为，他们都是入世的。也就是说，他们都比较关心政治，或者说是，都对政治比较感兴趣。相比之下，徐利治认为西南联大"三杰"之一的许宝騄是观世或出世的。许宝騄与华罗庚同年，月份大了两个月。杨振宁先生曾亲自告诉笔者，他入读西南联大时，华、陈、许便已大名鼎鼎了。许宝騄祖籍杭州，出生在北京，系名门世家，祖父曾任苏州知府，父亲是两浙盐运使，姐夫俞平伯是著名的红学家。许宝騄从清华大学数学系毕业以后，通过了留英资格考试，却因为体重太轻未能成行，结果等了三年才动身赴伦敦大学，获博士学位后回国担任西南联大教授。

许宝騄被公认为是在数理统计和概率论方面第一个取得国际声望的中国数学家，可惜在"文革"期间英年早逝，那时离开陈省身第一次回国访问只有一年多时间了。徐利治回忆说："许宝騄淡泊名利，凡是权位、官职一概都不放在心上。这个人专搞学问，是很清高的，但也喜欢议论政治。"以笔者之见，许宝騄的这一个性与他的出身、学识和身体状况等都有关系。假如社会风气和经济基础允许，每个成年人应该都有依照自己的意愿，选择生活道路和与世界相处方式的自由。值得一提的是，许宝騄终生未娶，这与陈省身尤其是儿女成群的华罗庚截然不同。

华罗庚在普林斯顿期间，在代数学尤其是典型群论和体（无限维代数）方面做了很多出色的工作，特别是得到了被阿廷称为"华氏定理"的半自同构方面的重要结果，并给出了被后人称为"嘉当－布劳韦尔－华定理"的一个直接简单的证明，这个定理说的是：体的每一个正规子体均包含在它的中心之中。一位美国同行说过，"华罗庚有抓住别人最好的工作的不可思议的能力，并能准确地指出这些结果可以改进的地方。"陈省身的好友韦伊这样评价："华玩弄矩阵就像玩弄整数一样。"除了学术研究以外，华罗庚到巴尔的摩霍普金斯大学附属医院做了腿部手术，使得延续了 18 年的痼疾得到了减缓，至少左足也能像右足那样伸直了。

值得一提的是，在新世纪出笼的一批珍贵史料中，我有幸读到德国大数学家外尔早年为华罗庚写的两封推荐信。一封写于 1943 年 3 月，是给爱因斯坦等普林斯顿同事的，外尔认为华罗庚和陈省身是中国最杰出的两位数学家，对前者在解析数论和辛几何的工作尤为推崇。当年，外尔争取到一份津贴，邀请华罗庚来普林斯顿与他的同胞西格尔合作研究辛几何，却被谢绝了。据王元先生分析，华老可能担心失去独创性。另一封写于 1947 年 3 月，外尔致函纽约锡拉库萨大学数学系主任凯恩斯，此时他和华罗庚早有亲身接触、交往，外尔认为华罗庚的工作更有爆发力，速度惊人而高产，且极具原创性，堪称卓越，富有真知灼见。外尔写道，"与华在一起令人鼓舞人心，他是个容易合作、交流、个性愉快的人。我们都很喜欢他，视他为其中的一员。"

1948 年，华罗庚被伊利诺伊大学聘为教授，年薪达到了一万多美元，还配了四名助教。他把妻子和三个儿子接到美国，但已上大学且政治上要求进步的大女儿和刚出生不久的小女儿则留在中国。小女儿被外婆接回到金坛老家去了，从未见过她的华罗庚直到回国才得以见到。那年中央研究院公布了首批院士，华罗庚和陈省身榜上有名，另外三位当选的数学家是姜立夫、许宝騄、苏步青。伊利诺伊大学以数论见长，华罗庚指导了两位数论方向的博士生，其中一位叫埃尤伯，撰写过一部有影响的数论教程。1985 年，即华罗庚去世那年，埃尤伯曾宣布证明欧拉常数的无理性，结果被发现有错。这个难题渊源已久，哈代当年曾表示，谁要是能证明它，他愿意让出剑桥大学的教授职位。

就在华罗庚抵达伊利诺伊那年，即 1948 年的最后一天，陈省身率领全家离开了上海，搭乘泛美航空公司的班机，经东京、关岛、中途岛，抵达旧金山。此前一年多，省身在国内忙于筹备成立中央研究院数学研究所。该所成立前后，作为实际主持人的代理主任（所长），陈省身广泛吸纳年轻人，他网罗的人才包括吴文俊、廖山涛、周毓麟、曹锡华、杨忠道等。陈省身每周 12 小时亲自讲授拓扑学，期间女儿在上海降生了。他曾先后婉拒普林斯顿、哥伦比亚等大学和印度塔塔研究所的正式聘请，直到一个多月前，陈省身接到普林斯顿高等研究院院长奥本海默的电邀，在获悉南京国民党政府即将垮台以后，便做出了携家赴美的决定。

陈省身抵达普林斯顿以后，主持了一个讨论班，撰写了一本几何学讲义。当年夏天，他受聘芝加哥大学数学系教授，这与他的好友韦伊在那里不无关系。有意思的是，陈省身接替的莱恩教授恰好是其硕士导师孙光远当年的博士导师。那时这座日后以经济学大师辈出闻名的大学里还有两位初出茅庐的中国物理学家，即刚博士毕业留校的杨振宁和正在攻博的李政道，后者是两年前与华罗庚一起来美国的。华罗庚和陈省身同在伊利诺伊州执教，本应该有许多机会谋面，但陈省身的回忆里只提到芝大邀请华罗庚来讲学时，两人见了一次面，再就是华罗庚临走时的话别。

笔者注意到，在《华罗庚》里有这样的记载，赋闲在美的清华老校长梅贻琦（西南联合大学期间也以校务委员会主席身份实际主持联大）来华罗庚家里住了一个月，两人每天谈笑风生。毕竟，华罗庚和陈省身这对昔日的室友是同行，同行未必是冤家，但必定是竞争对手，而梅校长对华罗庚是有知遇之恩的。当后来华罗庚决定回国途经芝加哥时，梅贻琦又坦诚地给予忠告："政治是很复杂的，留在美国可以超脱一些。"值得一提的是，1955 年，梅先生奉召回台湾，在新竹将"清华大学"复校，利用的也是"庚子赔款"的退款，他本人一度兼任"教育部长"和"清华大学"校长。

秋天来临，随着中华人民共和国的成立并定都北京，中国数学界面临同时失去两位领军人物的危险。庆幸的是，一年以后，华罗庚决定放弃美国的高薪，率领全家返回中国。虽然关于他回国的原因，有种种猜疑和分析，但无论如何，他满怀报效祖国的热情，他的行动对中国数学界显然是个福音。多年以后，挪威出生的美国数论学家、菲尔兹奖得主赛尔贝格这样评价说，"很难想象，如果他（华罗庚）不曾回国，中国数学会怎么样？"而陈省身则选择留在美国生活，成为中国数学家在美国的标志性人物，他对中国数学更多的帮助和贡献，要等到退休以后。

虽说讲究中庸之道的中国人的哲学里也有"瑜亮之争"和"一山容不下二虎"之说，但华罗庚与陈省身还是终生维系了友谊。尽管他们的友谊并不是非常亲密，却经受了时间的考验。无论早年的中央研究院，还是后来的中国科学院，都会遇到所长的人选问题，陈省身和华罗庚都是最值得考虑的人选，而所长只能由一个人担任。幸运的是，中央研究院数学所成立时，华罗庚正在美国访问或筹备出国之中，而中国科学院数学所成立时，陈省身已经定居美国。

如果一定要在他们中间选择一人留在美国，以笔者之见，陈省身更为合适。一来在他的研究领域美国处于最前沿，也最活跃，二来他与国外同行之间的交游合作更广泛和密切。而华罗庚可能运气不是太好，一直以来单打独斗，较少获得过外国同行的帮助或提携。而就在中国生活的适应能力来说，底层出身的华罗庚可能更胜一筹，事实证明，历次政治运动对他的冲击在知识分子中相对较轻。甚至在学术研究方面，华罗庚的生存能力也极强，他在严重缺乏资料和交流的情况下，仍在多个领域取得世界性的成就。还有一点，华罗庚的传奇经历很早就在中国百姓中广为人知，而陈省身当时的知名度只限于学术圈。

这里要提一下陈省身的双亲，他的母亲好不容易熬过抗日战争，却在儿子普林斯顿访问归来前夕病故，他的父亲随后去了台湾。原来，陈省身有一个小他六岁的弟弟，毕业于西南联大物理系，抗战胜利后被派到台湾接收高雄的铝厂，父亲与从美国访学归来的陈省身匆匆见面以后，便随小儿子一家迁往台湾。因此，他后来牵挂更多的应是在台湾方面。当老人家于 1967 年过世时，正在荷兰的陈省身中断了阿姆斯特丹大学的讲学，立即赶往台湾。而在那以前的 20 多年里，他仅在 1958 年和 1964 年两度前往台湾，看望父亲和弟妹，对此他的内心应是有歉疚的。

7．太平洋西岸的所长

说到华罗庚回国，他首先抵达的是香港，在那里发表了《致中国全体留美学生的公开信》，号召留美中国人回国参与建设，引起了轰动。回到北京以后，华罗庚先是在清华大学任教，接着很快经受了"三反"与思想改造运动的洗礼，他与蒋介石的一张合影给他带来了很大麻烦。可是，华罗庚毕竟是个值得团结的名人，此前毛泽东还宴请过他，最后顺利过关，但因为相互揭发造成了同事之间难以消除的隔膜。直到第二年，政务院会议决定，华罗庚担任新成立的中国科学院数学研究所所长，他的心情才豁然开朗。值得一提的是，数学所筹备处的主任委员原是苏步青，华罗庚是四位副主任委员之一。

接下来的几年，华罗庚在数学所大展宏图，直到"反右"斗争来临。在组织工作方面，他从全国各地广罗人才，调集了数十位有成就或年轻有为的数学工作者，既重视基础理论，又注重应用数学，并成立了微分方程和数论两个专门组，同时鼓励其他人员钻研自己的方向。与此同时，华罗庚主持召开了（建国以后）中国数学会第一次代表大会（当选为理事长）、全国数学论文报告会和中学生数学竞赛，并创办了《数学学报》（任总编辑）。此外，华罗庚还随中国科学院代表团访问了苏联，如果不是斯大林突然去世，他在数论方向的研究结晶——《堆垒素数论》有望获得那年的斯大林奖金。

1955 年，中国科学院建立学部，华罗庚成为首批学部委员，滞留美国尚未加入美籍的陈省身并未入选。这与七年前中央研究院首批院士的遴选不同，不仅仅改了称谓，那时华罗庚虽已被聘为伊大教授，仍缺席当选。在学术研究和教学上，华罗庚和数学所也卓有成效。他亲自组织"数论导引"和"哥德巴赫猜想"两个讨论班，第一个讨论班形成了后来的数学名著《数论导引》，第二个讨论班的成就之一是王元证明了"3+4"和"2+3"。这里所谓"$a+b$"是指每个充分大偶数都可以表示成两个奇数之和，它们的素因子分别不超过 a 个和 b 个。如果能证明"1+1"，那就几乎等同于原始的哥德巴赫猜想了，即

每个大于或等于 6 的偶数均可以表示成两个奇素数之和。

值得一提的是，第二个讨论班吸引了北大数学系闵嗣鹤教授的研究生，其中就有笔者的导师潘承洞。那时清华数学系因为"院系调整"被解散，精华部分都到了北大，包括在昆明与华罗庚合作过的闵嗣鹤。几年以后，已是山东大学讲师的潘承洞证明了"1+5"和"1+4"。而证明"1+2"的陈景润是由华罗庚亲自出面从厦门大学调来的，之前，他写信把自己取得的一些成果告诉心中无比敬仰的华罗庚，期间和后来发生的一些事情被徐迟写进了那篇著名的报告文学。直到今天，哥德巴赫猜想依然悬而未决，换句话说，"陈氏定理"依然无人超越。

除了数论以外，华罗庚还在代数和函数论领域取得重要成就，尤其在典型群和多复变函数论方面，这两个领域培养出的人才和主要助手有万哲先，陆启铿和龚昇等，其中"典型域上的多元复变数函数论"让华罗庚获得了以郭沫若院长名义颁发的 1956 年度自然科学奖一等奖，这一奖项后来被认为等同于国家自然科学奖。26 年以后，华罗庚的弟

子陈景润、王元和潘承洞也因为哥德巴赫猜想研究获得了同一殊荣。华罗庚发现了一组与调和算子有类似性质的微分算子，后来被国际上称为"华氏算子"。必须指出的是，华罗庚和他的学生们的这些成就是在严重缺乏学术资料的情况下取得的，当时仅凭借他从美国带回来的部分书籍和文献，加上他离开美国前夕自掏腰包订阅的两份杂志。

在华罗庚领导下的中科院数学研究所，还有一批数学工作者从事其他方向的研究领域，其中成绩最为突出的要数吴文俊和冯康，他们分别在拓扑学和计算数学方向取得世人瞩目的成就。早在陈省身领导中研院数学所期间，吴文俊的工作便已十分优异，后来赴巴黎留学，取得博士学位后回到北京。他在拓扑学示性类和示嵌类方面的出色工作，使其与华罗庚同年获得自然科学一等奖。相比之下，作为有限元方法创立者之一的冯康除了在苏联斯捷克洛夫研究所进修两年以外，一直在国内从事研究。正是在华罗庚的建议下，他从纯粹数学转向计算数学研究，后来成为这个领域当之无愧的学术带头人，并在去世四年后因为"哈密尔顿系统的辛几何算法"被追授自然科学一等奖。

在 20 世纪五六十年代的中国，不可能不卷入政治活动，何况华罗庚是个有热情，喜欢和需要交际的人。早在金坛中学工作时，华罗庚就加入了国民党，清华时期他积极投身"一二·九"运动，到了西南联大，他又成了左翼诗人、文学院教授闻一多的密友。华罗庚的长女认闻夫人为干妈，导致她后来积极靠近中共，留在国内而不愿意随母亲和兄弟去美国。1952 年秋天，华罗庚加入了中国民主同盟，那时各级人大代表或政协委员，要么是中共党员，要么就是某个民主党派成员，他选择民盟或许是受闻一多的影响。后来，华罗庚长期担任民盟的中央常委和副主席，并先后当选全国人大常委和全国政协副主席。

1957 年上半年，华罗庚与民盟的另外四位学者曾昭抡、千家驹、童第周、钱伟长响应"百花齐放，百家争鸣"的号召，联名向国务院提出了关于科学体制改革的几点意见，不料却闯下大祸。民盟随后召开会议研究对策，结果主持会议的民盟第一副主席章伯钧成为毛泽东钦定的头号"右派"，与会的曾昭抡、费孝通、钱伟长、黄药眠、陶大镛、吴景超六位教授也无一例外。幸好化学家曾昭抡主动承担责任，加上华罗庚后来积极在报上认错，他才和生物学家童第周还有经济学家千家驹（后来命运更惨）免戴"右派"帽子。值得一提的是，直言仗义的曾昭抡来自湖南湘乡著名的曾国藩家族，他是麻省理工学院博士和首届中央研究院院士，当时担任教育部副部长。

那时候，惊魂未定的华罗庚必定想起了老校长梅贻琦在芝加哥的临别赠言。"反右"之后，接下来的便是"大跃进"。华罗庚作为数学所所长提出，在十二个数学问题上要在十年内赶上美国，并且要把计算技术、人造卫星、大水坝等方面的数学问题统统包下来。显而易见，作为一个大数学家，华罗庚说这些话已违心地自夸了，但在当时的形势下，还被认为不够"先进"，所里甚至有年轻人提出，在偏微分方程领域赶超美国只需两年。那以后，华罗庚又被列入了"保守派"，加上他在民国时期和海外的经历等因素，屡次要求加入共产党的申请均在所里和科学院内部遭到否决。

那时的中国已经主动与西方割断了联系，1954 年和 1958 年（还有 1974 年），华罗庚均接到国际数学家大会做 45 分钟报告的邀请，但因为未获得政府批准而作罢。可能是迫于形势，加上年龄的增大不再适合纯粹数学的研究，华罗庚在"文革"前夕开始转向应用数学，这导致他把晚年的主要精力用于推广统筹法和优选法，并取得了不俗的成绩，这也让他相对安全地度过了"十年浩劫"。华罗庚和他的小分队先后到上海、山西、陕西、四川、黑龙江等省市，直接把数学知识服务于生产建设。正因为如此，包括周恩来在内的国家领导人可以正大光明地保护他了。

不过，华罗庚从事数学普及并非逃离是非的幌子，而是凭着一个数学家的良心，全心全意地投入其中。甚至当"文革"结束后，年轻数学家陈景润、杨乐和张广厚因为纯粹数学方面取得的成绩而受到表彰和广泛宣传时，他仍然毫不动摇地埋头于数学普及，王元因此认为，"他的确已把普及数学方法作为他晚年的事业了"。可是，当华罗庚因为心肌梗死初犯而不得不回北京住院时，又悄悄地思考起"哥德巴赫猜想"，他提出了自己的一个想法和思路，希望王元和潘承洞与之合作，却未得到响应，因为他俩暗地里都已做过尝试，知道那个方法不可能导出猜想的最终解决。

8. 太平洋东岸的所长

就在华罗庚在中国领导数学事业、历经磨难而生命力依然旺盛的时候，陈省身在美国一心一意地研究几何学，并渐入佳境。1950年夏天，国际数学家大会（因为"二战"暂停）相隔14年以后在哈佛大学召开，虽说39岁的陈省身错过了获得菲尔兹奖的最后机会（那会儿每届只有两位获奖人），但被邀请做一小时报告，那是中国数学家第一次得到这样的殊荣，他演讲的题目是"纤维丛的微分几何"。那年做一小时报告的共有十人，担任大会主席的正是陈省身在美国最早的知音维布伦。1970年，国际数学家大会在法国尼斯召开时，陈省身再度获得邀请做一小时大会报告，演讲的题目是"微分几何的过去和未来"。

可以说，在这20年里，陈省身是风光无限的现代微分几何的代言人。不过，他初到美国时，情况却并非如此。那时这门学科被认为已进入死胡同，它甚至不出现在大学课程里，即使是堂堂的哈佛大学，也很少有几何学的博士论文。另一方面，19世纪后期诞生的拓扑学却方兴未艾，而陈省身早在北京听布拉施克讲学时就学到了拓扑学的精髓，从临界点、不动点理论到纤维丛、示性类，他都熟练掌握并纳入自己的研究范围，当把这些工具应用到微分几何中去，就形成了所谓的大范围微分几何或整体微分几何。在芝加哥的十年，陈省身可谓"复兴了美国的微分几何，形成了美国的微分几何学派"。

接下来，陈省身移师西海岸气候宜人的加州大学伯克利分校，帮助这所公立大学的数学学科从全美排名第四跃居到第一，他在几何学和拓扑学两方面都提升了该校的学术地位。在伯克利，陈省身与不少同行们合作过，尤其是那些慕名前来的年轻人，其中特别值得一提的有两位，一位是后来担任普林斯顿高等研究院第七任院长的格里菲斯，另一位是堪称传奇人物的西蒙斯。陈省身和格里菲斯的合作主要表现在两个方面，即网几何和外微分几何。因为陈省身的原因，格里菲斯后来多次造访中国，他还一度担任国际数学联盟的秘书长，正是在他任职期间，联盟属下的国际数学家大会 2002 年在北京顺利召开。

陈省身与西蒙斯则合作完成了"陈－西蒙斯不变量"，它至今仍是理论物理的研究热点，曾被物理学家、菲尔兹奖得主威藤应用到他的量子场论研究中去。后来西蒙斯当了纽约大学石溪分校数学系主任，与物理学家杨振宁共事，结果在一次演讲之后使杨先生终于明白，原来他和合作者米尔斯当年建立起来的规范场理论的数学对应物正好是陈省身建立的纤维丛理论，只不过后者比前者早十年出现罢了。这样一来，现代几何和现代物理就广泛密切地联系在一起，这同时提高了纤维丛和规范场理论的学术地位。

之所以称西蒙斯为传奇人物，是因为他赢得数学盛名以后放弃了教授职位，转向金融投资并大获成功。2003 年春天，西蒙斯曾租用私人包机来南开大学看望陈省身，着陆申请是由杨振宁出面向北京方面提交的。值得一提的是，在眼下这场席卷全球的金融危机中，作为文艺复兴公司总裁，西蒙斯的年收入一举超越金融大鳄索罗斯，连续几年高居全球"对冲基金"经理之榜首，同时进入福布斯全球富豪榜的前一百位，他曾为庆祝陈省身八十大寿召开的几何学会议等数学活动注入资金。晚年的杨振宁在一次电视访谈中声称，规范场理论远比他和李政道合作完成的宇称不守恒理论重要，虽然后一项成果使他们两个获得 1957 年的诺贝尔物理学奖。

陈省身在伯克利不仅与年轻同行广泛合作，还亲自培养了 31 名博士，其中最负盛名、最有成就的当数后来获得菲尔兹奖的丘成桐，他解决了卡拉比猜想和正质量猜想等多项世界难题。这里需要提及的是，陈省身在芝加哥培养的十名博士中，有来自中国的廖山涛，他毕业后回到北京大学任教，因微分动力系统的稳定性研究也曾获得过国家自然科学一等奖。在伯克利期间，陈省身还当选为美国科学院院士，并获得象征终身成就的沃尔夫奖，获奖理由是："对整体微分几何的卓越贡献，影响了整个数学。"沃尔夫奖由以色列总统贺索亲自颁发，陈省身获得的另一项荣誉——美国国家科学奖则由福特总统在白宫授予。2009 年，国际数学联盟宣布设立了陈省身奖，在四年一度的国际数学家大会上由主办国国家元首亲自颁发。

在行政事务方面，自陈省身离开中国，卸下"中央研究院"数学所代理所长一职之后，就再没担任过任何职务。但陈省身在与人交往，包括学术合作和指导方面表现出的大气和组织才能，又给美国同行以深刻的印象。在美国数学会的一次换届选举之前，陈省身曾被探询愿否担任会长之职，他坚决谢绝，于是担任了两年的副会长之职。而当进入花甲之年，对故乡的怀念之情油然而生，他携带妻女回到了阔别已久的祖国，受到了高规格的接待，也见到了华罗庚。那时华罗庚正在外地推广"双法"，一纸电报把他召回了北京。那该是怎样一幕场景呢？在"文革"的悠悠岁月里，两家人一起吃了一顿烤鸭，谈数学但估计不会谈得太多，因为有家眷在，且各自的兴趣点也与以前不同。

无论如何，陈省身应该感谢华罗庚一件事。1963 年，陈省身的岳父郑桐荪老先生病危，这位从前的清华算学系主任、教务长、柳亚子先生（毛泽东最敬重的诗友）的内兄孤苦伶仃地躺在北京一家医院的大病房里，与其他七个病友住在一起，非常之吵闹。华罗庚去看望昔日的老师，见此情景赶忙与医院方面交涉，把他换到了单人房间。虽然这没能挽救或延缓郑老先生的生命，但陈省身应是心存感激。他和夫人都没有能为老人家送终，甚至在老人家生命的最后15年里，都无法见上一面。夫人早逝，儿女们都在国外，郑桐荪老先生晚年身边竟然没有一个亲人可以相伴和照顾。

古稀之年，已经从加州大学教授职位退休的陈省身又到了人生的转折点。那一年春天，他与母校南开大学的领导和老友商议，准备建立南开数学研究所，为自己的回归做好准备。可是秋天，美国国家数学研究所却在伯克利成立，发起人之一的陈省身被任命为首任所长，回国定居的日期只得向后推延。直到三年后他任期届满，才接受邀请担任南开大学数学所所长。值得一提的是，由于陈省身的国籍，这样的任命需要获得高层批准。以笔者之见，当初陈省身之所以没有与另一所母校清华合作的原因恐怕在于，他不愿意与仍然担任中科院数学所所长职位的华罗庚同城竞争。

所谓国家数学研究所并非美国唯一最高的数学学术机构，即便目前，其学术地位和声望仍逊色于普林斯顿高等研究院。美国是一个反垄断的国家，无论企业银行、新闻媒介，还是高等学府、学术机构，正如大西洋之滨的波士顿拥有哈佛和麻省理工学院两所超一流的大学，太平洋之滨的旧金山近郊也建起了伯克利和斯坦福两所闻名世界的学府。正是为了平衡东海岸的普林斯顿，美国国家自然科学基金委才会批准并出资在西海岸的伯克利建立国家数学研究所的设想。美国数学西部一度落后于东部的主要原因是，第一次世界大战以来，大批欧洲的数学家移居美国，他们首选的落脚点自然是离开欧洲较近的东海岸。

那时的美国早已是世界的数学中心，陈省身担任美国国家数学所所长一职，并不需要他太多操劳，因此频频寻找机会返回中国。他与邓小平等国家领导人多次会面，利用自己的个人影响力，努力拓宽和提高中国数学的研究领域和水准。比如，他倡导了"双微（微分方程和微分几何）国际讨论会"，连续举办了七年。在陈省身的建议之下，举办了"暑假研究生讲习班"，他本人亲自授课，在北京大学开设"微分几何"研究生课程，第一次在中国普及整体微分几何，使"流形""联络""纤维丛"这些词汇在中国流行起来。用陈省身自己的话说，"未来数学研究的对象，必然是流形"。

待到南开数学研究所进入筹备和开张，陈省身倾注了更多的心血。幸好，无论何时何地，他都有贵人和朋友相助。在"中央研究院"数学所时有老师姜立夫挂帅，在南开数学所时则有后生胡国定协助。南开的办所方针是，"立足南开，面向全国，放眼世界"。有关研究所大楼的建设，从筹集经费、结构设计到督促施工，陈省身都亲自操劳，他甚至还邀请了建筑工地的师傅吃饭并敬酒，使得工程如期完工。南开的学术年连续举办了 11 年，每年都有一个主题。在收留人才方面，陈省身更是不遗余力，其中包括龙以明和张伟平，前者是现任南开数学所所长，他们的成长和成功之路上都有陈省身的关爱。在陈老先生去世之后，他俩双双当选为中国科学院院士，成为最近一次院士增选中仅有的两位数学家，一时传为佳话。（2011年，曾得陈老关爱的陈永川也当选院士。）

⁹. 结束语：纪念和祈愿

在陈省身受命任尚未揭牌的南开数学所所长的第二年，即1985年初夏，华罗庚应邀访问日本。他在东京大学发表演讲，回顾了50年代回国以后所做的工作，按年代分成四个部分，其中七八十年代主要做数学普及工作。或许是因为回顾往事，华罗庚头天晚上兴奋过度，靠吃安眠药勉强得以休息片刻，第二天他坚持要求脱离轮椅，站着做完一个多小时的报告。而当他在暴风雨般的掌声中坐下来，准备接受一位女士的鲜花时，却突然从椅子上滑了下来。几个小时以后，东大附属医院宣布华老的心脏停止了跳动，他死于心肌梗死，享年75岁。

此时，陈省身正在天津，为即将成立的南开数学所忙碌操劳着。当他得知华罗庚逝世的噩耗，随即致电北京有关方面，要求参加骨灰安放仪式（华罗庚的遗体已在东京火化），但却被告知，外地来宾一概不邀请来京。华罗庚生前是全国政协副主席，贵为国家领导人，其追悼仪式的规格自然非常之高。但笔者相信，作为一个数学家，假如华罗庚灵魂有知，他必定希望陈省身这位相知半个世纪的同行和老友

▶ 华罗庚和陈省身夫妇唯一的合影
（北京，1972）

能来送行。就在两年前，华罗庚到洛杉矶加州理工学院访问，陈省身从 400 多公里以外的伯克利驱车前往相聚，那是他们的最后一面。正是在那一年，在菲利克斯·白劳德（他的父亲曾担任美国共产党总书记，他和弟弟威廉都曾担任美国数学会主席，华罗庚访问普林斯顿时他正在那里读博）和陈省身等人的联合提名和推荐下，华罗庚当选为美国科学院的外籍院士，陈省身为这份提名撰写了学术介绍。

在华罗庚去世以后，陈省身依然活了将近 20 年。虽然他仍在思考微分几何领域的重大问题，例如六维球上复结构的存在性。但更多的时候，陈省身是在享受数学人生，利用自己的影响力和号召力推动中国数学的发展，特别值得一提的是，他帮助申办和主办了 2002 年北京国际数学家大会（陈省身是大会名誉主席）。随着暮年的来临，陈省身收获了各种各样的荣誉，包括奖金有 100 万美元的首届邵逸夫科学奖，俄罗斯颁发的以非欧几何学创始人命名的罗巴切夫斯基奖章，当选法国科学院和中国科学院外籍院士，中国数学会设立陈省身数学奖（华罗庚奖已先期设立），美国国家数学研究所新建主楼命名为"陈楼"。

在中国历史上，数学家的政治地位向来比较低微。在20世纪以前，能被最高统治者接见的实属罕见，"宋元四大家"中的秦九韶和李冶是难得的例外，他们都生活在13世纪，前者在南宋都城临安（今杭州）被宋理宗赵昀召见，后者在元大都（今北京）被元世祖忽必烈召见。被皇帝召见的数学家还有清朝的梅文鼎，1705年，他曾被巡视江南的康熙皇帝在龙船上接见。三位皇帝要么是在落难之中，要么是外族入侵者。其中唯一对数学稍有研究的应是康熙，可惜虽说当年莱布尼茨曾致函他建议成立北京科学院，却渺无音讯。

相比之下，20世纪的华罗庚和陈省身处境有所不同。华罗庚曾先后受到蒋介石、毛泽东、华国锋、胡耀邦等不同时期政党首脑的礼遇，而陈省身接受的荣誉则超出了国界，除了与邓小平、江泽民多次单独会面以外，还被美国总统和以色列总统授过勋。说实话，如此"殊荣"在世界数学史上也只有18世纪的欧拉等极少数人才享受过。以笔者之见，他俩面对政治领袖的心态有所不同。华罗庚更像是旧时代过来的人，有着诚惶诚恐的一面，而陈省身则处身任何场合都比较自如。这从陈省身少年时写下的自由诗和华罗庚后来与毛泽东交流的古体诗词中也可以看出，这种差别应与两个人的出身、经历、所受的教育和环境有关，也造成了他们数学之路和研究风格的差异。

遗憾的是，即便是接受过东西方名校熏陶的陈省身，也只是忙忙碌碌地度过一生，未能像他当年师从嘉当时逗留的城市巴黎所熏陶出来的那些伟大的数学先辈那样，在研究之余做一些哲学方面的深入思考。从笛卡尔到庞加莱，法国数学的人文主义传统绵延不绝，这两位几何学和拓扑学的开拓者本身也是哲学家。其结果是，几乎每隔十年八载，法国都会产生一位享誉世界的数学大师。相比之下，我们更多地依赖天才人物的出现，这一点在华罗庚身上尤为明显，而陈省身的教育并非都在国内完成。在华罗庚和陈省身（还有许宝騄）诞生一百周年即将来临之际，我们在缅怀和纪念他们的同时，也由衷地祈愿，下一个或更多的华罗庚、陈省身早日出现。

令人欣慰的是，与某些科学家之间难解的恩怨相比，华罗庚和陈省身相安无事地度过了一生，他们之间的友谊或多或少始终存在着，这是他们两个人的幸运，更是中国数学的幸事。正是由于他们的出现，中国数学在落后西方 7 个世纪以后，终于迈出了追赶潮流的有力步伐。与此同时，也使我们得以增强必要的信心，如同拉曼纽扬的出现提高了印度人的自信力。当然，陈省身和华罗庚的成功有赖于姜立夫、熊庆来等前辈数学家和教育家的先驱性工作。随着国民经济实力的不断提升，中国赶超世界数学强国的努力有了基本的物质保障。如果我们的科技政策能够不断完善，使之更有利于人才的脱颖而出，则前景会更加光明。总之，每一个数学工作者都肩负重任，如同屈原在《离骚》中所写的：“路漫漫其修远兮，吾将上下而求索。”

2009 年春夏，杭州－香港

与保罗·爱多士失之交臂

1. 空中数学飞人

任何一个喜欢旅行的人都会羡慕这个人的，除了推销员、导游、外交官、空姐以外，他可能是在天上逗留时间最久的人。他没有固定的职业和收入，却成天住宾馆，吃饭店，自有人掏钱埋单。他是一个十足的神童，拥有一副举世无双的头脑，后来成为历史上最丰产的

---

1 阿尔弗雷德·莱利（1921～1970），匈牙利数学家，专长数论等多个领域，匈牙利科学院数学研究所以他命名。莱利与爱多士合写过 32 篇论文，在爱多士数 1 中排列第四。

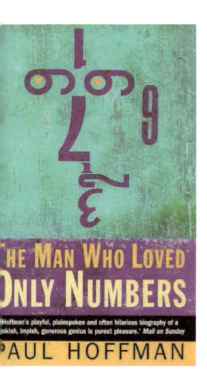

▶ 爱多士传记之一《热爱数字的人》

数学家，在许多领域都做出了开创性的贡献。他就是我细心阅读过的传记《我的大脑敞开了》（布鲁斯·谢克特著，上海译文出版社）的主人公——匈牙利人保罗·爱多士（Paul Erdös）。

20世纪60年代初，中国和东欧有着密切的关系。爱多士也应邀来到北京，见到了数学家华罗庚，而传记的译者之一王元当时是华老的助手和合作者，却跑到上海看朋友去了。这个细节没有在书中或译后记中出现，是王老亲口告诉我的。将近三十年以后，爱多士再次来中国，不仅见到了已是中国科学院院士的王元，还到济南参加一个学术会议。我那时正好在泉城读研究生。一个阴沉沉的秋日下午，我和爱多士在山东大学留学生楼的一间套房里，关起门来讨论数学问题。

我记得爱多士当时写给我的，是某一类数论函数的均值估计问题。我没有做出来，却研究出了另一类数论函数的均值估计，那是我的导师潘承洞的胞弟——北大教授潘承彪带给我的，这类数论函数均值估计的先驱人物也是爱多士。换句话说，我改进了他的结果，准确地说是改进了他和一位叫阿拉底的印度数学家合作的结果。我的成果不仅早早发表在《科学通报》上，提前获得了硕士学位，而且借此夺得了山东大学首届研究生论文奖的头名。尽管如此，我没有成为爱多士数1（与爱多士合作发表论文），这是我的终身遗憾。

新世纪的第一个春天，我从澳洲飞往日本九州岛参加第二届中日数论会议，阿拉底来了，爱多士却已经故世。阿拉底如今是美国佛罗里达大学教授，那次会议期间，他除了做学术报告以外，还应邀为当地的大学生做了一次公众演说，讲他的同胞拉曼纽扬的故事，也讲爱多士的故事。

翻开《我的大脑敞开了》这本书的第三页，我便看到了阿拉底的名字，原来他是得到过爱多士帮助的众多年轻数学家之一。1974年，当阿拉底还是马德拉斯大学的学生时（拉曼纽扬曾是这所大学的教授），就对一些数论问题进行了研究，并提出了自己深刻的见解，连身为马德拉斯数学研究所所长的父亲都无法解答。后来，在朋友的建议之下，阿拉底写信给爱多士。由于爱多士长年旅行在外，他将信寄到匈牙利科学院。

令人惊讶的是，阿拉底很快收到了爱多士的回信，告诉他不久要到加尔各答讲学，问他能不能去那里会面。不巧阿拉底要参加一次重要的考试，只好央求他的父亲代劳。当阿拉底所长介绍完他和他儿子的工作，爱多士用诚恳的语气说："我对父亲没有兴趣，但对儿子有兴趣。"

爱多士决定去见见这个年轻人，那时他计划好了要去澳大利亚，因而只得重新安排行程，以便在马德拉斯（如今已改名清奈）做短暂的逗留，那里离加尔各答有一千三百多公里。当阿拉底在马德拉斯机场迎接到心目中的数学大师时，心里有点忐忑不安，可是爱多士开口就吟诵一首有关马德拉斯的歌谣，这让他大为放松，然后他们就开始讨论起数论问题。爱多士被阿拉底的天分感动，当即为阿拉底写了一封推荐信。

不到一个月，阿拉底就得到了加州大学洛杉矶分校的校长奖学金，一位未来数学家的道路就这么铺就了。而爱多士自己在马德拉斯演讲所得的报酬，则全部捐献给了印度数学天才拉曼纽扬的遗孀。爱多士从未见过拉曼纽扬和他的妻子，但他学生时代就为这位印度人发明的美丽方程式所感动，正是这种感动导致了他对印度的终身兴趣和对印度数学家的不懈支持。

2．首次英伦之旅

1913 年 3 月 26 日，保罗·爱多士出生在多瑙河畔的布达佩斯，就像爱尔兰作家詹姆斯·乔伊斯的小说《尤利西斯》的主人公布卢姆一样，双亲都是匈牙利犹太人。虽然以色列奉行的对外政策长期以来并不被世界人民所一致接纳，可是犹太人在经济、科学、文化和艺术领域的杰出贡献却是有目共睹的。仅仅在匈牙利科学界，20 世纪就有约翰·冯·诺伊曼，数字计算机和博弈论的发明者；爱德华·特勒，氢弹之父；西奥多·冯·卡门，超音速飞机之父；乔治·德·赫维希，同位素跟踪技术的发明者。

在艺术领域，匈牙利也人才济济，涌现出了钢琴家奥尔格·索尔蒂和乔治·塞尔、指挥家安塔尔·多拉蒂和欧仁·奥曼迪、作曲家贝拉·巴托克和左坦·柯达里、设计大师拉依罗·霍莫伊－纳吉、娱乐业巨子威廉·福克斯、制片人米歇尔·克迪斯和电影导演阿道夫·祖可等，以至于有人戏称布达佩斯为"犹达佩斯"（Judapest）。

爱多士的父母是帕兹马尼大学数学系的同学，婚后父亲在一所中学里任教。其时在奥匈二元君主政体统治了半个世纪以后，匈牙利的经济和文化业已达到了辉煌的顶点。可是，就在他的母亲住进医院准备分娩的时候，一场可怕的猩红热席卷了布达佩斯。等到她带着爱多士从医院回到家里，他的两个姐姐已经死去，伤心透顶的双亲便将他们全部的爱与精力倾注到这个灰眼睛的男孩身上。

当爱多士刚满三个月，奥匈帝国王储斐迪南在萨拉热窝遇刺身亡，引发了第一次世界大战。奥匈帝国向塞尔维亚宣战，紧接着俄国也卷了进来，向奥匈帝国宣战。这场战争意味着匈牙利黄金时代的结束，老爱多士应征入伍，很快他就被俄军俘虏，在西伯利亚度过了六年的铁窗生活。

这一情景使我想起19世纪中叶，匈牙利诗人裴多菲也被俄军所俘，七年后因患肺结核死于西伯利亚。所幸老爱多士从西伯利亚集中营活过来了，当他返回布达佩斯时，小爱多士已经是一个漂亮的小男孩，他的犹太式家庭教育也开始了。数学当然是核心课程，但外语也有着同等重要的地位。除了德语以外，父亲把在西伯利亚为驱散严寒

▶ 保罗・爱多士在讲课

和饥饿学会的法语和英语也传授给他。

可是，与几乎所有的匈牙利人一样，爱多士的英语带有浓厚的口音，对这一点我本人记忆犹新，据说所有有关爱多士的纪录片都给他的讲话配上了字幕。作为一名中学教师，爱多士的父亲所能教给儿子的自然是有关整数性质的数论知识，尤其是那些被称作是原子的素数。而爱多士本人也和大多数数学神童一样，对素数发生了无法驱散的兴趣，从欧几里得《几何原本》里提到的素数有无穷多个直到包括孪生素数猜想在内的两个相邻素数之间的间隔。

与大多数神童一样，爱多士的生活能力并不强，11 岁那年，他终于学会了自己系鞋带，第一次进了学校，并且一下子就上了六年级。尽管学校里严格的课堂纪律使爱多士独立的心智受到了压抑，他的成绩仍在班里名列前茅，唯一没有取得 A 的科目是绘画。当时他最喜欢的课是历史，并且终生保持了这一爱好。促使爱多士把兴趣转向数学的是一本叫《中学数学》的杂志，那上面提供一些挑战性的题目，并且把优胜者的照片刊登其上。

杂志上的这些问题有许多是数论领域的，父亲先期教育的效应得以显示出来，小爱多士的照片很快被刊登出来，这份杂志一直伴随着他读完中学。尽管当时反犹主义猖獗，"名额控制法"将犹太人的大学入学率限制在总数的 6%，爱多士仍被布达佩斯大学录取，在那里他遇到了不少从前在杂志上见到过的模糊面孔，爱多士的数学之舟开始扬帆了。

3. 彼岸的普林斯顿

1934 年 9 月，21 岁的保罗·爱多士登上火车，第一次离开了匈牙利，这是他无数次数学之旅中的头一回。此前几个月，他刚刚在双亲的母校——帕兹马尼大学获得了博士学位，英国的曼彻斯特大学向他提供了一笔一百英镑的奖学金。可是，爱多士并不能享受旅途的愉快，相反，他感到有些疲惫，甚至不知道如何在火车上对付一日三餐及其他琐事。唯有数学技艺的交流给他带来乐趣，路过瑞士时他第一次敞开大脑，在苏黎世拜访了一位数学家。

10月1日早晨，爱多士永远都记着这一天，他乘坐的火车抵达了剑桥。可是，来不及参观这所举世闻名的大学城，他又一次敞开了大脑，与两位前来迎接的数学同行来到三一学院做长时间的学术探讨。之后，他们在一起共进午餐，同行们这才发现，爱多士还从来不会在面包片上涂抹黄油。

在对剑桥大学做了短促的访问以后，爱多士继续坐火车北上，而后西行来到曼彻斯特。这座如今以足球闻名于世的城市，那时还只获得过两次甲级联赛冠军和一次足总杯冠军，并且这个成绩也是在20世纪初取得的。可是，曼彻斯特大学的数学研究中心却早已名声在外，由于欧洲大陆日渐上升的紧张气氛，它吸引了众多的外国访问者前来讲学或合作研究。

事实上，当时欧洲大陆（英国人称之为欧洲）的知识分子还没有想要移民到大西洋彼岸的美国，曼大数学系主任莫德尔教授本人就是个美国人，他中学毕业后好不容易才凑足路费来到英伦求学，经过刻苦的奋斗成为知名的数论学家。因为以莫德尔命名的一个猜想的解决，最终还颁发了一枚菲尔兹奖。事实上，在费尔马大定理的证明得到完全确认之前，莫德尔猜想的解决一般被认为是20世纪数论领域所取得的最重要成就。

在曼彻斯特逗留期间，爱多士和一位德国数学家以及莫德尔的中国学生柯召合作撰写过一篇组合理论方面的论文，其中包含了著名的爱多士－柯－拉多定理。可是，由于当时的数学界对组合理论缺乏兴趣，这项工作迟至 1961 年才得以发表，立刻成为一篇经典文献。柯召先生是我的浙江同乡，在他 80 岁华诞的宴会上，小辈的我曾与他在成都用道地的台州方言做过交谈。

柯召在曼彻斯特取得博士学位后返回祖国，一直在四川大学和重庆大学执教，爱多士第一次来中国正是应他的邀请。他和华罗庚作为仅有的两位数论学家同时当选为中国科学院的首批学部委员。遗憾的是，柯召回国后由于受到环境等因素的制约，未能再现当年的辉煌，但他培养出了一批优秀的数学人才，在中国的大西南开辟了一片数学新天地。

在英伦的四年期间，爱多士并不满足于待在一座城市。事实上，他几乎没有连续一个星期在同一张床上睡过觉，总是敞开着大脑，穿梭于曼彻斯特、剑桥、布里斯托尔、伦敦或其他大学城之间。那个时候，青年爱多士的工作已显露出独特的个性：游戏、灵敏和原创。例如，他猜想，一个正方形可以分割成若干个大小不等的正方形，直到四十多年以后，才有人证明了这些小正方形的最少个数为 21。

第二次世界大战期间，有一位叫塔特的英国青年就因为研究爱多士的这个猜想取得的成绩而被推荐去参与一项秘密的军事计划，结果他们找对了人，塔特成功地破译了德国潜水艇艇长们发出的电码，使得盟军顺利截获和捣毁了敌方的物资供应船只，从而大大缩短了战争的进程，这大概是英国邀请爱多士访问获得的最好报偿。

4．数学界的唐璜

1929 年 10 月 24 日，纽约股票出现猛跌的那个黑色星期一，导致了长达十年之久的全球经济大恐慌，直到第二次世界大战爆发后，在战争的刺激下才有所恢复。就在那个黑色星期一到来之前一个多月，美国第四大零售连锁店班伯格公司（Bamberger）的老板，凭着敏锐的洞察力，把公司转让了出去。此后，或许是出于一种内疚的心理，班伯格兄妹拜访了著名的教育家弗莱克斯纳医生，后者建议他们放弃捐献一座医学院的冲动。

如同柏拉图学园那样，弗莱克斯纳设想了一个知识分子的伊甸园，"一个安全的避风港，科学家和学者在这里把世界和它的种种现象作为他们的实验对象，而他们不会被强行卷入近期的旋涡中"。所谓"近期旋涡"指的是纳粹德国和法西斯主义引发的那场灾难，其时正失控地在世界范围内蔓延。

这就是普林斯顿高等研究院的来历，爱因斯坦是被邀请来的首席教授。所有终身教授都被免除了作为人的种种烦恼，包括交水电费在内的家务活计，基金申请书之类的各种表格的填写，甚至发表论文或向上司汇报工作，等等。换句话说，一旦进入了研究院，你就得到了完全的信任，可以依据自己的兴趣做任何研究。

事实上，相当一部分时间，数学家和理论物理学家们在修剪得整整齐齐的草坪上散步，在公共客厅里喝咖啡闲聊或没完没了地下棋。尽管如此，他们却做出了惊人的贡献，常常是一生最好的工作，比如英国数学家安德鲁·怀尔斯，七年没有发表一篇论文，最后完成的是费尔马大定理的证明。这些现象表明，弗莱克斯纳医生对人类文明的贡献并不亚于另一位医生——奥地利精神分析学家弗洛伊德。

1938 年夏天，爱多士从英国回到匈牙利过暑假。9 月初，刚刚吞并奥地利的希特勒要求合并苏台德地区，这是捷克斯洛伐克讲德语的一个地区。爱多士被震惊了，就在这个时候，普林斯顿向他伸出了橄榄枝，邀请他做访问学者。24 岁的爱多士与亲戚朋友（这些人中相当一部分后来死于战争）匆匆告别，乘上火车，向南绕道潘诺尼亚平原、意大利和瑞士来到巴黎，最后抵达伦敦。月底，爱多士乘坐"玛丽女王"号前往纽约，转道新泽西，迈出了世界之旅的坚实一步。

晚年的爱多士认为，他初到普林斯顿那年是他学术生涯最为成功的一年。例如，他证明了任意多个连续整数之积不会是一个完全平方数，这个结论再次使人相信数字结构的有序性。又如，他和波兰人卡茨得到了爱多士－卡茨定理，说的是小于 N 的整数所含的不同素因子个数与一枚硬币抛 N 次正面向上的次数遵守同样的曲线分布，这个结论表明整数规则的表面背后实际上隐藏着混乱。

可是，爱多士喜欢并擅长的那类数学问题在当时

▶　青年爱多士

并不受重视，原因是它们和近期数学的发展趋势没有关系。而在爱多士看来，为人们所熟知的数学语言里仍然蕴涵着无穷的宝藏，那为什么不去继续开采它呢？何况那些问题是数学中最美丽的部分。正如他的一位合作者所分析的："爱多士的想象力和技巧是如此的深刻，不用走出太远，就能开辟出一条永不干涸的溪流。而其他人由于想象力不够深、技巧不够精，只好通过更多的数学，才能产生想法和新的定理。"无论如何，年轻的爱多士没有被普林斯顿续聘，这让他愤愤不平。

当伊甸园的大门在爱多士身后关上时，他不得又开始了新的数学之旅，从那以后，他便成了真正的游子。但爱多士心胸开阔，战后仍经常光临普林斯顿，正是在那里他凭借初等方法证明了古老的素数定理。值得一提的是，另一位独立证明这一定理的挪威人赛尔贝格却主要凭此结果获得了菲尔兹奖。那是在 1950 年，直到 34 年后，爱多士才得到安慰，他与陈省身一起获得象征终身成就的沃尔夫奖。赛尔贝格已于 2007 年夏天去世，此前一年，他在接受两位挪威数学家采访时，就他和爱多士当年的工作做了详细的介绍和比较。

5. 千年一遇的僧侣

有一次，爱因斯坦的助手、痴迷于数学的施特劳斯谈到他的担忧："一个人可能会在某些问题上耗尽精力，却始终不能发现关键所在。"爱因斯坦自己也认为，他之所以没有成为数学家是因为这个领域充满了漂亮而困难的问题。爱多士却义无反顾地深入到爱因斯坦

数学传奇

所惧怕的诱惑之中，而他的确也从未陷入不切要害的泥潭之中。他们分别使我想起 17 世纪的两位天才人物——费尔马和牛顿，前者全身心地投入到纯粹的数论问题中，后者发明了微积分、三大运动定律和万有引力定律而成为历史上最有影响力的科学家。

▶　　爱多士的亲笔信

虽然如此，施特劳斯认为："在探索真理的征途中，唐璜式的爱多士和加拉哈式的爱因斯坦各有用武之地。"（唐璜是艺术家虚构的浪荡子，加拉哈则是传说中的骑士。）遗憾的是，在我解决了最初那类均值估计问题以后，一位前辈学人因循传统的观念，告诉我爱多士的那类工作都是小问题，这一友善的忠告使我没有坚定地沿着自己擅长的方向走下去。直到费尔马大定理被证明以后，包括王元先生这样的有识之士才认识到，数论学家应该回到爱多士倾心的那种原汁原味的数学问题上来。

爱多士是一位苦行僧，他放弃了尘世的享乐和物质追求而去过一种殚精竭虑却又不被人们理解的生活。他和帕斯卡尔、牛顿一样，终生没有结婚，甚至没有谈过恋爱，但那不是数学的缘故，而可能是先天的心理原因。"我无法经受性爱的欢乐"，即使最轻微的身体接触也会让他敬而远之，当陌生人跟他握手时，他最多也就是用其柔软的手与对方擦一下，即便那样他也会感到不舒服，会一整天强迫自己洗手。并不是没有女人喜欢他，而是关键时刻他都会逃之夭夭。

▶ 布达佩斯的露天咖啡座（作者摄）

可是，究竟是什么使得数学让爱多士如此陶醉而又如此憔悴呢？
除了前面提到的游戏、灵敏和原创性以外，数学无时不在的挑战性像
鸦片一样刺激着爱多士的神经，他的大脑始终敞开着，还有一对机警
的耳朵，素数定理的初等证明和哥尼斯堡七桥问题的推广这两项工作
就是在道听途说中和电话机边被他捕捉到的。

伯特兰·罗素，一位有过四次婚姻、一生留下许多风流韵事的数
学家兼哲学家（他的秘密情人包括诗人艾略特的第一个妻子），部分
是由于他的文笔优美、雅俗共赏而意外地成为诺贝尔文学奖得主。
他年轻时也非常迷恋数的世界，并写诗赞叹："我曾渴望读懂人们的
心窝。/我曾渴望知道星星为什么闪烁。/我曾试图了解毕达哥拉斯的
神力，/有了它，数字不再摇曳不定。"

罗素出身贵族，其祖父两度出任英国首相，三岁的时候父母双亡，他在祖母的严格管教下长大，接受了清教徒式的训练，少年时代一度萌生了自杀的念头，正是数学使他摆脱了青春期的孤独和绝望。虽然后来转向了哲学研究，但终其一生，罗素从数学中获益匪浅，他的哲学名著的标题就叫《数学原理》（与怀特海合作），该书对逻辑实证主义的观点进行了新的解释，同时为哲学研究提出了新目标和新问题。

与爱多士同时代的匈牙利数学家冯·诺伊曼也是一位活力四射的人物。他是通才的样板，在数理逻辑、集合论、连续群、遍历性理论、量子力学和算子理论方面取得了卓越的成就，同时，他又是现代电子计算机和博弈论之父，在物理学和经济学领域有着巨大的影响力。连爱多士也不得不承认，冯·诺伊曼的反应速度和理解力是非同寻常的。他不仅思维敏捷，而且穿着时髦、风趣迷人，喜欢跑车和女人，爱写打油诗、讲黄色故事，对噪音、美食、酒和金钱一概不排斥。

我在这里举罗素和冯·诺伊曼的例子无非是想说明，数学家的个性因人而异，与数学自身的特点并无必然的关联。只不过，对冯·诺伊曼那样的数学家来说，他的思想可能源自于经验，他的生活也大体如此；而对爱多士来说却不是这样，至少在我看来，他的数学直接源自那颗无时无刻不敞开着的脑袋。1996 年秋天，爱多士在华沙讲学时突然死于心脏病，在那颗神奇的脑袋停止工作以后，数学的一个巨大的源头被堵塞了，人类或许要等上一个千年，才有可能重新找回。

2004 年 2 月，初稿于杭州

2008 年 8 月，定稿于剑桥

吴文俊：
数学是笨人学的

君子豹变，其文蔚也。

——《易经》

2017 年 5 月 7 日，数学家吴文俊先生在北京仙逝，享年 98 岁。他是 20 世纪 50 年代当选中国科学院学部委员的 190 位杰出科学家之一（另有社会科学家 64 名），也是其中最年轻者之一（38 岁）。吴老有松柏之寿，自然是最后一位辞世的，他的离去意味着一个时代的结束。我虽仅于 20 多年前与吴先生有一次交往，但仍记着他的风采。

1 · 上海民厚里的童年

1919 年 5 月 12 日，吴文俊出生在江苏省青浦县（今上海市青浦区）

朱家角镇。青浦位于上海西南角,系江浙沪三省市交会处。那时青浦隶属苏州市,南与浙江省嘉兴市嘉善县接壤。而吴先生的祖籍正是嘉兴,据说他的爷爷奶奶为了躲避战乱,举家迁到了青浦。朱家角镇地处偏僻,又是个小地方,因此很少有战事波及。也正因为如此,如今镇上古迹保留较多,属于中国历史文化名镇,也是上海四大古镇之一,仅列于金山区的枫泾镇之后,后者也邻接浙江省界。

吴文俊小时候,几乎每年清明都随家人回嘉兴祭祖。但他似乎记不得具体地点,只记得要坐船,慢慢地"漂"到嘉兴。他的爷爷是个秀才,却始终没能做上官,后来主要靠教私塾养家糊口。到了他父亲的少年时代,家里经济情况更加糟糕。而他母亲的家族要殷实许多,主要从事小手工业。按照江南一带的民间传统,一个不甚富裕家有出息的男孩,常常会得到家族或乡绅的财力支持。正是在外祖父家族的资助下,他的父亲得以进入南洋公学,读完了预科,相当于高中毕业。

南洋公学是交通大学前身,吴文俊的父亲接受的是西式教育,英

▶ 老上海的典型建筑——石库门

文基础非常扎实。毕业以后，他一直在上海的书局、报馆做翻译工作。19 世纪末的上海便有数千外国人居住，到了那会儿，上海早已成为中国最开放、最繁华的大都市了。其时肇始于上海的最有名的三家出版社——商务印书馆、中华书局和三联书店（上海对中国最主要的贡献之一）中的前两家已经诞生，出版了大量好书，尤其是外国经典名著。出版人和报人家庭里通常有许多藏书，吴文俊孩提时代印象最深的便是父亲的藏书以及他们父子一起泡在书里的日子。

从吴文俊记事起，他家就住在上海哈同路（今铜仁路）民厚里。民厚里是石库门的典型代表，就像四合院是老北京的典型建筑，石库门民居是老上海的标志性建筑，也是中西合璧的典范。画家徐悲鸿和蒋碧微夫妇、国民党元老廖仲恺和何香凝夫妇、翻译家兼教育家严复，都在民厚里居住过。那儿也是海派文人的聚集地。1922 年，戏剧家田汉从日本返回上海，即寓居民厚北里，他在上海大学的学生施蛰存和戴望舒常来探望。民厚南里则住着他创造社的社友郭沫若、郁达夫、成仿吾等人。

民厚里附近的静安寺是英商上海电车公司铺设开通的电车始发站，可沿南京路直达外滩，交通十分便捷，因此吸引租客。张爱玲也住附近，她曾坦承，"我是非得听见电车响才睡得着觉的。"遗憾的是，1996 年的旧城改造，老房子全拆掉了，只留下毛泽东 1920 年旧居（民厚里 29 号，今安义路 63 号）和匈牙利建筑师邬达克设计的"绿房子"。据埃德加·斯诺《西行漫记》记载，正是在寓居民厚里期间，毛泽东在上海数度拜会陈独秀，从此有了终生服膺的共产主义信仰。

▶ 2004 年，吴文俊先生偕夫人重游朱家角

　　吴文俊在家中是长子，下面有一个弟弟和两个妹妹。因为家庭经济条件不是很好，也因为旧的社会观念，两个妹妹都没有接受高等教育。弟弟文杰聪明可爱，不幸幼时从楼梯上摔下，起初好像没事，后来发作，变成上海人讲的"穿骨瘤子"，属于皮肤结核，在那个年代是不治之症。拖延了几年，夭折了。吴文俊成了独子，受到父母的加倍关爱。这让笔者想到印度数学天才拉曼纽扬，他在吴文俊出生的第二年去世，年仅 32 岁。拉曼纽扬也是长子，下面有三个弟妹，都从小夭折了，结果他也成了受宠的独生子。

四岁那年，吴文俊上了小学，就在家附近，隔着几个里弄，接送很方便。每逢放学或假期在家，母亲只要听见里弄里小孩子们玩闹的声音略大一点，就会不放心地把儿子喊回家，生怕他出差错，后来索性剥夺了他去里弄玩的自由。不过踢毽子除外，因为这项运动的冲撞轻微，以至于多年以后，吴老还爱玩这个游戏。这样一来，吴文俊在家中独处的时间就多了。他上的小学叫文蔚，笔者查阅过，"文蔚"一词出自《易经》："君子豹变，其文蔚也。"意思是说，君子应该向小豹子一样慢慢地成长，长出好看的花纹，拥有高尚的品格。

可能是受父亲的影响，吴文俊养成了阅读的习惯，后来又爱上了电影，加之"放羊式"的家教（母亲的"管制"属于另类溺爱），他的性格比较豁达。童年时的吴文俊爱看大人的书，尤其是林纾翻译的小说，还有李保嘉的《官场现形记》，最喜欢的是《儒林外史》，也因此不怎么喜欢知识分子。他一直记得梁启超说过的话，"中国的皇帝从来没好死的"，"英雄只在落后的国家才有"。吴文俊由此联想到德国的"数学王子"高斯，高斯出道时，德国数学还比较落后，后来德国出了许多数学家，却再也没有出现高斯了。

2. 数学零分的中学生

10 岁那年，吴文俊从文蔚小学毕业，但父母觉得他还太小，又让他念了一年小学。1930 年，11 岁的吴文俊上初中了。第一年是在离家较近的铁华中学，学费贵，教学质量却很差，校长为了节约开支，常常是实习期一结束就把老师给打发走了。后来吴文俊生了一场类似于伤寒的大病，病愈后进了另一所私立学校，叫民智中学，在今天的威海路。他初二时还学文言文，主要是六朝开始流行的"骈文"，以初唐诗人王勃的《滕王阁序》为代表，这篇文章沿用至今，尤以"秋水共长天一色"流传后世。笔者记得，南宋数学家秦九韶也喜用这种文体。

从初三开始，语文改教白话文，五四运动的影响日渐见出。那会儿上海已有不少新刊物，例如1925年创办的《生活》周刊，吴文俊对主编邹韬奋的文章印象尤为深刻。他的国文大有长进，语文老师经常表扬他的作文，认为那是他从小积累的阅读以及独立思考的习惯使然。那会儿他已懂得查找书评，了解著作的时代背景和作者的人生观，还写过分析性的文章。晚年吴文俊认为胡适提倡白话文了不起，也赞赏他说的"大胆假设，小心求证"。

初二寒假期间，日军对上海实行了大轰炸。因为担心宝贝儿子，吴家回朱家角躲了好几个月。可是学校并未停课，等到他们返回城里，吴文俊的功课被拉下一大截。语文还好说，数学就根本听不懂了，他干脆不听，在下面看小说。结果呢，期末考试得了零分。这次考试对少年吴文俊是有警示意义的。暑假期间，学校为那些因为躲避轰炸拉下的同学补课。除了补拉下的课程以外，还采用"吊黑板"的形式，就是在黑板上出题，让学生上来做，老师当场评判。这种方法果然奏效，很快吴文俊掌握了几何的基本内容和方法。

1933 年秋天，吴文俊上了徐家汇的正始中学，这是一所私立高中，出资人是上海滩的大老板杜月笙，学费比较低廉。有一次杜老板过生日，同学们排着长队从徐家汇走到外滩去祝寿。正始中学的校长是国民党元老陈群，早年曾留学日本，获文学士和法学士学位。后来他担任过黄埔军校政治教官、南京警察厅厅长，再后来又担任汪伪政府的考试院长、内务部长、江苏省长等职，成了十足的汉奸。但吴文俊认为当年他是很称职的校长，课程设置规范，聘请的老师学有所长，还从交通大学请来一批兼课老师。

　　吴先生晚年仍记得有位姓徐的交大化学老师，常在课上做实验。他的好奇心依然很足，得知徐老师有个儿子叫徐景贤，"文革"期间非常活跃，担任过上海市委书记，是"四人帮"的爪牙。后来徐景贤被判处徒刑，刑满释放写了一本回忆录《十年一梦》，托人在香港出版了，吴先生饶有兴趣地弄来一本。徐景贤是一位文学爱好者，在任时出过散文集、传记和报告文学。2007 年的一天，他在沙发上看书时心脏病猝发，几分钟后停止了心跳。而那之前三个月，他还在《文汇读书周报》上发表了一篇题为《王蒙的"硬伤"》的书评。

　　如果说初中时的吴文俊比较随性，那么高中是他真正用功学习的三年，特别是数学和英文。他尤其钟爱几何，除了初中时的那次暑假补课以外，还因为高中时的一位数学老师。这位老师的福建口音让其他同学望而却步，但对吴文俊来说却非如此。他也遇到一位很认真的会打排球的英语老师，加上父亲给他的启蒙教育和指点，打下了良好的英文基础，不仅能看，而且会写，还阅读了不少英文小说，包括法

▶　刚入交大时的吴文俊

国作家大仲马的《基督山恩仇记》《三个火枪手》等。至于听和说，则要等到他的大学时代。

　　值得一提的是，吴文俊念高中时还喜欢看话剧，这一爱好贯穿了他的整个大学生涯和抗战时期，正如他所敬仰的法国数学家庞加莱少年时代喜欢各种游戏和跳舞。吴文俊那时最喜欢的演员是石挥，他演的《雷雨》中的管家鲁贵让作者曹禺为之叹服，《秋海棠》中的伶人让京剧大师梅兰芳拍案叫绝。其实，石挥只比吴文俊大四岁，因此这有点像如今追星的孩子们。不同的是，吴文俊除了看戏还喜欢看剧本，尤其是戏剧家洪深的作品，并对他的"拟真"理论颇为欣赏。

　　除了数学和英文，高中时吴文俊的物理成绩也不错，有一次还考了满分，他特别喜欢力学，虽说他的动手能力一直很差。与此同时，物理老师却告诉校长，说吴文俊之所以物理学得好，是因为数学功底好。事实上，物理学与几何学是有关联的。于是校长要求他报考交通大学数学系，且答应考上给一百大洋的奖学金。那时交大学费需要三十多大洋，吴文俊的父亲拿不出来，于是他只好听凭学校的安排了。换句话说，当初念数学系并非他的本意。最后，他以交大理学院第二名的成绩被录取了。

３·孤岛上的大学生涯

交通大学 1921 年才正式由南洋公学改名，在中国已经算较早的大学了。在晚清时期，国人习惯把最北面的辽宁、河北、山东沿海三省称为"北洋"，而把江苏和江苏以南沿海地区称为"南洋"（可见当时中国的版图重心偏北）。至于"交通"一词，据说也来源于《易经》，"天地交而万物通"，而校庆日 4 月 8 日有四通八达之意。另一方面，民国时期交大的主管部门是交通部，那时候交通部的职能除了"有形之交通"，还有"无形之交通"，包括通商、外交、邮政、电信、旅游，等等，故而交通大学也为综合性大学。

说到南洋公学，中国第一个数学博士胡明复（1917，哈佛大学）便出自该校。1910 年，他与胡适、赵元任等作为庚子赔款第二届留美生，从上海乘船出发，入纽约州的康奈尔大学学习（那时巴拿马运河尚未开通，他们远赴纽约的旅途可谓辛劳），他和赵元任念的是文理学院，而胡适起初念的是农学院，两年后才转到文理学院。回国以后，胡明复去了大哥胡敦复首任校长的上海大同大学，创办并主持数学系，同时也在母校南洋公学兼职。不幸的是，1927 年，他在故乡无锡游泳时淹死，年仅 36 岁，这是中国数学界的一个损失。不然的话，吴文俊应该会结识他。

在吴文俊晚年的口述自传中，曾多次提及他的微积分老师胡敦复。1930 年胡敦复卸任大同大学校长，改任交大数学系主任。1935 年，胡敦复联合北京大学的熊庆来、冯祖荀，重庆大学的何鲁，浙江大学的陈建功、苏步青等人，成立了中国数学会，并被推选为首任董事局主席。而胡家老三胡刚复则是物理学家，庚子赔款首届留美生，也是哈佛大学博士（1918），他曾是抗战时期浙江大学西迁时的理学院院长。当年竺可桢先生动员他出马时声称，假如胡刚复不出来做院长，他这个校长也不会上任。

英国哲学家伯特兰·罗素的传记上部《孤独的精神》，从出生写到 1921 年为止，他大学时念的也是数学。中文版有 800 多页，但是第二章"剑桥"一共才 12 页。说到吴文俊的大学生活，巧合的是，《走自己的路——吴文俊口述自传》（邓若鸿、吴天骄访问整理，湖南教育出版社，2015）有 400 多页，第三章"大学"也只有 12 页。这部自传的整理者之一吴天骄是吴文俊的独养儿子，现任中科院数学与系统研究院工程师。

交大的理学院开设于 1930 年，包括数、理、化三个系。数学系规模最小，前三届总共只招了四名学生。吴文俊是第四届，除了他还有一位宁波来的男生赵孟养，后者成了他的终生好友，有几次重要的人生机遇得益于这位赵同学的无私相助。因为人数少，三个系的同学在一起上课，吴文俊记得班上有四个女生，其中一位叫陆正的化学系女生正是理学院的高考状元，后来她去了台湾。在理学院 1940 年届毕业照里，戴眼镜的吴文俊在第一排的角落里，显得书生气十足，而大多数同学都笑脸盈盈。

吴文俊大一时交大在徐家汇，即如今的上海交通大学本部上课。大二时爆发了"七七事变"，而在激战三个月的"淞沪会战"后，上海沦陷了。江浙沪的大部分大学都向内地转移了，交大的主体部分也搬到了陪都重庆，但是还有一部分留在了上海的租界内。吴文俊因为是家中独子，父母让他留在了上海。吴家也搬到了租界。那时上海有日租界、法租界和英租界（公共租界），后面两个合称为"孤岛"。交大在南边的法租界，吴文俊的大二下学期和三、四年级，都是在法租界度过的。

说到法租界和英租界，有一个掌故，便是如今中国的许多城市街道上都有的法国梧桐悬铃木并非来自法国，或者说法国没有这个名称的树木。原来，在当时上海的法租界和英租界都栽有悬铃木，这是世界驰名的行道树，有着"行道树之王"的美誉。可是种略有不同，英租界是二球悬铃木，法租界是三球悬铃木。不知是谁开的头，上海人就分别称它们为"法国梧桐"和"英国梧桐"。可能因为英租界的地盘和栽种范围不及法租界，英国梧桐渐渐被遗忘了，而法国梧桐的名称一直沿用至今，并在南北方推广传播开来。

虽说"孤岛"的教学环境艰苦、生活不安定，师资也不如以前，原本吴文俊还打算换系，但是大三开始数学系单独开课以后，他遇到一位教实变函数论的老师武崇林副教授。武老师循循善诱，还在自己家里给他开小灶，并借给他一本印度出版的英文著作《代数几何》。这门课向他开启了现代数学的大门，他终于真正喜欢上了数学。随后时光过得很快，他研读了集合论、点集拓扑和代数拓扑的经典著作，有些还是德文原版。

那时候数学界流传着一句话，"打起你的背包，去到哥廷根"。事实上，在"数学王子"高斯和黎曼的母校，克莱因和希尔伯特已经建立起崭新的哥廷根学派，为此，吴文俊在交大时刻苦学习德语。对南洋公学或交通大学喜欢数学的学生有一个榜样，那就是浙江余姚人朱公谨（1902～1962），他小学毕业后进入了南洋公学，后来考取清华，再后来留学哥廷根，在希尔伯特的得意弟子库朗指导下完成博士论文。朱先生回国后执教交通大学等校，写过不少介绍现代数学的科普文章，吴文俊每篇必读，他对波兰学派和苏俄学派那时便也有所了解。

吴文俊的学习方法是"读学懂"。所谓"读"是课本本身，"学"是指合上书自己能推导课本里的定理，而"懂"是指所有概念和定理之间的相互关系。他毕业论文的题目是《用力学方法证明帕斯卡尔定理》，多年以后，他写过一本名为《力学在几何中的一些应用》（中国青年出版社，1962）的小册子，便是大学毕业论文的延展。华罗庚曾赞叹，"这本书比十篇论文都好。"此书后来与华罗庚、段学复、姜伯驹等的科普著作组成"数学小丛书"一起荣获了国家科学技术进步奖二等奖（2010）。等到吴文俊大学毕业，他已经有成为数学家的志向和自信心了。武老师想帮助吴文俊留校，可惜因为他本人地位不高，又没有留过洋，说话不甚管用。

４·动荡，知遇与上路

1940 年，21 岁的吴文俊大学毕业了。接下来的六七年时间里，他本可以用来继续深造或做研究工作，却不幸遇到黑暗的岁月。吴文俊先后在上海的两所中学任教，他任教的第一所中学叫育英中学，他教初一代数，每周上二十几节课，还兼教务。每天清晨他要跑到学校去点名，看同学们早自习了没有。至于教学，吴文俊一直觉得自己教不好"负负得正"这一基本概念，为此到了晚年仍然内疚。1941 年12 月 7 日，发生了"珍珠港事件"。消息传来，教务室里鸦雀无声，过了许久，教务处长长叹一声"覆巢之下"。果然不久，日军占领了上海各租界，育英中学解散，吴文俊失业了。

那以后，巡捕房还是照旧巡夜查房，不过换了主子而已。吴家在法租界只有一个大房间，因为有两个妹妹，吴文俊就睡在小阁楼上。有一天夜里，巡捕巡查到了吴家。他们进屋看到小阁楼，见那么狭小的空间里，还摆放着一个书架，其中一人就说，"没什么可查的，这是一个书香之家，就知道死读书。"于是，瞄了几眼就走了。那些巡夜

▶ 吴文俊在之江大学任教时住过的白房子（作者摄）

的人本是中国人，对日本人表面上不敢违抗，可是心里还是反对他们的。而吴文俊本人因为痛恨日本人，拒绝学日语，不过后来他认为那是个错误的想法。

在家待业半年以后，吴文俊又找到一份工作，那是在培真学校，小学加初中。他还是教加减乘除，还是兼职做教务点名。那些年数学研究自然是谈不上，白天没有时间，晚上家里头挤，还要早睡，因为父亲第二天早起上班。不过在学校里，同事们相处还比较愉快，大家无话不说。可是有一次，老师们看见他捧着一本德文书，便保持了一定的距离，因为德日同属轴心国。直到有一天，他帮助一位同事解出了一道数学难题，大伙儿又把他当成自己人了。

1945 年 8 月，日本投降了。这一年的秋学期，吴文俊在杭州的之

丙辑　　　　吴文俊：数学是笨人学的　　　　441

江大学做了代课老师。之江大学是民国 13 所教会大学之一，1952 年解散。这是吴文俊第一次在大学任职，他在钱塘江畔、六和塔旁如今的浙江大学之江校区度过了四个多月的时光。他当年的宿舍是现在称为白房子的那幢可以看见钱塘江的楼房，而红房子则是外国教授的住宅，曾经的主人有老校长司徒华林，他是杭州出生的燕京大学校长、民国最后一任美国驻华大使司徒雷登的弟弟，这位哥哥从北平来杭州看望弟弟时也住红房子。

1916 年，司徒华林上任之初，便下令在校内两座山坡间的山涧上架设一座独木桥，一个世纪后的今天依然存在，被浙大同学戏称为"情人桥"，有好几部电影在此拍摄。吴文俊任教时的校长叫李培恩，是杭州本地人，曾留学芝加哥大学和纽约大学，用英文讲授经济学。之江大学的数学实力估计不是太强，有一位吴文俊的同龄人张理京曾就读于之江大学，他后来翻译了不少数学名著，包括莫里茨·克莱因的《古今数学思想》首卷。而那会儿，之江大学校友、莎士比亚的中文译者朱生豪先生已英年早逝。

虽说孕育了"陈苏学派"的浙江大学那时还没有从贵州迁回杭州，但交大同学赵孟养还是通过自己的亲戚把吴文俊的大学毕业论文呈现给了几何学权威苏步青，也许想帮助他在浙大找份工作。只是多年以后，苏步青才给吴文俊以回应，"真是篇好文章"，那会儿吴文俊早已从巴黎载誉归来。赵孟养还趁吴文俊放假回沪之际，设法把他介绍给朱公谨和周炜良两位数学家，他们已分别获得德国哥廷根大学和莱比锡大学博士学位。在看过吴文俊的一篇文章后，周炜良评论说"杀鸡焉用牛刀"。这让吴文俊明白，数学研究过程中问题的重要性。

1945 年岁末，交大总体还留在重庆，但在上海已办起了临时大学。还是那位赵同学，慷慨地把自己在母校取得的助教职位让给吴文俊。翌年春天，国民政府招考赴法留学生，又是赵孟养第一时间把消息告知老同学。那年夏天，赵孟养还介绍他去见陈省身。其实，赵同学并不认识陈省身，就像他不认识周炜良一样，而是凭着自己的交游才能和热情，委托他人代为引荐好友。这类会面有点类似于诗歌圈，一位青年诗人拜会一位名诗人时常用这一方式。

那会儿陈省身只有 35 岁，却已经名声远扬了，他在美国数学圣地普林斯顿做出了不起的成就，特别是给出"高斯－博内公式"的内蕴证明，同时引入陈省身示性类，使得"微分几何进入了新时代"。抗战胜利后他回到祖国，奉恩师姜立夫之命在上海筹建中央研究院数学研究所。陈先生住在徐家汇附近一条小弄堂，吴文俊见到他时只回答他的提问，临别之际才鼓起勇气询问数学所是否要人？答复是："你的事我会记在心上。"果然不久，吴文俊进了数学所，地点在靠近枫林桥的岳阳路，从此他走上了数学研究的康庄大道。

筹备数学所之初，陈先生便给各大学数学系发函，希望推荐最近三年的优秀毕业生。以这种方式来数学所的有十多位，尤以浙江大学居多，此外还有西南联大、武汉大学、四川大学、中山大学和大同大学的毕业生，他们中的许多人后来成为中国数学的中坚力量。在数学所，除了听陈先生讲代数拓扑外，其余时间放任自由，吴文俊的办公桌就在图书馆，他因此阅读了不少数学书。有一天，陈省身来到图书馆，他跟吴文俊说，你书看得够多了，现在应该"还债"了。

原来，陈省身说的"还债"是指写论文。吴文俊被逼出的第一篇文章是关于对称积在欧氏空间中的嵌入问题，被陈师推荐到巴黎的《法国科学院周报》（*Comptes Rendus*）上发表了。尤为重要的是，陈师把吴文俊从他擅长的点集拓扑引导到更有发展空间的代数拓扑上去了。陈省身敏锐地意识到代数拓扑在现代数学中的位置，以及即将对其他数学分支所产生的深刻影响，相信它会成为数学的主流学科。事实上，陈省身本人后来参与开创了大范围或整体微分几何，其关键性的工具正是代数拓扑里的纤维丛和示性类。

示性类理论里有一个最基本的惠特尼乘积公式，一直缺少一个严格的证明，陈先生在讲课时希望有人能够给予证明。1947 年春天，陈省身北上清华大学讲学，他带着两个年轻人吴文俊和曹锡华一起进京。曹锡华毕业于贵州时期的浙江大学，后来在陈省身和段学复的推荐下留学美国密歇根大学获得博士学位，待他回国先是任教浙大，院系调整后他在华东师大建立起一个新的数学据点。吴文俊利用在清华的闲暇，证明了惠特尼公式，发表在美国的《数学年刊》（*Annuals of Mathematics*）杂志上，这是他的第一个重要成就，他终于上路了。

5 · 法兰西的灿烂岁月

吴文俊到中央研究院以后，便把春天参加的留法选拔考试一事给忘了。没想到第二年发榜，他考中数学组第一名，另外三名是严志达、田方增和余家荣。严志达和田方增来自西南联大，而余家荣来自中央大学（南京大学）。陈省身认为巴黎太过喧闹，建议他去法德边境的斯特拉斯堡大学师从亨利·嘉当，陈省身是其父亲埃利·嘉当的学生。可是临行前，陈师忽然想挽留他，希望他留下来一起做研究。吴文俊自然没有答应，不仅因为一切手续已办妥，更因为年轻人都向往外部世界。

在南京参加教育部两个月的培训之后，吴文俊他们一行四人从上海乘船出发了。航线与别的留法同学走的不完全一样，没有在马赛港上岸，而是穿越直布罗陀海峡到了伦敦，随后穿越英吉利海峡抵达加来。从那里他们坐火车去巴黎，再转斯特拉斯堡。有趣的是，巴黎负责接待中法交换生的官员看到吴文俊手头有嘉当先生的邀请函，便不管专业是否对口，把其余三位也安排到斯特拉斯堡大学。两年后严志达与吴文俊同时获得国家博士学位，严回国后任教于南开大学，后来也晋升为院士。而田方增和余家荣次年转学巴黎大学，回国后分别任职于中科院数学所和武汉大学。

虽说吴文俊的英文和德文都很好，但他曾留学四年的法兰西的语言却没有学好。他自称自己擅长的理性思维不适合浪漫的法语，另一个可能的原因是，五年的中学教师生涯耽误了时间，到法国时他已经28岁了。他喜欢德语的严谨和刻板，因为那也是他的个性。不巧的是，当吴文俊来到斯特拉斯堡，亨利·嘉当受聘去了巴黎高等师范学校，把他托付给父亲的学生埃瑞斯曼。没想到阴差阳错，吴文俊因祸得福跟对了人。后来的事实表明，他与嘉当之间，无论研究内容还是思想方法都存在差异，短时间内难以弥合。

在斯特拉斯堡期间，吴文俊继续研究拓扑学中的示性类问题。按照法国的习惯，导师一般不先给学生出题，而是让他们自我摸索，作出一定成果后向导师汇报。之后导师才会给学生深入的意见，甚或博士论文的题目或方向。当时，流形上是否存在复结构是大家关心的问题，而复结构存在的必要条件是近似复结构的存在。通过示性类，吴文俊证明了凡维数是四的倍数的球面均无近复结构，因此也没有复结构。这个问题的解决在拓扑学界引起的震动不小，以至于顶级权威霍普夫深表怀疑，他特意从苏黎世跑到斯特拉斯堡。结果霍普夫被吴文俊折服了，转而邀请他去苏黎世理工大学访问。

1949 年初，埃瑞斯曼认为吴文俊的成果已够博士论文了。于是，便让他着手整理。那年七月，吴文俊以《论球丛空间结构的示性类》通过了法国国家科学博士学位答辩。由于他埋头于拓扑学，离开时尚未逛过斯特拉斯堡这座城市。多年以后，他有机会重游故地，想看看当地的风土人情，仍没有找到时间。笔者因为诗译者任教斯特拉斯堡大学，因此特意来玩过，还应邀在市图书馆做了一场朗诵会，对莱茵河畔的这座名城，尤其是中心广场四周的景色、夜晚河巷的灯火印象深刻。这里是欧洲议会所在地，而斯特拉斯堡大学还是德国大诗人歌德的母校。

1949 年秋天，吴文俊来到巴黎，跟亨利·嘉当学习、工作了两年，相当于博士后。他在巴黎做了非常了不得的工作，被称为"吴方法"，

▶ 1948 年，吴文俊（右一）与同胞数学家在斯特拉斯堡

成了拓扑学界名人。倒不是因为嘉当先生指导有方，这位布尔巴基学派的创始人和领导者学问自然很牛，但他做的那一套吴文俊始终不大能接受。第一次见面，嘉当拿出自己的一篇论文讲解，结果听者稀里糊涂，不知道其中的意义。嘉当讲不下去了，摇摇头："你对抽象的推理这一套不清楚，听不进去。"吴文俊猜测因为自己是陈省身推荐的，才没有被辞退。

　　虽然没有深入的交流和合作，但不妨碍吴文俊在巴黎做出惊人的成绩。他一面参加嘉当的讨论班，一面独立做研究。他租的旅店在第五区，即拉丁区。许多学校、研究所都在那儿，包括索邦大学、巴黎高师和庞加莱研究所。他的房间在半地下，白天很暗。好在附近有一

中国科学院科学奖金一等奖获得者

钱学森　华罗庚　吴文俊

中国科学院1956年度科学奖金（自然科学部分）評审經过說明

▶ 1956 年，吴文俊获得中国科学院科学奖金一等奖

家通宵达旦的咖啡馆，叫咖啡麻油，那成了吴文俊的书房。咖啡馆对面是著名的卢森堡公园，但吴文俊没有去逛过。与许多法国同行一样，他上午睡懒觉，下午参加学术活动，夜里就到那家咖啡馆，在一个角落里思考数学问题，通常不到下半夜是不会回旅店的。

翌年春天，吴文俊已经硕果累累。他和嘉当的另外两个学生塞尔、托姆，还有那位瑞士人霍普夫的学生 A. 波莱尔，被誉为拓扑学界的"四大天王"。他们的工作合在一起，引起的轰动被数学界称为"拓扑地震"。其中塞尔和托姆分别于 1954 年和 1958 年获得菲尔兹奖，塞尔获奖时年仅 27 岁，迄今仍保留着最年轻获奖者的纪录，并且他是新世纪挪威设立的阿贝尔数学奖的首位得主，而托姆的获奖工作引用了吴文俊的多篇论文。晚年吴先生依然自信，在那场拓扑地震中，自己的工作震荡最为激烈。同时有一些人认为，假如吴文俊没那么早回国，他必定也能得菲尔兹奖。

那么，吴文俊在巴黎做了什么工作呢？拓扑学主要研究几何图形连续变形时保持不变的性质，也即拓扑变换下的不变量，它只考虑物体之间的位置而非距离和大小。所谓示性类，是指刻画流形和纤维丛的基本不变量，它可以不唯一，著名的有史梯费尔 – 惠特尼示性类、庞特里亚金示性类、陈省身示性类。吴文俊命名了陈省身示性，他的工作精髓在于：其一，定义了吴示性类，用吴类表示史梯费尔 – 惠特尼示性类，计算非常容易，被称为吴（第一）公式；其二，揭示了各种示性类之间的相互关系，被称为吴（第二）公式。对此，嘉当给予高度评价，说吴的工作像是变戏法和魔术。

6 · 回国，荣誉与徘徊

1951 年夏天，美国普林斯顿大学聘请吴文俊为教授。可是，当聘书寄到巴黎时，他已经在回国的轮船上了，之前他已是法国国家科学中心（CNRS）的副教授。那会儿中国已换了人间。吴文俊回国的原因应是多种多样的，笔者相信，自小接受的传统文化熏陶是主要的。那年他已经 32 岁，尚未婚娶，至于在法国的四年有没有谈过女朋友

佩戴北大校徽的吴文俊

口述自传并没有交代。依照吴先生的个性，如果有的话他应该会说的。当年陈省身先生急着从巴黎（经美国）回国，我认为一个重要的原因是为了姻缘，那时的他是有通信对象的。

这回轮船是从马赛港出发，穿过地中海、红海、印度洋和马六甲海峡，原本要在香港停留，吴文俊也事先办好了英国签证。可是船到香港时，还没下船就被边防警察招呼上了另一艘小汽船，直接送到广州，从那里再坐火车回到阔别多年的故乡上海。吴文俊到北京后的第一站是北京大学，那是受中国的拓扑学元老、北大数学系主任江泽涵访问斯特拉斯堡时的邀约。一年以后的 1952 年是中国大学最动荡的一年，吴文俊离开北大，到了设在清华园一幢两层小楼里的中科院数学研究所任研究员，所长是华罗庚。

那时数学所包括远在江南的陈建功、苏步青在内，只有十几号人。按照王元先生所著《华罗庚》，那时关肇直还是副研究员，冯康还是助理研究员，而陆启铿、王光寅、丁夏畦、王元、龚昇和胡和生等还只是研究实习员。吴文俊对华罗庚非常佩服，甚至超过了对恩师陈省身的佩服，认为他能在复杂的环境里做好各项工作十分不易，且很早领略到中国古代数学的优点，这也是吴文俊后期工作的出发点。

1953 年春天，34 岁的吴文俊到上海出差，经亲戚介绍，认识了在电信部门工作的姑娘陈丕和，她还会英文和法文。结果两人一见钟情，几天后（一说是半个月后）就结婚了，可谓是"闪婚"的先驱。年底陈女士调至北京，起初在六机部电信局，后换到数学所图书馆（曾任副馆长），业余时间利用她的打字技术，帮助吴文俊打印外文论文和专著。同时，接连生下了三个女儿和一个儿子，并承担了全部家务（吴先生连灯泡也不用换）。此后吴文俊过上舒坦安逸的生活，那应归功于上海女人的才德和修养。

1956 年冬天，数学所搬到动物园附近，两年后又迁至中关村。那应是 80 年代中期笔者从山东进京查阅文献资料来过数次的那幢五层楼房，如今早已经拆除，原来的地方竖起了一幢高楼，即联想集团的"融

▶ 吴文俊结婚照

科大厦"。但笔者无法确定，第一次到数学所图书馆时，吴夫人是否已经退休？1957 年以前，新中国尚有一段相对安静的时光，吴文俊继续着拓扑学研究。但由于那时只能与苏联和东欧国家交流，那里的拓扑学研究相对落后，而西欧和美国突飞猛进，因此他也感到迷惘和徘徊。

为了解决"怎样继续研究"这个问题，吴文俊做了一次对拓扑学的全面回顾和分析，并在所里做了一场学术报告。想必他想起了法国数学家、拓扑学奠基人庞加莱的名言："如果我们想要预见数学的未来，适当的途径是研究这门学科的历史与现状。"在拓扑学这门"难学"里，不变量是基本研究对象，也可谓"难中之难"。于是人们降低要求，研究所谓的同伦不变量，也就是把 1—1 对应换成 n—1 对应。那是当时拓扑学界的潮流，而吴文俊却反潮流，研究非同伦性组合不变量，包括嵌入问题，建立起了示嵌类理论，且成就斐然。

1957 年初，首届中国科学院科学奖公布了，这是今天国家三大奖的前身，共 34 项成果获奖，其中一等奖 3 项（二等奖 5 项），即华罗庚的"典型域上的多复变函数论"，吴文俊的"示性类和示嵌类研究"和钱学森的"工程控制论"。吴的工作被国际拓扑学界公认，一等奖无异议；华的工作比较散，有评委认为可以给三个二等奖；钱的《工程控制论》是部专著，在颁奖前一个月补上了。而钱伟长、苏步青两位前辈只获得二、三等奖。值得一提的是，吴文俊的获奖材料是八篇论文，这恰好是今天申报国家自然科学奖的论文数量。

华罗庚和钱学森那会儿已经大名鼎鼎，而吴文俊在国内数学界知名度也不是很高。获奖两个月以后，他便被增选为中国科学院学部委员。在此前后，他多次随科学家代表团出访社会主义国家，包括罗马尼亚、保加利亚、苏联、东德、波兰。1957 年 12 月，吴文俊结束了东德的讲学后，回到了阔别六年的巴黎，他的导师埃瑞斯曼邀请他去巴黎大学讲学，接着他应邀去里尔、布列塔尼、波尔多、格勒诺布尔等地，还回到母校斯特拉斯堡大学。

那次吴文俊去巴黎访问是有限制的，政府规定不能一个人行动，可法方又只邀请他，因此只好另想办法。刚好斯特拉斯堡有位中国留学生，就让他临时到巴黎，这样就是两个人了。吴文俊在巴黎见到了老朋友安德烈·韦伊，这位数学全才也是布尔巴基学派骨干，妹妹西蒙娜·韦伊是著名哲学家。韦伊是陈省身的老友，他曾为《陈省身文集》作序，在他自己的数论史著作扉页上，则印着陈先生的书法"老马识途"，而赫赫有名的"朗兰兹纲领"是在朗兰兹写给他的信中提出来的（1967）。韦伊常约吴文俊去小饭店吃饭闲聊，其时他的兴趣已转向数论史。或许，吴先生后来对数学史的兴趣也与他有关。1976 年，韦伊访华期间想去大同的云冈石窟，却未被允许。

吴文俊的访问时间从原定的两个月延长到半年，他还写信申请再延长两个月，那样他就可以写成一部专著在法国出版，正好那年 8 月四年一度的国际数学家大会在爱丁堡召开，组委会邀请他做 45 分钟报告，他是新中国继华罗庚（1954）之后第二个被邀请的数学家。同时，吴文俊也申请让夫人到巴黎照顾他的生活。这封信除了吴先生以外，还有 12 位法国数学家的联名签署。可是，中科院外事局担心他滞留海外，不仅没有批准，反而催促其尽快回国。那会儿气氛有点紧张，数学所也以所长华罗庚的名义给塞尔和埃瑞斯曼发电报，要求其敦促吴文俊回国。

在那段时间里，吴文俊再次感到迷惘和徘徊，到底何去何从，最后还是祖国和家庭的吸引力更大。从那以后的 17 年间，吴文俊都没有出过国。1968 年初，罗马尼亚科学院来函邀请他，作为"我们科学院的客人"出席那年秋天的"代数拓扑与代数几何"会议。在数学所上报科学院的行文中这样写道，"经我所革委会研究决定：吴不去参加这个会议，并由吴本人回信婉言谢绝"，没有注明理由。院外事部门加注，"和数学所进一步了解，吴不是反动权威，……拟同意来文中的意见，请领导审批。"然后是层层加注，最后一位领导只写了两个字，"同意！"

7．"赛马"与"吴龙"

1956 年，中央提出要"向科学进军"，这才有了翌年初的首届科学奖颁发。可是不久，"反右"运动铺天盖地而来，数学所也有指标，笔者的师叔邵品踪教授就是受害者之一。他从北京大学研究生毕业以后，分配到数学所工作，参加华罗庚、王元、潘承洞的数论小组（陈景润于 1957 年 10 月由厦门调入数学所）。因为"右派"指标没有完成，领导看他人老实听话，找他谈话，请他帮个忙，先把指标完成，他爽

▶ 1956 年，吴文俊在数学所作报告

快地答应了。没想到，帽子不是轻易能摘掉了，他被下放到曲阜师范学院，直至晚年。

吴文俊因为人缘好、成就大，没有受太大影响。接下来的"大跃进"，所长华罗庚也不得不提出，10 年内在 12 项数学问题上赶超美国，这则豪言刊载在《人民日报》上。可是，真正有国际水平的拓扑学等纯理论却不让搞了，又如何赶超？华罗庚去做优选法，吴文俊也被迫研究起运筹学，经过一段时间摸索，他把目标确定为对策论，即博弈论，这是匈牙利大数学家冯·诺伊曼开创的学科。冯·诺伊曼研究的是合作对策，而纳什等诺贝尔经济学奖得主研究的是非合作对策。吴文俊感兴趣的是后者，在他的一篇科普文章里，第一次对战国时期"田忌赛马"的故事给予对策论的解释，将其归纳为"两人有限零和对策"。

到了1961年，时局又有了变化，多数"右派"摘帽了，中央提出"科研14条"，基础研究又受重视了。那年秋天，中国数学会在颐和园召开"龙王庙"会议，分别研讨数论、拓扑学和函数论三门学科。那会儿，解析数论因为有陈景润、王元和潘承洞的"哥德巴赫猜想"研究，正如火如荼，而拓扑学却是大大落后了，即便吴文俊开创的示嵌类也已经落后人家了，但他还是果断决定，把目标对准奇点理论，并在两三年内到达了前沿，完成了两篇高质量的论文。

可是，到了1964年，又开始了"四清运动"（清政治、清经济、清思想、清组织），数学所的人员分批下乡，参与农村社会主义教育运动。接着，又爆发了史无前例的"文化大革命"。即便如此，1967年数学所的一次批判会上，坐在阅览室后头角落里的吴文俊，随手翻着架子上的杂志，无意中发现一篇印刷电路的文章。印刷电路即集成电路，可应用在硅片（俗称芯片）上。在没有计算机的当年，布线并非易事。吴文俊发现，用他的示嵌类理论，可以很好地解决这个"布线问题"。这件事又一次让他出了名，也给他提供了进一步的安全保障。

就这样，在短短的十来年时间里，吴文俊更换了四五个研究方向，那样很难做出特别重要的成就。幸好1958年，中国科学院效仿苏联，在北京创办了中国科学技术大学，由郭沫若院长担任校长，科学家们才纷纷做了园丁。华罗庚作为数学系主任，提出了"一头龙"教学法，即由一位教授领衔主讲带一届学生，从一年级到五年级。三条龙分别由他本人、关肇直和吴文俊领衔，后来分别称为"华龙""关龙"和"吴龙"。仅仅《微积分》这门课，华罗庚和关肇直就各自编写了一本教材，并且都正式出版了。

吴文俊在中国科学技术大学除了教授微积分以外，还教过微分和代数几何，共七个学期。据"吴龙"班的学生、著名数学史家李文林回忆，吴文俊讲课比较严谨，他一般在黑板上，首先写上讲课要点、主要内容、定理、概念和思想，然后开始推导、演绎。他的板书也是有条不紊的，从左上角到右下角，写满后自己把它擦掉接着来。而华罗庚讲课的特点是比较活，板书也比较松散，经常是东边写一块西边写一块，他还喜欢讲一些与课本无关的内容，比如"从厚到薄，从薄到厚"。

"吴龙"班最出色的学生之一是李邦河，他是温州乐清人。后来继承了吴文俊的衣钵，成为他拓扑学的传人。在微分拓扑领域，李邦河发展了流形到流形的浸入理论，把浸入理论中的一个奠基性定理从最简单的流形（欧氏空间）推广到任意流形。令人惋惜的是，当初把李邦河推荐给吴先生的王启明后来不幸在美国因车祸去世，那是在1989年，热情的车主是著名数学家丘成桐，拐弯时他失了手，丘成桐自己也受了伤。王启明曾在吴文俊的课上指出一处错误，并指出他所依据的是哪本德文书。吴文俊认为，王启明成为中国数学界领袖不成问题。

等到"四清"运动开始后，教学不得不中断。数学所第一支"四清"工作队去了吉林，第二支去了安徽，由关肇直带队，吴文俊也参加了。

1965 年 7 月，他们一行抵达合肥以西六安专区的苏家埠镇，那里傍依着干涸的淠河。能做的事不多，吴文俊帮助生产队制作和填写报表，从前他当中学代课教师兼教务时干过。他似乎没做什么农活，吃饭派在老乡家里。有空他就去镇上淘旧小说，自己看也借给别人看。不料有一次走在河滩上他被人喊住，当地农民盯了他很久，还以外是"空降特务"。

将近六个月以后，数学家们被召回了北京，因为"文革"开始了。先是"破四旧"，也就是抄家。吴家也被抄过两次，第一次损失不大，只抄闲书，第二次就惨了，不过数学所的人还是不一样，被抄物品都有登记，多数书籍都还回来了。接着因为害怕，许多书信被夫人烧了，尤其是留法期间与老同学赵孟养的通信，回国时都带回来了，赵同学又把他收到的信给送来了，里面不仅记录了友谊，也有留学生活的描述。再后来，专业书籍也被遗弃了，因为"学术权威"的住房越来越小，从四室一厅到三居室再到两居室。

那时有严重腿疾的华罗庚不仅被抄家，还被多次挂牌批斗，被罚打扫数学所的厕所，这可能是因为他名气大，又喜欢批评人。而吴文俊性格温和、与世无争，头上没有戴"反动"帽子，也没有"里通外国"，虽说他在法国留学多年，还曾"滞留不归"。他也没有被关进"牛棚"，甚至可以抽身，带着九岁的独生儿子，坐火车到南方"串联"近一个月，去了许多地方，包括杭州西湖。那是在 1969 年，他们父子在杭州品尝了许多小吃，却不知有没有去过知味馆或奎元馆。

8 · 研究中国古代数学

"文革"后期，恰逢"批林批孔"，仍不能做学术研究，否则会被说成是走资本主义道路。那会儿江青正领着搞复古倾向——穿唐装，作为数学所副所长的关肇直，适时出了个主意：研究中国古代数学。原本吴文俊对古代数学并无多大兴趣，在关先生的鼓动下，也借阅了几本书籍，首先是《九章算术》，语言像天书。之后他读李俨、钱宝琮的书，特别是钱宝琮的《中国数学史》。后来他在旧书店里淘到元代数学家朱世杰的《四元玉鉴》，还有两位数学史家，内蒙古师大的李迪和西北大学的李继闵对吴先生帮助也很大，尤其是李继闵对《九章算术》的系列解读和阐释，让他真正领会到中国古代数学的妙处。

李继闵（1938～1993）祖籍四川新津，父亲做过川军连长。他本人出生在江西九江，青少年时身强力壮，喜欢游泳，曾横渡长江。在成都念中学时他是学生会主席，毕业时却因政审结论无法被名校录取。1958 年，他以优异成绩考入西北大学数学系，本科期间便在教授指导下，写出函数论的研究论文，经华罗庚推荐，发表在《数学学报》和《中国科学》上，成为西北地区在《中国科学》发表数学论文第一人。可是，大学毕业时，李继闵却因出身问题，留校不成，分配去了西安夜大。

"文革"期间，夜校解散，李继闵被下放到汉中勉县插队落户。1972 年，他怀里揣着发表了的论文上访，被调回西安师范学校。1979 年，在方毅副总理关怀下，他终于回到母校西北大学。之后，他在极

▶ 1978 年，吴先生全家福

端困难条件下开始数学史研究，取得引人瞩目的成就。1977 年春夏之交，吴文俊去西安，进行为时近一个月的西北之旅，与李继闵相处多日，回京后手绘了一幅旅行图。吴文俊认为李继闵是"继李俨、钱宝琮和严敦杰三老之后最有贡献者之一"，在他支持和推荐下，西北大学有了高校第一个数学史博士点，但李继闵却不幸英年早逝。2002 年，李继闵的学生曲安京应邀在北京国际数学家大会上做 45 分钟报告。

吴文俊在中国古代数学上的第一次突破是复原日高公式的证明，这是三国时期的两大数学家之一——吴国赵爽（率先给出勾股定理证明，另一个是魏国刘徽）注《周髀算经》的一篇，叫"日高图说"。

说的是在洛阳的平地上竖立两根有刻度的杆，高度和相距已知，然后量它们地上的影子，就可以测出太阳的高度。如果是现在，用正切函数、画平行线就可以做到，但那要用到现代数学的概念，而日高公式是在公元前秦汉初年的著作里给出的。1975 年，吴文俊复原了古代的证明，并曾以"顾今用"的笔名在《数学学报》发表文章。

之后，吴文俊又复原了刘徽《海岛算经》里"岛高"问题的证明。同时他指出数学史研究的两条基本原理，其一是所有结论必须从侥幸流传至今的原始文献得出，其二是所有结论应按古人当时的知识、辅助工具和惯用的思维推理。继《九章算术》之后，中国古代数学的另一高峰是秦九韶的《数书九章》，他的大衍求一术（中国剩余定理）和增乘开方术（秦九韶算法）是中国数学的重要创造。吴先生认为秦九韶的成就特点在于其构造性和可机械化，他用小计算器即可按照秦九韶的方法求出高次代数方程数值解，而大衍求一术的算法十分有效，远超西方人的方法，且条件较为宽松。

吴文俊认为，代数是中国古代数学中最为发达的部分，《九章算术》是一部算法大全，有着世界上最早的几何学、最古老的方程组和矩阵。《九章算术》中解方程的消元法比高斯更早，且已经有了正负数的概念，甚至有了实数理论。他还认为证明定理没什么意思，就是玩意儿而已。我们的祖先注重实际问题的解决，数据与数据之间必有某种联系，这种联系是通过方程式呈现的。他还认为，求最大公约数，古代中国的"更相减损术"很漂亮，比西方人的因式分解方法要强。

吴文俊这里所指的中国古代数学是指 17 世纪以前的。因为自从微

积分诞生以后，中国数学在计算方面也已明显落后于西方。吴文俊正是从对中国古代数学的探究中获得启示，推动了他的数学机械化事业。也因为如此，吴文俊觉得当年的回国选择正确无疑。这不禁让人想起曾任北京大学副校长的化学家傅鹰先生（1902～1979）说过的话："一门科学的历史是那门科学里最宝贵的一部分，因为科学只能给我们知识，而历史却给我们智慧。"

吴文俊还依据钱宝琮的观点，提炼出一幅"数学发展简图"，他认为西方数学有两个根源，一是从中国经由印度，二是从希腊经由阿拉伯。他认为祖先最伟大的数学发明是位值制，我们在商朝便有了正式的十进制了，就像汉字是从商朝的甲骨文开始定型。在吴先生的复原证明论文发表以后，有一天李文林在数学所走廊碰到他："我看到您的文章了，很受启发。""准备着不同意见呢。"吴先生回答说。多年以后，李文林接受访谈时指出："对中国古代数学的看法，我想，到现在也许还是不一致的。"1986 年，在伯克利国际数学家大会上，吴文俊应邀作了《中国数学史的新研究》的特邀报告。

值得一提的是，"文革"后期，在尼克松首次访华前后，包括杨振宁、陈省身等在内的华人科学家接连回国。还有一些美国顶尖数学家也来中国讲学，其中就有普林斯顿大学和麻省理工学院的同行。在这样的形势下，数学所和北大联合举办了微分几何讨论班，吴文俊又恢复了拓扑学研究，且杀了一个漂亮的回马枪。他提出一种新的基本不变量，即 I* 度量，并引进了可计算性的概念，从而丰富了研究内容和技巧。这项成果后来由吴文俊执笔，德国斯普林格出版社于 1987 年出版，列入"黄皮书""数学讲义丛书"（*Lecture Notes in Mathematics*）第 1264 号。

⁹· 几何定理的新证明

每个人都有自己得意的事情，晚年吴先生回顾自己一生的成就，把拓扑学的工作只排在第三位，而把中国古代数学的研究排在第二位。或许有人说，这是对策论的一种应用，因为他的拓扑学研究（尤其是示性类和示嵌类方面）早已为世人所公认，而拓扑学也是数学中优雅和高深的代名词，以至于理论物理学家们也纷纷来沾光。无论如何，大家已经猜到，吴先生最引以自豪的是他晚年的数学机械化研究，这方面的成就在他心目中是排在第一位的。

这里必须谈到关肇直，他是吴文俊最信任的同事和领导。关肇直是天津人，吴文俊的同龄人，毕业于燕京大学，与吴文俊一起到法国留学，原本他是去瑞士学哲学，结果却留在巴黎庞加莱研究所攻读数学，他的导师是泛函分析创始人之一弗雷歇。可是，因为关肇直是地下党员，新中国成立以后，没有读完博士便启程回国。他在担任行政职务的同时，在纯粹数学、控制理论和系统科学领域都取得了重要成果。正是他，授意吴文俊发表陈景润的哥德巴赫猜想研究成果。1980 年，关肇直当选为学部委员。他长期担任数学所领导，强调科研立足国内。他在数学所成立了控制论研究室，1979 年又分出成立了系统科学研究所。

据说系统所的成立是趁数学所所长华罗庚和党委书记吴新谋出国访问期间，由钱三强副院长来宣布的，关肇直和吴文俊分别担任正副所长。华先生回国后，托人找吴文俊，希望他回到数学所，而吴新谋一直不赞成他做机器证明，认为那是"离经叛道"，希望他继续从事拓扑学研究。关肇直却支持他，放话："吴文俊想干什么就让他干什么。"显而易见，原数学所的关系有些复杂，对此王元先生在《华罗庚》里有专节描述。

吴新谋是我国偏微分方程的奠基人，他与华罗庚同龄，江苏江阴人，早年毕业于中央大学，比关肇直、吴文俊留法更早。他娶了一位法国太太回国，子女众多，其中一对双胞胎男孩名文北和文中。1974 年，哥俩因在使馆区行窃被捕，公安部要求至少枪毙一个。两人各不相让，最后抽签决定文北上刑场。焦虑的母亲通过北大西洋公约组织副参谋长的兄弟，请求法国政府调解未果，但文中返回了法国。作家史铁生曾以此为素材写过小说《兄弟》。20 世纪 80 年代，关肇直、华罗庚和吴新谋相继病故。1998 年，数学所、系统所与同宗的应用所、计算所合并，成立了今天的数学与系统科学研究院。

早在 1971 年，便有所谓的"三个面向"，即面向工厂、农村和学校。吴文俊当过中学老师，领导建议他去中学教书，但他却要求到工厂做没有做过的事。于是他去了北京无线电一厂，在那里第一次看到计算机。输几个数，按几个键，一个微分方程的解和曲线一下就出来了，吴文俊深为震惊。其实，早在计算机诞生不久，波兰数学家塔斯基就提出了机器证明的想法，那是在 1948 年。塔斯基证明了，在初等代数和几何范围内，任意命题都可以用机械方法来判定。可是，要真做起来却没那么容易。

1959 年，济南出生、西南联大毕业的华裔美国数学家王浩在 IBM 计算机上实现了怀特海和罗素《数学原理》一书中数百条逻辑命题的证明，用时仅三分钟，从而首次验证了计算机进行定理证明的可行性，他并率先提出了"数学机械化"（Mathematics Mechanization）的概念。不过，几何定理的机器证明比起逻辑命题的机器证明要复杂许多。美国有很好的计算机，美国人尝试用塔斯基的方法，却一直没有成功。吴文俊受笛卡尔思想的启发，通过引入坐标，把几何问题转化为代数问题，再把它机械化。

一般来说，几何定理都是由假设推出结论。无论假设还是结论，在引入坐标以后，都可导出一组方程式，可分别称之为假设方程和结论方程。机器证明的要点在于，验证假设方程的每个解都是结论方程的解。然而，这一现象并不总是成立，换句话说，假设方程的解只有

▶ 1975 年，吴先生重返巴黎

一部分是结论方程的解，另一部分不是。因此，必须区分假设方程解的两个部分，并作出合理的几何解释。为此，还要对假设方程进行处理，使之由杂乱无章变得井然有序，以适应机器证明的需要。

　　所谓几何定理机器证明的吴方法，是一种利用代数几何方法的构造性理论。代数几何是数学的一个分支，经典代数几何研究多元多项式的零点，现代代数几何则用抽象代数（主要是交换代数）的技巧来解决与零点集合相关的几何问题。吴文俊在交大念书时武老师曾借给过他印度人写的《代数几何》，20 世纪 60 年代中期他在科大开设了这门课程，边学边教边研究。1977 年春天，没有计算机的吴文俊用手算验证了他的机器证明初等几何定理的方法！那就像医生在自个身上试验一种新发明的疗法一样，需要艰难细致的工作。第二年年底，他又把这一方法推广到微分几何的机器证明。

　　要证明更多的几何定理，自然需要计算机，且计算机性能越好，可以证明的几何定理就越多越深刻。吴文俊用的第一台计算机是意大利手摇计算机，随后有了一台他工作过的北京无线电一厂生产的计算机，然后是一台访问数学所的外国友人赠送的袖珍计算器。再后来，他终于正式拥有美国产的一台像样的计算机，那是用两万五千美元外汇在美国买的。购买申请能顺利审批，得益于早年留法的声学所所长汪德昭院士，他告诉吴文俊科学院李昌副院长何时何地会出现。结果真的被他撞见了。

有了计算机以后，还得自己学会编程序。年近花甲的吴先生开始学做程序员，他学会了各种计算机语言，从最早的 Basic，到后来的 Algol，再到 Fortran。20 世纪 80 年代刚有机房时，上机是要分配时间的，同时还要登记。人们发现，那几年吴先生的上机时间在系统所遥遥领先。甚至计算机汉字激光照排技术发明人王选院士也曾回忆道，有一年农历除夕晚上八点多了，他在数学楼外散步，发现吴老还在机房上机。

吴方法非常成功，许多定理一下子就证出来了。吴老给科大的博士生讲课时，既讲希尔伯特的《几何基础》，也讲机器证明的原理。有一位叫周咸青的旁听生来自计算机系，他后来去了美国得克萨斯大学奥斯汀分校攻读计算机，系里几个头头都做机器证明，可是不怎么成功。周同学就给他们介绍吴方法，一试果然灵验，于是传遍美国。之后"出口转内销"，1990 年，在国家科委和中国科学院支持下，成立了"数学机械化研究中心"，吴文俊出任主任，上头一下子批了 100 万元。后来，又以"数学机械化与自动推理平台"首批进入国家"973"项目。

10. 暮年：辉煌与宁静

2001 年，吴文俊和"杂交水稻之父"袁隆平一起荣获了首届国家最高科学技术奖。一方面，这是他的成就应得；另一方面，也是他的高寿所至。那年吴文俊 82 岁，身体康健，也很健谈。他与袁隆平套近乎："农业与数学向来关系密切，数学是起源于农业的。"的确，这是数学史的常识，牧羊人计算牲口的只数产生了数学，正如诗歌起源于丰收的祷告。吴文俊透露，袁隆平多才多艺，会跳踢踏舞。在此以前，吴文俊曾在 90 年代先后荣获第三世界科学院奖、陈嘉庚奖、首届香港求是基金会杰出科学家奖和法国厄布朗自动推理杰出成就奖。

2006 年，吴文俊又在香港领取了奖金 100 万美元（2016 年起增至 120 万美元）的邵逸夫数学奖，这是最让他引以为傲的奖项之一。这个由宁波籍香港影视制作人邵逸夫先生设立的科学奖项被誉为"东方的诺贝尔奖"，三个奖项中有两项是诺贝尔奖遗漏的，即数学和天文学，还有一项是生命科学与医学。据说是杨振宁先生想出来的，他是这个奖的设计师。数学方面，2004 年的第一届和 2005 年的第二届评委会主席杨振宁都邀请吴文俊担任。

第一届评委有普林斯顿高研院院长格里菲斯和法国高研院院长博规农，中国评委由中科院院长路甬祥和台湾"中研院"院长李远哲推荐，路甬祥推荐的是杨乐。获奖者是陈省身，而第二届获奖者是证明费尔马大定理的英国数学家怀尔斯。第三届评委会主席是黎巴嫩出生的英国大数学家阿蒂亚，评委有北大张恭庆，格里菲斯和分别来自日本、

▶ 1997 年，吴文俊
访问澳大利亚

俄罗斯的菲尔兹奖得主广中平裕和诺维科夫。获奖人是吴文俊和美国
数学家芒福德，他们都从传统的数学——代数几何和拓扑学出发，转
向与计算机相关的新领域，"代表了未来数学的发展倾向，也为数学
家的将来提供了一个新的行为模式"。

　　从 1979 年开始，吴文俊又频频出访讲学，足迹遍布美国、加拿大、
东西德、意大利、瑞士、韩国、新加坡、澳大利亚等国。他也曾数度
返回巴黎和斯特拉斯堡，与昔日的导师、同学和朋友重聚。在吴文俊
口述自传附录的年表中，曾提及 1993 年访问台湾地区，而 1996 年只
记载：攀登计划"机器证明及其应用"验收通过，并获准延续，更名"数
学机械化及其应用"等事项，没提那年冬天参加台湾数学年会。那次
笔者有幸受邀，与吴先生一同出席，且我们是仅有的两位大陆同行，
吴先生平易近人，我们几次私下里聊天，并一起游览了日月潭。

　　翌年，笔者有机会以"数学与艺术"为题申报霍英东青年教师基金，
打电话请吴文俊写推荐信，没想到他居然同意了。记得吴先生的信是

用蓝墨水写的，大意是数学与艺术本有许多关联之处，但人们通常视而不见，现在申请人大胆"杀"出一条路，值得支持云云。那封推荐信的副本后来找寻不到了，但吴文俊的"杀"字至今让我记忆犹新。遗憾的是，那次申请以失败告终，后来也没有机会再见到吴老，聆听他的教诲。直到 20 年以后，教育部设立科普著作专项基金，笔者又一次申报了这个题目，终获成功，也算可以告慰先生了。

1984 年，吴文俊担任了为时四年的中国数学会理事长。促成中国数学会加入国际数学联盟，同时并没有把台北的数学会驱逐出去，而是两者作为一个整体——中国，这是各方都能接受的结果。吴先生还借中国数学会成立 50 周年之际，邀请留学巴黎时的导师嘉当访华，还陪他游览西湖，并认为自己机器证明的思想最初来自于导师，当年听他讲课时不是太听得懂，但每次讲到一定的时候，就变成"机械化"了，一步一步的，非常刻板，该怎么样就怎么样。

卸任中国数学会理事长之前，吴文俊帮助确定理事长一职不得连任，这个传统延续至今。2002 年，国际数学家大会在北京召开，吴文俊担任大会主席，在开幕式上他引用了拿破仑的一句话："数学的发展与国家的繁荣密切相关。"吴文俊与纳什做了公众报告（不占特邀报告名额），他演讲的题目是《中国古代数学的实数系统》。他还从他荣获的国家最高科学技术奖奖金中拨出 100 万元建立了"数学与天文丝路基金"，鼓励支持有潜力的年轻学者深入开展古代及中世纪中国与其他亚洲国家数学与天文学沿丝绸之路交流传播的研究。

无论是作为数学机械化中心主任，还是作为天元基金学术领导小组组长，吴文俊都非常重视应用。早在 1994 年，他就力主把金融数学作为优先资助的研究领域，这方面的领军人物彭实戈教授如今已赫赫有名。在数学机械化的应用方面，则首先选择了数控机床，从并联到串联，在机床里嵌入一个核心算法，以此提高机床的效率、加工速度和质量。这一产品已在国内外得到推广，实际上，这也是计算机辅助设计（CAD）的机械化。这方面，吴先生有几位弟子做得很好，尤其是高小山，按照吴文俊的说法，是他的接班人。

　　在高小山教授看来，广义的数学机械化就是把数学问题用计算机来实现，通过计算机来做数学。吴先生做的是代数机械化，虽说还有拓扑机械化、代数几何机械化等，但是那个很难。目前国际上最成功的是数论机械化，也称计算数论，后者最直接的应用是密码学。依照笔者的研究经验，计算机之于数论学家，就如同望远镜之于天文学家，可以说非常重要。于是各种程序包应运而生，美国有家著名的计算数学杂志叫《计算数学》（*Mathematics of Computation*），每期都会刊发计算数论方面的若干文章。

　　吴文俊拥有一颗顽童的心。1979 年，60 岁的他在美国还想坐"灰狗"大巴横穿美洲大陆；1997 年，78 岁的他在澳大利亚让一条蛇缠绕在自己身上；2002 年，83 岁的他在泰国骑在大象的鼻子上微笑。与此同时，吴老喜欢安静，他酷爱闲书和电影，看闲书是小时候跟父亲学的，看电影的爱好则是在法国养成的，它们是两种幻想的方式。有时候，他会待在影院里连续看好几部片。甚至 90 多岁了，也会趁家人不注意，

▶ 2006 年，吴文俊在香港获颁邵逸夫奖

独自一人坐公交车去商场看电影，看完以后还跑到星巴克喝咖啡。有一次，他因为打不到出租车，便拦下所里一位年轻同事的座驾，请求带他去电影院。

与吴文俊共事多年的国家基金委许忠勤教授认为："无论做学问还是做人，吴先生都是做得最好的。他是中国数学界的榜样。"北大程民德先生讲过："吴文俊这个人大智若愚。"对此南开胡国定教授表示赞同："他是有大智慧的人，表面上总说自己不懂啊，不清楚。其实很多事情他清楚得很，很明白。"在笔者看来，吴先生也是很懂得感恩的人。正因为如此，他才是有福之人，每逢人生的关键时刻，总会遇到贵人指点或相助。在如此复杂多变的形势下，他安然度过了漫长的一生。而每当有人说起天才，吴先生会嗤之以鼻，说自己是个笨人，同时补充道，"数学是笨人学的"。

2017 年 6 月，杭州彩云天

黑暗时代的智慧火种

如果说希腊人是科学方法之父，
那么阿拉伯人就是它的义父。
——赫·乔·韦尔斯

1. 在河流之间

20 世纪 40 年代，在第二次世界大战进行到最激烈、最残酷阶段之际，处身于巴西这块宁静土地的奥地利作家斯蒂芬·茨威格预言：拉丁美洲是属于未来的大陆。六十多年过去了，这一预言没有丝毫应验的迹象，与此同时，茨威格夫妇在里约热内卢远郊双双自杀身亡以后，拉丁美洲却贡献出了美妙无比的诗歌和散文，涌现了以豪·路·博尔赫斯为首的多位文学巨匠。博尔赫斯的祖先来自阿根廷的两河流域——巴拉那河和乌拉圭河之间的一片潮湿的土地，即恩特雷里奥斯（Entre Rios），西班牙语里的意思是：在河流之间。

这个名字令我想起遥远的中东，在幼发拉底河和底格里斯河之间的那片属于往昔的土地——美索不达米亚（Mesopotamia），希腊语里的意思也正是：在河流之间。有意思的是，美洲大陆的发现者——西班牙人曾经被美索不达米亚的统治者阿拔斯王朝奴役过，先后长达数个世纪。阿拔斯是伊斯兰教历史上最悠久、最负盛名的王朝，它的都城便是底格里斯河畔今日世界瞩目的中心——巴格达，那里曾经是一座"举世无匹的城市"。

在远古时代，从巴格达向南直到波斯湾的两河之间的那片土地，是人类文明的发祥地之一，那里水源充沛、阳光明媚，丰收年年都有保障。希腊历史学家希罗多德在《历史》一书里写道："在美索不达米亚，小麦收成两百倍于种子。"古罗马作家兼海军司令普林尼在其百科全书式的著作《自然史》里记载，美索不达米亚的枣椰树异常茂盛，

▶ 底格里斯河畔的
巴格达及其圆城

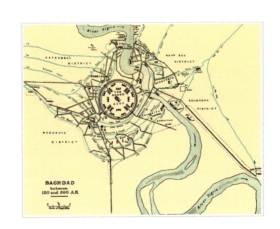

水果种类繁多，小麦一年两熟，收割后还能长出上好的饲料喂羊。因此，游牧民族来到这个地方，常常不知不觉地居住下来。

他们世世代代繁衍，凭借自己人数众多，避免了遭受突然袭击的危险。尽管如此，与另一个文明古国埃及相比，后者南面只居住着少量的黑人，东西又有沙漠和海洋构成天然屏障，美索不达米亚更容易腹背受敌，因此文明经常被中断或更替。在阿拉伯人占领以前，两河流域曾经三度领先于世界，先是公元前 5000 年到公元前 2000 年的苏美尔文明，接着是公元前 2000 年到公元前 1000 年的巴比伦文明和公元前 7 世纪到公元前 6 世纪的新巴比伦王国。

苏美尔人创造了最古老的书面语言，他们以楔形文字书写，这是一种与任何已知语言都没有语系关联的语言，出现在公元前 3000 年之前的美索不达米亚南部，其主要笔画为后来的巴比伦人、亚述人和波斯人所沿用。苏美尔人还制造出最早的轮车、帆船、耕犁和第一部法典，并率先建立起一批城邦，影响了整个中东和希腊文明。每个城邦都拥有一个围墙环绕起来的城市，城郊是村庄和土地，它们各自奉祀自己的神祇，并以一个神庙为城市的中心。在埃及第一王朝开国国王美尼斯以前，没有其他文明可以与之媲美。

巴比伦是古巴比伦王国的都城，其遗址在今幼发拉底河畔，巴格达以南约 90 公里处，王国疆域包括亚述（今伊拉克北部）在内。古巴比伦王国第六代国王汉谟拉比积极倡导科学，奖励学术，产生了陶器制品和楔形文字书写的泥版书，发明了度数的 60 进制、天文上的黄道十二宫，并把一昼夜分为 24 小时，同时颁布了著名的《汉谟拉比法典》。而新巴比伦王国则一度征服了叙利亚和巴勒斯坦，洗劫了犹太王国和耶路撒冷，把大批俘虏押解到美索不达米亚，使之成为最早流落海外的犹太人。国王尼布甲尼撒还大兴土木，修筑了奇异的空中花园，这是他献给爱妻的礼物。据公元前 5 世纪的希腊旅行家描述，空中花园高 26 米，每一层都栽有树木、花草，非常壮观。

2. 神赐的礼物

公元前 331 年，驰骋天下的马其顿国王亚历山大大帝从波斯人手中夺取了美索不达米亚，他滞留巴比伦，有一天酩酊大醉以后，突然发烧、病倒，死在了尼布甲尼撒的宫中，年仅 33 岁。他的早逝使得从巴尔干一直延伸到印度旁遮普的庞大帝国一分为三，同时也使得蓄谋已久的入侵阿拉伯半岛的计划无法实施。这给了那个世界上最大的游牧民族将近一千年的和平时间，足以产生出一门伟大的宗教和一位强有力的政治领袖——先知穆罕默德。公元 637 年，阿拉伯人以真主安拉的名义占领了美索不达米亚。

阿拉伯半岛犹如一个厚厚的楔子，安插在最古老的两大文明发源地——埃及和美索不达米亚之间。当穆斯林的力量足够强大，便与历史上所有的帝国一样，开始了远征和扩张。先是向北挑衅波斯帝国，经过艰苦卓绝的战斗，扫平了美索不达米亚、叙利亚和巴勒斯坦，然后向东到达印度。接着又向西，从拜占庭手中夺取了埃及，横扫北非，直达大西洋，再向北穿越直布罗陀海峡，占领了西班牙。迄今为止，这可能是疆域最为广阔的一个帝国，不同的是，阿拉伯人是以真主的名义进行圣战，他们每到一处，便不遗余力地传播伊斯兰教。

或许是帝国过于庞大、种族过于繁杂，哈里发（阿拉伯语里的意思是继承人）后来不再掌握海上霸权，西班牙、北非逐渐脱离，成立了几个独立的穆斯林邦国，伊斯兰教的重心也从叙利亚的大马士革移到了美索不达米亚的巴格达。阿拔斯本是穆罕默德的一位叔父，当伍麦叶王朝忙于征战北非和西班牙的时候，他的族人着手控制帝国内部，通过巧妙的宣传，获得了包括波斯人在内的民众支持，篡权成功。虽然这个王朝维持了五百年后终于瓦解，可是直到 20 世纪乃至今天，仍有姓或名阿拔斯（阿巴斯）的人为我们所知，前者有阿尔及利亚独立运动领袖、巴勒斯坦现任总理，后者有最负盛名的伊朗电影导演。

尽管如此，2003 年 4 月，当英军攻克伊拉克南部港口城市巴士拉这一似是而非的消息传来，我首先想到的是航海家辛巴达的历险记，那是东方奇书《一千零一夜》里最感人的故事之一。这些故事是根据阿拉伯商人商务旅行的书面报告写成的，却假托一位宰相美丽的女儿山鲁佐德之口，她绘声绘色地讲给因被戴绿帽子而变得残忍不堪的国王听。而那些商人大多是从底格里斯河畔的巴格达出发，顺流而下到达栽满柿树的城市巴士拉，再从那里前往波斯湾和阿拉伯海。柿树是《古兰经》里的圣树，和被称作"绿色金子"的枣椰树一样为伊拉克人所珍视。

当然，在我得知消息时，那支用最先进设备武装起来的精锐之师早已经挺进到巴格达的中心。巴格达，正是那位勇敢无畏的航海家辛巴达的故乡，他由于年轻时吃喝玩乐，把父亲留下的遗产挥霍一空，无奈之下只好冒险去海外做生意。一次巧遇，让他流落到钻石山发了大财，却又不幸落入黑巨人之手险些丧命，最后他终于死里逃生并找回了失散的财产，历尽艰辛，返回了巴格达。再后来，他又先后六次出海，每回都要经过巴士拉，每回都要出生入死，其中一次在海上漂泊了 27 年。

虽说是作为通用阿拉伯语的伊拉克共和国的首都，Baghdad（巴格达）的名字却来源于波斯语，bagh 的意思是神，dad 的意思是礼物或给予。这座城市横跨底格里斯河两岸，西距幼发拉底河仅 40 公里，是两河在靠近入海处汇合以前最接近的地方。考古学上的证据表明，在公元 637 年被阿拉

▶ 《古兰经》封面

伯人征服以前很久就有不同种族的人民居住在巴格达，甚至在公元前 18 世纪著名的巴比伦《汉谟拉比法典》中，也提到过一座叫 Bagdadu 的城市，后来又被波斯的萨珊王朝封为都城，但那很可能是底格里斯河西岸的一座古城，它后来就像被誉为"世界七大奇迹"之一的空中花园和《圣经》里的通天塔一样消失了。

3. 巴格达的繁荣

巴格达这座城市的真正建立始于公元 762 年，即中国唐代大诗人李白去世的那一年。当曼苏尔成为哈里发后，他选择以巴格达作为新都，那里原来是一个古老的村落，之所以建都巴格达是因为他认为：

"这个地方是一个优良的营地。此外，这里有底格里斯河，可以把我们和遥远的中国联系起来……"曼苏尔把自己的新城叫作和平城，这是一座圆形的团城，一共雇用十万建筑师和工人，费时四年建成。城市四周有一条深壕，大概就是不久以前被伊拉克人用来储放石油，放火点燃以便用浓烟干扰前来空袭的飞机的那类壕沟。

苏曼尔现为巴格达市中心的一个区名，就是开战之初美军兵临城下之际，萨达姆·侯赛因最后一次露面引得群众欢呼雀跃的那条街道所在的地方。建都不到半个世纪，巴格达就从一个荒村发展成为一个拥有惊人财富的国际大都会，由于盛唐的长安已经衰退，当时唯有拜占庭的君士坦丁堡可以和它抗衡。正是在这段时期，政府机构中首次出现了大臣（实为首相）、法官和司令的职位，伊斯兰教的每周聚礼日（星期五）得以确立，阿拉伯语变成了普通话，其使用范围之广仅次于伊斯兰教。

巴格达的繁华，是随着阿拔斯王朝的兴盛而与日俱增的，并且在9世纪的时候达到了高潮。在苏曼尔的团城里，皇宫及其附属建筑占了1/3，富丽堂皇的接见大厅，从地毯、褥垫到帐幔都是东方最优质的产品。当苏曼尔的孙子拉希德成为哈里发时，巴格达的繁华达到了顶峰。据说他的桌子上只准许摆设金银器皿和镶嵌着宝石的用具。他的一个妻子开创了用宝石点缀鞋子的先例，有一次她去朝觐天房的时候，下令把25英里以外的一股泉水引到麦加。另一个妻子因为额头有块小疤，发明了用宝石点缀的头带，这类饰物后来用她的名字命名，至今仍为追求时髦的女性所喜爱。

在当时的巴格达，医生、律师、教师和作家的地位已经非常显著，仅书店就有一百余家。这座城市海拔不高，是一个理想的航运中心，沿底格里斯河停泊着数百艘船只，有战舰和游艇，有中国的大船，还有本地的羊皮筏子，它们从上游的摩苏尔顺流漂来，向下可以直达阿拉伯河西岸的巴士拉。市场里既有埃及的大米、小麦，叙利亚的玻璃、五金，阿拉比亚的锦缎、武器，波斯的香水、蔬菜，也有中国的瓷器、丝绸和麝香，印度和马来群岛的香料、矿物和染料，中亚细亚和突厥的红宝石、纺织品，俄罗斯和北欧的蜂蜜、黄蜡和毛皮，东非的象牙和金粉，以及各种肤色的奴隶。

巴格达像一块磁石，把诗人、乐师、歌手、舞女、猎犬和斗鸡的驯养师以及一切有一技之长的人吸引过来。有一半波斯血统的诗人艾卜·努瓦斯放浪不羁，却是拉希德的座上客，他们经常在夜间化装结伴出游。拉希德就是《一千零一夜》故事里提到的那位挥金如土、穷奢极侈的君主，拥有数不尽的宦官、妃姬和侍从。此外，他还两次远征拜占庭帝国，直抵君士坦丁堡城下，逼迫对方签下对穆斯林有利的条约。艾卜用生动的语言，描绘了那个时代的宫廷生活，他是伊斯兰世界最杰出的抒情诗人和咏酒诗人，至今他的名字仍在阿拉伯人中间流传。

公元10世纪编撰的阿拉伯典籍《乐府记事》记载了许多真假难辨的逸事，其中谈到拉希德（巴格达有两家五星级饭店分别以他和曼苏尔的名字命名）拥有许多彩船，是为了在底格里斯河上举行豪华的宴会制造的，每一艘船都是一种动物的形状。在公元825年的一次宫廷婚宴中，耗费了难以置信的财富，有一千颗硕大的珍珠系在新娘身上，而她又坐在蓝宝石制成的席子上。一支 200 磅重的龙涎香烛，把巴格达的夜晚照耀得如同白昼。每一位皇亲国戚、显贵宾客都得到一颗麝香丸，里面装有礼券一张，写着田地、奴隶或其他礼物的数量。

4. 前翻译时代

如前所述，纯粹的阿拉伯人来自亚非大陆之交的那个沙漠化的半岛，他们有着敏锐的感官、强烈的好奇心、难以满足的求知欲和大量未发挥的才智潜能。当他们征服或接触到更古老、更先进的民族的时候，就变成了那些文化的受益者和继承人。在叙利亚，他们吸纳了曾受过晚期希腊文化影响的阿拉马文化；在伊拉克，他们则吸纳了曾受波斯文化影响的伊拉克文化。阿拉伯文化不再是纯阿拉伯种人的文化，而是吸收了波斯文化和希腊化的埃及文化后的一种多元文化。此外，在巴格达，阿拉伯人还与另一个东方巨人——印度有着密切的联系。

作为四大文明古国之一的印度曾经是人类智慧的源泉，尤其在哲学、文学、数学和天文方面。大约在公元 771 年，即巴格达建都以后的第九年，有一位印度旅行家带来了一篇数学论文，阿拉伯人所称的印度码子及其数字体系，就是由这篇论文传入穆斯林世界的。它后来又经北非传入西欧，成为今日世界各国所熟知的阿拉伯数字。一个世纪以后，印度人发明的十进制和零号，也经过了同样的传播路线。显而易见，计算科学能有今日的飞速进步，得益于零号和阿拉伯数字。

值得一提的是，这位印度旅行家还带来了一部天文学著作。曼苏尔命令一个叫法萨里的人把它翻译成阿拉伯语，结果法萨里便成为伊斯兰教的第一个天文学家，并成为第一个制造出星盘的穆斯林。以往，大多数阿拉伯人生活在沙漠里，对于能够帮助辨别方向的日月星辰自然非常感兴趣。事实上，几乎所有伊斯兰国家的国旗上都有星星和月亮。可是，他们却从来没有在这方面做过任何研究。

▶ 阿拉伯数字的演变

宗教增加了天文学研究的原动力，因为穆斯林每天五次礼拜，都必须朝向克尔白天房，那里供奉着伊斯兰教的圣物——黑陨石，而只有凭借星宿才能确定圣地麦加的方向。不仅如此，按照伊斯兰教朝觐天房的制度，一切礼拜寺的正殿，都必须背朝麦加，做礼拜的时候则必须面向麦加，这就从宗教上推动了穆斯林对于地理学的研究，比如要搞清楚每个地方的经度和纬度。因此，那位佚名的印度旅行家来得正是时候。

伊拉克处于所谓的新月地区的最东端，这个新月向西延伸到叙利亚、约旦、黎巴嫩和巴勒斯坦。在阿拉伯人从半岛出发向北征服新月地区以后，希腊的文化遗产便成为他们最宝贵的财富，这是由于其本身的素质以及历史、地理等因素决定的，此外，还由于历代哈里发个人的偏好。希腊文化最终成为一切外来影响中最重要的，阿拉伯人大量翻译希腊学术著作，这一现象开始于濒临地中海的叙利亚。

自公元 750 年以来，阿拔斯王朝的翻译工作持续了一百年。因为大多数翻译家说阿拉马语（叙利亚语，这一语言如今已被阿拉伯语同化），所以许多希腊著作，是先译成阿拉马语，再译成阿拉伯语。有些难以翻译的段落，是逐字逐句直译的；还有一些专门术语，找不到适当的阿拉伯词汇，只好采用音译。留存至今的有 arithmatiqi（arithmetic，算术）、jumatriya（geometry，几何学）、jighrafiyah（geography，地理学）、musiqi（music，音乐）、falsafah（philosophy，哲学），等等。

公元 830 年，崇尚理性的哈里发麦蒙（拉希德之子，正是他用什叶派的绿色代替原来的黑色作为伊斯兰的标志）在巴格达创立了智慧宫，这是一个集图书馆、科学院和翻译局于一体的联合机构，从各方面来看，它都是公元前 3 世纪亚历山大图书馆建立以来最重要的学术机关。在此以前，翻译是一项自由散漫的工作，自那以后，就主要集中在智慧宫里进行。欧几里得的《几何原本》、托勒密的《天文学大成》和《地理志》、柏拉图的《理想国》等大多是在这个时期译成阿拉伯文的。稍后，麦蒙还下令在伊拉克和大马士革建造了两座天文台。

在翻译时代结束之前，所有留存下来的亚里士多德著作，包括《诗学》《修辞学》和《伦理学》，都被译成了阿拉伯语，其中也有一些是伪本。值得一提的是，亚里士多德的《解释篇》是由一位父亲从希腊文翻译成阿拉马语，再由他的儿子从阿拉马语翻译成阿拉伯语的，

▶ 托勒密的天文图

而托勒密的《地理志》则曾经屡次被翻译。据说，麦蒙为促进翻译质量的提高，对某些信得过的翻译家，依据译稿的重量，以等量的黄金作为报酬。

5. 后翻译时代

希腊科学家和哲学家的著作，不下一百种。当欧洲几乎完全不知道希腊的思想和科学之际，这些著作的翻译工作，就已经完成了。在阿拔斯王朝这个漫长而有效的翻译时代之后，接下来的是一个对于科学具有独创性的年代，阿拉伯人不仅消化了波斯、印度的各种学问和希腊的古典遗产，而且让它们适合于自己的需要和思想方法。不仅穆斯林，还有基督徒、异教徒和犹太人都在政府任职，一切文明国度的哲学家、留学生、医生和神学家都群集到这里来，终于使得巴格达成为世界的数学和科学中心。

公元780年，阿拉伯世界诞生了最有影响力的数学家和天文学家花拉子密（又译花拉子米），他也是伊斯兰教历史上最伟大的科学家之一，代数学正是以他的著作的名字命名。他对于数学贡献之大，在中世纪几乎无人可以相比。花拉子密编写了许多算术、代数学的著作和最古老的天文表，他用代数方法处理了线性方程组和二次方程，率先给出了一元二次方程组的一般代数解法和几何证明，同时又引进了移项、同类项合并等代数运算。花拉子密汲取了巴比伦以及后来的希腊、希伯来和印度的数学成就，他的著作由于浅显实用流传下来。

在阿拉伯语里，al-jabr 意为还原移项，译成拉丁文后就成了 algebra，这正是今日英文里的代数学。如果说埃及人发明了几何学，那么阿拉伯人则建立了代数学。麦蒙的天文学家们，还曾做过一件极其精密的测地工作，即测量地球子午线一度之长。具体的方案是，假定大地为球形，然后实测子午线一度之长，并据此推算地球的体积和周长。花拉子密大概也参与了这项工作，他后来编写了一个历表，取代了先前希腊和印度的各种历表，而且传入了中国，被采纳使用了一段时期。

阿拔斯王朝最出色的天文学家是巴塔尼，他出生在叙利亚，改信伊斯兰教后来到巴格达。他是一位独创性很强的观测者和研究者，发现太阳的远地点（离开地球最远的点）位置是变动的，因而有可能发生日环食。巴塔尼用三角学取代几何方法，纠正了托勒密的许多错误，修正了太阳轨道和某些行星轨道的计算方法，给出了更为精确的黄道

▶ 巴格达的花拉子密

斜度，并提出了关于决定新月的可见度的独创理论。

　　有一件事可以说明当时人们对智力的信赖：成书于巴格达的《一千零一夜》（第437夜）里讲到一个传奇，有一位色艺双全的女奴，名叫台瓦杜德，拉希德为了考核她，下令组织了一个考试委员会，主考的不仅有语法、修辞、诗学、历史、音乐、哲学、法律等学科和精通《古兰经》的人文学者，还有数学、天文和医学等方面的专家权威。考试结果，台瓦杜德获得了辉煌的成绩，拉希德于是以十万第纳尔的高价买下了她。

　　阿拉伯语是一种优美的语言，在文学上以《一千零一夜》（又名《天方夜谭》，天方是古代中国对阿拉伯的称呼）最负盛名。这部著作吸收了波斯、印度、希腊等国的民间故事，经过数百年的修订，到16世纪才最后编定。可是，阿拉伯语也在不断变化之中，正如黎巴嫩

《一千零一夜》插图

出生的美国学者希提所指出的："在伊斯兰教以前的时代，阿拉伯语是诗歌的语言。在穆罕穆德之后，阿拉伯语变成了天启和宗教的语言。"10世纪刚刚结束，阿拉伯语又发生了前所未有的变化，成为一种柔顺的媒介（伊斯兰在阿拉伯语里的原意就是顺从），可以用来表达最高深的科学思想和哲学概念。

就在欧洲人放弃对高尚真理的追求的时候，阿拉伯人悄悄地把那些从亚历山大里亚的余烬中拾取出来的知识汇总起来，并用新的更为有效的语言重新加以解释和保存。随着中世纪的临近结束，欧洲出现了复苏的迹象，1110年前后，欧洲人通过贸易和旅游，与地中海和近东的阿拉伯人和拜占庭人发生了接触。十字军为掠夺土地发起的东征，更使欧洲人直接进入了阿拉伯世界。他们对希腊和东方学术著作的搜求、翻译和研究，最终导致了文艺复兴运动的到来。

12世纪被称为数学史上的"翻译世纪"，大量已经被销毁或遗失的希腊数学名著由阿拉伯文翻译成了拉丁文（这些工作主要是在伊斯兰教的西方首都——西班牙的科尔多瓦和古罗马时期的西班牙首都托莱多完成的）。1120年，英国人阿德拉特率先把欧几里得的《几何原本》和迪奥多修斯的《球面几何》翻译成拉丁文。最著名的翻译家是意大利人杰拉德（Gerard of Cremona），他将90多部阿拉伯文著作翻译成拉丁文，包括托勒密的《天文学大成》、阿波罗尼奥斯的《圆锥曲线论》和阿基米德的《圆的度量》。

与此同时，阿拉伯和印度的数学和天文学成就也在这个时候被介绍到了西方，著名的有花拉子密的天文表和《代数学》、巴塔尼的《天文学》。1140年，《代数学》被英国人罗伯特译成了拉丁文，后来作为标准的数学课本在欧洲使用了几个世纪，直接引导了16世纪意大利代数方程求解的革命性突破。在天文学方面，至今欧洲各国语言中仍有相当多的专业词汇来源于阿拉伯语，包括大多数星宿的名字，例如金牛、天琴、猎户和大熊，等等。

必须指出，那时的物理学仍处在幼年时代，化学则仍处在炼金术阶段，而生物学等学科尚未诞生，因此数学和天文学（还有地理学）几乎就是科学的全部。不难想象，假如没有巴格达在科学文化的传承和翻译时代所扮演的重要角色，西方文明的进程就会滞缓，很可能会推迟几个世纪甚至一个千年。因为那些阿拉伯翻译家所依赖的希腊文原本（通常是孤本或准孤本），不久就遗失或被销毁了，而收藏在亚历山大图书馆里的所有古希腊典籍，早已在公元前1世纪中叶在尤利乌斯·恺撒的远征和公元四世纪末基督徒的疯狂焚烧中被付之一炬了。

幸运的是，从毕达哥拉斯到花拉子密这一千三百多年间积聚起来的人类理性的智慧之光被保存并传递到了西方。实际上，穆罕默德以前的几个世代，阿拉伯人内心已经酝酿着一股热情，产生了不少诗歌和宗教论争。这种热情后来在国家和民族精神的激励下，释放出了仅次于希腊全盛时代的灿烂光辉。人类对科学的追求因此复兴，正如英国作家赫·乔·韦尔斯所说的："如果说希腊人是科学方法之父，那么阿拉伯人就是它的义父。近代世界是经由阿拉伯而不是经由拉丁人接受了那个光明和力量的赏赐的。"

6. 巴格达的衰落

不幸的是，麦蒙死后，阿拔斯王朝走上了下坡路。在巴格达周围，出现了许多小王朝，政局持续动荡，被免职或处死的大臣越来越多，帝国一点一点地被瓜分，剩下的权力也逐渐被军人所控制。一支蛮横的警卫军兴起了，接着又爆发了黑奴革命（阿拉伯人比欧洲人更早到非洲贩卖黑奴），宗教派系层出不穷，中央政权的根基不断瓦解，在这个时候，抓在波斯人和突厥人手里的短剑又对准了它的心脏。尽管如此，1067 年，巴格达创立了伊斯兰世界的第一所大学——尼采米亚大学，只是它对文明的贡献与希腊的亚历山大大学已无法相比。而当2014 年初春，我应邀抵达战乱中的巴格达，参加阿拉伯文化之都的庆典，却发现尼采米亚大学与智慧宫已经合二为一，成为一座博物馆了。

1258 年，正当欧洲经历了漫长的黑暗时代后初现曙光，蒙古征服者旭烈兀携着祖父成吉思汗的余威，横行于两河之间的美索不达米亚，劫掠巴格达，屠杀了数十万居民，包括末代哈里发及其眷属。巴格达满街遍巷的尸体，发出了极端的恶臭，旭烈兀只好撤出城去，几天以后，再重新进驻。据说旭烈兀兵临城下之际，曾发出最后通牒，要求哈里发投降，并且自动拆毁首都的外城，但被支支吾吾地拒绝了。可是，蒙古人与后来的入侵者奥斯曼人、波斯人和英国人一样均没能永久占有这片土地，收获神的礼物。

从那以后，美索不达米亚便走向了衰微，巴格达沦为了一个省的首府，从统治伊朗的一个蒙古汗直到奥斯曼苏丹均做过它的主宰，直到 20 世纪来临，波斯湾油田的发现才使得巴格达重新引起世界的注意。与此同时，在数学或其他任何科学领域，美索不达米亚再也没有贡献出一位有影响的人物。然而，1946 年初春，已经是英国委任统治之下的新国家伊拉克共和国的首都巴格达却出人意料地迎来了一位来自遥远中国的数学奇才。

作为 20 世纪三位自学成材的数学天才之一（另两位是印度人拉曼纽扬和俄罗斯人盖尔方德），华罗庚其时任教于昆明的西南联合大学。当他接到苏联科学院和苏联对外文化协会的邀请，不顾腿疾，开

▶ 战后的拉希德大街
（作者摄于巴格达）

始了一生最艰辛也最难忘的异国之旅，他从昆明乘飞机出发至印度的加尔各答，换乘飞机、汽车经卡拉奇、巴士拉、巴格达和德黑兰，将近一个月后才到达今天阿塞拜疆的首都巴库。由巴库再转飞机，经斯大林格勒（今伏尔加格勒）抵达莫斯科。此后，他访问了列宁格勒（今圣彼得堡），经格鲁吉亚的第比利斯到巴库，再沿着来时的路线返回到昆明，历时整整三个月。

华罗庚在莫斯科访问期间除了做学术报告、游览名胜古迹、观赏芭蕾舞剧以外，还见到了几乎所有重要的苏联数学家，其中包括他神交已久的维诺格拉朵夫。维氏在著名的（奇数）哥德巴赫猜想研究方面有着卓越的贡献，这也许是华罗庚后来督促他的几位弟子攻坚的主要原因（那段故事如今在中国已经家喻户晓了）。旅途劳顿，非常辛苦，从巴士拉到巴格达这一段来回都是乘坐长途汽车。他在加尔各答做短促逗留时，曾与印度著名数论学家皮拉有过多次的学术探讨。

遗憾的是，华罗庚滞留巴格达期间，既无暇追忆花拉子密，也没有怀想辛巴达的历险记，只是写下了一首打油诗留作纪念："我欲高飞云满天，我欲远走水满川，茫然四顾拔剑起，霜华直指霄汉间。"有一点我可以肯定，当时的巴格达甚至整个美索不达米亚已经无人可以与华进行学术交流了。也就是说，在相隔 11 个世纪以后，虽然底格里斯河和相距不远的幼发拉底河依然在日夜不停地流淌着，但当年那位印度旅行家所传递的数学技艺已经丧失殆尽。

2003 年 4 月，杭州

2015 年 2 月定稿

从笛卡尔到庞加莱

——法国数学的人文传统

数学家就像法国人一样，无论你说什么，他们都能把它翻译成自己的语言。

——歌德

1. 引子

在德国数学家高斯的一部传记中，作者引用了下面这段话：

　　有一个异乡人在巴黎问当地人："为什么贵国历史上出了那么多伟大的数学家？"

　　巴黎人回答："我们最优秀的人学习数学。"

　　又去问法国数学家："为什么贵国的数学一直享誉世界呢？"

　　数学家回答："数学是我们传统文化中最优秀的部分。"

2. 笛卡尔以前的法国数学

在中世纪以前，数学的成就主要是在一些文明古国取得的，例如埃及、美索不达米亚、中国、印度，当然还有希腊。可以肯定的是，如果没有希腊人的贡献，数学就不会像现在这样丰富多彩。而在长达一千多年的中世纪里，整个欧洲似乎只有一个堪称伟大的数学家——斐波那契，以他名字命名的兔子序列至今仍在数学王国里发出光辉。欧洲之外，最有名的数学家当数巴格达的花拉子密，正是他命名了代数学。

14 世纪是欧洲黑死病流行的时期，毁灭了将近四分之一的人口，数学上取得的成绩也非常可怜。但疾病和战争有时候会改变文明的格局，法兰西开始崭露头角，逐渐走在世界文明的前列。那个世纪法国最重要的数学家是奥雷斯姆（Oresme），他出生在诺曼底，是天主教会的主教，同时又是亚里士多德著作的法文翻译者，是中世纪最伟大的经济学家。他写过五部数学书，和他的译文一样文笔优美，为科学修辞和法国散文做出了贡献。奥雷斯姆第一个使用了分数指数，证明了调和级数是发散的，他最先用坐标确定了点的位置，这预示了现代坐标几何学的出现，影响了包括笛卡尔在内的诸多数学家。

15 世纪开始了欧洲的文艺复兴，随着拜占庭帝国的瓦解（君士坦丁堡在 1453 年落入土耳其人之手），难民们带着希腊文化的财富流入意大利。谷登堡发明了活字印刷，印刷术得到了改进。在这个世纪的尾末，哥伦布到达了美洲，不久，麦哲伦完成了环球航行。可是，

▶ 14 世纪的奥雷斯姆 [左] 16 世纪的韦达 [右]

数学进展仍然不大，15 世纪法国最出色的数学家是丘凯（Chuquet），他出生在巴黎，在里昂生活和行医。丘凯率先考虑了负的整数指数，他的名著《算术三编》讨论了这样三个问题：有理数的计算、无理数的计算和方程论。他还提出了均值法则：如果 A、B、C、D 都是正数，则 $\frac{A+B}{C+D}$ 处于 $\frac{A}{C}$ 与 $\frac{B}{D}$ 之间。

16 世纪法国最有影响的数学家叫韦达（Viete），他出生在法国中部的普瓦捷（许多年以后笛卡尔也在这座城市上大学）。韦达是个律师和议员，却像后来的费尔马一样，把绝大部分闲暇奉献给了数学。韦达的数学成就今天大多能为我们所理解，如中学数学里确立一元二次方程根和系数关系的韦达定理（对三次方程他也有天才的贡献）、三角学中的半角公式，更为难得的是，他还是第一个提出代数系统符号化的人。韦达倡导用辅音字母表示已知数，元音字母表示未知数。后来被笛卡尔的想法所取代，后者建议用拉丁字母的开头几个（a, b, c）表示已知数，尾末几个（x, y, z）表示未知数。

从以上事实我们可以看出，法国人的数学在文艺复兴之初已达到世界先进水平。正是在那个时期，（现今的）初等数学基本上羽翼丰满了。同时，这也为近代数学和科学的全面发展奠定了相对坚实的基础。虽然如此，那时候欧洲政治、经济、艺术和科学的中心仍然是在亚平宁半岛。

3. 笛卡尔与天才的世纪

在笛卡尔出生以前，意大利人在世界文明的进程中走在最前列，在文学、艺术领域尤为突出。他们在数学和科学领域稍逊，但仍处于领先地位，塔尔塔里亚（口吃者）、卡尔达诺和费拉里在三次和四次方程的解法研究上取得了突破，他们每个人的成就都不低于同时代的法国人韦达。可是，这几位数学家却缺乏一种必要的包容和涵养。塔尔塔里亚指责后两位同胞数学家剽窃，结果闹得满城风雨。伽利略先后在意大利的两所大学任数学教授，他发明的扇形圆规通用了两个世纪，同时对抛物线性质和无限集的等价概念有了正确的理解，他的数学天才和直觉帮助其建立起了自由落体的力学定律。他用自制望远镜观察宇宙，证实了哥白尼的太阳系理论，却不幸遭到宗教裁判所的审判，最后含冤而死。

▶ 物理学家伽利略［左］ 欧拉的竞争对手：拉格朗日［右］

据说伽利略是在比萨斜塔做实验时发现自由落体定律的，他任比萨大学数学教授时年方 25 岁，两年后就离开了，后来到了威尼斯附近的帕多瓦大学。伽利略第一次听说荷兰人发明望远镜是在 1607 年，那时他已经 43 岁，之后才自己动手制作望远镜，观察天象。他发表支持哥白尼理论的著作是在 1630 年，那年他 66 岁。也就是说，伽利略的两大科学发现相隔差不多 40 年。正是在这期间，法国诞生了多位数学天才，如德沙格尔、笛卡尔、费尔马、帕斯卡尔，法国数学全面超越了意大利。英国哲学家兼数学家怀特海称 17 世纪是天才的世纪，其中以法国人所做的贡献最多。德沙格尔率先建立了射影几何学，但他的光芒不久就被年轻三岁的笛卡尔给掩盖了。

和大多数天才人物一样，笛卡尔也出生在小地方。他小时母亲病故，身体羸弱，已另娶妻的父亲把他交给外婆抚养，后来又送他进拉弗莱什的一所教会学校。幸亏校长极有人文修养，看出这个孩子心智和身体上的差异，要他先增强体质。校长告诉小笛卡尔，除非想去教室和别的同学们在一起，否则不必离开自己的房间。从那以后，笛卡尔终生保持了晚起的习惯，包括他在部队当兵时，当他需要思考问题时，就躺在床上冥思苦想。笛卡尔后来回忆，那些在冥思中度过的漫长而安静的早晨，是他的哲学和数学思想的真正来源。据说，他是在床上看见天花板上苍蝇的运动才发明坐标系的。值得一提的是，尽管笛卡尔身体虚弱并爱睡懒觉，却是个勇敢的军人，并曾被授予中将军衔，但他拒绝了。

笛卡尔是将哲学思想从经院哲学的束缚里解放出来的第一人，被黑格尔誉为"近代哲学之父"。在此以前，亚里士多德的著作是通用的哲学教材，这些著作强调规范化的逻辑论证。基督教借此展示神学思想与理性之间的一致性，并使神示内容与亚里士多德的世俗知识相协调。没想到的是，到了16世纪后期，理性越来越独立于宗教，哲学渐渐将自己从神学中分离出来。与此同时，欧洲变得富有起来了，出现了新兴的中产阶级。而随着意大利文艺复兴的到来，人们逐渐熟知古希腊的史诗、戏剧和历史，整个欧洲呈现出一种清新的氛围，并充满了对学习知识的热切渴望。可以说，革命性变革的条件已经成熟了。

虽然英国哲学家培根更早反对基于权威的论证，但他本人并非科学家，甚至也不了解当时的科学进展，只是提出"知识就是力量"的口号。无疑笛卡尔率先认识到了，亚里士多德的三段论只是在推导已知结论时才有用，而不能用以发现或创新。可是，由于害怕教会和政院哲学的威权，尤其是 1633 年，伽利略受讯入狱的消息从罗马传来，笛卡尔再也不敢公开自己的发现。他在给梅森神父的信中写道："这一事件影响了我，几乎使我焚毁了所有手稿，或者至少不再向任何人出示它们。"四年以后，局势有所缓和，加上出于对费尔马抢先发表相关成果的担心，笛卡尔将他的《几何学》作为其哲学著作《方法论》的附录三悄然付印。正是在这个附录里，笛卡尔创立了一门崭新的数学分支——解析几何。

在笛卡尔时代，他在数学上有好几位竞争对手。例如，毕生居住在法国南方山区小城图卢兹的法官费尔马，他有着"业余数学家之王"的美号。今天我们大家都知道"费尔马大定理"，它是毕达哥拉斯定理（即勾股定理）的推广和提升，虽然结论截然相反。直到 20 世纪末，这个定理才被英国数学家怀尔斯最后证明了。据说在笛卡尔生前，他经常接到费尔马的挑战，例如宣布发现某某数学规律却不告之证明方法，这些挑战有的是以书面的形式提出，有的是通过那个叫梅森的神甫传达。说起梅森神父，虽然算不上是伟大的数学家（仅以梅森素数留名），却是 17 世纪法国数学不可或缺的人物。

梅森神父经常趁自己外出布道的机会，到各地秘密会见数学家，并传达各种最新的数学成果或发现。另一方面，他又在巴黎举办每周一次的数学沙龙，参加这个沙龙的人当中就有一对叫帕斯卡尔的父子。那时候巴黎还没有科学院之类的组织，梅森神父的沙龙后来成为法国科学院的雏形。老帕斯卡尔是个地方税务局的官员，业余研究数学并发现了帕斯卡尔螺线；小帕斯卡尔的主要数学成就包括概率论的创立（与费尔马合作）、二项式系数和射影几何学中的帕斯卡尔定理（圆锥曲线的内接六边形三组对边的交点共线），等等。

除了数学上的成就以外，帕斯卡尔还发明了计算机（初衷是为了帮助父亲进行税务方面的计算）、流体压力定律（水压机便是这个定律的一个应用），计算机中的帕斯卡尔语言和天气预报中的大气压强单位帕均取自他的姓名。而在人文和哲学领域，帕斯卡尔的成就同样非凡。他的散文作品《思想录》被公认是所有法国文学中的珍品；在宗教方面，他宣扬可以通过心灵而不是通过理性来体验上帝的教义，他建立的直觉主义原理对于后来的卢梭、实用主义和存在主义哲学家都有影响。在达到盛名之后，帕斯卡尔与笛卡尔一样选择了隐居生活，他们的创造力一直持续到暮年。

相比笛卡尔和帕斯卡尔的多才多艺，费尔马把自己的聪明才智主要奉献给了数论。这不等于说他在其他领域没有卓越的贡献，而是他自己不怎么看重。一方面，费尔马有着自己的职业，需要养家糊口，因而没有太多的精力。另一方面（我认为更重要），费尔马与后来的欧拉、高斯这两位对数论有着最杰出贡献的数学家一样，已经从数学之美中获得了满足，因此不怎么需要寻求诸如艺术、哲学或宗教的滋养。事实上，从毕达哥拉斯时代起就不断有人沉湎于发现数的神秘关系。对他们来说，数学的美在于，有理数（整数和分数）能解释一切自然现象。在这种哲学观的引导下，长期以来毕达哥拉斯学派对无理数的存在视而不见就不足为奇了。

4. 从费尔马到庞加莱

自从费尔马于 1665 年去世后，法国数学界有半个世纪的沉寂，之后从 19 世纪 20 年代开始，接连诞生了一批数学大师，几乎每隔七八年就有一位，依次是克雷罗、达朗贝尔、兰伯特、拉格朗日、拉普拉斯、勒让德、蒙日、卡诺、傅里叶、泊松、柯西、彭赛列、伽罗瓦，可以说法兰西源源不断地滋生出大数学家。他们中的每一个都成就非凡，如果放在其他国家里，都有可能成为该国历史上最伟大的数学家。而法国人也是以此为傲，仅在巴黎，以数学家命名的街道、广场、车站等就有百余处，巴黎 20 个街区也是以阿拉伯数字命名，并以几何学中的双曲螺线为序排列。

以下我们选择其中的 7 位数学家，他们后来走上不同的人生道路，但都能从不同的角度给我们以启示。

达朗贝尔，偏微分方程的开拓者，最早写出了动力学原理的著作，也是著名的《百科全书》的副主编（主编是哲学家狄德罗）。这是世界上第一部影响巨大的百科全书，网罗了一大批启蒙思想家，并在编撰过程形成了一个被后人称为"百科全书"派的哲学流派。他们反对封建特权制度和天主教会，向往合理的社会，主张一切制度和观念要在理性的审判庭上受到批判和衡量，同时推崇机械工艺和体力劳动，从中孕育了资产阶级务实谋利的精神，并为 1789 年的法国大革命做

法兰西的牛顿：拉普拉斯［上］
拿破仑的密友蒙日［下］

了舆论准备。

拉格朗日是拿破仑的亲密朋友，后者称他是"数学领域高耸的金字塔"，并让他做上了参议员。他在微积分学的完善、微分方程、变分法、数论和群论等方面都有许多开创性的工作，他的名字遍布数学的各个领域。可是中年以后，拉格朗日的经历与牛顿有着相似之处，即数学热情锐减，正如他写给达朗贝尔的信中所说的："我开始感觉到我的惰性一点点地增加，我不能说从现在起还能再干十年数学。矿井已经挖得够深了，除非发现新的矿脉，否则就不得不抛弃它了。" 果然，他转向了形而上学、宗教史、思想史、语言学等的研究。拉格朗日活得还算长寿，在有生之年他看到高斯完成了一部分伟大的事业，发现他当年认为数学已进入衰败时期的预想是错误的。

拉普拉斯也是拿破仑的亲密朋友，作为一个政治上的机会主义分子，在法国大革命最动荡的日子里，无论哪个党派得势，他都能逢场作戏，迎合当权者。他在概率论、微分方程、测地学和天体力学领域，都做出了杰出的贡献，并享有"法兰西的牛顿"的美称。事实上，他毕生都积极投身于把牛顿的万有引力定律应用于整个太阳系这项事业中。由于拉普拉斯在政治上比拉格朗日花费了更多的精力（因此树立起谄媚者的形象），他无暇顾及其他。他早年的学生拿破仑把一切荣誉给了他，任命他做过内政大臣和议长；王朝复辟以后，他随即效忠于路易十八，又被封为侯爵，并亲手签署了流放恩人的法令。也正因为此，他不像同时代的拉格朗日、蒙日和卡诺那样，死后得以下葬巴黎先贤祠。

蒙日，画法几何的创立者（开拓了机械制图和机械工程），微分几何之父（用微积分学研究曲率，启发高斯，进而启发黎曼发展出应用于相对论的黎曼几何学）。蒙日出身卑微，父亲是磨刀匠，后来成为军事学院的教官，与拿破仑结为密友。拿破仑派蒙日为特使前往意大利接受作为"战争赔偿"的艺术品，当蒙日发现有比布置卢浮宫多出六倍的绘画、雕塑作品被装船时，他出面制止了。否则的话，今天罗马梵蒂冈博物馆和佛罗伦萨乌菲茨美术馆里许多价值连城的藏画都不会留在意大利了。蒙日后来与裁缝的儿子、数学家傅里叶一起随拿破仑远征埃及，在一次战斗中拿破仑还救过他的命。

彭赛列，数学界的马可·波罗，他早年参加拿破仑的军队，1812年，当法军从莫斯科退却时他和其他数十万士兵一起被捕。在这批法国战俘中，唯一受益的是这位年仅24岁的数学家。当时他身边什么书也没有，就开始在战俘营里构思巨著《论图形的射影性质》。他被释放回国后，于1822年在巴黎出版了此书，这部著作开创了射影几何史上所谓的"辉煌时期"。事实上，射影几何因其引人瞩目的美及其证明的优雅，成为 19 世纪几何学家特别钟爱的研究课题。而对于业余爱好者或在某一阶段感兴趣的专业人士，它都是一个容易学到并有所成就的学科。

柯西，法国大革命那年出生在巴黎。他极具文学天赋和诗才，也是帕斯卡尔之后所有法国数学家中最虔诚的。柯西一家避居乡下时和拉普拉斯做了邻居，后来父亲出任参议院的秘书，因此小柯西又有机会得以见到拉格朗日，他羸弱的身体和聪明的才智使得参议员给了同僚这样的忠告："在 17 岁以前，不要让这个孩子摸数学书。""如果你不赶快给他一点可靠的文学教育，他的趣味会使他冲昏头脑。"做父亲的牢记在心，后来他的儿子获得了学校拉丁诗比赛的头名和一次全国比赛的胜利。但这不妨碍柯西成为那个时代仅次于高斯的数学家，他在数学分析、实变和复变函数论、微分方程、线形代数、概率论和数学物理方面都有杰出的贡献。

伽罗瓦，天才的最典型例子，他 20 岁那年死于情敌决斗，此前还两次作为政治犯被捕入狱，却是 19 世纪最伟大的数学家之一。在决斗前夜他以致友人书信的方式写下自己的数学发现，包含了所谓的伽罗瓦理论，这个理论奠定了群论的基础。事实上，他是严格意义上用"群"（group）这个词的第一人，后来人们发现，群的概念不仅是抽象代数在 20 世纪兴起的重要因素，在几何学中也起到立法分类的作用，同时它还推动了量子力学的发展。伽罗瓦之所以会卷入愚蠢的决斗，固然与父亲含冤自杀、他本人两次报考巴黎综合理工学院未果、参与政治活动被学校开除、有创见的论文被科学院忽视等事件有关，

▶ 文理兼备的柯西［左］　法国邮票上的伽罗瓦［右］

也与他自小偏科，被对数学的疯狂主宰不无关系。

　　在伽罗瓦去世二十多年以后，法国又诞生了一位数学大师，他的名字叫庞加莱，他因为新近以其名字命名的猜想获得解决引起全球公众的瞩目。庞加莱出身望族，祖辈居住在东北部的洛林地区，他的祖父曾是拿破仑麾下军队的医生，1817年定居鲁昂，生下两个儿子。长子莱昂便是庞加莱的父亲，子承父业成为名医，后来担任南锡大学医学教授，这也是为何庞加莱在南锡出生长大。庞加莱的母亲是一位很有才华和教养的女性，相夫教子。他叔叔的两个儿子先后从政，雷蒙在庞加莱去世后的第二年当选法国总统，吕西曾出任民众教育和美术部部长。

　　庞加莱从小爱看各类书籍，他看书的速度惊人，且能准确、长久地记得书中的内容，尤其喜欢博物学、自然史和文学。他15岁开始对数学感兴趣，不料一年后普法战争爆发，位处法德交界的洛林地区首当其冲。翌年战争结束后学校才复课，但他丝毫没有受影响，反而

▶ 纪念庞加莱的首日封

借机学会了德语。之后，庞加莱连续两年摘得法国中学数学竞赛的桂冠，以第一名的成绩被大名鼎鼎的巴黎综合理工学院录取。据说该校为了避免他重蹈伽罗瓦偏科的覆辙，特意设置了一套考题，既测试出他的数学天才，又让他表现出多方面的才智。

　　像那些同胞前辈们一样，庞加莱的才华和成就横跨了科学与人文两大领域。在数学领域，庞加莱被认为是通晓全部纯粹数学与应用数学知识的最后一人，他涉足的研究领域惊人地广泛，并不断使之丰富。在纯数学领域，无疑以拓扑学的贡献最大，同时他还涉足代数学、几何学、数论、数学物理、偏微分方程等分支学科。此外，他在应用数学、力学、实验物理和天文学等许多领域都有建树。早在 1897 年，庞加莱就发表了《空间的相当性》一文，其中就有狭义相对论的影子。他还是数学的天才普及者，诸如《科学与假设》《科学的价值》和《科学与方法》等著作被译成多种文字，在不同的国度和阶层传播，使他有了法语散文大师的美誉。

5. 为何数学大师层出不穷?

法国人喜欢幻想并善于幻想,除了涌现出无数杰出的诗人、画家和音乐家之外,他们在数学方面提出了许多伟大的猜想,例如费尔马大定理、庞加莱猜想,还有中国人熟知的哥德巴赫猜想,均出自法国人的头脑。在作家徐迟的同名报告文学里,谈到了哥德巴赫这位18世纪的德国数学家,他在给瑞士大数学家欧拉的信中提出了自己的猜想,这个猜想至今仍无人能够证明。但不久以前,有人在笛卡尔散失的遗作里发现,早在哥德巴赫之前一个世纪,这位全才的法国人便发现了这一数字规律,即每个大于或等于六的偶数均可表示成为两个奇素数之和。当然,由于笛卡尔早已经鼎鼎大名了,法国人并没有要求把这个猜想的名字更改过来。

如果说工业革命的需要促使牛顿在英国发明了微积分,那么流血的法国大革命尤其是拿破仑的好战也造就了一批精通理论和应用的数学家。如上所述,那个时代的法国数学家几乎都与拿破仑交上了朋友,他们中的许多位曾在军事学院或准军事学院就读、任教。即便较晚出生的柯西,也在离拿破仑滑铁卢之战尚有五年时,到英吉利海峡的港口瑟堡担任一名军事工程师,当时他身上只带着四本书,拉普拉斯的《天体力学》、拉格朗日的《解析函数论》、一本天主教的教义和一册维吉尔的诗集。从笛卡尔、帕斯卡尔、柯西等人的成才例子和伽罗瓦的早夭也可以看出,身体和智力的平衡、科学与人文素养的兼备是何等重要。

▶ 巴黎先贤祠里的地下墓园，拉格朗日、蒙日等数学家安葬在此（作者摄）

或许是法兰西的面积狭小，数学家们抬头不见低头见，加上邻国之间的相互竞争，使得多数对数学感兴趣的人有着高起点，他们相互影响和勉励，形成了合理的良性循环。不仅如此，法国人研究数学的形式也别出心裁，例如著名的布尔巴基学派。20世纪30年代，几位在大学教授微积分学的青年人觉得现行的教材已经过时，尤其是对多重积分等的处理不尽如人意。几番探讨之后，他们决计要写一本尽可能现代的分析教程，结果有了一整套《数学原理》。这帮年轻人不计较个人名利，在相当长的时间里，只用布尔巴基这个笔名发表数学论文，其中的多位成员如韦伊、嘉当等后来成为大师级人物。他们引进了数学结构的概念，主要考虑一些对象的集合，而非具体的形、数、函数或运算，这一思想构成了现代数学的核心。

需要指出的是，本文提到的半数法国数学家与巴黎综合理工学院（1794）结缘，而另一座同样诞生于法国大革命期间、校名同样谦逊的巴黎高等师范学校（1808）则在20世纪培养了许多位菲尔兹奖得主。可以说，正是笛卡尔以降法国数学的人文主义传统，使得数学在法国长盛不衰。值得一提的是，这一良好的氛围也熏陶了滞留巴黎的德国人莱布尼茨，他从一个肩负外交使命的秘密使臣一跃成为大数学家和大哲学家，他那轰动一时的微积分学便是在巴黎期间发明的。莱布尼茨的出现标志着德意志民族在世界文明史上真正崛起，同时也使得法国数学又多了一个强有力的竞争者（布尔巴基学派的诞生正是迫于德国数学后来居上的压力）。说到德国的后来居上，这与德国教育改革家威廉·洪堡有关，这位伯林大学的创办人倡导重视基础科学研究，而比他年轻两岁的拿破仑无疑更重视应用科学。一个相反的例子，印度数学家拉曼纽扬被誉为一千年以来难得一见的天才，这也意味着数学在这个东方古国未成为一种文化传统。

再来看中国，虽说西汉时就有了《周髀算经》和《九章算术》，南朝时祖冲之对圆周率的估算领先西方一千多年，却限于实用性的计算而忽视了公理化建设和理论推导。唯一有世界性影响的南宋数学家秦九韶却由于数学以外的原因不被大众熟知，包括中国剩余定理在内，他的著作《数书九章》在手抄了六百多年后才付印。近代以来，由于缺乏对外交流，中国数学未跟上时代的脚步。等到国门重开，终于意识到自己的落后时，摆在我们面前的困难重重。这里面当然有体制和学风的因素，不过我相信，如果我们的数学工作者年轻时多一些人文修养，盛年之后能把一部分精力转向哲学思考或研究，及时探讨数学的未来和外延，如同本文引言所说的，把数学看成是传统文化的一部分，而不是作为敲门砖或谋取名利的手段，我们的数学事业就会兴旺发达，数学研究和人才培养就会成为一种有序的制度，中国也有望成为真正的数学大国。

2006 年 10 月，杭州

阮元，
《畴人传》与诂经精舍

然则治经之士，故不可不知数矣。

——郑玄

1. 西湖三岛

众所周知，西湖有四座岛，按面积大小分别是孤山、小瀛洲、湖心亭、阮公墩，这一顺序刚好也是其知名度的排列。但因为有白堤和西泠桥连接岸边，孤山已成为陆地的一部分，故而只剩下了三座小岛。

小瀛洲即三潭印月，因位于西湖中部，面积达6万平方米，故被称为小瀛洲，相传苏轼疏浚西湖后，在湖中水深处建成三座瓶形石塔，名为三潭。南宋时，三潭印月便属于"西湖十景"。明代三塔被毁又重建，并有了环形的堤埂和堤内的放生池，池内又有小岛，南北有桥与小岛

▶ 西湖三岛之一——阮公墩

相连，恰如一个"田"字，形成了"湖中有岛，岛中有湖"的奇景。美国总统尼克松在他的回忆录里，提到 1972 年首次中国行也没有忘记三潭印月。

　　湖心亭是西湖三岛中最早营建的。宋、元时曾有湖心寺，后倾圮。明代就有了湖心亭（初名振鹭亭），文学家张岱留下的散文名篇《湖心亭看雪》，如今被收入中学《语文》课本。清代"湖心平眺"列为"钱塘十八景"之一，乾隆在亭上题过匾额"静观万类"和楹联，相传岛的南端石碑上"虫二"也是乾隆御笔，这是将繁体字"风月"两字的外边去掉，取"风月无边"的意思。湖心亭（一说是绍兴兰亭）还与滁州醉翁亭、北京陶然亭、长沙爱晚亭一同被推举为"中国四大名亭"。

　　唯有阮公墩，不仅面积最小、历史最短，知名度也最低。19 世纪初，浙江巡抚阮元主持西湖疏浚工程，以湖中淤泥堆筑成岛。后人为了纪念阮公，尤其是他对发展浙江教育、科技和文化，整理古籍、治理西湖和抗击倭寇等方面所作的贡献，遂以他的名字命名该岛。但因为土质松软，无法建筑，故而百年荒芜。1982年，杭州市政府为发展旅游业，运来1000多吨泥土，周围用石块加固，基建200多平方米，才有了今日忆芸亭、云水居等景点。1984年评选"西湖新十景"时，"阮墩碧环"名列前茅。可是，近年来，该岛一直没有对外开放，这与以文化景观著称并因此入选"世界文化遗产"的西湖并不相衬。

2. 阮元其人

阮元何许人也？他是清朝名臣，思想家、教育家、科学史家、书法家，被尊为三朝阁老、九省疆臣、一代文宗。

清乾隆二十九年，即1764年正月二十日，一代大儒阮元降生于扬州。虽然他的简历和著作中都写着籍贯为江苏仪征（位于南京与扬州之间的县级市，由扬州代管），但他和他的家人却从未在仪征居住过。无论他出生的白瓦巷，还是后来生活过的花园巷、弥陀寺巷、古家巷、罗湾巷，均在扬州城内。阮元祖籍陈留尉氏县（今河南开封），南宋时迁江西清江县，明初再迁江苏淮安，然后在神宗时期由淮安迁居扬州。直到他的祖父辈才始占籍仪征，主要是为了科举考试的方便。

有意思的是，虽然阮元贵为一代大儒，终生温文尔雅、滴酒不沾，他的家族却为武官世家。阮氏迁居扬州以后，出过三位武进士、六位武举人。阮元的祖父便是位武进士，昭勇将军。他的父亲是一位孝子，为了侍奉长辈，放弃了科举考试。母亲林氏是福建人，知县之女，爱看书，能作诗，明古今大义。偏偏到了阮元，身体文弱，学射箭拉不开弓。父怜之，命其改学经学，才有了一代文宗。

▶ 阮元像

阮元8岁即能作诗，且有"雾重疑山远，潮平觉岸低"之妙句。但他的诗才并非私塾老师所教，而是得益于他的母亲。林氏常说："读书做官，当为翰林。"同时，她对儿子的品行教育也抓得很紧。家里为阮元请来多位有才华的老师，给予他很好的成才环境。14岁那年，他迎来了仕途的起点——童子试，结果未能取得进入县学的机会，不过因此结识进士出身曾任翰林院编修的蒋士铨，后者与名诗人袁枚、赵翼并称为"乾隆三大家"或"江右三大家"。母亲希望他能像蒋士铨那样成为大名士，这一期许给阮元留下难以磨灭的印象。说到杭州诗人袁枚，他在居住地南京随园编选了《随园女弟子诗选》，这是中国文学史上第一部女诗人诗选，张扬了女性之才。

不幸的是，阮元 17 岁那年，因全家又一次迁居，父亲又远在汉阳经商，迁家之事全由母亲一人料理。她连续劳累过度，终于病倒了，加之中暑又加重了病情，一个月以后，猝然去世，年仅 46 岁。之后，阮元在家守孝，不能参加考试。也放弃了写作诗词，专心于经学，虚心地向本地的儒生学习求教，学问渐长。19 岁那年，阮元娶妻江氏。翌年解禁，考取仪征县学第四名。又过一年，科试一等第一名，文冠全场，尤得江苏学政青睐，邀其出试镇江、金坛、江宁（南京）等地，协助批阅试卷。

22 岁那年，阮元入京，开始了幕僚生活，结识了更多前辈大家，向他们请教，学问大进。可是，第二年的会试他却名落孙山。之后，阮元遵父嘱留在京城。原本会试三年一次，但因乾隆 80 大寿，翌年又加了一次恩科考试。结果这次阮元考中第 28 名，在圆明园举行的复试中被列为一等末名（第 10 名），在殿试中则以二甲第三名赐进士出身。随后，他又通过了朝考，以第九名被钦点为翰林院庶吉士。原本需要三年实习再考核，但阮元这批不到一年就进行选拔，结果阮元高中第一名，更重要的是，他深得乾隆皇帝喜欢。

说起来，这事还与和珅有关，有一次退朝时，和珅告诉阮元，"皇上年纪虽高，却不戴眼镜"，而最后一次考核，乾隆恰好命题《眼镜》，于是阮元自然在文中把皇帝夸了一顿，结果龙颜大悦，特意将他从第二名提为第一名。之后，又两次召见他，赏赐礼物并越级提拔，将他从七品升为三品。有一次，乾隆对军机大臣说，"阮元人明白老实，像个有福的，不意朕八旬外又得一人。"那年阮元 27 岁，翌年他的

女儿和妻子先后因为天花和染疾不幸去世。29 岁那年，阮元被任命为
山东学政，开始了长达半个多世纪的宦海生涯。

3.一代文宗

阮元 23 岁那年，因为会试落榜，独立撰成《考工记车制图解》
并出版，可谓是成名作，使他饮誉京城。《考工记》是中国春秋战国
时期记述官营手工业各工种规范和制造工艺的文献，涉及制车、兵器、
礼器、钟磬、练染、建筑、水利等手工业技术。原是单篇著作，后被
收入《周礼》。前人和同代人对此书多有专论，阮元则对其中的车制
进入深入研究，并且有自己的新发现。

作为乾嘉学派和扬州学派的代表人物，阮元著述和编纂甚多，在
经学、史学、训诂学、校勘学、考证学等领域均有重要建树。此外，
他的诗词文章、金石之学，碑学和绘画理论，乃至书法实践样样精通。
在他的训诂学和经学著作中，或以《经籍纂诂》和《十三经注疏》最
为人称颂。

训诂学是研究中国传统古书中词义的学科，是汉文古籍释读术。
最早的训诂学著作是战国末期的《尔雅》，《经籍纂诂》是中国唯
一一部大型的汇辑古书中的文字训释编排而成的训诂词典，此书把唐
代以前的注解罗列出来，并不根据自己的见解有所取舍，引用材料比
较全面。通过比较，有时还可以看出古代词义演变的线索。

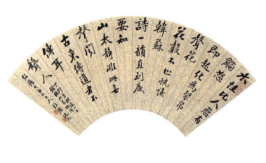

▶ 阮元书法

　　中国典籍浩如烟海，目前存世约十多万种，《四库全书》是典籍中的精华，分经、史、子、集四部，经指儒家经典，史即史书，子为先秦诸子百家著作，集为诗词大家的文集。其中经部是精华，而《十三经》冠列经部，从《易》《书》《诗》《周礼》到《左传》《论语》《尔雅》《孟子》，内容博大，在悠久的中华文明进程中，对我国的传统文化产生了巨大影响，长期根植于人们的思想意识和生活观念中。阮元主持校刻的《十三经注疏》则被誉为最完善的版本，是文史工作者经常查阅的书籍。这里的注是对经书字句的注解，而疏是对注的注解。

在史学方面，阮元除了在浙江为官时编纂中国历史上第一部科学家传记《畴人传》以外，还在北京、广东、云南为官时编纂了《国史儒林传》《广东通志》《云南通志稿》。阮元主张经史并重，认为史学是经世致用的实学，他特别推崇《春秋》和"二通"（《资治通鉴》和《文献通考》）。

晚年的阮元辞官回到故乡扬州，又主持编刻了《文选楼丛书》27种，为后世留下了珍贵的文化遗产。早在西汉时期，大儒董仲舒曾为江都（扬州）相。南朝梁代太子萧统主编的《文选》（又名《昭明文选》）30卷是现存最早的优秀诗文选集，是从古迄梁的重要文学作品选编，极受历代文人和统治者的推崇。唐代，扬州成为"文选学"的发源地。由隋入唐的扬州学者曹宪精研《文选》，"文选学"的名称首见于《旧唐书·曹宪传》，曹宪的弟子李善也是扬州人，著有《文选注》60卷，被认为是《文选》最好的注本。

4. 畴人列传

更为难得的是，阮元不满于士人只顾埋头八股时艺，毕生倡导实学，既包括经史、政事、诗赋，也包括天文、算学、地理等科学分支，在当时闭关锁国的情形下，甚至还勇敢地宣传西方的科学和科学家。

在古代中国，数学或算术虽曾被列入儒家必习的六艺之一，却始终不为统治者所重视。在他们看来，数学是九九贱技，而研究科学是"玩物丧志"。《新唐书》称："凡推步、卜相、医巧，皆技也，小人能之。"此处推步即推算天象历法，无疑也包括了数学。只要对中国历史稍有了解就会知道，古代科技虽也有辉煌的成就，但与儒家经典的研究相比较，实在是微乎其微（今日则恰好颠倒了过来）。

虽说宋代出现了秦九韶、杨辉、李冶和朱世杰等四大数学名家（朱世杰的后半生已是元朝），元、明两代却没有算学馆，国子监的学生不知宋代数学研究的成果为何物。到了清代，因为历法的需要，数学才开始受到重视，康熙五十二年（1713）复又设立算学馆，数学家梅文鼎被赐"绩学参微"，一时间，掌握天文数学知识，也成为学者的晋身之阶。

乾嘉之际，随着考据学的盛行，对传统算学的整理和研究也成为学界热点。乾隆接受大臣建议，将一些失散已久的数学著作收录进《四库全书》，主持这项工作的有对扬州学派有着重大影响的皖派领袖戴震。据《扬州画舫录》记载，戴震与同道经常往来于扬州探讨数学中的疑难问题。

正是在前辈同道的精神鼓励和时事引导之下，阮元将数学升格为儒家的"实事求是"之学。一方面他以此作为评判通儒的标准，他认为："天宇星辰之高远也，非数无以效其灵；地域之广轮，非数无以步其极；世事之纠纷繁赜，非数无以提其要。通天地之道曰儒，孰谓儒者而可以不知数乎？"

另一方面，阮元领悟到数学中所体现出的"实测"思想，与他的"圣贤实践之道"完全相通。不仅如此，阮元还提出"算造根本，当凭实测"，从而赋予数学以经学研究的方法论意义。他编纂《畴人传》，将包括数学和天文学的自然科学纳入儒学。

据阮元自称，他早年研经，略涉算事。后来精通步算，24 岁写成《考工记车制图解》，28 岁撰写《拟张衡天象赋》，获得圆明园大考一等第一名，显示了他深厚的天文学知识修养。此外，他还曾运用天文历算知识考证《诗经》作品的写作年代。这些，都为他编纂《畴人传》打下坚实的基础。

从 1795 年开始，历时四年，阮元在他发现并提携的苏州人李锐和台州人周治平的协助下，主持编纂了历代天算家传记《畴人传》。这里需要提及，古代中国的天文历算之学有专人执掌，父子世代相传为业，称为"畴人"，例如南北朝时期的数学家祖冲之、祖暅父子。《畴人传》是我国第一部数学家和天文学家传记，共 46 卷，280 位传主，既有商高、孙子、张苍、司马迁、耿寿昌、王充、张衡、蔡邕、赵爽、刘徽、葛洪、何承天、祖冲之、祖暅、李淳风、王孝通、一行、沈括、苏颂、秦九韶、杨辉、李冶、郭守敬、刘基、朱载堉、程大位、徐光启、薛凤祚、黄宗羲、梅文鼎等 243 位同胞科学家，也有欧几里得、阿基米德、托勒密、哥白尼、第谷、利玛窦、汤若望等 37 位外国科学家作为附录。

值得一提的是，在东汉大儒郑玄的小传里，有这样的评论，"然则治经之士，固不可不知数矣"。这或许是我国最早谈论文理交融重要性的言论。郑玄是山东高密人，祖上务农，他天资聪颖，从小习书数之学，除了儒家五经，八九岁时便精通四则运算，后又研习《三统历》和《九章算术》。郑玄编注儒家经典，是汉代经学的集大成者，世称"玄学"。

▶ 《畴人传》（上下集）。
广陵书社，2009

《畴人传》的出版使中国开始有了系统记载天文数学方面的科技人物和创造发明的书籍，此书为中外科学史家所瞩目，民国时收入《清史稿》。英国著名科学史家李约瑟博士在其名著《中国科学技术史》中称《畴人传》为"中国前所未有的科学史研究"，对天文学家来说"是一本很好的书"，并赞阮元是"精确的科学史家"。此书出版后不仅受到学术界推重，继承者亦多，在随后的一个多世纪里，增订版《畴人传续编》《畴人传三编》《畴人传四编》等相继问世，共收600多人。与此同时，对后来金石学家、工艺学家等传记的编纂和研究也具有启发作用。

笔者翻阅广陵书社于2009年出版的《畴人传汇编》上下集，难免有遗珠之憾。例如，元代大数学家朱世杰便错失了，直到续编才出现，他的代表作《四元玉鉴》原本已经失传，正是阮元在浙江民间寻访所得，恐怕找到时《畴人传》已经出版。而墨子和惠施等先秦学者的数学思想恐怕要到晚清才被认识，故而直到四编才收入。而北宋时期的数学家贾宪，以及后辈同行杨辉在著作里所指的贾宪三角的出处，却无法查询，至今我们不知其生平。

值得一提的是，虽然《畴人传》及其续编偏重清代天文数学家，以弘扬国朝的学问为己任，且多官员文人，但阮元并没有把自己列入。

　　数学传奇

即便他嘱托罗世琳编著的《畴人传续编》（1840）里，也没有他自己。直到 1886 年，三编才收入阮元的小传，此时阮公去世已经 37 年了。

　　同样遗憾的是，阮元在书中始终坚持黄宗羲提出的"西学中源说"，认为西方自然科学的每一成就都能在中国传统科学中找到它的萌芽，并批评哥白尼的"日心说"是"离经叛道，不可为训"。或许，这是因为他是清朝官方的代言人。不过，他也认为，古代中国的科学超过西方，如今西方科学胜过我们，我们仍具有赶超西方科学的实力。可以说，他对西学的认识，对近代中国走上"中学为体，西学为用"之路产生了一定的影响。

5. 诂经精舍

　　1795 年，阮元任浙江学政，开始了倡导实学的教育改革。虽然他翌年回京，两年后即复返杭州，任浙江巡抚。在任期间，政绩颇多，除了平定海盗、疏通西湖，便是 1801 年在孤山南侧建立诂经精舍，在包括汉学在内的学术领域做出很大贡献。与此同时，也"以天文算学别为一科"选拔人才，让那些"拙于时艺"，但在天算方面颇有造诣的读书人有机会深造。精舍聘请著名学者，以学生自学研讨为主、教师讲解指导为辅，这与当时的官学及大多数书院专习八股的做法迥然不同，可以说阮元是我国理科或自然科学教育的开拓者。

　　1801 年，阮元亲自主持选刻了《诂经精舍文集》，其中有关天文、

▶ 诂经精舍遗址

地理和算学的 26 篇，另有考古、生物和农学方面的文章。此后，选刻学生佳作便成为一项固定制度。同时，他先后为十余位学者刻书数十种。

　　1809 年夏末，阮元因受浙江学政刘凤诰科场舞弊案牵连被革职（之前也曾因父亲故世回扬州丁忧三年），精舍曾停办 20 年，后仍坚持办学。因第二次鸦片战争，义和团两次占领杭州，精舍一度停办。1866 年，浙江布政使蒋益澧捐资重建精舍。不久，经学名家俞樾主精舍讲席，此后掌教 30 余年，其时，诂经精舍为全省最高学府，也是学术研究中心。直到 1897 年，求是书院（浙江大学前身）成立，诂经精舍因为经费不足而大受影响，1904 年停办。精舍前后历时一个多世纪，培养出书画印刻大师吴昌硕，国学大师章太炎，教育家朱一新，著名学者黄以周、陈澧等人，《章太炎全集》第一集中的《诂经札记》写的便是当年求学诂经精舍的收获。

后来，诂经精舍成为国立杭州艺术专科学校（今中国美术学院前身）校址，后者迁往南山路之后，又成浙江博物馆的馆址。1992年，浙江博物馆重建，诂经精舍校舍终于无存。反倒是旁边曾被葛岭派出所占有的屋舍幸存，现已退化为白苏两公祠，该祠系1798年阮元亲自提议修建，民国年间被用作杭州艺专的学生宿舍。

新世纪以来，在浙江博物馆大门外，立起蔡元培和林风眠的双人雕像，作为曾经的杭州艺专的纪念，而原本的诂经精舍旧址和真正的主人阮元却没有任何纪念的痕迹，这是让人感到惋惜的地方。阮元作为19世纪教育改革的先驱，实不逊于20世纪的蔡元培，且身为异乡人的阮元对浙江的贡献远在本乡的蔡元培之上。

清末许多书院都受到了诂经精舍的影响，例如求是书院讲授的内容中有算学、化学、测绘、天文，这可能导致后来的浙江大学偏重理工科；中国近代史上的著名人物、洋务运动领导人张之洞甚为推崇阮元的兴学育才之功，他并效仿创立了多家书院，如武汉的两湖书院、成都的尊经书院、太原的令德书院，以及广州的广雅书院等，这些书院的教学中也都有些科技内容。有学者指出："诂经精舍之所以作为清代书院发展史上的转折点和里程碑，不仅仅在于它所做出的一些学术成果和培养出的一些人才，最重要的是它开启了清代书院培养真才实学之士、讲求征实致用之学的风气。"

除了创办诂经精舍，阮元还在我国首创公共图书馆。那是在1809

年春天，阮元召集多位名士文友同游灵隐寺，有人提议在西子湖畔建立书藏设想，他随即承诺此事。之前，阮元曾三次视察建于明代的宁波私家藏书楼天一阁。他命人在灵隐寺大悲阁后造木橱若干，依照唐代诗人宋之问的名诗《灵隐寺》依字编号，并选寺中僧人负责登记造册，掌管书橱钥匙，订出《书藏条例》9 款，其中之一可在阁中借阅，阮元并亲自撰写《杭州灵隐书藏记》。这首宋诗的前两句是：

鹫岭郁岧峣，龙宫锁寂寥。
楼观沧海日，门对浙江潮。

也就是说，一号书橱名"鹫"，二号书橱名"岭"，以此顺延。诗中鹫岭指的是飞来峰，龙宫指的是灵隐寺。这首诗作于 710 年，那年宋之问被贬为越州（绍兴）长史，离京赴越途经杭州时，游览了灵隐寺。不料 1861 年，杭州被太平军第二次攻陷，生灵涂炭，80 多万人口仅存 7 万，灵隐寺幸存天王殿和罗汉堂，灵隐书藏中的珍贵藏书丧失殆尽，余下的也流入民间湮没。令人欣慰的是，阮元设立的灵隐书藏为浙江乃至全国官办藏书（图书）馆树立了榜样。

阮元虽是一代文宗，活到 86 岁高龄，但与白居易、苏东坡等大文豪相比，名望尚有差距，这显然与中国传统文化注重一个人的文学地位有关，大众喜欢传诵那些脍炙人口的名人名言或诗词佳句。此外，阮元妻妾成群，生活安逸，顺风顺水，高墙院内他的个人私生活很少为外界所知，这也无法让百姓取得茶余饭后的故事佐料。与此同时，阮公墩也随之备受冷落。可是，阮元却难得在文理两方面都有着极高造诣和成就，他在数学领域至少有两大业绩：除了在浙江民间寻访到数学家朱世杰失传多年的力作《四元玉鉴》，还力主为南宋数学家秦九韶平反。

秦九韶堪称中国历史上最伟大、最具国际影响力的数学家，曾在杭州、湖州和南京等地生活多年，被素有"科学史之父"之誉的美国人萨顿赞为"他那个民族，他那个时代，并且也确实是所有时代最伟大的数学家之一"，却在暮年和死后被政敌文人写文章斥为贪官。而《四元玉鉴》则被萨顿赞为"中国数学著作中最重要的，同时也是中世纪最杰出的数学著作之一"。值得一提的是，萨顿对朱世杰同样也有 one of the greatest 的褒扬，但在吴文俊先生主编的《世界著名数学家传记》（科学出版社，1995）里，却有意译成了"最杰出"。

笔者考量阮元在社会、文化、科技、教育诸多方面的突出成就和对杭州、浙江的贡献，认为他堪与白居易、苏东坡、秦九韶并称为古代"杭州四大文化名人"，且各有所长。如果能在阮公墩和孤山设立相应的塑像和纪念碑亭并宣扬之 [1]，可为世界文化遗产的西湖增光添彩。这将是继纪念南宋数学家秦九韶的道古桥（天目山路沿山河，由王元先生题写碑名）之后，杭州城内又一科学景点，也将是西湖第一个科教景点。同时，在被友人叹为"旧时当官得有学问，今日学问家也没得学问"的当下，也能为政府官员力所能及地参与科教兴国做出表率。

2016 年 2 月，杭州西溪

---

1 2019 年秋天，杭州市政府接纳了本人的提案，在西湖孤山诂经精舍原址、今浙江博物馆门前，邻近平湖秋月的地方竖立了阮元和诂经精舍大理石纪念碑，并刻印有阮元画像。惜未能如笔者所愿，放置一幅年轻时的肖像，因阮元创建诂经精舍时年方 37 岁。

数学家与诗人[1]

数学家用一个名称替代不同的事物，而诗人则用不同的名称意指同一件事物。
——亨利·庞加莱

　　数学家和诗人都是作为先知先觉的预言家存在于我们的世界上。只不过诗人由于天性孤傲被认为狂妄自大，而数学家由于超凡脱俗为人们敬而远之。因此在文学艺术团体里诗人往往受制于小说家，正如在科学技术协会里物理学家领导数学家一样。但这只是表面现象。

　　"我做不了诗人，"晚年的威廉·福克纳彬彬有礼地承认，"或许每一位长篇小说家最初都想写诗，发觉自己写不来，就尝试写短篇

<hr />

1　此文入选江苏版高三《语文》教材（2022），英译文发表在《美国数学会通讯》（2011），波黑语译文发表在萨拉热窝《文学》（2009），土耳其语译文发表在伊斯坦布尔《科学与未来》（2008），西班牙语译文发表在墨西哥城《实验与谬误》（2013），韩语译文收入《数字与玫瑰》韩文版（2004），俄语译文收入《数学传奇》俄文版（将出）。

小说，这是除诗以外要求最高的艺术形式。再写不成的话，只有写长篇小说了。"相比之下，物理学家并不那么谦虚，但无论如何，对每一个物理学家来说，物理认识的增长总是受到数学直觉和经验观察的双重指导。物理学家的艺术就是选择他的材料并用来为自然规划一幅蓝图，在这个过程中，数学直觉是不可或缺的。一个不争的事实是，数学家改行搞物理学、计算机或经济学，就像诗人转而写小说、随笔或剧本一样相对容易。

数学通常被认为是与诗歌绝对相反的，这一点并不完全正确，可是无可否认，它有这种倾向。数学家的工作是发现，而诗人的工作是创造。画家德加有时也写十四行诗，有一次他和诗人马拉美谈话时诉苦说，他发现写作很难，尽管他有许多概念，实际上是概念过剩。马拉美回答：诗是词的产物，而不是概念的产物。另一方面，数学家主要搞概念，即把一定类型的概念组合起来。换句话说，数学家运用了抽象的思维，而诗人的思维方式较为形象，但这同样不是绝对的。

数学和诗歌都是想象的产物。对一位纯粹数学家来说，他面临的材料好像是花边，好像是一棵树的叶子，好像是一片青草地或一个人脸上的明暗变化。也就是说，被柏拉图斥为"诗人的狂热"的"灵感"对数学家一样的重要。举例来说，当歌德听到耶路撒冷自杀的消息时，仿佛突然间见到一道光在眼前闪过，立刻他就把《少年维特之烦恼》一书的纲要想好，他回忆说："这部小册子好像是在无意识中写成的。"而当"数学王子"高斯解决了一个困扰他多年的问题（高斯和符号）之后写信给友人说："最后只是几天以前，成功了（我想说，不是由

▶ 诗人马拉美像（马奈作）[左] 画家德加自画像 [右]

于我苦苦的探索，而是由于上帝的恩惠），就像是闪电轰击的一刹那，这个谜解开了；我以前的知识，我最后一次尝试的方法以及成功的原因，这三者究竟是如何联系起来的，我自己也未能理出头绪来。"

　　数学虽然经常以与天文、物理及其他自然科学分支相互联系、相互作用的方式出现，但从本质上说，它是一个完全自成体系的（对它本身来说又是极为宽广的）、最具有真实性的知识领域。这一点正如真正的文字语言，它不仅用来记载和表达思想及思维过程，并且反过来（通过诗人和文学家）又把它们创造出来。可以说数学和诗歌是人类最自由的两项智力活动。匈牙利数学家保尔·图拉认为："数学是一座坚固的堡垒。"这应验了福克纳的话："人只要有向往自由的意志，就不会被毁灭。"

通过多年的研究实践，我认为数学研究的过程或多或少是一种智力的锤炼和欣赏的过程，这或许是数学研究之所以如此有吸引力的一个重要原因。我非常能够理解哲学家乔治·桑塔耶纳晚年说过的一席话："如果我的老师们真的曾在当初就告诉我，数学是一种摆弄假设的纯粹游戏，并且是完全悬在空中的，我倒可能已经成为优秀的数学家了。因为我在本质王国里感到十分幸福。"当然，在此我不能排除伟大的思想家追求时代智力风尚，就如同妇女在服饰上赶时髦一样。

▶ 诗人兰波

与任何其他学科相比，数学更是年轻人的事业。最著名的数学奖——菲尔兹奖是专门奖给 40 岁以下的数学家的。黎曼死于 40 岁，帕斯卡尔死于 39 岁，拉曼纽扬死于 33 岁，艾森斯坦死于 29 岁，阿贝尔死于 27 岁，伽罗瓦死于 20 岁，而他们作为伟大数学家的地位却已经奠定。有些数学家虽然长寿，但他们的主要工作大多是在青年时代完成的，例如牛顿和高斯。另一方面，我们可以开列一长串早逝的诗人名单：普希金、洛尔迦和阿波利奈尔死于 38 岁，兰波和顾城死于 37 岁，王尔德死于 34 岁，马雅可夫斯基死于 32 岁，普拉斯死于 31 岁，雪莱和叶塞宁死于 30 岁，诺瓦利斯死于 29 岁，李贺、济慈和

▶ 数学家伽罗瓦

裴多菲死于 26 岁[1]，洛特雷阿蒙死于 24 岁。而以绘画为例，高更、卢梭和康定斯基都是 30 岁以后才开始艺术生涯的。因此，我们有理由认为，在科学、艺术领域里，数学家和诗人是最需要天才的。不同的是，对诗人来说，一代人要推倒另一代人所修筑的东西，一个人所树立的另一个人要加以摧毁。而对数学家来说，每一代人都能在旧建筑上增添一层楼。由于这一原因，诗人比数学家更容易出现或消失。

诗人的语言以简练著称，埃兹拉·庞德被誉为"简练的大师"。这方面似乎没有人做得更好，殊不知数学家的语言也是如此。英国作家 J. K. 杰罗姆曾举过一个例子，有这样一段描写：

> 当一个 12 世纪的小伙子坠入情网时，他不会后退三步，看着心爱的姑娘的眼睛，他说她是世界上最漂亮的人儿。如果他在外面碰上一个人，并且打破了他的脑袋——我指的是另一个人的脑袋——那就证明了他的——前面那个小伙子的——姑娘是个漂亮的姑娘。如果是另外一个人打破了他的脑袋——不是他自己的，你知道，而是另外那个人的——对后面那个小伙子来说的另外一个——那就说明了……

倘若我们把这段没完没了的叙述借助数学家的符号表达出来，就变得非常简洁明了：

---

1 1849 年，匈牙利诗人裴多菲在反抗俄奥联军的战斗中失踪，此后一个多世纪一直被认为"死在哥萨克士兵的矛尖上"。近年有档案揭示他作为战俘被押送西伯利亚，1856 年死于肺结核。因此他去世时应为 33 岁。

如果 A 打破了 B 的脑袋，那么 A 的姑娘是个漂亮的姑娘。但如果 B 打破了 A 的头，那么 A 的姑娘就不是个漂亮的姑娘，而 B 的姑娘就是一个漂亮的姑娘。

不仅如此，数学家的语言还是一种万能的语言，歌德曾逗趣说："数学家就像法国人一样，无论你说什么，他们都能把它翻译成自己的语言，并且立刻成为全新的东西。"马克思更是教导我们："一门科学只有当它达到了能够运用数学时，才算真正发展了。"与此相应，诗是一切艺术的共同要素，可以说每一件艺术品都需要有"诗意"。因此，莫扎特才有"音乐家诗人"的美誉，而肖邦也被称为"钢琴诗人"。不难想象，在一篇科学论文中出现一个优美的数学公式和在一篇文章或谈话中间摘引几行漂亮的诗句，两者有一种惊人的对称。

现在让我们回到本文开头提出的命题。弗洛伊德认为："诗人在心灵的认知方面是我们的大师。"这句话曾被超现实主义领袖布勒东奉为圭臬。诺瓦利斯声称："诗歌的意义和预言十分相似，一般来说，和先知的直觉差不多。诗人——预言家通过有魔力的词句和形象使人得以触及一个陌生而神奇的世界的奥秘。"因此，一个正直的诗人难免会冒犯统治阶级的利益。柏拉图历数诗人的两大罪状：艺术不真实，不能给人真理；艺术伤风败俗，惑乱人心[1]。另一方面，纯粹数学尤其是现代数学的发展往往是超越时代的，甚至是超越理论物理学的。例

---

[1] 柏拉图先生的用词向来较有特色，在他的最后一篇著作里，他把那些无视数学对于探求理想的重要性的人形容为"猪一般"。

如，伽罗瓦群和哈密尔顿四元数的理论在建立一个多世纪以后才开始应用于量子力学；非欧几何学被用来描述引力场、复分析在电气动力学中的应用也有类似的情况；而圆锥曲线自被发现两千多年来，一直被认为不过是富于思辨的头脑中无利可图的娱乐，可是最终它却在近代天文学、仿射运动理论和万有引力定律中发挥了作用。

然而，更多的时候，数学家的工作仍不被人们理解。有这样的指责，认为数学家喜欢沉湎于毫无意义的臆测，或者认为数学家们是笨拙和毫无用处的梦想家。可悲的是，这些饱学之士的观点还得到某些权威的支持。圣奥古斯丁一面攻击荷马的虚构败坏人心，"把人间的罪行移到神的身上"，"我们不得不踏着诗的虚构的足迹走入迷途"；一面又叫嚷道："好的基督徒应该提防数学家和那些做空头许诺的人，这样的危险业已存在，数学家们已经与魔鬼签订了协约，要使精神进入黑暗，把人投入地狱。"古罗马法官则裁决："对于作恶者、数学家和诸如此类的人"，禁止他们"学习几何技艺和参加当众运算数学这样可恶的学问"。叔本华，一位在现代哲学史上占据重要地位的哲学家，一方面视诗歌为最高艺术，另一方面却把算术看成是最低级的精神活动[1]。进入 20 世纪以来，越来越多的人认识到了，我们这个时代是如何受惠于数学的，至少奥古斯丁那样的权威人士销声匿迹了。但是诗人和艺术家的境况在某种意义上依然如故，或许他们应该用毕加索的话来聊以自慰：人们只有越过无数障碍之后，才能登上艺术家

---

1 叔本华的这个观点正好与柏拉图唱反调，柏拉图声言要把诗人赶出他的"理想国"，同时又称"上帝是几何学家"。

▶ 智利人帕拉 [左]　法国人鲁波 [右]

的宝座。因而对艺术非但不该加以鼓励，相反应压抑它。

　　数学家和诗人常常是不约而同地走在人类文明的前沿。古希腊最重要的两部学术著作——欧几里得的《几何原本》和亚里士多德的《诗学》几乎诞生在同一时代，并且都是建立在对三维空间模仿的基础上。只不过前者是抽象的模仿，后者是形象的模仿。现代艺术的先驱爱伦·坡、波德莱尔与非欧几何学的创始人罗巴切夫斯基、鲍耶也属于同一时代。21 世纪三四十年代，当一批才华横溢的诗人、画家聚集巴黎，发动一场载歌载舞的超现实主义革命时，这个世界上另一些聪明绝顶的头脑正各自为营，致力于发展新兴的数学分支——拓扑学。这里我想引用拓扑学家经常引用的一个例子，美国诗人朗费罗的长篇叙事诗《海华沙之歌》（作于 1855 年，德沃夏克的《自新大陆交响曲》即受其影响写成）中有一段故事，讲到一个做毛皮手套的印第安人：

> 他把晒暖的一侧弄到里面，把里面的皮翻到外面；把冷冰冰的一侧翻到外面，把晒暖的一侧弄到里面……

在手套的翻进翻出过程中，这个印第安人实际上是在做一个拓扑动作。有趣的是，拓扑这个词最早是以德文的形式（Topologie）出现在 1847 年高斯的一个学生的著作里，在那个年代拓扑概念只存在于极少数几个数学家的头脑里。

最后我要谈到的是，一个人能不能既成为诗人又成为数学家呢？帕斯卡尔在《思想录》开头差不多这样轻松地写道："凡是几何学家，只要有良好的洞见力，就会是敏感的；而敏感的人若能把自己的洞见力运用到几何学原则上去，也会成为几何学家。"虽然如此，从历史上看，只有 18 世纪意大利数学家马斯凯罗尼和 19 世纪法国数学家柯西勉强算得上诗人，20 世纪智利诗人帕拉和法国诗人鲁波也曾做过数学教授。而人类历史上唯一能够在两方面都有杰出贡献的或许唯有欧玛尔·海亚姆了，这位 11 世纪的波斯人比多才多艺的达·芬奇还早出生四百年，他的名字不仅因给出三次方程的几何解而载入数学史册，而且同时作为《鲁拜集》一书的作者闻名于世。上个世纪初，14 岁的 T. S. 艾略特偶然读到爱德华·菲茨杰拉德的英译本《鲁拜集》，立刻就被迷住了。他后来回忆说，当他进入到这光辉灿烂的诗歌之中，那情形"简直美极了"，自从读了这些充满"璀璨、甜蜜、痛苦色彩的"诗行以后，便明白了自己要成为一名诗人。

1991 年 5 月，杭州

数学家与政治家

数学与政治一样，都是可能性的艺术。
——题记

1. 赢得政治家的信任和友谊

数学家向来不问政治或远离政治，他们不像艺术家那样惹是生非，这一点晚年的波德莱尔似有所悟，这位惯于在贵妇人的客厅里寻觅灵感的法国诗人被后世尊为"现代主义文学之父"，却终其一生过着波西米亚式的放浪生活，他的晚年颇为凄凉。在其身后出版的散文诗集《巴黎的忧郁》里，波德莱尔引用了 17 世纪同胞数学家、思想家帕斯卡尔的话："几乎所有灾难的发生都是由于我们没有老老实实地待在自己的屋子里。"大概正因为这个原因，数学家较艺术家容易赢得政治家的信任和友谊。

　　欧几里得是古希腊几何学的集大成者，他的出生地和确切的生活年代至今仍是个谜。我们只知道他曾在雅典的柏拉图学园求学，后来被埃及国王托勒密延聘到亚历山大，主持亚历山大大学数学系，那里有一座藏书量惊人的图书馆，欧氏因此得以完成著名的《几何原本》。这部著作是现代科学得以产生的一个主要因素，作为演绎推理结构方面的杰出典范，它甚至给思想家们带来启示。据说托勒密曾向欧几里得询问学习几何学的捷径，他的回答是："在几何学中没有王者之路。"而当有位学生问起学习几何学能得到什么回报时，欧几里得命令奴隶给他一个便士，并对身边的人说："因为他总要从学习中得到好处。"

　　在欧几里得去世前几年出生的阿基米德是古代世界最伟大的数学家和科学家，他年轻时也曾在亚历山大大学逗留过，与欧氏的弟子们过从甚密。据说阿基米德返回故乡叙拉古（又译锡拉库萨）以后，很受希罗王的器重，有一个流传广泛的故事，希罗王得到一顶金王冠，他怕这个王冠里掺了白银，便求教于阿基米德。阿基米德有一天沐浴时发明了著名的浮体定律，并解决了希罗王提出的问题。阿基米德得到了两代国王的尊重，最后他为国捐躯了。

　　1 世纪的古罗马皇帝克劳迪乌斯在位时政绩显赫，他率先把罗马的统治扩大到了北非，并御驾亲征渡过英吉利海峡，使不列颠成为一个行省。除了军事才能以外，他对历史也颇有研究，曾用希腊文写成大部头的历史著作。更为有趣的是，这位皇帝还写过一本题为《如何在掷骰子中获胜？》的小册子，探讨了概率问题。原来，他和那些悠闲的大臣们爱好博弈，迷恋于掷骰子的游戏，可惜这本书没有保存下

▶ 欧几里得肖像［左］　阿基米德肖像［右］

来。直到 1654 年，帕斯卡尔和费尔马在通信中奠定概率论的基础，他们的出发点依然是掷骰子这样的赌博游戏。

　　在中世纪的黑暗时代，数学家的处境相对来说也不算太糟，教皇西尔维斯特二世非常喜欢数学，有证据表明他把包括零在内的阿拉伯数字引入欧洲，据说他还做过算盘、地球仪和时钟。在教皇亲自撰写的著作《几何学》中，他解决了一个当时非常困难的问题：已知一个直角三角形的斜边和面积，求出两条直角边。西尔维斯特二世的本名叫热尔贝，和克劳迪乌斯一样出生在法国中部，年轻时旅居西班牙，在一座修道院里学习"四艺"，那里由于受阿拉伯人统治而有较高的数学水平。后来他来到罗马，因其数学才能出色，被教皇引荐给皇帝，受到赏识，遂被聘请给太子当导师。以后的几任皇帝也十分器重他，直到任命他做了教皇。

中世纪欧洲最杰出的数学家是斐波那契，人们习惯称他为"比萨的莱昂纳多"，而把文艺复兴时期的画家达·芬奇称作"佛罗伦萨的莱昂纳多"，他提出的"兔子问题"至今仍是"数学的不朽谜语"。斐波那契的才能引起了西西里王弗雷德里希二世的注意，他被邀请到宫廷，由国王的亲信向他提出三个数学难题，斐波那契一一予以圆满的解答，后来这位国王和他的继承人成了斐波那契的保护人。有意思的是，八百年后的今天，在美国南达科他州的不毛之地，仍有一家叫《斐波那契》的数学杂志专门刊载研究有关"兔子问题"的论文，还有一个颇具规模的"斐波那契协会"，每年在世界各地轮流举行年会。

在东方，比斐波那契稍晚的中国数学家秦九韶在杭州曾受宋理宗赵昀的召见。据说他在皇帝面前阐述自己的见解，并呈奏稿和代表作《数书九章》，书中包含了闻名中外的中国剩余定理。而在北京，长寿的李冶虽三度受到元世祖忽必烈的召见，却主要是因为后者初来乍到，需要笼络知识分子。事实上，这位"占领者"看重的并非李冶的数学才华，而是他"经为通儒，文为名家"的声望。倒是在阿拉伯世界和波斯，有多位君主对数学颇为重视，与数学家的关系也较密切。例如，9 世纪阿拔斯王朝的哈里发麦蒙，他下令在首都巴格达建造了智慧宫，那是集图书馆、科学院和翻译局于一体的联合机构，是继亚历山大图书馆以后世界上最重要的学术机构。代数学的施洗人花拉子密被聘请主持智慧宫的工作，据说早在麦蒙登基以前，花拉子密就在一次游学过程中与之相识了。

在阿拉伯人占领的波斯，不仅有出类拔萃的数学家，而且几乎每一位都得到了君王的庇护和赞助。比如，11 世纪的海亚姆和塞尔柱苏丹马克沙利，后者把海亚姆邀请到首都伊斯法罕，主持兴建天文台并进行历法改革工作，海亚姆在那里度过了一生的大部分时光，直到苏丹去世，他们的故事被好莱坞拍成了电影。又如，13 世纪的纳西尔丁和伊儿汗旭兀烈，15 世纪的卡西和帖木儿国王子兀鲁伯。其中，卡西最为幸运，因为这位王子还是一位出色的学者，并在他之后去世。卡西在王子建造的天文台上把圆周率精确到小数点后 17 位，从而打破了祖冲之保持了九百多年的纪录。兀鲁伯曾这样写道："卡西是一位杰出的科学家，是世界上最出色的学者之一。他通晓古代科学，并推动其发展，他能解决最困难的问题。"

▶ 法国邮票上的热尔贝［上］
王子出身的学者兀鲁伯［下］

2. 在数学史上留名的政治家

在近代欧洲历史上也有一些开明君主和当时的数学家有密切的交往。17 世纪，瑞典女王克丽斯蒂娜邀请法国数学家兼哲学家笛卡尔达一年之久，以至于最后派出一艘军舰前往他客居的荷兰迎接。一向深居简出、体质羸弱的笛卡尔显得非常犹豫，最后一刻，他才被女王的热情和诚意打动。事实证明他的担心并非多余，斯德哥尔摩寒冷的天气让他得了肺炎，四个月后即不治身亡。1933 年，由有着"冰美人"之称的瑞典女星格丽泰·嘉宝主演的好莱坞电影《瑞典女王》上映，再现了这则真实的故事。

18 世纪，瑞士数学家欧拉曾两度受聘于圣彼得堡研究院，先后长达 31 年，此前欧拉的老师、著名的数学世家——贝努利家族的两位成员也在那里工作过。欧拉是历史上最多产的数学家之一，他的两只眼睛都是在旅居俄国期间失明的，虽说欧拉 20 岁即离开故乡，可是瑞士法郎的纸币上仍印有他的肖像。在欧拉接受弗雷德里克大帝聘请到柏林主持普鲁士研究院的 25 年间，彼得堡方面照付薪水。可以说，欧拉与这两国的多位国王和女皇均有交往。当欧拉再度前往彼得堡时，弗雷德里克又向定居法国的意大利数学家拉格朗日发出了热情洋溢的邀请，"欧洲最伟大的国王"希望"欧洲最伟大的数学家"在他的王宫里。显而易见，这位国王对于欧拉的离任耿耿于怀。

在欧洲所有的君王中，拿破仑与数学家的关系最为密切，他几乎与同时代的每一位杰出的法国数学家都交上了朋友。曾经远征埃及的拿破仑对拉格朗日总的评价是："拉格朗日是数学科学方面高耸的金字塔。"他曾开玩笑地问拉普拉斯："为什么你的著作中没有提到上帝？"数学家回答："我用不着那样的假设。"可是，拉格朗日（Lagrange）、拉普拉斯（Laplace）和另外一个 L——勒让德（Legendre）都避开了法国大革命。拿破仑本人还是个不错的几何学家，他提出过这样一个问题：只用圆规，如何把一个圆周四等分？这个问题后来由他的朋友、另一位定居法国的意大利数学家马斯凯罗尼解决了。

在 1812 年拿破仑军队从莫斯科退却时被捕的数十万战俘中，唯一受益的是一位年仅 24 岁的数学家，他的名字叫彭赛列。当时他身边什么书也没有，就开始在战俘营里构思巨著《论图形的射影性质》，他被释放回国后，于 1822 年在巴黎出版了此书，这部著作开创了射影几何史上所谓的"辉煌时期"。但拿破仑的确伤害过一位伟大数学家的心，这就是"数学王子"高斯。高斯是个数学神童，出生在普通的劳动者家庭，他的早慧受到了故乡不伦瑞克公爵斐迪南的关心，后者成为他的赞助人和亲密朋友，比起莫扎特的赞助人远为慷慨且始终如一，他在高斯 29 岁那年死于拿破仑军队的入侵。费迪南的名字虽然在战争

▶ 业余的几何学家拿破仑 [左]　土地测量员出身的华盛顿 [右]

史上没有被记载，却在数学史上流芳。

在大西洋另一头的美利坚合众国，也有几位总统和数学颇多联系：乔治·华盛顿是一位著名的测量员，托马斯·杰弗逊在鼓励讲授高等数学方面做了不少工作，阿伯拉罕·林肯则被认为是通过研究欧几里得的《几何原本》来学习逻辑的倡导者。最有创造性的是詹姆斯·加菲尔德，这位美国第 20 任总统虽然政绩平平，并且在任上惨遭暗杀，但他在学生时代就显示出对数学的浓厚兴趣与卓越才能。1876 年，加菲尔德独立发现了毕达哥拉斯定理的一个非常简洁的证明，他是在国会与议员们讨论数学问题时想出来的。这个证明通过用两种不同的方式计算梯形的面积（先用梯形的面积公式，然后把梯形分解成三个直角三角形来计算），经过比较和化简得到。与四百年前达·芬奇的证明相比，加菲尔德的方法要漂亮许多，不知是否因为这个原因，他的青铜雕像得以安置在华盛顿的国会山前，我曾在大理石的台阶四周徘徊，没有发现其他人物与他分享这份殊荣。

现在让我们回过头来谈谈牛顿。牛顿在数学领域的主要成就是发明了微积分，但人们往往把万有引力定律和其他力学定律也计算在内，因为它们都用数学公式表达。因此数学史家把牛顿和阿基米德、高斯并称为历史上最伟大的三个数学家，加上物理学和天文学方面的卓越贡献，他很早就代表大学进入议会，后来又被安妮女王授予爵位，成为第一个获此殊荣的科学家。可是牛顿对政治兴趣不大，他在议会唯一的发言记录是要求打开窗子。牛顿晚年沉湎于神学，虽然如此，他还是被提升为权力很大的造币厂厂长并尽心尽职。

与牛顿不一样，出生在莱比锡的莱布尼茨年轻时就喜欢结交王公贵族，那时候的德国还没有统一，科学技术和军事力量比较落后，随时有可能被邻居法兰西那样的强国吞并。1672年，处于危难之中的美因茨选帝候派遣能说会道的莱布尼茨去巴黎，唯一的使命是：用一项征服埃及的诱人计划去分散路易十四对北方的注意力。结果莱布尼茨不仅没有见到法兰西国王，反而留在巴黎研究起了数学，并成了微积分的两个发明人之一，由此引发的一场有关优先权的争论，使得拉芒什（英吉利）海峡对岸英国的数学停滞了一个世纪。

3. 数学家与政治家的异同

可是，喜欢参与和从事政治活动的数学家并非没有。古希腊第一个伟大的数学家毕达哥拉斯和他的门徒就热衷于此道，他们在亚平宁半岛南端的克罗托内结社，并与贵族党派联盟，因而被民主党派赶走。毕达哥拉斯逃到附近的米太旁登（Metapontum），公元前497年被害于该处。至于阿基米德被入侵叙拉古的罗马士兵用枪刺死，并不是因为他和希罗王亲近，而是误杀。据说很多年以后，罗马政治家、作家西塞罗来到西西里岛，没有人肯告诉他阿基米德墓地的位置，这位以演说见长的大人物只好自己拨开荆棘寻找。

在法国大革命期间，微分几何之父蒙日积极追随拿破仑，直到拿破仑称帝，他因此也曾受到人们的耻笑。他和三角级数的发明人傅里叶都曾随拿破仑远征埃及，回来后蒙日做了政府部长，而傅里叶只当

▶ 牛顿爵士吧（作者摄于剑桥）［左］ 拉普拉斯车站（作者摄于巴黎）［右］

上县长。蒙日的学生拉扎尔·卡诺也是热情洋溢的革命家，同时还是一位出色的军事家，被誉为"胜利的组织者"，他和他的老师都对处死路易十六投了赞成票。但卡诺是有勇气反对拿破仑称帝的唯一的护民官，为此他不得不逃往日内瓦，最后在贫寒交迫中死于异乡。由于过度卷入政治，学术成为卡诺的业余爱好，不过，他的后代分头做这两件事。卡诺的一个儿子做了教育部长，另一个是杰出的物理学家、热力学的创始人；他的一个孙子当上法国总统，另一个成为著名的化学家。

相比之下，有着"法兰西的牛顿"美称的拉普拉斯更为幸运，也更多才。拉普拉斯比卡诺早 4 年出生，却晚 4 年辞世。他本是诺曼底一个农民的儿子，靠着自己的才华和善于应变的能力，步步高升，深受国王路易十六重用。法国大革命时，由于要他为炮兵计算炮弹的轨迹，而获得了特赦。之后，随着拿破仑的上台，作为从前数学老师的拉普拉斯又很快在政治上红了起来。他担任法国经度局局长，还做过6个星期的内政部长，被拿破仑的弟弟替换后，又被任命为上议院议长。王朝复辟以后，他又效忠于路易十八，被封侯爵。

政治家虽然在任时声名显赫，但卸职或死后也容易被人们遗忘，英国学者威斯特福尔在为牛顿的名著《自然哲学的数学原理》出版三百周年撰写的纪念文章中意味深长地谈道："我们从不纪念某某文官的三百周年诞辰。"对于英国和大多数国家来讲，这个说法可能是成立的，但历史上也出现过几位伟大的君王，如亚历山大大帝、奥古斯都、成吉思汗、阿育王。而有些数学家之所以具有广泛持久的魅力，原因在于数学本身。

5 世纪的拜占庭学者普罗克洛斯被认为是最后一位主要的希腊哲学家，晚年一直担任雅典柏拉图学园的园长，他认为：

> 数学是这样一种东西：她提醒你有无形的灵魂；她赋予她所发现的真理以生命；她唤起心神，澄清智慧；她给我们的内心思想添辉；她涤尽我们有生以来的蒙昧与无知。

7 世纪的印度天文学家兼数学家婆罗摩笈多曾以诗的语言和形式阐述印度天文学体系，他也说过：

> 正如太阳以其光芒使众星失色，学者也以其提出的代数问题而使满座高朋逊色，若能给予解答，则将使侪辈更为相形见绌。

在我看来，随着用途越来越广泛，数学已成为现代人的一个不错的职业，尤其在美国。此外，在纷繁的现实世界里，数学也是一座坚固的精神堡垒，可以让你的头脑避免崩溃。从某种意义上讲，数学和政治一样都是可能性的艺术，从事这两项工作的人都需要冒险和勇气，他们面对复杂的问题都需要依赖直觉和运气。另一方面，数学和政治也都有自身的局限，一个伟大的数学家和一个伟大的政治家在他们各自领域之外的经验和智慧都是有限的，他们对非数学和非政治的忠告的价值也是有限的，这种局限性迫使他们与大众有了距离。尽管如此，数学家和政治家都有着他们自己独特的精神世界和生活方式。

倘若要谈论伟大，帕斯卡尔在《思想录》里划分出几种不同的类型：其一是身体上、物质上的伟大，这方面伟大的代表是各种光彩显赫的事物，如太空、星辰、国王、富人、首领，这是眼睛所能看见的；其二是精神的、理智的伟大，这方面伟大的代表是那些天才人物，例如阿基米德、牛顿、高斯。他们有着他们的领域、他们的显赫、他们的胜利、他们的辉煌，他们不是用眼睛而是用精神才能被人看到。帕斯卡尔进一步指出："一切伟大事物的光辉显赫，对于从事精神探讨的人来说，都是毫无光彩可言的。"

1990 年 8 月，初稿于杭州

2008 年 8 月，修改于剑桥

与哥德尔一起散步 [1]

凡是我们不能言说的，对之必须保持
缄默。

——维特根斯坦

1. 牛津的数学天才

为一部悬疑小说撰写导言，可不是一件轻松愉快的事，因为你必须小心翼翼，不能透露太多有关凶手的信息。否则，一旦走漏风声，不幸购买此书的读者一定会记恨于你。尤其这部小说的作者同时也是一位数学家，书中几乎提及了 20 世纪所有重要的数学进展，并以此

---

1 本文系笔者应邀为《牛津谜案》中文版（人民文学出版社，2008）撰写的序言和导读。2011 年 3 月，该书原作者、阿根廷作家马丁内斯携带着电影《牛津谜案》来华，笔者应塞万提斯学院邀请，曾赴上海西班牙文化中心与之对话交流。

为一起连环凶杀案增加了悬疑气氛，为读者设置了智力障碍。幸好，笔者在数学方面学有所长，后面这一点才没有增加我的阅读难度。在此，笔者将利用自己所掌握的数学知识，对本书的人物和背景做一尽可能清晰的梳理。

这部小说用第一人称来叙述，主人公和小说的作者一样是阿根廷人，布宜诺斯艾利斯大学数学系的毕业生。——说起布宜诺斯艾利斯大学，笔者曾到访过，它是革命者切·格瓦拉的母校，那位擅长虚构和推演的大作家博尔赫斯成名后也担任过该校的西班牙语文学教授。1993年夏天，这位年方22岁的小伙子得到一笔奖学金，远赴英伦来到牛津大学深造。他的导师艾米莉·布朗森是一位才高心细的女教授，把学生安排在自己老师的遗孀伊格尔顿太太家寄宿，与老太太同住的则是她年轻貌美的孙女、大提琴手贝丝小姐。

贝丝小姐的双亲在一起车祸中身亡，她是祖父家产唯一的继承人，自小受到祖母的严厉管束，为此感到非常苦闷。老太太虽然坐在活动轮椅上，智力仍不减当年，她年轻时曾是全英国填字游戏大赛的优胜者，因此被征召入伍，成为阿兰·图灵率领的破译纳粹德国通信密码的数学家团队成员，得以结识后来的丈夫伊格尔顿先生。图灵是个数学天才，后来他为计算机提供了最重要的设计理念，直到今天，计算机仍无法脱离他的理想模型：

输入／输出装置（带子和读写头）、存储器和中央处理器（控制机构）

▶ 爱因斯坦与哥德尔一起散步

可是，图灵的性取向却一直得不到同代人的理解，后来，他因为不堪忍受强迫性的治疗，食用有毒的苹果身亡，年仅 41 岁。如今，图灵机和图灵测试已是计算机和人工智能研究的基石，"图灵奖"成为计算机领域的诺贝尔奖，而一家叫"苹果"的美国公司则誉满全球。

没想到的是，主人公抵达英伦没几天，图灵昔日的助手——伊格尔顿太太就在家里被人谋害了。同时发现这起谋杀案的是两位数学家，一位便是主人公，另一位带有浓重的苏格兰口音，他是伊格尔顿从前的得意门生、大名鼎鼎的逻辑学家阿瑟·塞尔登教授。

2．逻辑学与密码纸条

逻辑学是介乎数学和哲学之间的一门学问，成就最大的当属奥地利出生的哥德尔（如今它的出生地归属于捷克的摩拉维亚），他是物理学家爱因斯坦晚年的挚友和知己。据说爱因斯坦之所以一直定居在普林斯顿，能有机会与比他年轻 27 岁的哥德尔一起散步也是一个重要原因。哥德尔的两条不完备性定理表明，没有哪一部分数学能做到完全的公理推演，也没有哪一部分数学能保证其内部不存在矛盾。这是否意味着，有些案件是无法通过推理解破的？而塞尔登正是因为对哥德尔定理做了进一步的延拓，被视作逻辑学的权威。

从凶手故意留下的密码纸条来看，他是一个精通数学的人，很可能是塞尔登教授的一个崇拜者和挑衅者，可能在某次数学考试中遭遇了失败。果然没过多久，另一起凶杀案便发生了，这回遇害人是一个住院的老人，他的邻床是一位卓有成就的业余数学家，发展了维特根斯坦的"语言游戏说"和"遵守规则"。说起奥地利出生的哲学家维特根斯坦，他和老乡哥德尔曾双双入选美国《时代》周刊 20 世纪最有影响力的 20 位科技和学术精英。在笔者看来，他们中的一个是最具哲学意味的数学家，另一个是最具数学意味的哲学家。

维特根斯坦的名著《哲学研究》虽然研究的是语言问题，却与数学有着千丝万缕的联系。例如，他在书中引入了这样一个数列：

$$1，5，11，19，29\cdots\cdots$$

不难看出，前后两个数的差构成一个等差数列 4、6、8、10……于是很自然地推断出下一个数是 29 + 12 = 41。另一方面，也有人尝试用通项公式来表示，并最终发现 $a_n = n^2 + n - 1$，这样一来，也有 $a_6 = 41$。

　　显而易见，这两种方法殊途同归。因此，维特根斯坦这位主要在英国度过学术生涯的哲学家认为，在任何时候接受什么样的规则或反对什么，都是我们的自由。他还认为，我们可以遵循看起来清清楚楚的程序，但却无法预知这个程序将把我们引向何处。维特根斯坦的另一部名著是《逻辑哲学论》，它讨论的中心问题是，"语言是如何成其为语言的？"让他惊讶和好奇的是一个大众早已司空见惯的事实：一个人居然能听懂以前从未听到过的句子。

　　虽说凶手又在一个显眼的地方留下了密码纸条，但几位数学高手都未能破译，更不要说牛津警察局那位探长了。第三位遇害人是贝丝小姐所在乐队的同事，一位患有严重肺气肿的打击乐手。这回疑犯留下的密码纸条终于让主人公有了眉目，每张纸条上的一个符号可能是毕达哥拉斯学派留下的记数方法。这让他把破译密码的数学思维从逻辑学转向了数论，一门古希腊人十分迷恋，而今天仍非常热门的数学

▶ 哲学家维特根斯坦

分支。恰好这个时候，20 世纪最重要的数学成就——费尔马大定理的证明在牛津大学的竞争对手剑桥大学宣读了。

3．费尔马的不朽谜语

1637 年的一天，法国南方小城图卢兹的地方法官费尔马正在阅读古希腊最后一个大数学家丢番图的著作《算术》的拉丁文版本，这不是一部系统的理论著作，而是（和中国古代数学著作一样）一些数学问题的汇编。费尔马有着"业余数学家之王"的美誉，他对书中的第 8 个问题入了迷，这个问题讨论的是毕达哥拉斯数组，这个问题又与所谓的毕达哥拉斯定理有关，此定理在中国古代被称为勾股定理，说的是，对任意一个直角三角形来说，它的两个直角边的平方和等于斜边的平方。

毕达哥拉斯不仅予以严格的证明，并且从这个几何问题中提炼出有关整数的方程（后人称之为丢番图方程），即如何将一个平方数写成两个平方数之和，他探讨了满足这个方程的所有三元数组，其中最小的一组是（3，4，5）。费尔马经过反复计算和推敲，恍然大悟，在问题 8 所在的页面空白处，他用纤细的文字写下了下面这段话：

> 不可能将一个立方数写成两个立方数之和，或者，将一个 4 次幂写成两个 4 次幂之和，总之，不可能将一个高于 2 次的幂写成两个同次幂的数之和。

在这个评注的后面，费尔马又草草地写下了一个附加的注中之注："对此命题我有一个非常美妙的证明，可惜此处的空白太小，写不下来。"

费尔马有所不知的是，以后的三百多年间，寻求这个命题的证明苦恼了一代又一代最有智慧的头脑，许多伟大的数学家都曾经全身心地投入并栽了跟头，以至于一位德国富商（他在一次失恋以后因为痴迷这个数学问题打消了自杀的念头）临终时立下遗嘱，用 10 万马克（约合现在的 160 万美元）奖励第一个证明它的人。

尽管如此，这笔奖金并没有阻止一位 31 岁的数学天才走向死亡，他便是对解决费尔马大定理做出重要贡献的日本数学家谷山，小说里也提到了他的自杀。1986 年，美国数学家里贝特证明，由所谓的谷山 - 志村猜想可以直接导出费尔马大定理，此时离谷山自杀已经有 28 个年头了。谷山的遗嘱表明，他对自己的生活失去了信心，他至死都不知道自己工作的伟大意义。值得一提的是，他受教育的年代正遇到残酷的战争，自杀原因与个人感情无关，谷山死后两个月，深爱他的未婚妻也结束了自己的生命。

言归正传，就在小说主人公来到牛津的那年夏天，一位叫安德鲁·怀尔斯的沉默寡言的英国人，经过七年的不懈努力，攻克了谷山 - 志村猜想，澄清了那段历史疑案，并领走了那份比诺贝尔奖更为诱人的奖金。这里我想插一句，怀尔斯是个幸运儿，假如完成这两个猜想证明的时间互换一下，即先证明谷山 - 志村猜想，再证明此猜想和费尔马大定理之间的递推关系，那么，这份至高无上的荣誉就落在美国人里贝特头上了。

4. 广征博引的小说

在小说里，怀尔斯正好是布朗森教授从前的弟子，也是塞尔登的

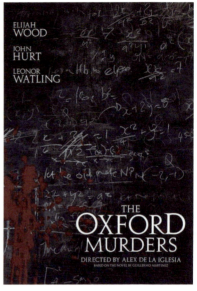

▶ 刘易斯·卡洛尔 [左]　《牛津谜案》图书封面 [右]

亲密朋友。原来，怀尔斯本科就读于牛津，却在剑桥获得博士学位。当怀尔斯从大西洋彼岸的普林斯顿返回剑桥宣布他的工作时，牛津大学派出一辆校车把数学家们送往剑桥倾听。可就在怀尔斯的报告结束几个小时以后，牛津却发生了一起车祸，一辆校车冲出护栏坠入桥下，唯一的幸存者司机也在被送往医院的途中死去。小说的主人公适时破译出了第四张密码纸条上的数字，它代表着死亡的人数，可是，他却无法阻止车祸的发生……

当然，这部广征博引的小说并不局限于数学和数学家的神奇故事，英国同胞里面，出现的人物就有诗人 T. S. 艾略特、小说家弗吉尼亚·伍尔夫、散文家德·昆西。让笔者不得不提到的还有19世纪的传奇人物刘易斯·卡洛尔，他是数学家、逻辑学家、摄影家和小说家（身份和本书的作者十分相似）。卡洛尔18岁进入牛津大学，因为数学成绩优异，毕业后留校做了一名数学讲师，直到退休。虽然卡洛尔写了不少数学论著，但都不甚重要，只有《欧几里得和他的近代对手》一书还有一些历史价值。

在牛津任教期间，卡洛尔对院长的三个女孩非常钟爱，常给她们讲故事，后来他把这些故事写出来献给了院长的长女爱丽丝，被一位作家发现后得到了鼓励。于是，一部日后享誉世界的小说《爱丽丝漫游奇境》问世了，它被批评家们认为是适合儿童纯真情趣的逻辑和数学心智的完美创造物。小说中的人物如蛋形人、术语如非生日礼物、非婚礼聚会等已成为英国社会和英语里的常用语，这些也出现在《牛津迷案》这部书里，增加了本书的人情味，并为凶手的作案动机打下了埋伏。

"凡是我们不能言说的，对之必须保持缄默。"这是维特根斯坦最为人赏识的一句话，虽然这部小说中没有提到，但却为我们的主人公所身体力行地遵循。而对于这篇信笔写下的导言来说，也该是结束的时候了。借此机会，祝愿各位读者能与这部小说一起，度过一个愉快的夜晚（笔者以为悬疑小说适合夜晚，尤其是冬日夜晚阅读），并顺手牵羊，对当代数学和逻辑学的最新进展和人类抽象思维的探究者有所了解。

2007年10月25日，杭州彩云居

康威，角谷与马哈维拉

数论看起来包含了数学的大部分罗曼史。
——路易斯·莫德尔

1. 游戏天才康威

2020 年 4 月 12 日，普林斯顿大学约翰尼·冯·诺伊曼讲座教授约翰·康威（John Horton Conway）因患新冠肺炎不幸去世，享年 83 岁。康威是当代最活跃的全能型数学家，同时兼攻量子力学和生物学。在学术研究之余，康威还出版了大量脍炙人口的科普著作。不仅如此，康威视数学和科学为游戏，是火了近半个世纪的"生命游戏"的缔造者。

1937 年，康威出生于英国西海岸的港市利物浦。他的父亲是利物浦一所中学的实验室助理，赫赫有名的披头士乐队中有两位成员曾在该中学上学。康威的父亲在科学方面非常博学，而且酷爱诗歌。他常在家里来回踱步，一边刮脸一边吟诵诗歌，有时甚至赤身裸体。在康威心目中，父亲是一个特别有趣的人。

11 岁那年，康威进入了一所新学校，校长与他有过一次面谈。校长问康威以后打算做什么，他回答说想去剑桥念数学。七年以后他果真做到了，进入了剑桥大学岗维尔–凯思学院，并在学生时代研究了著名的华林问题，证明了每个正整数均可表示成 37 个 5 次方幂之和，即 $g(5) = 37$。可是，这一结果中国数学家陈景润在 1964 年发表在先。

康威在剑桥获得博士学位后，留校任教，一路攀升，成为英国皇家学会会员（1981）。他在数学方面的研究领域涉及有限群、纽结理论、数论、几何拓扑、组合理论和编码理论等，在这些不同的领域他都取得了非凡的成就。1986 年，普林斯顿大学聘请康威为冯·诺伊曼讲座教授，他从此移居大西洋西岸并一直生活在美国。

▶ 视数学和科学为游戏的康威

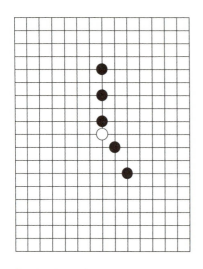

▶ 康威与陶哲轩下的哲球棋

在数学领域，康威最引人注目的工作是构造了几个大对称群，这是很难做到的事情。最让康威引以为傲的是，他发现了全新的数的世界，被同行命名为"超实数"（surreal numbers）。两千多年前，古希腊数学家阿基米德创立了我们现在常用的实数理论；一百多年前，德国数学家康托尔发现了无穷数理论；超实数将两者包含在内。

在数学之外，康威最为人熟知的是他发明的生命游戏（Game of Life），这并非传统意义上需要玩家介入互动的游戏，而是一种自律运行的仿真游戏，最初于1970年10月在《科学美国人》杂志的"数学游戏"专栏中出现。生命游戏大大拓宽了元胞自动机（CA）的研究，吸引很多年轻人进入复杂性科学和人造生命的研究中。CA是一种时间、空间、状态都离散的网格动力学模型，可以模拟复杂系统的时空演化过程。

康威的生命游戏只依靠三条关于出生和死亡的简单规则，就可以在计算机上模拟出丰富的生命演化过程。他最初的版本是用纸和笔完成的，生命游戏是人造生命的经典研究。康威证明了生命游戏具有图灵完备性，允许在其中模拟任何其他生命游戏规则。在理论上，如果网格空间足够大，计算能力足够强，生命游戏甚至可以模拟出与真实生命相当的复杂度。

康威在剑桥的院友、同样擅长科普写作的物理学家兼宇宙学家史蒂文·霍金在《大设计》一书中这样评价康威的生命游戏："我们可以想象，像生命游戏这样的东西，只要有一些基本规律，便能够产生高度复杂的功能，甚至智能。它可能需要包含数十亿个正方形的网格，但这一点并不奇怪，因为我们每个人的大脑中就有数千亿个细胞。"

遗憾的是，这样一位游戏天才却未能抵御新冠病毒对其生命的侵袭。5月24日，正当美国的新冠死亡人数逼近10万之际，《纽约时报》在头版和内页用4个整版刊登了1000位死者名单，以及他们的年龄、职业和成就。鉴于康威的学术成就和影响力，他的名字出现在第一版。我在密密麻麻的小号字体名单中，找到了约翰·康威的名字。

菲尔兹奖得主、华裔澳大利亚数学家陶哲轩曾撰文怀念康威："康威从看似无聊琐碎的问题中，提炼出深奥有趣的数学问题的能力，给我带来了特别的影响。我在普林斯顿念书的时候，康威常在研究生休息室里闲逛，摆弄一些游戏或装置，还经常找研究生协助他做一些实验。我隐约记得，我被他叫去和其他同学一起，拿着不同长度的布条，计算辫群的元素。还有一次，他邀我同他下他发明的哲球棋（phutball）。在那场比赛中，我屡次溃不成军……我们非常怀念他。"

在康威的诸多数学普及著作中，他曾写到过花环数和角谷猜想，下面我想对这两个概念进行阐释，以表达对这位数学天才的哀悼之情。其中花环数与中国古代的回文诗有相似之处，而角谷猜想属于好玩的纯粹数学，既吸引了康威、陶哲轩、爱多士这样的大数学家的关注，也引发了无数业余爱好者的好奇心。

2. 回文诗与花环数

赏花归去马如飞，

去马如飞酒力微；

酒力微醒时已暮，

醒时已暮赏花归。

12 世纪下半叶的一个夏日，大诗人苏东坡陪妹妹游杭州西湖时写下了这首回文诗。"回文"是指正读反读都能读通的句子，它是一种修辞方式和文字游戏，例如，"我为人人，人人为我"。回文诗最早出自西晋初年的苏伯玉妻，相传伯玉出仕蜀地，久而不归。他的妻子居住在长安，作《盘中诗》以寄，屈曲成文，倾诉思念之情。苏轼的那首回文诗已有变化，即上句（包括末句）的最后三字或四字被下句重复。

在许多其他文字里也有类似的游戏，英文叫 palindrome。例如，"Race car"，"Step on no pets"，"Put it up"，"Was it a car or a cat I saw?"，"A man, a plan, a canal, Panama！"又如，在西班牙文里有，"Amor Roma"（我爱罗马）。

有趣的是，初等数学里也有一种叫回文数的游戏，它是指中心对

▶ 会讲故事的谢赫拉莎德

称的自然数。在印度，它叫"花环数"。

　　大约在公元850年，印度数学家马哈维拉撰写了《计算精华》一书，该书曾在南印度被广泛使用。1912年，这部书被译成英文在马德拉斯（现名金奈）出版，成为印度第一部初具现代形式的教科书。书中提到了"花环数"，即将两整数相乘，使其乘积的数呈中心对称。马哈维拉找到了一些花环数，例如：

$$14287143 \times 7 = 100010001,$$
$$12345679 \times 9 = 111111111,$$
$$27994681 \times 441 = 12345654321。$$

　　之所以称花环数，估计与印度人爱花，同时花环是无头无尾且对称有关。英文里叫 Palindromic number，阿拉伯人称其为谢赫拉莎德数，即以《一千零一夜》里那位会讲故事的王妃命名。事实上，1001 本身便是一个花环数。

方幂数里也有许多花环数，例如 $11^2=121$，$7^3=343$，$11^4=14641$。迄今为止，人们尚未找到 5 次或更高次幂的回文数，于是有了下列尚未证明的猜想。

猜想　不存在形如 $n^k(n \geqslant 2，k \geqslant 5)$ 的回文数。

值得一提的是，四位和六位回文数有一个特点，它决不可能是素数。例如，设其为 abba，它等于 $1000a + 100b + 10b + a = 1001a+110b$，能被 11 整除。

一个回文数，如果它同时还是某个数的平方，就叫作平方回文数。1000 以内的正整数里，有 108 个回文数，而平方回文数只有 6 个，即 1、4、9、121、484、676；考虑到 1000 以内的平方数只有 31 个，因此比例相对较高。有些数，通过不断与它的倒序数相加，也可得到回文数。例如，$29 + 92 = 121$；$194 + 491 = 685$，$685 + 586 = 1271$，$1271 + 1721 = 2992$。于是，就有了以下问题。

问题　是否任何一个正整数与它的倒序数相加，所得的和再与和的倒序数相加，……如此反复，经过有限次步骤后，最后必定可以得到一个回文数？

必须指出，有些数至今仍未发现有此类特征，例如 196。在电子计算机尚未问世的 1938 年，美国数学家莱默便已计算到了第 73 步。2006 年，已计算到 699 万步，得到了一个 2.89 亿位的和数。2015 年，

▶ 中国古代的回文诗

这个和数达到了 10 亿位，仍不是回文数。也就是说，人们既不能肯定运算下去是否永远得不到回文数，也不知道需要再运算多少步才能得到回文数。

永远得不到回文数的正整数被称为"利克瑞尔数"（Lychrel number），196 可能是最小的利克瑞尔数，因而受到了特别的关注。说起这个名字，它的来历也蛮有趣，是发明者 Wade van Landingham 姓氏的第一个字母 L 与他当时的女友 Cheryl 字母的组合拼贴。

不难看出，假如 196 或其他数是利克瑞尔数，那么它后面的那些和数都是。也就是说，只要有一个利克瑞尔数，就有无穷个利克瑞尔数。另外，还有一个关于"回文数"计算步数的世界纪录。它是一个 19 位数字 1,186,060,307,891,929,990，算出它的"回文数"用了 261 步，这是在 2005 年 11 月 30 日找到的。

3. 无厘头的冰雹倾泻

自然数里包含着无穷无尽的奥秘。将近一个世纪以前，美国出生的英国数学家莫德尔在一篇随笔中这样写道：

> 数论是无与伦比的，因为整数和各式各样的结论，因为美丽和论证的丰富性。数论看起来包含了数学的大部分罗曼史。如同高斯给索菲·热尔曼的信中所写的，"这类纯粹的研究只对那些有勇气探究她的人才会展现最魅人的魔力"。

或许有一天，全世界的黄金和钻石会被挖掘殆尽，可是数论，却是取之不竭的珍宝。前文我们给出了回文数的性质以及利克瑞尔数存在的可能性，下面我们要讨论的角谷猜想也有类似情况，是否存在一个回不到 1 的反例呢？事情得从一则新闻报道说起。

1976 年的一天，《华盛顿邮报》头版头条报道了一条新闻。此报道讲述的是一则与数论有关的故事：

20 世纪 70 年代中期，美国诸多名牌大学校园内，人们都像发疯一般，夜以继日，废寝忘食地玩弄一种数学游戏。这个游戏十分简单：任意写出一个自然数 n，按照以下的规律进行变换，

> 如果 n 是奇数，则下一步变成 $3n+1$；
> 如果 n 是偶数，则下一步变成 $n/2$。

例如，

$$3 \to 10 \to 5 \to 16 \to 8 \to 4 \to 2 \to 1;$$

$$7 \to 22 \to 11 \to 34 \to 17 \to 52 \to 26 \to 13 \to 40 \to 20 \to$$

$$10 \to 5 \to 16 \to 8 \to 4 \to 2 \to 1。$$

不单单是学生，甚至连教授、实验员都纷纷加入，无论是数学还是非数学专业。为什么这种游戏的魅力如此引人入胜？这是因为人们发现，无论 n 是怎样一个数字，最终都无法逃脱回到谷底 1。准确地说，是无法逃出落入底部的 4—2—1 循环，永远也逃不出这样的宿命。

这就是著名的"冰雹猜想"。它的最大魅力在于不可预知性。那时仍在剑桥大学执教的康威也对这个问题着了迷，他找到了一个自然数 27。虽然 27 貌不惊人，但如果按照上述方法进行运算，则它的上浮下沉异常剧烈：首先，27 要经过 77 步骤的变换到达顶峰值 9232，然后又经过 34 步骤到达谷底值 1。

全部的变换过程(称作"雹程")需要 111 步，其峰值 9232 是原有数字 27 的 342 倍多，如果以瀑布般的直线下落（2 的 n 次方）来比较，则具有同样雹程的数字 n 要达到 2 的 13 次方。而在 1 到 100 的范围内，27 以及 27 的 2 倍 54 的波动是最为剧烈的。

这个"冰雹问题"便是著名的 $3x+1$ 问题。早在 1937 年，德国数学家柯拉兹（L. Collatz,

THE COLLATZ CONJECTURE STATES THAT IF YOU PICK A NUMBER, AND IF IT'S EVEN DIVIDE IT BY TWO AND IF IT'S ODD MULTIPLY IT BY THREE AND ADD ONE, AND YOU REPEAT THIS PROCEDURE LONG ENOUGH, EVENTUALLY YOUR FRIENDS WILL STOP CALLING TO SEE IF YOU WANT TO HANG OUT.

▶ 21 世纪的数学难题：$3x+1$ 问题

1910 ～ 1990）便考虑了下列数论函数：

$$f(x) = x/2，若 \ x \ 是偶数；f(x) = 3x+1，若 \ x \ 是奇数。$$

柯拉兹猜想，对任意正整数 x，经过有限次迭代运算后，$f(x)$ 均归于 1，而迭代次数被称为 x 的停摆时间（stopping time）。这被称为柯拉兹猜想。不过，它还有其他命名法，比如乌拉姆猜想、叙拉古问题，等等。大概因为在世界各地，许多人都提出过这个问题。

在中国，它常常被称为角谷猜想，这是因为日裔美国数学家角谷静夫（Shizuo Kakutani, 1911 ～ 2004）曾转述这一猜想。角谷出生于大阪府泉大津市，毕业于仙台的东北大学数学科，1941 年在大阪大学获得博士学位，旋即赴美国普林斯顿高等研究院深造，不料当年年底珍珠港事件爆发，美日开战，他只得返回日本，任教于大阪大学。战后他重返普林斯顿，1949 年受聘耶鲁大学助教，四年后晋升成为教授。

角谷静夫以提出并证明分析学中的角谷不动点定理（1941）闻名数学界，此定理推广了布劳威尔的不动点定理，被冯·诺伊曼成功地用于博弈论，可用来证明"纳什均衡定理"的存在性，至今仍在经济学和博弈论中有着广泛的应用。此外，概率论中还有马尔科夫 – 角谷不动点定理，遍历理论中有角谷摩天大楼。1950 年，角谷应邀在波士顿国际数学家大会上作一小时报告。

据说当初日本有一位中学生发现了这一奇妙的数的现象，他写信告诉大阪大学的角谷静夫请求解决，角谷接信后对这一问题无能为力。后来，东京大学学者用计算机对 12000 亿以下的自然数做了检验，均未发现有任何反例。"二战"结束后，角谷返回普林斯顿高等研究院，他也把"3x+1"问题带到了美国。有一次，他曾撰文描写过当时人们痴迷于这个问题的狂热情景：

> 在耶鲁大学有长达一个月之久的时间，人人都在研究这个问题，但没有任何结果。我到芝加哥大学讲学时提出这个问题后，也出现了同样的现象。甚至有人开玩笑说，"这个问题是企图减缓美国数学发展的一则阴谋"。

这就是前文介绍的《华盛顿邮报》报道的盛况。值得一提的是，角谷静夫的女儿美智子也是一位新闻记者，获得过普利策奖（1998）。作为《纽约时报》首席书评专栏作家，美智子曾多次就阅读问题提问时任美国总统的贝拉克·奥巴马，包括对中国科幻小说《三体》的看法，并邀请他开出给女儿的书单。这是奥巴马卸任总统以前最后一次接受《纽约时报》采访，曾引爆美国读者对《三体》的热情关注。

4. 角谷猜想的推广

虽然有人验算了 x 不超过 3×2^{50} 时猜想均成立，但至今无人能够证明或否定它。匈牙利著名数学家爱多士甚至认为，用现有的数学方法无法证明角谷猜想。即便考虑类似 $qx+1$ 问题（q 为大于 3 的奇数）或 $3x-1$ 问题这样的推广，也被认为没有可能性。换句话说，猜想的

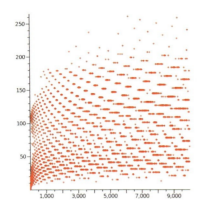

▶ 1000 以内自然数的停摆时间图

自然推广并不存在。做出此断言的，正是那位发现 $x = 27$ 处有冰雹现象的康威。

近年来，作者在与浙西南淳安县山区一位中学数学老师的通信中，作了一些新的探索和尝试。我们首先注意到，当 x 是奇数时，$3x+1$ 必是偶数，下一步应是（$3x+1$）/2。因此，我们可以把问题转化为下列等价的数论函数：

$g(x) = x/2$，若 x 是偶数；$g(x) = [3x/2]+1$，若 x 是奇数。

这里 $[x]$ 是不超过 x 的最大整数，或曰 x 的整数部分（也有人称它为高斯函数），此处 x 可取任意实数，例如 $[e]=2$，$[-\pi]=-4$，这里 e 是自然对数的底，$-\pi$ 是圆周率。函数 $f(x)$ 与 $g(x)$ 之所以等价是因为，假设 $x = 2s+1$，则 $\left[\dfrac{3x}{2}\right]+1 = \left[\dfrac{6s+3}{2}\right]+1 = 3s+2 = \dfrac{3x+1}{2}$。

有了上述等价定义以后，我们便可将角谷猜想予以推广。

我们仅以相应的 $3x-1$ 问题为例，已知它无法一致归于 1。事实上，有无数个正整数都会落入下列两个循环之一，即 {5, 7, 10} 和 {17, 25, 37, 55, 82, 41, 61, 91, 136, 68, 34}。但是，我们可以先把 $3x-1$ 问题变成下列等价形式：

$h(x) = x/2$，若 x 是偶数；$h(x) = [3x/2]$，若 x 是奇数。

而如果我们定义：

$i(x) = x/2$，若 x 是偶数；$i(x) = [4x/3]$，若 x 是奇数。

即把 $h(x)$ 中的 3/2 改成 $i(x)$ 中的 4/3，则仍可以让任何正整数归于 1（已在 $x \leqslant 10^{12}$ 范围内验证）。

对于原汁原味的 $3x+1$ 问题，也有以下推广（参见拙作《数学的故事》，中信出版社，2018）。设 k 是任意非负整数，考虑函数：

$f_k(x) = x/2$，若 x 是偶数；$f_k(x) = (3x+3^k)/2$，若 x 是奇数。

猜测：对于任意正整数 x，经过有限次迭代运算后，$f_k(x)$ 均归于 3^k。特别地，当 $k=0$ 时，此即 $3x+1$ 问题。

2020 年秋天，杭州西溪

忆潘师

西方人命名为中国剩余定理，其实是
一种轻视。

——潘承洞

1. 初见潘师

1978 年，我考取了山东大学。10 月初，我第一次坐上火车，千
里迢迢从南方来济南报到。几天以后，数学系举行新生开学典礼，一
位风度翩翩、满头银发的老教授上台讲话，他便是系主任张学铭教授。
张先生在对我们表示了一番欢迎、祝贺和鼓励，介绍了校系的光荣历
史之后，忽然向我们推介起一位年轻数学家，讲他如何如何了得，说
完以后便把他请了出来，与同学们见面，那正是潘承洞先生。那是
我第一次看见潘师，厚厚的眼镜（两千多度），高高的个子（一米

▶ 书房里的潘承洞

八四），而当时只有 15 岁的我尚未发育成熟。我想如果站在他身边，应该会相差一个脑袋。

那年潘师 44 岁，正值壮年，就在几个月前，潘师因为在哥德巴赫猜想研究方面取得的卓越成就，由讲师越级晋升为教授。那也是我唯一一次聆听张学铭先生讲话，第二年他便调任母校，也就是我后来工作的浙江大学，在那里创建了控制理论专业。1981 年，教育部确定全国首批博士点，只有山东大学和浙江大学拥有运筹学与控制论专业的博士学位授予权，而张先生是两校唯一的博士生导师。那次典礼有点奇怪，数学系有好几位名教授，有两位还是民国时期留美归来的硕士和博士，张先生为何独独要向同学们隆重地介绍潘师呢？后来我猜测，这不仅因为潘师成就突出，还因为那会儿张先生已知自己不久要南下，预见到潘师将会接任他系主任和数学研究所所长的职位。

说起潘师，那正是我报考以文史哲见长的山东大学的主要原因。我参加高考那年，徐迟发表了报告文学《哥德巴赫猜想》，起初这篇文章刊登在《人民文学》杂志，随后被《人民日报》等报刊转载，紧接着人民文学出版社又推出徐迟的同名报告文学集，此文还被收入人民教育出版社的《中学语文》课本，可以说就像当年的毛选一样人人必读。记忆里我首先看到的是《中国青年报》的转载，那是在父亲任教的中学公厕里，一位老先生正在兴奋地捧读，他一边看一边念给我听。

　　这篇报告文学的主人翁是数学家陈景润，同时该文也多处提及另外两位数学家，让他们也出了大名，那便是王元和潘承洞。原本我就比较喜欢数学，文科出身的父亲又历经了"反右"和"文革"的磨难，觉得学理科会相对安全一些。读了这篇报告文学以后，我更坚定了以数学作为自己未来专业和人生奋斗目标的信念。可是，陈景润和王元都在中国科学院数学研究所，那里不招收本科生，而潘承洞任教的山东大学每年会在浙江招收二十来名学生。因此，虽然我的总分超出山大的录取线不少，山大仍进入了我的视野。

　　后来我了解到这篇多少影响到中国数学（尤其是数论）面貌的报告文学出笼的背景故事，当时《人民文学》编辑部受"四个现代化"宏伟蓝图的激励，在获悉陈景润的工作和成就以后，找到了远在武汉的诗人徐迟，请他来京采写陈景润。那年徐迟已经63岁了，据说他和陈景润初次见面时，后者坦承中学时便读过徐迟的诗歌，于是气氛融洽，但陈景润研究哥德巴赫猜想的6平方米陋室是从来不让别人进去

　　　　数学传奇

的，除了数学所的李书记。最后李书记想了一个办法，他先找陈景润谈事，然后徐迟来敲门，由李书记开门让他进来。

可是对我来说，选择志愿的困难依然存在。那年山大数学系只在浙江招收两个专业的学生，即自动控制和电子计算机，每个专业各招两名，并没有数学或计算数学专业。虽然如此，我在不知道美国数学神童、控制论之父维纳是谁的情况下，依然报考了山东大学的自动控制专业，并被录取了。现在回想起来，那是一次既冒险又盲目的"曲线救国"。同时这也说明了，数学和潘师对我是多么有吸引力。

好在我的勇气给我带来的运气不差。首先，山大的自动控制是偏理论的，可以称作控制理论，要学许多基础数学课程。其次，从第二学期开始，在潘师的授意下，从全系一年级三个专业（包括自动控制，但不包括电子计算机）中挑选出 17 位学习优秀、年龄偏小的同学组成一个"小班"。其时，科大"少年班"和会下围棋的宁铂正红遍大江南北。78 级数学专业里有不少同学是当年山东省中学数学竞赛优胜者，他们也没有经过高考就被免试录取，故而"小班"成员多数出自数学专业。我们班也有四位，其中有我和后来赫赫有名的郭雷。由于大家年龄都比较小（最小的只有 13 岁），因此被称作山大的"少年班"。

2. 数之姻缘

终于等到了开学，潘师指定楼世拓和姚琦两位老师给我们上课，主要讲授分析技巧和初等数论，从中也介绍一些著名的数论问题和猜

▶ 1979 年在英国，左起：华罗庚、潘承洞、楼世拓

想，他们略带神秘的授课方式，引发了同学们的学习兴趣和热情。加上因为是选拔进来的，机会难得，大家更为珍惜。与此同时，因美而难的数论也渐渐使得不少人望而却步。半年以后，只留下四位同学；又过了一年，就剩王炜和我两个人了，其他同学先后选择了别的导师或研究方向，相当一部分后来出国留学去了，其中杜一宏后来当选为澳大利亚科学院院士。我和王炜则一直跟潘师研习数论，从学士论文做到博士论文，而楼、姚两位老师是我们的启蒙老师。

楼老师曾是上海市中学数学竞赛亚军，"文革"前毕业于复旦大学数学系。因为家庭成分不好等原因，吃了很多苦头。1978 年调入山大前，他和爱人兼同学的姚琦老师在济南缝纫机厂当工人，业余时间喜欢钻研黎曼猜想等数论难题。楼老师告诉我一件事，为了能够接近潘师，不爱桥牌的他专门苦练了一番，等有机会与潘师对局时，他便在牌桌上和盘托出，发表他对黎曼猜想零点密度估计问题的见解。潘师爱才心切，当即表示要把两位老师调进山大。不料工厂头头得知后不肯放人，说既然会算数目那就在厂里做会计吧，最后还是潘师通过省里关系才搞定。1979 年夏天，楼老师与华罗庚、陈景润（因签证未妥没出席）、王元、潘承洞几位名家一起受邀参加了在英国德拉姆召开的解析数论会议，那是改革开放以后中国数论学家在国际舞台上的首次集体亮相。

现在回想起来，如果当初我填写的志愿是比较时髦的电子计算机专业的话，因为无法入选"小班"，恐怕就难实现跟潘师做数论的梦想了。到大二暑假来临时，我已基本上确定将来跟潘师做数论，因此潘师和系里都建议我从自动控制专业转到数学专业，甚至把我的寝室也做了调整，与数学专业的同学同住。其中一位新室友于青林后来娶了潘师的独生女儿潘勤，他们在年龄、身高等方面均比较相配。万万没想到的是，我换专业的申请没被教务处批准，即便系主任潘师亲自出面也无济于事。这样一来，三四年级我不得不修一些与数论毫不相干的课程，比如最优控制理论、集中参数控制、线性系统理论、自动调节原理等，同时也错过了若干数学专业的必修和选修课程。

不过，有所失也有所得，大学最后两年，我不仅认识了控制论的命名人、"信息时代之父"维纳（他有两部自传且都有中译本），同时加深了与同班同学郭雷等的友谊，也做了一回从无线电厂调入山大的彭实戈老师的学生（郭雷和彭实戈后来取得的成就使他俩成为山大和山大人的骄傲）。1982 年 7 月的一天，我把即将赴中科院系统所深造的郭雷带到潘师家（事先并未征询潘师的意见）。至今我都记得师母开门以后，潘师见到郭雷说的第一句话："久仰！久仰！"这可是一个大数学家对一个即将离校的本科生说的（潘师对大器晚成的彭老师也多有提携）。仅从这点也可以看出，为何潘师后来能领导一所大学，成为一位著名的教育家。

1934 年农历四月十四日，潘师出生于苏州的一个旧式大家庭，因为父亲喜欢八仙之一的吕洞宾，且潘师与这位道士同生日，遂起名承洞。潘家祖先来自徽州歙县大阜，经杭州迁至苏州，清中晚期以来苏州就有"贵潘"和"富潘"之分，相传始于大阜十九世孙。两潘分居平江路两侧，有"占了半个苏州城"之说。平江路系中国十大历史文化名街之一，有句俗语：先有平江路，后有苏州城。"贵潘"出了状元宰相潘世恩（三十世孙）和探花尚书潘祖荫（三十二世孙）等八位进士，潘世恩故居已成为苏州状元博物馆；"富潘"做生意，有礼耕堂祖宅仍留在平江路上，为全国重点文物保护单位。这所宅第久已存在，乾隆五十二年（1787）耗巨资翻建卫道观前祖宅，礼耕源于家训"诗礼继世，耕读传家"。潘师系大阜第三十四世孙，属贵潘。

1952 年，潘师毕业于苏州桃坞中学，这是美国基督教圣公会创办的教会学堂，后来成为上海圣约翰大学附属中学。在潘师之前，台湾当局领导人严家淦、化学家张青莲和刘元方、文学家钱锺书、热工程

数学传奇

物理学家钱钟韩等也出自该校。其中后两位是无锡人，他们的父亲是一对孪生兄弟，杨绛在《记钱锺书与〈围城〉》一文中曾提及，钱锺书文章写得好是在上了桃坞中学以后。潘师毕业那年刚好高校院系调整，也波及中学，桃坞中学变成了苏州第四中学（如今名望不复当年）。而潘师在北大就读时，跟随留学牛津和普林斯顿归国的闵嗣鹤先生一直到研究生毕业，才分配来山东大学。

从我决定以数论作为自己专业，到博士毕业前一年，潘师几乎每年都有大事发生。1981 年，潘师入党（成为教育家的必要条件），出版专著《哥德巴赫猜想》（与胞弟潘承彪合著）。1982 年，潘师与陈景润、王元一起，获得了国家自然科学一等奖。1983 年，潘师因为患直肠癌动了第一次手术。1984 年，潘师出任山东大学副校长。1985年相对平静。1986 年夏天和冬天，先后出任青岛大学校长和山东大学

▶ 潘承洞与山大数学系同事（右四彭实戈，右五袁益让，左二郭大钧，左一展涛）

校长（迟迟当选院士则是在五年以后）。因此，无论读本科还是做研究生，我都没有机会聆听潘师的正式授课。不过，有一次他来听我们的数学分析课，课后发表讲话，并就课上的一道例题即兴发挥，推导出了更为深刻漂亮的结果。这一高屋建瓴的思想对我很有启发，甚至在我后来指导自己的研究生时也派上用场。

我在山大念书时，潘师曾邀请华罗庚、柯召、陈景润和王元四位数论大家一同来学校，让全校同学在操场上得见慕名已久的数学传奇；陈景润和王元后来还曾来山大出席大师兄于秀源的博士论文答辩会（依据我的记事本，是在 1983 年 1 月 22 日下午），这些给予全校尤其数学系同学们以极大的鼓舞。于老师是中国首批 18 位博士学位获得者之一，他和潘师也为山大争了光。说到王元先生，我本人后来与他有着十多年的交往。王老曾多次来浙江大学为我的研究生授课，为我的随笔集《数字与玫瑰》写过书评，还为我的每一本数论著作和数学文化类书籍题写扉页书名。而那次，无疑是我头一回见到王老。

3. 仙人指路

潘师并非埋头死读书或做研究的人，他有许多业余爱好，乒乓球、桥牌、象棋等样样精通，并且曾在母校北京大学、山东大学以及省市级比赛中获奖。不仅如此，他还通过这些博弈和比赛，提高了社会观察和人际交往的能力，这为他后来从事行政领导工作打下了基础。潘

▶ 潘承洞与王元，1981 年于青岛 [左]
潘承洞和潘承彪兄弟，1995 年于济南（展涛摄）[右]

门弟子中，王炜擅长桥牌，我则可能是第一个与他对弈象棋的。当潘师听说我中学时就参加过成年象棋比赛，还在地区一级棋类运动会拿过名次，便邀请我到他家里下棋。我们对弈过三五回，每回互有胜负，双方胜率各占六四，潘师占优。棋如其人，潘师有大将风度，从来落子无悔，与此同时，他却允许我偶尔悔棋。

虽然我把潘氏兄弟的《哥德巴赫猜想》翻得稀烂，却从没有对潘师取得世界性成就的那几个经典问题做过深入探讨或研究。这是我的两个终生遗憾之一，另一个遗憾是没有和潘师单独合过影（后来我得知，除了于老师，包括担任过校领导的展涛在内的师兄弟也没有和潘师合过影）。众所周知，潘师在算术级数上的最小素数问题、素数分布的均值定理尤其是哥德巴赫猜想研究领域均有开创性的重大贡献。

▶ 中国解析数论的三驾马车，左起：王元、陈景润、潘承洞

在这方面，王炜、展涛、李红泽、刘建亚这几位先后留校的师兄弟较好地继承了潘师的学术遗产，他们各自在不同的方向做出了出色的工作并把研究内容拓展到自守形式等领域（2015 年，刘建亚、展涛和吕广世合得一项国家自然科学二等奖）。这自然离不开潘师的栽培和鼓励，同时他对每一位弟子都予以了关怀。

潘师很早就意识到了，应该让学生们自己去探寻、开辟新的研究领域。为此，他派大师兄于秀源去剑桥大学，师从大数学家阿兰·贝克研习超越数理论。而师弟妹们也各有所长，郑志勇在代数数论领域的工作让他较早获得了杰出青年基金和香港求是基金的资助；张文鹏、翟文广、蔡迎春坚持研究解析数论，分别在 L 函数均值估计问题、Dirichlet 除数问题、加权筛法的推广和应用等领域颇有建树和成就，文鹏还在大西北开垦出一片数论的沃土；而王小云和李大兴则在数论的应用——密码学领域拓展出一片新天地，特别是师妹王小云，巾帼不让须眉，破解了数个国际通用的密码，名扬海内外，先后荣获求是杰出科学家奖、未来科学大奖，并当选中国科学院院士。

我的硕士论文题目《一类数论函数的均值估计》灵感来自于潘承彪教授来山大讲学时所提的问题（改进了匈牙利数学家爱多士的研究结果），对潘师来说应该是小菜一碟，但他却亲自推荐给《科学通报》全文发表。那是在 1984 年，此文让我获得了山东大学首届研究生论文大赛一等奖，也是理科唯一的一等奖。不久，潘师邀请了爱多士这位沃尔夫奖得主来山大讲学，让我有机会与这位国际数学界的传奇人物关起门来讨论数论问题，他的研究风格和趣味让我一见倾心。遗憾的是，我没有做出爱多士写给我的问题，没有成为爱多士数 1（至多是爱多士数 2）。这里我想说明，我国对爱多士的工作存在着某种偏见，认为它们是一些孤立的问题或解答。事实上，费尔马时代的数学家也对费尔马持有同样的看法。可是，这些看似零散的问题却引导我们到达数学的深处。

聊以自慰的是，多年以后，我不仅游历了这个世界上的每一处数学圣地，也终于找到了属于自己的研究风格和领域，把组合数论的技巧与若干经典（解析或代数）数论问题相结合，产生了一系列有趣而不失深度的新问题和新结果。特别地，把加性数论和乘性数论结合起来，引入了椭圆曲线理论等现代工具，构造出被外国同行称为"阴阳方程"（yin-yang equations）的一类丢番图方程。此外，我还提出了平方和完美数问题，使之与古老的斐波那契孪生素数一一对应，这与 18

世纪欧拉将完美数问题与梅森素数一一对应遥相呼应。遗憾的是，我再也无法聆听潘师的教诲和意见了。此情此景，就像早逝的家父（潘师的校友）不知道我后来成为诗人一样。

潘师不仅在学术上给予我们充分的信任和自由，在进行学术交流方面也非常支持。读研期间，我和王炜曾多次去北京参加学术研讨会或查阅资料，去合肥参加第三次全国数论会议（攻读硕士学位的郑洪流和潘师叔的弟子张益唐也同行，并在会后与我们一起爬了黄山），我还曾到广西桂林和吉林长白山参加了两次非数论专业的研讨会。我有时候寻思，自己后来对旅行的热爱也可能与他老人家当年的"纵容"有关。潘师虽说是大数学家，位居一校之长的要职，却与我们无拘无束，言谈间时有妙语。记得潘师多次在中秋和元旦佳节邀我们去他家吃饭，有一次还曾笑着告诉我们，适才巩俐女士（她的父母是山大经济学系老师）打电话来要请客，被他谢绝了。

正是在山大读研期间，我开始迷恋上了写诗，那自然要花费许多时间和精力，没想到潘师却予以理解、宽容，从未批评过我。甚至在某些场合，还因此在别人面前夸奖我。时光如梭，我在山大九年零三个月的生活就要结束，即将开启人生新的旅程。可能是因为在北方生活得太久了，我有些想念南方，潘师和师母李老师分别是苏州人和上海人，他们在热情挽留之余（也曾建议我去潘师兼任校长的青岛大学），予以了充分的理解和支持。潘师亲自为我写推荐信给上海交通大学的数学系主任，而我最后落户杭州，也是因为潘师和系里邀请来的一位客人的缘故。

1995 年春天，潘师来杭州开会，住在北山路的华北饭店，我去探望他，并陪他去西湖散步。在白堤上潘师鼓励我说，西湖这么美，在杭州做数学应该是挺享受的。就像从前一样，潘师步履矫健，那时他的直肠癌手术做成功已经十多年了，我们都认为他不会有任何问题了。没想到第三年，他便因为癌症复发去世了，年仅 63 岁，那是在 1997年岁杪，我刚到美国佐治亚大学访问不久，无法赶回来送别潘师。同样不巧的是，那年是我写诗的空白年，故而没有写下纪念潘师的任何诗作。直到 2014 年初夏，我回济南参加潘师八十岁生日纪念会，才在火车上吟得一首，录此以资纪念。

2014 年 9 月 10 日，杭州

四季歌
——先师潘承洞先生八十寿诞

在春天我梦见过您
站在那块小黑板前
与您并肩而立的
是师兄和师弟
长长的白衬衣
显露出些许皱褶

在夏天我梦见过您

额头挥洒着汗水

那矮小的木桌上方

银球来回穿梭着

还有一块小小的布片

圆圆的棋子落地如飞

在秋天我梦见过您

漫步在小树林里

不时停下脚步

手指点点或倾听

在您的周围聚拢起

老师和同学们

在冬天我梦见过您

独自坐在书房

冥思苦想或发呆

厚厚的眼镜片里边

藏匿着智慧的光芒

师母在门口呼唤您

2014 年 5 月 9 日，青岛—济南

　　数学传奇

"我的一生可以看作一个圆"

——西子湖畔访杨振宁

清华园是杨振宁小时候成长的地方。2003年杨振宁先生回国定居，又回到了清华园，住在照澜园里的一座小楼里。这座小楼，杨先生起名"归根居"，还写了一首诗《归根》。

杨振宁先生和夫人大部分时间住在北京清华园，有时节假日会去香港中文大学。除了出席必要的公开活动以外，日常生活里他和翁帆有不少共同的朋友，不时会参加朋友们的私人聚会。记得翁帆曾向我透露，杨先生早上爱睡懒觉。杨先生的拐杖是一年前配的，只是为了行走时更快捷、方便、安全。

我与杨振宁先生通信已近三年，起因于邀请杨先生做客浙大的理

我的学习和研究经历

理学大讲堂·第19讲

主讲：杨振宁 先生(清华大学高等研究院)
时间：2014年4月14日(周一)下午4:00
地点：浙江大学紫金港校区国际会议中心

浙江大学理学部·丹青学园

▶ 理学大讲堂海报

学大讲堂，我是这个大讲堂论坛的坛主。经过友人的介绍，我们用电子邮件通信，我用中文写，他用英文回复，通常会在一两个小时内收到。杨先生原先答应2013年春天来杭州，一切安排妥当，不料出发前一天上午，因头天《新闻联播》报道上海有禽流感，杨先生打电话给我说取消行程。当时正好是课间休息，杨先生声音洪亮，同学们都听见了。几分钟以后，他又来电，说杭州还没有出事，可以来。不幸当天《新闻联播》又报道，杭州禽流感死人了，杨先生当晚给我来信确认取消行程。几个星期以后，我把这篇访谈的问题发给杨先生，两天以后我收到回答，杨先生用钢笔亲自写在空白处。

今年3月，杨先生通知我要来杭州，终于在一个月后迎来了他老人家，我有幸在刘庄与他单独相处数小时，在往返浙大和去机场途中以及机场贵宾室里，我们又继续闲聊，借此机会对访谈做了补充和注释，个别问题有过改换。完成之后，曾寄杨先生修正数处。

从这次杭州之行可以看出，他虽93岁高龄，仍思维敏捷、记忆力很好，戴上助听器后仅右耳反应稍显迟缓。他在浙大演讲时，有记者注意到了，他两个小时都没喝一口水。杨先生善于与人交往，对粉丝，包括刘庄宾馆和萧山机场贵宾室服务生的合影要求基本上也有求必应。

蔡：杨先生好！首先，十分感谢您接受我们的邀请做客浙江大学理学大讲堂，同时也感谢您接受我的采访。可惜当初亲笔给您写信的杨卫校长已经离开浙大，不能亲自欢迎您。当得知您要来浙大时他回信给我说："非常高兴杨先生终于能来讲了！"我想知道，您以前来过几次杭州，您还记得第一次看见西湖是什么时候吗？

杨：我是 1972 年夏天第一次来杭州，先后来过五六次。差不多每次都要来浙大，第一次是在"文革"期间，我到玉泉校园里头走了走，没有遇见一位熟人。杨卫校长也是清华校友，他离开杭州回北京工作以后，我们还没有碰过面。（注：杨先生做客浙大前一天，他已见过新上任的林建华校长。讲座那天，未来的吴朝辉校长亲自作陪。与我闲聊时，杨先生提到已故浙大物理系的汪容教授和李文铸教授，并问起李政道先生最近有没有回母校浙大。）

蔡：您出生在合肥，与李鸿章是同乡（刚好相差一个世纪）。那时合肥只是安徽的一个县，您父亲在省会安庆做中学老师，那时安庆叫怀宁，这也是您名字振宁的来历。您的发小邓稼先出生在怀宁，他是您的中学和大学同学，留学美国时又是新泽西的室友。可您听说过 1964 年在怀宁县一座村庄出生的海子吗？25 岁那年他在山海关卧轨自杀，如今已是中国家喻户晓的诗人，您读过这位小老乡的诗歌吗？

杨：我没有听说过海子，也没读过他写的诗。我出生在合肥一条叫四古巷的小街，在那里长到六岁。前些年我回合肥，也参观过"杨振宁故居"，但不是我小时候待过的那个地方了。当然，我没跟接待人员这么说。四古巷因从前有过四座古墓而得名，据说巷名在两百多年前的《合肥县志》里就有记载了。

蔡：您不满周岁父亲就去美国留学了，六岁那年您在上海港再次见到他，全家一同前往厦门。在那里您第一次看见电灯、吃到香蕉、喝到牛奶，一年以后您父亲受聘于清华大学，您来到北京，在清华园住了八年。据说您小时候数学就很出色，已经能读哈代的《数论导引》和 E. T. 贝尔的《数学精英》了。但身为数学教授的父亲却为您请来古文老师教您《孟子》，这个经历对您后来的人生有何影响？

杨：我父亲回国后在厦门大学教了一年书。1929 年夏天，他接受了清华的聘请，我们一家就从厦门经上海到了北京，那时候叫北平，住在清华园里。我在清华园的八年很美丽，一切都令我非常怀念。那时候清华大学规模虽小，也有五十来个教职员子弟，所以就成立了一所小学，我在那里读书。《孟子》对我有很大的影响，里面的故事告诉我中国传统文化的世界观，还有做人原则。

蔡：家父比您年长一岁，与您一样，20 世纪 40 年代就读于昆明的西南联合大学。他读的是历史学，与您一样也听（修）过闻一多先生的（诗词）课，可他 34 年前便已过世。我想请教您，当时西南联大每届招收多少学生？有多少教授和老师？同学们的生活如何管理？

▶ 杨振宁先生

联大与同在西南（贵州）的浙大有交流吗？您对联大最美好的记忆是
什么？

　　杨：当时联大每年招收约四百名新生，我不记得联大与浙大有什
么交流。联大本科生是三校合一的，研究生就各校自己管理了，那时
好像只有清华有研究生院，因为有庚子赔款的缘故。说到我个人的兴
趣爱好，我年轻时很喜欢唱歌，但是唱得不太好。卢沟桥事变后，我
们一家先回到合肥，我继续读书，翌年我还没有中学毕业，是以同等
学力考入西南联大的。

蔡：您的父亲杨武之先生是中国第一位数论博士（芝加哥大学），是我敬仰的前辈同行。他证明了可以将正整数表示为某种类型的三次多项式之和，王元先生后来称赞，这在那个年代是很好的结果。实际上，这是华林问题的一个变种，他证明了，每个正整数可以表示为至多 9 个四面体数之和。86 年过去了，最好的结果还需要 8 个四面体数。1994 年，您在《中国科学》数学卷发表过一篇论文（与邓越凡合作），以翔实的数据和推导预测，每个正整数可以表示为至多 5 个四面体数之和，充分大的正整数可以表示为至多 4 个四面体数之和。这是对您父亲的一种纪念和敬意吗？

杨：这不能说是对父亲的纪念。我曾尝试读他的博士论文，但是发现一时不能读懂，因为其中有很多 lemma（引理）。我估计至少要花一两周时间才能懂，所以就放弃了。（注：非常巧合的是，杨先生做客浙大理学大讲堂那天，即 2014 年 4 月 14 日，刚好是杨武之先生118 周年诞辰。）

蔡：杨老先生任教清华时，引发了华罗庚对数论的兴趣，华先生英国访学归来后杨老又力主破格晋升只有中专学历的他为正教授。您入读西南联大时，华先生、陈省身先生和许宝騄先生是否已经大名鼎鼎了？听说您的初恋女友是数学系的高才生，曾是您父亲的助教。我想知道，您为何当初没有选择数学系而是进了化学系？有一个传说是，当时您觉得数学没有诺贝尔奖。

杨：我在西南联大读书时，华、陈、许三位都已十分有名。我曾喜欢张景昭，她是浙江嵊州人，后来任教北大。至于那个传说，完全无依据。我选择化学系是因为我父亲觉得，化学可能比数学有用。但我还没有等到开学，便向理学院院长吴有训提出换到物理系并取得成功。那时候的女生都穿蓝布大褂，张景昭却穿着红色西装，非常显眼。（注：杨先生曾说他在见到张景昭以前，心情像是平静的湖水，见到她以后就变成风暴了。因此，这可能是他的暗恋。1968 年，处于"文革"旋涡中的张景昭在北大一间厕所里自杀身亡。）

蔡：1945 年，您经由印度搭乘美国的运兵船赴美留学，那是您第一次出国吧？您还记得那次旅行吗？路上花费了多少时间？都经过哪些港口？记得华先生 1946 年从昆明出发去苏联也是从加尔各答走的，他选择的是陆路和空中路线的结合，经过巴基斯坦、伊拉克、伊朗、阿塞拜疆、格鲁吉亚等国，历时一个多月。

杨：我们留美庚款同学约二十人于 1945 年 8 月底（从昆明）飞到加尔各答，10 月下旬登上美国的运兵船，经红海、地中海（和大西洋）于 11 月下旬抵达 NY（纽约）。我们没有搭乘经过太平洋的轮船是因为，那时日本虽已战败，但没有正式签署投降书，那条海路虽比较近却有危险。

蔡：密执安湖畔的芝加哥是 19 世纪美国文化的中心，这一地位延续到 20 世纪前半叶。1915 年创办的《诗刊》被认为是 20 世纪先锋派诗歌最重要的阵地，德莱塞的《嘉莉姐妹》为美国文学开辟了一个新的天地，欧内斯特·海明威也出生在芝加哥郊外，后来又有索尔·贝娄执教于芝加哥大学。芝大的数学和物理学也同样享誉世界，您在芝大取得博士学位后前往普林斯顿，那是全世界自然科学的最高殿堂。您沐浴在这两所大学的光辉中，完成了一生的主要工作。您对这两座城市有何不同的感受和记忆呢？高研院的数学贡献是否大于物理学呢？

杨：我在芝加哥大学学到了做研究的方法和态度，后来在Princeton（普林斯顿）的 17 年则是我一生研究最成功的 17 年。但你说的没错，高研院在数学方面的成就超过了在物理学领域的贡献。（注：杨先生来杭州之前，看到台北出版的拙作《难以企及的人物：数学天空的闪耀群星》中有关冯·诺伊曼的一章提到 20 世纪 90 年代，普林斯顿高等研究院迎来六十华诞时总结了三项标志性的成果：哥德尔对连续统问题的研究，冯·诺伊曼关于量子力学的数学基础和代数学的研究，以及杨振宁和李政道推翻宇称守恒定律。杨先生尚不知此事，写信问我出处并亲自加以核实。）

蔡：您曾说过，牛顿虽然知道自己的《自然哲学的数学原理》是一项极漂亮的工作，但他不可能意识到自己的工作将会改变人类对物理和生物世界基本结构的理解，会永远地改变人类与环境的关系。在这个意义上，您对自己的工作如何评价？比如非阿贝尔规范场理论、宇称不守恒理论和杨－巴克斯特方程。非阿贝尔规范场理论是否在规范场理论中占据主流？规范场理论和麦克斯韦的电磁场理论、爱因斯坦的引力场理论是人类迄今所发现的三大场理论，它们目前的研究状况如何?

杨:我很幸运,很早就认识到,必须有一个数学原则或原理控制"力"的传播。同时我很早就对对称发生兴趣,两者合在一起就产生了 non-abelian gauge theory(非阿贝尔规范场理论)。此 theory(理论)显然是一个重要的 step(步骤),但还没有完全解决统一场论的最终目标。这个终极目标也是爱因斯坦晚年致力的目标,他试图建立囊括电磁学和广义相对论的统一场论,却未取得成功。

蔡:2000 年,杨 – 米尔斯存在性和质量缺口假设成为纽约克雷数学研究所提出的"千禧年七大难题"之一,您和米尔斯的名字作为仅有的非数学家出现在其中,这应该是让许多数学大家羡慕的事。您认为,您的数学直觉来源于遗传,还是其他方面的教育?有人称庞加莱的研究风格"是开拓者,而非殖民者",那您的风格呢?是否是干一行爱一行,"既不废旧,又有立新"?

杨:我想我欣赏数学的原因,一半是因为遗传,一半是有机会很早就接触到了数学。我曾经说过,我对群论的最初了解来源于我父亲,我在昆明时跟吴大猷先生和王竹溪先生做的学士和硕士论文分别是关于对称原理和统计力学,它们后来也成为我毕生的研究方向。在研究题目方面,我喜欢搞新的东西。但并非一味求新,比如现在比较热闹的弦理论,这是理论物理学的新兴领域,许多数学家投身其中,但目前看起来,弦理论对物理学的意义尚不及对数学的意义。

蔡:您曾引用过爱因斯坦的话:"正确的定律不可能是线性的,

它们也不可能由线性导出。"您也谈到过爱因斯坦对几何学的偏爱，他提出重力和力学应该用黎曼几何来描述，电磁学也是几何的。您还指出，爱因斯坦寻找的几何结构是规范场，最简单的阿贝尔规范场是麦克斯韦的电磁场，而非阿贝尔规范场必定是非线性的。您在 1975 年发现规范场与陈省身先生的纤维丛有密切的联系时十分激动，您个人也应该偏爱几何学。但近些年来，国际上多次召开过物理学与数论学术会议，例如，将莫比乌斯反演公式应用于凝聚态物理的一系列问题。您了解这方面的进展吗？

杨：这听起来很有意思，要真有这方面的成果，你若找到相关的文章或资料的话请写信告诉我。2011 年 10 月，我在南开大学召开的陈省身先生诞辰一百周年纪念会上做过报告，后来我把讲稿整理成文章《量子数、陈类和菩萨》交给《今日物理学》（*Physics Today*）发表了。记得我曾把校样寄给过你，其中一个小标题正是：当物理学遇见几何学。（注：杨先生在讲座中提到，他与爱因斯坦同事多年，常在普林斯顿见到他，知道他的生活规律。有一次杨先生等在路上，当爱因斯坦走过时，他让自己年幼的长子站在爱因斯坦面前拍了照。杨先生后来说过，至今他仍然后悔，当初没有与爱因斯坦合影。）

蔡：将近 12 年前，您曾经用四个词对四位早您一辈的理论物理学家进行尝试性的比较，泡利（威力）、费米（稳健、有力）、海森堡（深刻的洞察力）、狄拉克（笛卡尔式的纯粹），您也曾提到泡利与海森堡的关系一度十分紧张。假如让您对您自己和几位同辈同行进行尝试

　　　　数学传奇

性的比较，您会选用什么词语呢（杨振宁、李政道、吴健雄……）？

杨：物理学与数学有些时候是不同的。以 19 世纪为例，数学远远看过去，有二十多个大大小小的山头，而物理学远远看过去，只有几座大的山头。

蔡：您是 1960 年美国数学会吉布斯（Gibbs）讲座的演讲人。2008 年美国数学会的爱因斯坦讲座中，英裔美国物理学家弗里曼·戴森（Freeman Dyson）对您和您的规范场理论大加赞赏，他的演讲稿《飞鸟与青蛙》后来刊载在《美国数学会通讯》（2009）上，这篇文章在数学家中影响很大。我还读过他写的《杨振宁——保守的革命者》，他称"杨对数学美的感受，照亮了他的所有工作"。他认为您是继爱因斯坦和狄拉克之后，20 世纪物理学的卓越设计师。我注意到您的一些代表作都是与他人共同完成的，这说明您善于与人交际和合作。陈省身先生晚年总结过一生最好的三个中国朋友和最好的三个外国朋友，假如让您来总结，答案是什么呢？

杨：我一生和许多人合作做过研究，其中最成功的要数与李政道、Mills（米尔斯）和吴大峻的合作。杨－巴克斯特方程虽然也有名，但是巴克斯特与我并没有合作，我曾为他的命运抱不平。（注：巴克斯特是在杨振宁之后独立从事这类方程研究的。吴大峻是杨先生的学生、哈佛大学教授、台湾"中央研究院"院士，两人在统量子场论和粒子物理等领域有过很好的合作。）

蔡：戴森提到，他在学术生涯的关键时刻和费米交谈了 20 分钟，从中学到的比从与奥本海默（原子弹之父）20年交往中学到的还多。您博士毕业以后，曾给费米做过一年的助手。在他一百周年诞辰来临之际，您也曾撰文纪念他，认为他是20世纪所有伟大的物理学家中最受尊敬和最值得崇拜者之一。我想知道，您对您的导师、氢弹之父爱德华·特勒有何评价？还有他的匈牙利老乡冯·诺伊曼，后者（与您一样最初学化学）跨越的领域无人能及，您在普林斯顿与他有过交往吗？我还注意到，虽然您的合作者众多，但您指导的学生并不多，是您对自己的学生要求过高吗？

杨：关于Teller（特勒），他是很聪明、创新力极大的人。他对朋友很好，我个人没有看到他对人不好的一面。我到普林斯顿时研究很投入，等我取得成绩时，冯·诺伊曼已经病重，他因为参与原子弹试验遭受了核辐射。我的博士生不多，因为我没有好题目，就不愿意收新研究生。（注：杨先生曾分析过邓稼先和奥本海默的性格差异，认为前者十分含蓄，后者锋芒毕露，中美两国都找到了最合适的人来主持原子弹的设计工作。）

蔡：不久以前，中国政府提出了大学要引领文化，这是在培养人才、科学研究、服务经济之外的第四项任务。在您看来，包括自然科学工作者在内的大学老师能做些什么？应该做些什么？在经过1952年的院系调整和后来的文理分科之后，这项工作的难度明显增大了。这是否与两千多年来独尊儒学有关？在周公和墨子之后，再无横跨文理的大家，孔子的学说里似乎从没提到过数学和物理学。

杨：各种不同的介绍科学的研究或普及的工作是全世界都需要注意和重视的。我有一个主意，现在中国大学生就业很困难，如果一些普通的本专科院校、中专学校等单位都有人专职从事科学普及和科学文化方面的教学工作，那么在提高大家科学素养的同时，也可以解决一大批知识青年的就业问题。

蔡：读了您的著作《曙光集》（三联书店，2008），我发现您也是一位科普大家，让我想起18世纪的欧拉。在《美与物理学》一文中，您用实验—唯象理论—理论框架来描述物理学的三个领域及其与数学的关系，并指出后者是物理学的最高境界。您还提到，理论物理的语言是数学，并把数学和物理学的关系比喻为两片在茎处重叠的叶片。同时您还指出，布拉赫（第谷）、开普勒和牛顿的工作分属于这三个领域。2009 年，我们海内外不同大学的十多位数学工作者创办了《数学文化》季刊，旨在探讨数学的文化、思想和方法，营造一座沟通数学与自然科学、人文、工程技术和日常生活的桥梁。您能经常收到我们的杂志吗？

杨：我看过几期，觉得很好。（注：闲聊时杨先生谈到最新一期《数学文化》上连载的介绍数论学家闵嗣鹤先生的文章，他记得其中的细节并有补充，对闵先生很是敬佩，原来杨家和闵家在西南联大时走得比较近。此文由编委张英伯教授和主编之一刘建亚教授合作撰写，杨先生还提到他与《数学文化》另一位主编汤涛教授在澳大利亚的首次谋面。）

蔡：1986年，您谈到了德国数学家外尔在物理学方面的贡献，讲到他一生珍爱的两样东西——规范场理论和非阿贝尔李群，后来被您和米尔斯糅合在一起，发展出了非阿贝尔规范场理论。您还提到外尔的著作《数学和自然科学的哲学》（1926），以及书中引用的英国诗人艾略特的诗句："少年时离开故乡，/ 随着我们年龄的增长，世界变得陌生，/ 死和生的模式更是错综复杂。"这是《四个四重奏》之一《东科克尔村》（1943）里的诗句，您知道这是谁译的吗？

杨：这个我不知道。我们在海宁的时候，翁帆和她姐姐曾去参观徐志摩的故居。[注：此次来杭期间，杨先生应邀赴嘉兴海宁出席香港著名实业家、慈善家查济民先生一百周年诞辰纪念活动。闲聊时，杨先生也谈到与莫言的对话，与诗人北岛的交往和对他回国探亲、到香港工作的帮助，与马云的晚餐，并问我是如何认识莫言的，提及哈金的英文小说 Waiting（《等待》）时，他和翁帆都说不容易读。]

蔡：秦九韶是宋代的数学家，也是最有成就和最具国际知名度的中国古代数学家，他发现的中国剩余定理出现在中外每一本基础数论的教程中，在抽象代数和当前其他一些数学及密码学等科学领域也有重要应用。去年，一座以他的字命名的桥梁——道古桥在杭州西溪河畔复名立碑。美国科学史家、"科学史之父"萨顿曾写道："秦九韶是他那个民族、他那个时代，也是所有时代最伟大的数学家之一。"在您心目中，中国古代最好的物理学家是谁？最出色的工作又是哪一项？

杨：沈括，他是杭州人，写过《梦溪笔谈》，里面谈到了光学方面的发现。你知道吗？清朝乾隆年间，外国传教士带来了眼镜，曾造成北京万人空巷。因为那时候，中国人尚不会制造玻璃，妇女用铜镜照镜子。（注：我曾打算在送客路上建议杨先生经停以秦九韶的字命名的道古桥参观，让两位中国历史上最有成就的科学家相聚合影。遗憾的是，那天恰好是杭州机场高速封闭修路首日，我们被迫绕道而行了。）

蔡：物理学面临一个强有力的竞争对手——"后起之秀"生物学，您是否同意这种说法？沃森和克里特发现的 DNA 双螺旋结构，其地位相当于物理学中牛顿的万有引力定律。如果这样的话，达尔文的生物进化论相当于物理学中的自由落体运动定律。伽利略发现了自由落体的规律，但却没能准确解释原因。如此说来，生物学家中的爱因斯坦是否尚未出现？

杨：你应该听说过罗萨琳德·富兰克林小姐的故事吧，没有的话我跟你讲讲。她是英国物理化学家、晶体学家，事实上，是富兰克林小姐最早拍摄到了双螺旋晶体衍射图片（有些模糊），成为最后解出 DNA 结构的关键因素，可是富兰克林生前却没有获得过任何荣誉。1958 年，她因患卵巢癌去世，年纪才 37 岁。四年以后，沃森、克里特和威尔金斯因为 DNA 的工作得了诺贝尔生理学或医学奖——威尔金斯是富兰克林小姐在伦敦国王学院的同事。沃森和克里特来找过富兰克林小姐要求合作，被她拒绝了，她认为自己可以拍摄到清晰的图片，威尔金斯看到过，便在没有征得富兰克林小姐的同意下，向沃森和克里特进行了描述，帮助他们找到了 DNA 双螺旋的结构模型。

蔡：我了解到，您特别敬重另一个富兰克林，他是美国人，既是科学家又是政治家，您给自己和长子均取英文名为富兰克林，但您并没有卷入政治。不久以前，复旦数学系毕业的李源潮当选国家副主席。之前您与邓小平会晤过，他的夫人卓琳毕业于北京大学物理系（刘少奇夫人王光美也就读于辅仁大学物理系，硕士毕业后留系任教，与您的第一任夫人杜致礼是校友），他们的一对儿女也学了物理，看起来邓家物理学家比政治家的影响力更大一些（笑），您如何看待这件事情？

（注：杨先生未回答这个问题，但却与我谈起 1973 年毛泽东在中南海书房会见他时的情景，其中提到一个细节。那次会晤毛泽东主要和他谈哲学，当说到战国时期的政治家、军事家管仲时心情特别激动，语速突然加快，杨先生一时听不懂他的湖南口音。这时候，原先坐在边上的周恩来主动要求与毛泽东身旁的物理学家周培源互换位置，临时为杨先生充当翻译。巧合的是，杨先生此次杭州之行下榻的刘庄正是毛泽东晚年多次来杭的居住地。杨先生曾指着他卧室旁边的八角楼对我说，当年周恩来和尼克松在那儿谈判并起草了《中美上海联合公报》。）

蔡：1971 年夏天，您在相隔 26 年以后第一次回国，为何选择从缅甸进入中国？我记得那年稍晚基辛格博士访华是从巴基斯坦入境。您在上海见到了父母，还去了北京和山西大寨等地。那次旅行您一定感慨万分，那会儿您对今天的中国有过设想吗？

杨：那时候只有法国航空公司有航班飞中国，且要经过缅甸（当时的）首都仰光，没有其他选择，因此我转道欧洲。是呀，中国变化实在太大了，我万万想不到以后 40 年中国的改变。那一次空中旅行很是难忘，我记得穿越国境线以后，我在空中首先看见的，竟然是我读大学和离开中国前生活的城市昆明。不过，自 1957 年以后，我父亲便能到日内瓦和我团聚了。

蔡：您和翁帆结婚已经十年了，不知您对婚姻生活有何心得？听说您喜欢用 DV 来记录，那您应该是喜欢旅行。我想知道，您一生游历过多少国家？居住过一年以上的城市有哪几座？您和翁帆婚后一起游历过哪些地方？

杨：这些年我们去过很多国家，居住则只有北京和香港。去过美国多次，但每次不过一两个月。（注：有几次翁帆插话，她对杨先生的称谓是 Darling，这让我想起宋美龄和蒋介石，后两位是民国年代备受瞩目的一对夫妻。还有一次我们细数杭州的风云人物，当说到互联网英雄马云时，杨先生和翁帆都提到曾与他一同用餐，也说到了一些趣事。）

蔡：您 30 岁时，正准备着手从事规范场理论研究吧。您 60 岁时，谈到您父亲的朋友朱自清先生曾把李商隐的诗句"夕阳无限好，只是近黄昏"改为"但得夕阳无限好，何须惆怅近黄昏"，您认为这一改动符合您晚年的心境。我想告诉您，最近我们浙大人文学院的一位教授举证说明，唐朝时"只是"意思就是"恰似"，这样一来，朱自清先生无须改诗了。我想知道，您过 90 岁生日时，有何特别的感想呢？

有没有赋诗一首？

杨：有，写过一首，即将发表。[注：后来我在杨先生惠寄的由新加坡世界科学出版社出版的英文版《杨振宁论文选集》第 2 卷（World Scientific，2013）里读到了这首诗，是用英文写的自由诗，抄录并试译如下：

On Reaching Age Ninety 九十抒怀

Mine has been　我的一生充满了

A promising life, fully fulfilled　希冀和奉献，

A dedicated life, with purpose and principle,　怀着目标、秉持原则，

A happy life with no remorse or resentment,　无怨无悔的一生，

And a long life...　幸福而长寿……

Traversed in deep gratitude.　永远地深深地感恩。]

蔡：十年前您返回北京定居，指导创建了清华大学高等研究院并担任名誉院长。能否说说您现在的日常生活，您在北京和香港的时间如何分配？如今的清华园与您童年时代的清华园在您心中有何不同？我知道您的双亲安葬在苏州，您现在还会时常回忆起他们吗？ 1957 年您与父亲在日内瓦重逢时的照片令人感动和难忘。如今您的身体依然健康，依然能够旅行和演讲，您能否告诉我们保养身体的秘诀？当然，自然规律谁都无法回避，您将来的墓志铭又会是什么？是否有特别属意的数学公式？

杨：我和三个弟妹们关系密切，我们当然时时怀念双亲和儿时的一切。清华园是我小时候成长的地方，我的一生可以看作一个圆，从一个地方开始，走了很远的地方，现在又回来了。（注：2003年，杨先生回国。后来，在清华园照澜园里有了一座小楼，作为杨先生起居和办公的地方。杨先生起名"归根居"，还写了一首诗《归根》："昔负千寻质，高临九仞峰。深究对称意，胆识云霄冲。神州新天换，故园使命重。学子凌云志，我当指路松。千古三旋律，循循谈笑中。耄耋新事业，东篱归根翁。"末句的"翁"字应是双关语。）

蔡：明年是杨 - 米尔斯理论发现50周年，您会出席哪些纪念活动呢？当初你们发现，量子物理揭示了基本粒子物理与几何对象的数学之间存在着令人注目的关系，这一预言后来在纽约的布罗克哈文、斯坦福、日内瓦的欧洲粒子物理研究所和日本筑波得到证实，为何中国的高能物理实验室没能够呢？您认为质量缺口假设和存在性理论的证明还需要多少年？能否在这一代数学家和物理学家中获得解决？

杨：是60周年了，十年前曾由Gerard't Hooft（特霍夫特）主编出版过一本书。中国物理学发展很快，前途十分光明，许多人的悲观看法是因为他们不了解内情。（注：杰拉德·特霍夫特是1946年出生的荷兰物理学家，以对粒子物理学中规范场理论的发展做出贡献著称，由于他的博士论文引进了维数正规化的技巧并给出杨 - 米尔斯理论可重整化的证明，先后获得1981年和1999年的沃尔夫和诺贝尔物理学奖，他也是法国科学院和美国国家科学院的外籍院士。）

后记

　　这是一部需要写作一辈子的书。台湾版比初版多出三篇，主人翁分别是阿基米德、秦九韶和冯·诺伊曼，前两位相隔了 15 个世纪，后两位相隔了 7 个世纪。此次修订，又比台湾版多出四个人物，且是清一色的中国人——华罗庚、陈省身、杨振宁和潘承洞，他们均诞生于 20 世纪前半叶，其中有两位的生命延伸至 21 世纪。

　　待到新版校样出来时，我又有了两位人物的初稿，约翰·纳什的突然逝去和阮元的重又归来都给了我灵感。纳什的传奇容纳了数学和经济学、文学和电影，而阮元集政治与人文、科学与教育于一身，这位清代浙江巡抚既是经学大家、一代文宗，同时又编撰了我国第一部科学家传记《畴人传》，得到了李约瑟博士的高度赞扬，并率先在他创办的诂经精舍书院开设算学课程。以个人愚见，阮元是 19 世纪的蔡元培，堪与白居易、苏东坡和秦九韶并称为古代杭州四大文化名人。

　　2015 年夏天，从奥地利首都维也纳的国际原子能机构传来好消息，经过旷日持久的谈判，伊朗与包括美国、俄罗斯、中国在内的六国集团终于达成核武器协议，古老的波斯文明有望开启一个新的时代。而在会议大厅门外的绿草坪上，有一座白色花岗石的伊朗学者亭，本书的主人翁之一欧玛尔·海亚姆的坐像位列其中。

　　20 世纪 90 年代，我首次访美时曾到过普林斯顿，也曾去参观爱因斯坦故居，遗憾的是没有找到物理学家的墓地。最近我才得知，爱因斯坦并没有下葬在普林斯顿或其他地方的公墓里，依照他的遗嘱，骨灰安放在一个永远保密的地点。这让我想起本书另一位主人翁、法国数学家帕斯卡尔的教诲："任何天才人物的辉煌不是用眼睛而是用精神才能看见的。"

借此次修订再版之际，我要感谢商务印书馆，这是我们合作的第三部作品。与此同时，要特别感谢为本书撰写推荐语的杨振宁先生和莫言先生，物理学家吴茂坤教授、诗人西川先生和作家江才健先生，还有两位数学同行——王元先生和张益唐教授，前者再次题写了新书名，后者从美国寄来手写的热诚的荐语。

2015 年 9 月 18 日，杭州

欣喜《数学传奇》上下两册付印，新目录中共出现了 33 位人物（另有多篇主题文章），接近 E. T. 贝尔的《数学精英》（34 位），其中12 位是两书共有的，他们是阿基米德、笛卡尔、费尔马、帕斯卡尔、牛顿、莱布尼茨、欧拉、高斯、阿贝尔、伽罗瓦、黎曼和庞加莱。篇目则比之多出三篇，时间跨度前后共延伸了两个多世纪。

在此之前，杨振宁先生安然度过了 100 岁生日，而为本书题写扉页书名的王元先生（1930~2021）却不幸辞世。美国诗人、普利策奖得主弗洛斯特·甘德在一次通信中，不经意间为本书撰写了推荐语，谨此鸣谢。

2022 年 6 月 3 日，杭州

图书在版编目（CIP）数据

数学传奇：上下册 / 蔡天新著 . —北京：商务印书馆，
2022（2023.6 重印）
ISBN 978–7–100–21687–6

Ⅰ. ①数… Ⅱ. ①蔡… Ⅲ. ①数学家—生平事迹—
世界 Ⅳ. ① K816.11

中国版本图书馆 CIP 数据核字（2022）第 176464 号

数学传奇
（上下册）
蔡天新 著

商 务 印 书 馆 出 版
（北京王府井大街 36 号 邮政编码 100710）
商 务 印 书 馆 发 行
北京雅昌艺术印刷有限公司印刷
ISBN 978 – 7 – 100 – 21687 – 6

2022 年 11 月第 1 版 开本 880×1230 1/32
2023 年 6 月北京第 2 次印刷 印张 19½

定价：138.00 元